KB253083

한글
철학
자주문화를 위한 투쟁

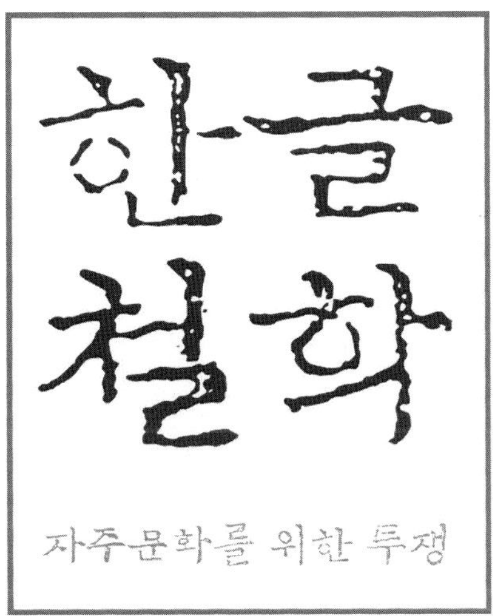

김영환 지음

한국학술정보(주)

여기저기 쓴 글을 모아 책을 내겠다고 말해온 지 10년은 된 것 같다. 늦게나마 약속을 지킬 수 있어 기쁘다. 한글학회에서 내는『한글 새소식』에 처음 글을 쓴 때가 1987년이었다.『한겨레신문』이 창간 준비를 하던 때였다. 이 대학 저 대학 보따리장사를 하던 그 무렵에 새 신문이 또다시 한자를 섞어 쓰지 않을까 하는 게 내 나름의 걱정이었다. 처음 쓴 글「한자, 언제까지 쓸 것인가」는 그런 상황을 의식한 것이다. 사실 그때만 해도『한글 새소식』에 한 세대에 가깝게 글을 쓸 것이라고는 생각도 못했다.『교수신문』에도 창간 때부터 글을 써왔다. 자세히 조사해보지는 않았지만, 가장 잦은 외부 기고자가 아닐까 생각한다. 어문기자협회가 내는『말과 글』에도 1993년부터 2008년까지 기고했다. 그동안 시간이 적잖게 흘러 이제는 단순한 기록으로서의 의미밖에 없는 것도 있지만, 아직까지 살아있는 쟁점도 있다. 글을 쓸 당시에 잘못 알았던 것은 본디 글과 다르게 고쳤다. 이 책의 근본 뜻은 우리말과 글에 대한 관심과 사랑을 일깨우는 데 있으므로 표현이 잘못된 곳도 힘닿는 데까지 고쳤다. 그렇지만 상대방이 분명한 글에서는 글 내용을 빼거나 보태기를 삼갔다. 지은이가 처음부터 체계적으로 쓴 글들이 아니기에 같은 주장이 되풀이된 곳이 많다.

많이 지우기는 했지만, 일일이 다 지우지는 못했다. 이 책에서 띄어쓰기는 출판사의 권고를 따랐다.

한글사랑운동의 맥을 잇는 작업은 1990년대 이후 이제까지 겪어보지 못했던 국제화·세계화 담론 속에 휘말렸다. 미국말 숭배가 일기 시작하여 아직까지 우리 삶을 크게 옥죄고 있다. 생각해보면 이런 풍조의 역사적 뿌리는 엄청 깊다. 우리 역사의 커다란 멍에를 벗을 생각은 못하고, 어쩔 수 없는 숙명으로 여기고 있는 사람을 볼 때마다 가슴이 아팠다. 주시경과 조선어학회의 전통을 잇는 학문정신은 거의 잊히고 제국대학의 학맥이 학문연구와 정책을 뒤흔드는 것을 보고 내가 할 수 있는 일이 무엇인지 물어보았다. 아직 아무도 가보지 않은 길이기에, 내가 하는 작업이 철학이라고 할 수 있는지, 길을 잘못 든 것은 아닌지 여러 생각이 들기도 했다. 그렇지만 어느 문제에서나 유학의 중화주의 벽과 식민사관의 큰 벽을 만났고 이와 대결해야 한다는 생각을 하지 않을 수 없었다. 이 거대한 벽을 허물려면 아직도 해야 할 지성적 작업이 많이 남아 있다. 한문의 내용이라고 할 수 있는 유학적 세계관을 이해하지 못할 때, 한자 폐지 운동은 단순히 쉽고 대중적인 우리 글자를 쓰자는 운동으로만 이해될 가능성이 크다. 그러나 우리 역사에서 만난 한글은 곧 겨레 역사의 문제였고, 우리 지성사를 중국이나 일본과 대비하여 이해하는 문제이기도 했다. 문자를 다루는 계급이었던 선비의 지배가 수천 년이나 가능했던 것은 복잡하고 어려운 한자를 떠나서 생각할 수 없다. 유럽에서는 글자를 다루던 계급이 일찍부터 사라져버렸다. 유럽의 알파벳문명과 동아시아의 한자문화가 왜 여러 차이를 보이는가라는 문제를 해명하는 열쇠를 알파벳과 한자의 차이에서 찾아야 하는 것은 아닐까.

　지은이는 뒤늦게 한글에 눈을 뜬 뒤로 한글이라는 쏘시개(매체)를 통해 우리 역사와 현실을 읽는 눈도 뜨게 되었다. 외세에 시달려온 아픈 역사, 인민 위에 군림하면서도 사대주의에 찌든 지식인의 특권과 거짓의 그림자를 보았고, 『논어』와 『천자문』의 허상을 보았다. 아니, 그보다 한글에서 겨레의 삶이 펼쳐질 새 하늘과 새 땅을 보았다. 해골 바가지 물을 마신 다음 날 원효 스님한테 찾아온 깨달음이 이런 것이었을까. 지은이는 이런 모든 깨달음을 아울러 한글철학이라 부르고자 한다. 한글철학에 따르면, 한자와 한문은 우리에게 사대모화의 상징이요, 망국의 글자로 한글과 결코 조화를 이룰 수 없다. 한글철학은 한글을 억누른 주자학의 중화주의와 제국주의적 식민사관, 이미 지난날의 한문과 엇비슷한 자리를 차지한 미국말 숭배와 싸우지 않으면 안된다. 한자와 한문숭배는 오늘날 미국말 숭배와 구조적으로 닮은 점이 많다. 그렇지만 무엇보다도 우리 자신의 우리말과 글에 대한 편견과 무지와 맞서야 한다. 오늘날 한글사랑운동은 곧 한글을 위한 투쟁이 될 수밖에 없다. 그렇지만 한글철학은 아직 완성된 작품은 아니고 더 갈고 다듬어야 할 곳이 많은 옥돌이다. 100년 전부터 시작된 우리말사랑운동은 우리 지성사에 대한 깊은 반성과 성찰을 요구한다.

여기에 실은 글들은 시사성 있는 문제에 대한 평론 형식으로 발표되었다. 지금과 맥락이 닿지 않는 일은 주석으로 간단히 소개하였다. 대부분 그냥 잡지사와 신문사에 보낸 글이지만 부탁을 받아 쓴 글이 몇 편 있다. 그런 글에는 글마다 그 사연을 밝혔다.

글을 모아놓고 보니 대부분 '권위 있는 전문가'들의 학설을 반박하는 형태를 띠고 있다. 지은이가 과연 '축구경기장에 나와 반칙을 선언한 야구 심판'인지 판단은 읽는 이의 몫이다. 책을 쓴 사람이 강요할 수 있는 게 아니다. 여기에서 지은이가 주장하는 바는 지금 대학이나 중·고등학교에서 가르치는 것과 많이 다르다. 누구든 생각이 다르다면 반론을 제기하고 의문을 표시해 주시기를 기다린다.

거의 한 세대에 걸쳐 제 글을 변함없이 믿어주신 한글학회에 아낌 없는 사랑과 존경의 인사를 드린다. 생각해 보면 한글 못지않게 한글을 지켜온 한글학회도 우리가 자랑할 수 있는 모임이요, 자산이다. 앞으로 더욱 겨레의 사랑을 듬뿍 받는 학회가 되리라 믿어 의심치 않는다. 소중한 지면을 내주신 『교수신문』, 『말과 글』에도 고마움의 인사를 전한다. 이 책을 펴 읽어주실 모든 분들께 큰절을 넙죽 드리고 싶다.

2012. 8.

김영환

차 례

첫째 가름
우리에게 한자란 무엇인가
-한문망국론

첫째 조각 한자폐지는 시대의 부름

1. 왜 한자 쓰기를 그만두어야 하나

1) 한자, 언제까지 쓸 것인가

요즘 나오는 신문이나 잡지를 보면, 한자폐지가 눈앞에 다다랐다는 생각이 든다. 한자폐지를 둘러싼 논쟁이 40년 넘도록 계속되는 동안에 이제 한자는 완전히 자취를 감춰가고 있다. 이렇게 되기까지 너무 긴 세월이 걸렸다는 느낌은 있으나 아주 당연하고도 자연스런 일이다.

그러나 또 다른 한편으로는 생각해볼수록 안타깝고도 분하다는 생각을 지워버릴 수 없다. 그것은 단순히 한자폐지에 한 세대가 훨씬 넘는 시간이 걸렸다는 데서 오는 아쉬움 때문만이 아니다. 글자살이에는 보수성이 아주 강하다. 그러므로 하루아침에 쉽사리 온 국민이 한자폐지로 돌아서지 않는 것은 어쩔 수 없는 일이라고 봐줄 수도 있다.

그보다는 우리들이 아직도 한자를 어디에 쓰고 있는가를 볼 때에 안타깝고 분하다는 생각이 더 드는 것이다. 글자살이의 습관성 때문에 이제까지 한자를 섞어 쓰는 것이 피할 수 없는 일이었다고 치자. 그렇다면 한자로 쓰지 않아도 좋은 곳부터 차츰 한글화의 길을 갔어야 하지 않겠는가. 진작부터 한글로만 적어도 좋은 곳은 없는가? 있다. 그것은 바로 땅 이름과 사람 이름을 적는 곳이다. 그러나 오늘의 현실은 어떤가? 오히려 우리의 글살이에서 한글화에 마지막까지 저항하는 것이 바로 고유명사이다. 참으로 안타까운 일이 아닐 수 없다.

고유명사가 가장 먼저 한글화의 길을 갈 수 있는 이유는 무엇인가? 말에서 고유명사가 차지하는 큰 무게 때문에 '고유명사가 뜻을 갖는가'라는 문제는 오랫동안 언어철학의 논쟁거리가 되어왔다. 그러나 최근에는 그 논쟁도 '뜻이 없다'는 쪽으로 저울추가 기울었다. 이러한 전문적인 논의를 떠나서 조금만 생각해봐도 고유명사는 한자로 적을 필요가 없음을 금방 알 수 있다. 그리고 고유명사가 뜻을 갖는다는 주장을 펴더라도 그것이 한자로 적었을 때에만 뜻을 갖는다고 할 근거는 전혀 없다. 이 점에 대하여 몇 가지 구체적인 보기를 들어 보일 수 있다.

'成三問'이란 인물을 아는 것은 그 한자 이름의 뜻인 '세 번 묻는다'는 사실을 앎을 반드시 포함하지는 않는다. 이는 '스미스(Smith)를 안다'고 했을 때 그가 '대장장이'임을 알았다는 뜻을 갖지 않음과 같다. "Smith"가 영어로 '대장장이'라는 뜻을 갖고 있음을 모르는 어떤 사람이 '나는 스미스(Smith)를 안다'고 할 수도 있다. '대전(大田)'에 '큰 밭'이 없고 고층 빌딩만 늘어서 있어도 대전은 역시 대전이다. 한자를 적었을 때 갖는 뜻을 떠나서도 땅 이름은 훌륭히 제 구실을 해낸다. 이런 것은 소리대로 적는다는 원칙이 가장 먼저 적용될 수 있는 곳이다. 따라서 "종노, 아남동, 실림동"과 같이 적어도 되는 곳이다. 그밖에 나라나 정당의 이름도 마찬가지다. '美國'이란 나라는, 이름과는 달리, 아름답지 않고 추한 나라일 수도 있다. '中國'이란 나라는 '세계의 중심'이 아니라도 "중국"이라고 한다. 해 돋을 때뿐만 아니라 해가 서산에 기울어갈 때도 우리 동쪽에 있는 섬나라는 "日本"이라 불린다. 민주당은 전혀 민주적이 아니라도 "민주당"이라 불리고 정의당은 정의롭지 못해도 "정의당"이라 부른다.

다만, 사람 이름에는 동명이인의 문제가 있어 한자표기로 이를 해결할 수 있는 경우가 있다. 그러나 반드시 한자로만 이 문제를 해결할 수 있는 것도 아니고, 한자로 이 문제를 모두 해결할 수 있는 것도 아니다. 사람 이름이 사용되는 곳에는 그의 직업, 나이, 주소를 함께 적는 경우가 대부분이며 또 사진까지 곁들일 때도 있다. 굳이 한자로 적어 구별할 필요가 없다.

이렇게 보면, 백 걸음 물러나서 한자를 쓴다고 하더라도 그것을 고유명사를 적는 데 쓰는 것은 크게 잘못된 것임이 명백히 드러난다. 한자를 버릴 수 없다고 생각하는 사람들은, 그 까닭을 사람 이름과 같은 고유명사 때문이라고 생각하는 일이 많은 것 같은데, 이는 완전히 거꾸로 된 생각이다. 한자로 된 과거의 역사 기록이라면 반드시 그렇지 않을 수도 있으나, 광복 이후의 인물도 한자로 적는 습관은 꼭 고쳐야 한다.

한자를 어느 정도 안다고 가정했을 때, 특수한 목적을 가진 조직이나 압력 단체의 이름을 한자로 적는 것은 위와 같이 한자표기가 불필요하거나 불합리한 것은 아니다. "油公", "勞總", "農協" 등이 바로 그런 보기에 해당한다. "유공"이 "석유공사"의 줄임말임을 모르는 사람이 "油公"으로 적으면 그 뜻을 알 수 있을까? 경우에 따라 도움이 될 수도 있겠지만, 한자를 알아야 한다는 전제조건이 필요한 만큼 자신의 이름을 널리 알리려는 단체에게는 불리한 점이 있다.

한자표기가 도움을 주는 고유명사는 옛날의 책 이름들이다. "三國遺事, 聖學輯要, 牧民心書" 같은 것이 좋은 보기다. 그러나 오늘날 우리는 더 이상 이런 방식으로 책 이름을 짓지 않는다.

위에서 말한 바와 같은, 아주 한정된 몇몇 경우를 제외하면 일반적으로 고유명사를 한자보다 한글로 적는 것이 더 적절함은 너무나 분명하다. 땅과 사람의 이름을 중국식으로 짓게 된 것부터가 따지고 보면 겨레의 자존심을 상하게 하는 일인데, 이 이름들이 아직까지도 한글화에 끝까지 버티고 있다. 습관의 벽이 얼마나 두터운가를 다시 한 번 느끼게 된다.

더 말할 나위도 없이, 한자가 사대하던 시대의 찌꺼기라면 한글은 자주의 상징이다. 이런데도 불구하고 한글만 쓰자고 하면 그냥 외골수의 생각을 가진 사람인 양 여기기 일쑤다. 그런 주장이 단순히 민족주의적인 감정에서 나왔다고 적당히 에누리해 버린다. 심지어 속 좁은 사람들의 짓이라고 코웃음 치기도 한다. 이것은 크게 잘못된 것이다. 제 나라 말을 적는 데 남의 글자를 섞어 쓴다는 것은 아무리 봐도 기묘한 버릇이다. 일본을 빼고는 한 언어를 적는데 두 가지 글자를 섞어 쓰는 나라는 아마 우리나라뿐이 아닌가 한다. 더구나 일본은 한자를 주체적으로 읽는 방식, 이른바 '훈독'이 남아 있으나 우리는 그런 전통을 오래 전에 잃어버렸다. 당연한 상식이 상식이 되지 못하고 몇몇 이상주의자들의 비현실적인 주장이라고만 치부되어버리는 데에 심각한 문제가 있다.

또 한자는 유식한 사람과 무식한 사람을 차별하고 문화를 몇몇 사람들만이 누릴 수 있게 하는데 안성맞춤인 글자다. 한자를 계속 쓴다면 한자까지도 아는 '유식한' 사람과 한글만 아는 '무식한' 사람의 구별이 생겨날 수밖에 없다. 그것은 동시에 외래문화에 대한 숭배를 부추길 것임에 틀림없고 우리 글자, 우리 문화에 대한 열등감이 싹트게 하는 요인이 된다. 그러므로 한자는 분명히 분열과 대립과 사대의 글자요, 한글은 통일과 화해와 자주의 글자다. 우리 겨레는 같은 말을 갖고 있는데, 두 글자로 분열할 수 없다. 한글만 써야 우리 겨레가 하나라는 생각을 다져 나갈 수 있다. 한자를 계속 쓰자는 사람에 대해서 한글만 아는 사람이 갖게 될 심리적 거리감은 뜻밖에도 큰 것일지도 모른다.

옛날 책을 보아야 하는 학문과 관련된 학자들이 한글만 쓰자는 주장에 소극적인 점은 이해라도 간다. 옛 책뿐만 아니라 중국 책, 일본 책까지 볼 수밖에 없는 학자들이 한자를 편하게 여기고 쓰는 것도 이해는 간다. 어차피 후진국 학자들은 제 나라 말보다 남의 나라 말을 잘 알아야 학자 노릇을 하는데 문제가 없고, 남의 나라 글을 읽는 데 많은 시간을 보내고 있는 것이 현실이다. 그러다 보니 국어와 외국어의 구별을 뚜렷이 의식하지 못하고 쉽사리 전문적인 외래어도 들여오게 된다.

모든 계층의 국민과 마주해야 하는 관리나 언론인은 한자가 갖는 귀족적 폐쇄성과 한글이 갖는 대중적 개방성에 가장 날카롭게 눈을 떠야 하는 사람들이다. 그런데 현실은 딴판이다.

널리 알려진 바와 같이, 한자식 용어로 말미암아 법률이 '권위적'이 되고 어렵게 되어 국민과의 거리가 멀다. "爲民奉仕" 등의 표어를 내거는 것은 국민을 섬김은커녕 한자 모르는 이에게 겁부터 주고 보자는 뜻을 담고 있지는 않을까?

'대학을 졸업해도 신문 한 장 제대로 못 읽는다'는 떠돌아다니는 말이 있는 것처럼, 대중 전달매체가 앞장서서 한글만 쓰기에 반대해왔다고 볼 수 있다. 몇몇 사람들의 버려야 할 습관에 모든 사람이 따를 필요가 없지 않은가. 특히, 신문의 정치기사에 한자가 많음은 경계 할 일이다. 사람, 나라, 정당들의 이름을 한자로 일일이 다 적는데, 한자 모르는 사람은 나랏일을 몰라도 된다는 뜻인 것 같아 가슴이 무거워진다. 이런 습관은 젊은 세대를 정치에서 배제시키고, 그들의 현실에 대한 판단을 흐트러놓는 데 알게 모르게 돕고 있지는 않은지? 'OO스포츠' 등의 신문이나 보며 시간을 보내고 온통 상업주의 퇴폐문화에 빠지게 돕고 있지는 않은가. 정치는 몇몇 사람만의 관심사라는 생각을 부채질하지 않는가.

게다가 일본식 한자마저 버젓이 쓰고 있는 형편이다. 표제에 쓰이는 한자는 흔히 말하는 한자의 시각성을 생각할 때 아주 근거가 없지는 않다. 그러나 시각성이란 주관적일 수도 있다. 아주 반대되는 느낌도 가능하다. 그런데 거리의 간판들은 왜 시각성이 좋은 한자 간판을 달지 않을까? 신문만이 한자의 시각성이라는, 주관적일 수도 있는 감각에 언제까지 기댈 것인가. 표제에 나오는 고유명사의 한글 표기를, 일간지에서는 체육 기사의 어느 부분을 빼고는 본 적이 없다.

꼭 필요한 곳에는 한자를 쓰자는 주장은 있을 수도 있다. 그러나 오늘날 한자가 쓰이는 대로 한자를 계속 쓰자고 해서는 안 된다. 더구나 한글전용교육으로 반문맹을 만들었다는 주장은 얼토당토않은 잠꼬대 같은 소리이다. 국어를 이제야 바로 쓰게 되어가는 마당에 이런 말들은 차라리 폭언이 아닌가. 그래서 한자가 없어져가는 데도 불구하고 안타깝고 분하다는 생각을 지울 수가 없다.

워낙 습관과 훈련이 큰 구실을 하는 글자살이의 문제라 한자를 써야 국어를 바로 적는다는 생각을 가진 사람을 충분히 이해할 수도 있고 동정도 간다. 좋은 버릇이건 나쁜 버릇이건 한번 들이면 쉽사리 바꿀 수 없음을 우리는 너무도 잘 알고 있다. 더구나 '그건 나쁜 버릇이니 고치시오'라는 투로 말하면 그 사람은 버릇을 고치기는커녕 화를 내고 말 것이다. 그래서 한자 쓰는 것을 강제로 금지할 수는 없다.

그러나 제 나라 말을 적는 데에 자랑스러운 제 글을 자랑스럽게 쓰지 않고, 애써 남의 나라 글자를 쓰자는 주장은 이제는 그만 거두었으면 좋겠다. 광복 뒤부터 이제까지의 엄청난 변화로 보아, 어떤 이들이 자랑삼아 섞어 쓰는 한자가 허망한 인습과 무지의 증거가 될 날이 멀지 않아 올 것 같기 때문이다. 이 당연하고도 소망스런 흐름을 거슬러야 할 이유를 어디에서든 나는 찾아낼 수 없다. 아니, 이 흐름에 대한 저항은 결코 성공하지 못할 것이다. 도도하게 흐르는 이 흐름은 그러한 저항에는 아랑곳하지 않고 반드시 바다에 이르고 말 것이다.

(『한글 새소식』, 183호, 1987. 11)

2) 해묵은 논쟁은 이미 끝났다

지난 5월 22일에, 대통령을 지낸 김영삼 님이 초등학교에서부터 한자교육을 해야 한다는 강연을 했다. 한자 쓰기를 주장해온 신문에 광고까지 내는 것을 보았다. 대통령을 지낸 사람이라고 이런 강연을 할 수 없는 것은 아니지만, 대통령을 지낸 사람의 주장이라고 특별한 뜻을 갖는 것도 아니다. 다만 그 내용이 옳고 그름이 중요하다.

김 님의 강연 원고를 보면, 말과 글의 범주를 마구 뒤섞고 있음을 볼 수 있다.

이런 생각을 가진 사람에게 우리말의 70% 이상이 한자어란 주장을 할 때, 우리말이란 무엇일까? 우리말 어휘에 한자말이 많아 문화민족이 되었다고 자랑할 수 있다는 말인가? 이 주장의 뿌리는 이희승의 『국어대사전』에 있다. 이 사전에는 일본의 땅 이름이 수없이 나온다. 왜 그럴까? 일본어 사전을 베끼다시피 했기 때문이다. 한 세대 전부터 나온 틀린 주장을 자꾸 되풀이하여 반박하기도 지겹다.

한자가 우리글이라는 주장도 크게 보면 두 갈래로 오래 전에 나온 주장이다. 그 하나는 중국글자를 우리가 오랫동안 써왔다는 것을 이유로 든다. 글자가 누구 것인가를 따지는 데는 그 글자를 누가 처음으로 애짓고 썼는가라는 문제가 중요하다. 글자란 그 모양과 짜임새를 두고 하는 말이므로 그것이 변화하지 않는 한, 아무리 오래 쓰이더라도 중국글자가 우리 글자가 되지 않는다. 한자는 글자 그대로 중국글자일 뿐이다. 이런 사실은 중국이나 일본에서 만들어진 한자말이 쉽게 우리말로 되는 것과는 크게 다르다. 로마자가 아메리카나 뉴질랜드에서 쓰인다고 미국 글자나 뉴질랜드 글자가 되지는 않는다.

또 다른 하나의 이유는, 새 발자국을 보고 글자를 만들었다는 창힐이 조선사람이었다는 기록에서 온 것처럼 보인다. 창힐은 동이족의 주된 세력인 조선사람이라고 생각되지만, 창힐글자는 '그 모양이나

짜임새가 한자와는 뚜렷이 구별되는 딴 글자'라고 생각되고 있다.(류
렬.『단군과 고조선』. 살림터, 593쪽) 한자의 가장 원시적인 형태가 나
타나는 갑골문은 오늘날의 중국어와 기본적으로 말본이 같다. 어느
쪽으로 주장하든 분명히 틀린 주장이다. 글자가 남의 것이란 점이 한
자폐지운동의 가장 중요한 까닭이 되지는 않겠으나, 사람에 따라서는
중요할 수도 있다.

"대부분의 젊은이들이 사실상 문맹이 되어가는 이 나라의 장래가 도대체
어떻게 되겠습니까? 지금 한국은 심각한 문화위기에 직면해 있습니다."

한자를 모른다고 글까막눈이나 다름없다느니 문화위기니 하는 말
은 최만리 같은 사대부들이 다시 태어나지 않고는 할 수 없는 말이다.
한자를 섞어 쓴다면 글까막눈의 비율이 무척 높아질 것이다. 한글로
는 문화를 세울 수 없다는 낡은 생각을 버려야 한다.

한자의 국제표준화를 위한 한·중·일 공동협의체 구성도 문제이
다. 글자가 갖는 상징성과 보수성을 생각할 때, 우스꽝스럽고 현실성
이 아주 없는 제안이다. 이 제안에 그들이 얼마나 웃었을까를 생각하
면 진땀이 흐른다. 그 뒤로 이 일을 맡아 세금을 낭비해온 국어연구원
도 크게 반성해야 한다. 이제라도 그 작업의 중단을 공개적으로 밝혀
야 한다. 더구나 이 작업은 남북의 말글을 크게 갈라놓는 일이다. 북
녘의 한글전용이 잘못되었다는 증거는 어디에도 없다. 국어연구원은
북녘의 말글정책에 대해서도 숱한 거짓을 흩뿌려 왔다.

겨레문화의 앞날을 생각할 때 우리나라가 한자문화권, 즉 중국문화
권이란 개념을 깨뜨려야 한다. 귀족적이며 사대적인 한자문화에서 벗

어나 민주적이고 자주적인 한글문화를 세워나가야 하기 때문이다. 이 개념은 우리를 게으르게 만들고 문화의 애지음을 잊게 만든다. 외국의 것을 본받으면 당장은 편하지만 나의 문제를 스스로 생각하여 해결하는 힘을 점점 잃게 된다. 그 한자문화권 속에서 우리 스스로를 부정하고 멸시하며 중국 것 받들기로 얼마나 많은 힘을 탕진해 왔던가.

> "조선에서는 학문이 절대로 민족적인 것이 아니다. 읽는 책은 중국책이요, 공부하는 말은 조선어가 아니라 중국어요, 연구하는 역사는 조선역사를 제외한 중국역사요, 신봉자를 얻게 되는 철학체계는 중국의 체계이다. …… 모든 관리는 보고서를 한문으로 써야만 한다. 국왕과 왕국의 연대기, 포고문, 수령의 명령, 재판소의 판결, 과학서적, 비문, 통신, 상인들의 회계장부, 상점의 간판 등 모든 것이 한자로 쓰인다."(샤를르 달레, 『한국천주교회사』)

관리의 가장 중요한 조건은 한문을 잘하는 것이었다. 천 년이나 시행되었던 과거제는 한문이 지배계급이 되는 지름길이라고 속삭여왔다. 과거를 준비하면 할수록 겨레의 창조적인 힘을 모두 중국문학, 중국철학, 중국역사를 공부하는 데 허비하게 되었다. 그리하여 작은 중화를 자랑하며 중국인보다 더 중국인답게 되어갔다. 그러니 이런 사대부나 딸깍발이 선비들은 가짜 명나라 사람이었다. 아니 그보다 얼간 껍데기 조선사람이었다.

지난 시기의 한문숭배는 오늘날 미국말 숭배로 옮겨가고 있다. 우리 역사와 문화에 대한 관심은 나날이 줄어들고 있다. 초등학교에서부터 미국말을 가르치다 못해 많은 유치원에서도 가르치고 있다. 나라에서 보는 여러 시험에서 앞뒤를 가리지 않고 미국말 시험을 넣어놓았다. 대학에선 미국말로 강의하는 일이 자랑이다. 미국말이 왜 얼마나 필요한가라는 물음은 옆으로 밀쳐두고 있다. 또 미국인보다 더 미국인다운 사람, 우리 현실을 미국의 눈으로 보는 사람을 쉽게 만날 수 있다. 우리가 마치 미국말을 배우기 위해 태어난 것 같은 느낌이 든다. '국제화' 또는 '세계화' 집단최면에서 하루빨리 깨어나야 한다.

김 님의 강연 원고엔 '국가경쟁력'이란 말도 보이고 어떤 나라의 인구가 몇 억이라는 말도 보인다. 미국말 배우기가 그런 것처럼 한자 배우기도 국가경쟁력과는 별 관련이 없다. 이런 데에 너무 많은 시간과 애씀을 허비하면 국가경쟁력을 떨어뜨린다. 국가경쟁력을 굳이 따지자면 공무원이 얼마나 깨끗한가, 기업의 비합리적인 지배구조를 얼마나 개선할 수 있는가, 언론은 얼마나 공정한가, 연구자들은 얼마나 비판적이고 창의적으로 생각할 수 있는가 등에 달려 있다. 일본은 미국말을 우리보다 훨씬 못하는 나라다. 미국말을 잘해도 경쟁력이 우리보다 못한 나라도 많다. 현실을 보는 눈이 너무 치우쳐 있거나 제 주장을 돋보이게 하기 위해 과장한 데서 '경쟁력'이란 말이 나온 것이라 봄이 옳다. 이런 반론이 그래도 공허하게 들린다면 미국말 배우기를 나라에서 자꾸 다그치고, 미국말 배우기가 주는 이익이 제도적으로 보장되어 있기 때문일 것이다. 현실에 대한 순응만을 문제 삼는다면 오늘날의 미국말 배우기의 미친 바람은 이해할 수 없는 현상은 아니다.

3대에 걸쳐 군사독재자들이 한자를 가르치지 않아 국민을 반까막눈으로 만들었다는 것도 막된 생각이다. 한때 독재정권이 마음에도 없는 한글전용을 말하는 바람에 이에 반대하는 것이 옳은 것인 양 오해를 사 한글사랑운동에 걸림돌이 되었었다. 군사 정권은 지난 1984년에 국어연구원을 세워 한자혼용파를 도와 주시경 이래의 전통을 억누르려 하였다. 마땅히 없어져야 할 이 국가기구는 지난 가을부터 '국어기본법안'을 들고 나와 그 조직의 확대와 권한 강화를 꾀하며 경성 제대(서울대학교)의 패권을 이어가려는 마지막 몸부림을 계속하고 있다. 지난 20년 동안 우리말 연구의 국가화·관료화를 이끈 이 기구는 서울대 출신 한자혼용파의 독무대였다. 지금은 서울대 출신이 원장은 아니라고 할지 모르나, 이것은 '역학관계의 변화'에 따라 그들이 '현실적 선택'을 한 결과다.[1)]

또한, 군사독재시절에 재벌의 말만 믿고 공휴일에서 한글날을 빼고 '국제화' 바람을 불어넣어 미국말 숭배가 자랑스러운 일이 되기 시작하였다. 뒤이어 이른바 '문민정부' 때부터 '세계화'란 말이 주문처럼 나돌면서 미국말 교육을 초등학교에까지 확대하여 미국말 숭배에 기름을 부었다. 이때부터 국어연구원이 만들기 시작한 『표준국어대사전』은 그 계획부터 거짓과 속임수로 가득 차 있었음을 이제는 모르는 사람이 없다. 말글정책을 따지자면 문민정부가 독재정권보다 나은 구석이 전혀 없다.

김 님이 한자서예로 '마음의 안정과 평화'를 찾고 있다니 반가운 일이다. 그것으로 '인성교육'이 된다고 여길 수도 있겠다. 그러나 이것이 모든 어린이에게 한자를 가르칠 이유는 못 된다. 어디까지나 바라는 이들만 할 일이다. 한자서예가 '동양의 자부심'이기도 하겠지만, 무엇보다도 먼저 중국인의 자부심이다. 우리 겨레의 자부심은 그보다도 한글서예에 있다. 수천 년 묵은 한자서예보다 한글서예에 훨씬 많은 애지음과 실험의 가능성이 있다. 이런 생각을 가진 작가들이 앞으로는 더욱 늘어날 것이다. 하루 종일 한자서예를 갈고 닦기보다 앞으로 우리 서예가 어디로 가야 할 것인가를 생각하는 10분이 더 소중하다.

---

1) 그 당시 원장은 연세대학교 남기심 교수였다.(보탠 글)

김 님의 주장은 크게 보아 말이 되지 않는 것, 틀리고 해묵은 주장을 되풀이한 것, 현실의 여러 측면을 보지 않고 제 생각만 늘어놓은 것으로 짜여 있다. 한글전용을 둘러싼 논쟁은 주장의 타당성으로 보나 현실의 변화를 보나 이미 끝났다. 더 논쟁을 이어가는 것은 슬기롭지 못하다.

(『한글 새소식』 제370호, 2003. 6)

3) 한자폐지의 남은 문제

중국글자 섞어 쓰기를 둘러싼 논쟁은 크게 보아 이미 막을 내린 것으로 보인다. '새말'을 애짓는 의식에서 큰 문제가 있고, 아직도 한자 배우기는 매우 대중적이고 한자폐지 반대론이 없는 것은 아니다.(「필요해서 배운다, 한자 열풍」.『조선일보』. 8. 20)

이런 반대론은 문화현상을 보는 역사적 눈이 모자란 데서 오거나, 겨레문화 허무주의의 산물이다. 한글전용에 대한 만만찮은 저항이 반세기가 넘게 이어졌다는 사실은 우리에게 생각할 거리를 던져준다. 이에 대한 저항이 홀이름씨에서 나타났던 것은 우리의 말글의식이 얼마나 뒤틀려 있는가를 보여준다.

송민(전 국립국어연구원장) 님은 「국회의원의 한글 명패」(『어문생활』 제79호 2004. 6)에서 국회의원의 이름을 우리글인 한글로 적기는 명분으로는 좋지만 한자로 적으면 동명이인을 구별할 수 있고, 동양 문화권의 언어를 배우는 데 도움이 된다고 하였다.

이름패를 한글로 적어서 얻는 가장 큰 이득은 제 이름을 널리 알릴 수 있다는 점이다. 한자가 갖는 귀족적이고 폐쇄적인 성격이 없는 한글은 민주주의시대에 잘 맞는다. 선거 때 표를 달라고 할 때에는 한글로만 쓰다가 국회의원이 되면 한자 명패를 써온 게 우리 정치인이다. 수많은 공약을 내걸었다가 당선되고 난 뒤에 다 잊어버리는 그들의 행동과 무척 닮았다.

선거 때, 한자교육을 위하여 한자를 새까맣게 섞어 쓰다가 당선된 뒤에도 한자 명패를 고집한다면 비록 어리석지만 그 용기만은 가상하다고 칭찬받을 만하다. 그러나 17대 국회의원들 가운데 지난 선거 때 여러 홍보물에 한자를 쓴 사람은 없는 것으로 안다.

어느 보도에 따르면 국회의원의 88%가 한글 이름패를 쓰기로 했다고 한다.(『한국일보』 7. 13) 나머지 12%의 국회의원은 대부분 한나라당 소속이다. 한자는 중국글자로서 단순히 사대주의의 상징일 뿐만 아니라 우민화의 도구였다. 거듭 말하거니와 한글사랑운동이 그냥 우리 글자이니까 써야 한다는 말은 아니다. 우리 역사와 문화에 대한 뼈아픈 깨달음에서 나온 것이다. 한글은 겨레의 글자이기에 앞서 민중의 글자였다.

같은 이름 다른 사람의 문제를 한자가 덜어줄 수 있는 경우가 있다. 그러나 이 문제를 굳이 한자로 해결할 것은 아니다. 국회의원의 경우, 출신 지역구나 소속 위원회에 따라 얼마든지 구별할 수 있다. 한자를 알면, 일본어나 중국어를 배우는 데 어느 정도는 도움을 줄 것이다. 그러나 한자를 아예 모르고 현대중국어를 배워도 좋다. 우리식 한자를 알아도 일본식으로 읽는 법을 따로 배워야 한다. 효율성이 떨어지는 방법이다. 이런 효율성에 대한 논의보다 더 중요한 것은 겨레문화의 방향성이다.

송민 님은 '동양문화권에서 고립'됨을 걱정하나 이는 잘못된 것이다. 즉 중국이나 일본의 그늘 아래 겨레의 앞날을 파묻어서는 안 된다.
사대주의와 한문숭상이 가져온 엄청난 폐해를 깨닫고 겨레문화의 독
자성을 먼저 생각해야 한다. 여기서 신문의 이름을 생각해보라. 우리
나라에는 신문 이름이 크게 '○○일보'와 '○○신문'으로 나뉜다. '일
보'계열은 중국식 이름이고 '신문'계열은 일본식 이름이다. 그렇지만
우리식 이름은 아직 없다.

중국 것과 일본 것 다 들여다 뒤섞어 놓고는 동양문화권 것이라고
좋아할 것인가. 왜 우리에게는 이런 애지음의 문화가 불가능하다고
생각하는가? 우리가 한자문화권 또는 동양문화권에 속한다는 생각이
야말로 겨레문화의 아편이다. 낱사람이나 겨레로서 남다른 개성이 없
다면 어떻게 떳떳해질 수 있겠는가. 이제부터라도 겨레문화의 창조성
을 갉아먹은 중국문화와 비판적으로 맞섬으로써 이 길을 열어갈 수
있다. 이런 깨달음 없는 국어연구는 처음부터 크게 빗나간 것이다.

신라 경덕왕 때부터 땅 이름이 중국식으로 바뀌기 시작했다. 사람
이름도 중국식이다. 일본도 한자를 쓴다고 하나 일본의 땅 이름과 사
람 이름은 그들 나름의 특색이 있다. 우리의 한자 이름은 중국인과 구
별되지 않을 때가 많다. 일본 한시는 뜻으로 읽어 일본어가 되지만 조
선사람이 지었던 한시를 소리로 읽으면 중국어의 한 방언에 지나지
않게 된다.

아니나 다를까 대만마저도 화교에게 우리의 홀이름씨가 중국식임
을 들어 중국의 식민지였다고 가르치고 있다.(화문 네트워크 교육원)
젊은이들이 아버지 이름을 한자로 적지 못한다고 신문에서 떠들던 때
가 있었다. 전통문화를 핑계로 한글사랑운동에 반대하는 사람이 아직
도 많다. "한밭"을 "대전"으로, "웃개"는 "상포"로 바꾸고 자랑으로 알

아온 것이 이렇게 뒷날에 큰 부끄러움이 될 줄이야.

문제는 국립국어연구원장을 지낸 이마저도 국회의원의 이름패를 두고 중국글자로 쓰지 않는다고 시비를 거는 것이다. 중국에서는 서울을 "漢城"으로 적는데 중국의 도시라는 뜻으로 풀이하는 것을 막을 수 없다. 서울시의 요구에도 중국은 아무런 반응도 없다. "漢江", "大漢門"도 잘못 풀이하기 쉽다. 이런 이름들에서 중국인들은 아직도 지난날의 위대했던 역사를 곱씹을 수도 있다.

한자가 많이 쓰임으로써 문제가 된 것은 우리 땅 이름만은 아니다. 중국 땅 이름에까지 한자를 끼워서 문제가 되었다. "北京"은 중국인에게 "베이징"이고 우리에겐 오랫동안 "북경"이었다. 그것은 "England"를 "잉글란드"(영국)와 "엥란트"(독일)로 다르게 소리 내는 것과 같다. 우리가 한글로만 글자살이를 한다면 "북경"이란 말은 쓰이지 않게 될 것이다. 중국이나 일본의 땅 이름이나 사람 이름을 적는 데 한자를 끼워서는 안 된다. "장쩌민"으로 알려진 사람을 공연히 "강택민"으로 기억할 필요는 없다.

말은 일차적으로 소리로서 있다. "Washington"을 "워싱턴"으로 적듯이 "上海"는 "상하이"로 적으면 된다. 그 사이에 전통적인 우리 한자음을 끼울 필요는 없다. 중국은 이제 우리에게 수많은 외국 가운데 한 나라가 되어야 하며 특별한 나라가 되어서는 안 된다.

말을 글자로 적게 된 것은 인류가 말을 갖고 나서 한참 뒤의 일이다. 대중이 글자를 읽을 수 있게 된 것은 우리 역사에서 겨우 한 세대를 조금 넘어갈 뿐이다. 중국 땅 이름을 소리대로 적는 원칙은 고구려의 옛 땅에 해당되는 현대중국의 땅 이름에도 적용될 수 있다. 과거와 현재를 나누고 역사적인 땅 이름만 과거의 한자음을 바탕으로 적는다.

"고구려는 압록강의 지류인 퉁자강 유역의 한런지방에 자리 잡았다. 건국 초기에 지안의 국내성으로 옮겼다. 지안에는 환도산성, 국내성, 장군총, 태왕비 등 유적이 옛 제국의 위용을 말하고 있다."

"국내성", "태왕비" 등은 인공적인 산물을 가리키기에 본꼴스런 홀이름씨에서 벗어난다. 중국이나 일본의 홀이름씨를 전통적인 한자음에 따라 적는다면 우리 문화는 한자의 굴레에 얽매이게 된다. 그곳의 소리를 바탕으로 적는 것은 말과 글자의 관계, 홀이름씨의 성격을 생각할 때 훌륭한 원칙이다.

어떤 개인의 유별난 취향이나 한글전용을 위해 홀이름씨를 현지의 소리대로 적는 원칙을 채택했다는 김민수 님의 비판(「한자표기 원지음주의 문제」, 『새국어생활』, 국립국어연구원, 2004. 여름호, 155~164쪽)은 아무런 근거도 없다.

「한자에는 무한한 조어력이 있다」(『새국어생활』, 2004. 여름호, 54쪽)는 글에서는 글자 중심주의를 엿볼 수 있다. 한자 없이는 중국은 유럽처럼 여러 나라로 갈라졌을 것이다. 한자는 중화제국을 떠받치는 기둥이며 그것은 중화사상(유학)을 담고 있다. 아직도 한글전용이 잘못된 것이라고 굳게 믿고 있는 '국어학자'가 적지 않다는 것은 우리가 얼마나 깊이 중국문화의 수렁에 빠져 있는가를 말해준다.

한자에 대한 우리 의식은 우리가 중국문화권에 속해 있었던 탓으로 중국과 그다지 차이가 없다. 중국에서는 한자가 맨 처음에 글자이면서 그림인 경우가 많았으므로 자연스럽게 이름과 그 대상을 나누는 생각이 발달하지 않았다.

이론과 실천, 가족(효)과 국가(충), 사실(자연)과 가치(문화)를 나누는 전통마저도 중국에서는 거의 발달하지 않았다. 따라서 이름(중국적 전통에서는 홀이름씨나 두루이름씨를 나누지도 않았다) 그 자체가 실재(實在)와 동일시되는 경향이 강하다. 중국적 전통에서는 개념의 지위에 관한 이름주의(유명론)가 낯설다.

웃어른의 이름을 부르지 않는 것도 이름과 그 이름이 가리키는 사람을 나누는 전통이 없는 중국문화의 이런 전통에 뿌리를 두고 있다. 이름 말고도 호(號)를 필요로 했던 것도 중국인의 이런 말글의식의 산물이다. 그 뿌리는 바로 글자로서의 한자가 특수한 성격을 갖기 때문이었다. 중국문화는 일찍부터 인문화의 길을 갔다고 하지만 한자가 갖는 이런 원시적이고 주술적인 차원에서 끝내 헤어나지 못하였다. 사람의 이름으로 미래를 예언하는 일이 유행하고 정치적 격변기마다 참언이 유행한 것도 중국문화권 안에서 이름(상징)과 실재를 나누지 않은 사고가 얼마나 뿌리 깊은가를 말해주는 것이다.

더욱 안타까운 것은 이런 인습이 이제는 회사 이름이나 아파트 이름에 미국식 이름 붙이기로 이어진다는 것이다. "KB, KT, KT&G"와 같은 이름은 선진국 되기나 세계화를 핑계로 삼은 것인데, 한자식 사람 이름과 땅 이름을 갖게 된 것과 동일한 과정이 되풀이되고 있음을 보여준다.

이름은 신성하기보다는 부르기 좋고 정겹게 느껴져야 좋다. 쉬운 토박이말로 사람이름을 짓는다면 이름을 한글로 적는 데 대한 시비를 뿌리부터 해결할 수 있다. 이름에 대한 이런 생각에서 우리의 말글의식에 한자가 얼마나 많은 영향을 끼쳤는가를 생각하지 않을 수 없다. 오늘날 언어학에서는 언어는 규칙의 체계 또는 그에 따르는 행위라는 관점이 우세하다. 오늘날 제대로 된 언어사전에서는 홀이름씨를 뺀다. 홀이름씨야말로 언어가 그냥 규칙의 체계일 수는 없다는 증거다.

홀이름씨에 연결하는 뜻은 사전에 규칙으로 정해 놓을 수 있는 것이 아니다. 경험적 역사적 과정을 거쳐 연결된다. 홀이름씨는 한 겨레의 역사와 문화가 언어와 얼마나 밀접한 연관을 갖는가를 보여준다. (국립국어연구원에서 낸 사전도 적지 않는 홀이름씨를 올리면서 『'표준'국어대사전』이라고 이름을 지었다. 이는 관료주의의 산물이다)

중국문화권의 전통에서는 언어를 낱말 또는 낱말을 나타내는 글자의 모임이라는 관점에서 보아왔다. 이 글자는 독특한 성격 때문에 그 글자가 생겨난 역사와 문화를 늘 상기시킨다. 이 글자는 의미 없는 형식적 부호체계로 이루어지지 않았다.

오랫동안 우리에게 교육과 학문이란 중국고전 읽기였고, 그것을 읽기 위하여 『천자문』과 같은 책을 배운다면, 중국역사와 중국문화를 우리 역사와 문화보다 더 존중할 수밖에 없었다. 한문숭상은 우리 역사를 사대주의의 수렁으로 몰아넣었다.

독립과 자주의 기상이 흐트러진 뒤에 결국 다가온 것은 망국이었다. 우리에게 중국글자는 사대주의와 봉건사회의 상징이며 더 나아가 일본에게 나라를 잃게 만든 망국의 글자다. 한글전용에 대한 저항이 이름에서 남아 있다는 것은 중국글자 때문에 우리의 말글의식이 얼마나 뒤틀려 있는가를 보여준다.

(『말과 글』, 2004. 가을)

4) 한글사랑의 큰 물결, 누구도 막을 수 없어
-「한자 못 읽고 못 쓰는 건 자랑이 아니다」, 『조선일보』 2006년 8월
  9일자 사설 논박

요즈음 출판물을 보면 한문의 위세에 눌려 기를 펴지 못하던 한글이
커다란 물결을 이루며 제대로 자리 잡아가는 듯하다. 하지만 미국말
숭배가 한문숭배 못지않게 번져가고 있다. 우리말글을 아낀다면 어떻
게 이런 풍조를 누그러뜨릴 것인가라는 문제와 씨름해야 할 줄 안다.
한글─한자 논쟁은 이미 그 싸움이 끝난 지 오래다. 그렇지만 이 논
쟁이 지루한 싸움이 되고 생산적인 논쟁이 되지 못했던 것은 토론에
익숙하지 않은 우리 문화의 전통 탓도 컸다고 생각된다. 오랫동안 논
쟁을 거듭해온 이 문제에 신문은 어느 한쪽을 오랫동안 대변해왔다.
한동안 대학을 나오고도 신문 한 장 못 읽는다는 말이 떠돌아다닌 것
은 그것에 대한 증거이다. 한글사랑에 가장 큰 저항을 보이는 것은 이
해할 수 있는 측면이 있으나 이제는 무작정 우기고 본다는 느낌이 들
때가 많다. 이 논쟁이 필요 이상으로 오래 지속된 것도 이런 요인도
크게 작용하였다. 지난 8월 9일자 『조선일보』 사설, 「한자 못 읽고 못
쓰는 것은 자랑이 아니다」는 특히 그렇다.
사설은 재벌기업에서 한자 실력을 중시한다고 강조하였다. 기업에
서 필요로 한다면 한자를 배우라고 사원에게 요구하는 것은 잘못이
아니다. 그렇지만 그것이 중국과 거래하는 데 얼마나 도움이 될지는
의문이다. 『조선일보』는 말한다.

"한자는 정부정책이 국한문혼용과 한글전용 사이를 오락가락하면서 수십
  년 동안 천덕꾸러기 취급을 받았다."

한글에 대해 무관심한 지식인은 아직도 많으며 한글사랑이 역사의 큰 물결로 자리 잡은 지는 한 세대도 안 된다. 한자는 한글이 나온 지 거의 500년 동안이나 문자 그 자체였고 참 글자였다. 돌림병처럼 번져 가는 미국말 숭배는 지난날의 한문숭배를 연상시킨다.

> "한자와 한자어와 한문을 잘 아는 것은 낡거나 부끄러운 것이 아니라 자 랑스러워해야 할 일이다."

어떤 사람에게는 맞는 말이다. 그러나 한자를 모르는 게 부끄러운 일은 아니다. '한자를 단 한 자도 읽고 쓰지 못해도 고등학교 마치고 대학가는 데 아무 지장이 없다'면 이는 정말 잘 된 일이다. 한자문화 에 뒤따라 다니는 사대와 조공의 어두운 그림자를 씻어낼 수 있도록 한 것은 한글의 힘이었다.

'동아시아의 전통과 문화와 지식의 뿌리인 한자를 제대로 알아야만 그 바탕 위에서 우리 문화의 주체성도 세울 수 있고 남보다 더 풍요로 운 문화를 누리고 폭넓고 깊은 사고능력을 기를 수 있다.'는 말은 매 우 소박한 생각이다.

한자는 중화사상의 매개체였다. 이것은 결코 감정적인 주장이 아니 라 『천자문』 같은 책을 제대로 읽는다면 쉽게 알 수 있다. 지난 몇 백 년에 걸친 베스트셀러는 단연 『천자문』이었다. 『천자문』이 베스트셀 러가 된 까닭은 한문과 유학적 교양이 신분상승의 지름길이었기 때문 이다. 그런데 『천자문』이 갖는 강렬한 중화주의적 성격에 대한 자각 은 비교적 최근의 일이다.

『천자문』은 '天地玄黃(하늘은 어둑하고, 땅은 노랗다)'으로 시작한

다. 이는 '하느님의 뜻은 헤아리기 어렵다'는 고대 형이상학인 천명사
상과 '세계의 중심인 중국 땅은 노란색'이라는 중화사상의 표현이다.
중국의 서울을 묘사하는 다음 글을 보자.

> "서울은 동과 서, 두 군데 있다네. 동격인 낙양은 북망산을 등으로 삼고
> 낙수를 바라보고 있으며, 서경인 장안은 위수를 위로 두고 경수를 움켜쥐
> 듯 자리했다네. 대궐과 전각들은 굽이굽이 들어차 울울창창하고, 높은 누
> 각과 궁전들은 새가 나는 듯, 말이 놀라는 듯 솟구쳐 있다네"(東西二京,
> 背忙面洛, 浮渭據涇, 宮殿盤鬱, 樓觀飛驚)

다음은 중국의 천자 중심의 정치질서인 천하 이데올로기를 정당화
하는 부분이다.

> "강융 오랑캐를 신하로 복종시키고, 거느리고 와서 천자에게 귀의한다. 교
> 화가 풀과 나무에 미친다"(臣服羌戎, 率賓歸王, 化被草木)

한자와 한문을 배우는 가운데 우리도 모르는 사이에 중국의 문화와
지리, 역사와 인물을 부러워하고 우리것을 잊게 된다. 중국을 세계의
중심으로 여기는 '모화사상'을 벗어나지 못하게 만든다. 이제부터라
도 천자문을 읽을 때 이런 점을 진지하게 생각해야 한다. 『논어』라고
예외는 아니다. 여기 「팔일편(八佾篇)」의 한 부분을 보자.

> "오랑캐에 임금 있음이 제하에 임금 없음과 같지 못하다"(子曰, 夷狄之
> 有君, 不如諸夏之亡也)

한자망국론이나 유학망국론을 진지하게 생각해야 한다. 밤낮을 가
리지 않고 온 힘을 다하여 한문공부를 했지만 기다리고 있었던 것은

망국이었다. 한문공부로 찌든 중화사대주의는 망국으로 가는 길을 닦았다.

한자라는 매체가 전한 내용으로서 유학은 중화주의를 그 중요한 내용으로 하고 있다. 한자에 대한 비판 없는 태도는 우리를 끝없이 중화주의의 늪으로 몰아넣을 뿐이다. 풍요로운 문화와 폭넓은 사고는 한문고전으로만 가능한 것은 아니다. 대금을 배우거나 한국방송의 드라마 「서울 1945」를 보면서 배울 수도 있다. 한자를 섞어 써서 고전 이해를 돕는다는 것도 우스꽝스러운 생각이다. 고전연구는 몇몇 전문가가 맡아야 한다. 이를 위해 말글정책이 영향을 받아서는 안 된다. '그건 내게 그리스말이야'라는 뜻의 영어 "It is all Greek to me"는 전혀 이해할 수 없다는 말이다. 성서도 많은 부분이 그리스어로 쓰였다. 우리에게 언어의 계통도 완전히 다르고 글자의 성격도 완전히 다른 한자와 한문은 결국 전문가의 관심사에 그쳐야 한다. "그건 내게 한문이야"라는 말도 모르겠다는 말이 되어야 한다. 고전이란 본디 어려운 것이고 현실성이 없고 낡은 것이고 서로 모순되는 생각으로 가득 차 있다. 고전 연구나 인문학 연구, 전통계승이 말글정책에 영향을 주어야 한다는 주장은 상식 밖이다. 계승해야 할 문화전통은 한자와 한문에 갇힌 유산을 한글에 담음으로써만 가능하다. 베트남을 보라. 한문을 깡그리 버린 지가 오래지만 외세에 대한 빛나는 저항의 전통은 훌륭하게 계승되었다. 인습과 싸워 이기는 용기야말로 참 전통이다.

"한자를 알자는 것이 아름다운 우리말을 버리자는 것도 아니다. 우리말 어휘 51만여 개 가운데 70%인 35만 2,000여 개가 한자어이거나 한자가 섞인 말이다. 한자어를 정확히 알지 않고는 우리말도 제대로 이해할 수 없다."

    이런 주장은 우리말의 역사를 모르고 그냥 인습을 이어가자는 무책임한 주장이다. 한자말이 70%라는 것도 사실이 아니다. 한자 어휘가 많은 것은 무턱대고 적응할 현실이라기보다는 바로잡아야 할 현실이다. 모자라는 것은 한자에 대한 관심이 아니라 우리말에 대한 사랑이요, 한글사랑이다. 한자교육으로 전통을 찾는다고 하지만 『조선일보』는 미국말 숭배에 앞장서고 있다. 『조선일보』는 지방자치단체가 전시 효과를 노리며 일방적으로 추진하고 있는 초등학교, 중학교 학생들을 대상으로 한 영어마을을 적극 찬성하면서 권장하고 있고 초등학교 영어교육 확대와 조기교육에도 적극 찬성하고 있다. 『조선일보』는 여기에 한술 더 떠서 한문교육까지 적극 부추기고 있다. 오늘날 통일이나 외교문제에서 『조선일보』는 미국의 뜻을 거스르면 안 된다고 강조하고 있다. 이제 미국말은 상류층이 되는 중요한 통로이다. 시간과 돈을 아낌없이 들여 배우라고 한다. 한문의 자리를 미국말이 대신하고 있다면 지나친 것일까? 이희승, 남광우와 함께 한자혼용운동의 한 축을 이루는 김민수 님은 한글사랑운동이 광복 후 미군정에서 그 동력을 얻은 것처럼 말하고 있다.(『어문생활』 2006. 8) 그러나 이는 오해에 지나지 않는다. 한글사랑운동은 그보다 역사적 뿌리가 훨씬 더 오래다. 이제는 중국철학과 중국역사 연구자들도 한문숭배의 묵은 병폐를 깨닫고 있다. 불교경전도 한글번역이 많다. 낱소리글자로서 한글은 한자와 그 성격이 너무 다르기 때문에 한글사랑의 깊은 뜻은 아직도 제대로 음미되지 않은 채 남아 있다. 미국말을 '국제어, 세계어'로 떠받들면서 우리말과 글에 대한 사랑은 점차 시들해지는 오늘의 현실은 이런 무관심과 떼어서 생각할 수 없다. 한자가 우리 주변에서 사라지는 것은 자연스러운 일이다. 이를 붙드는 것은 슬기롭지 못하다. 이제

소모적인 논쟁은 그만하고 점점 기승을 부리는 미국말에 의한 우리말 훼손을 막는 데 힘을 모아야 하리라 본다.

(『말과 글』, 2006. 가을)

5) 이름을 한글로 적기

요즈음 신문을 보면 전보다 한자가 훨씬 줄어들어 산뜻한 느낌을 준다. 비록 세로짜기를 하여 답답해 보이기는 마찬가지나 사람 이름이나 땅 이름을 빼면 모두 한글만 쓰고 있다. 그런데 이름을 한자로 적는 신문의 버릇은 뿌리 깊은 것이어서 국어운동을 하는 사람의 이름도 꼭 한자로 적는 신문도 보았다. 그러나 꼭 그래야만 하는가?

그렇지 않다. 이름을 한자로 적을 이유가 없다. 오히려 이름은 한글로 적는 것이 제일 좋다. 우리나라의 땅 이름이 한자식으로 바뀌기 시작한 것은 신라 경덕왕 때부터라고 한다. 긴 봉건왕조시대와 식민지시대를 지나면서 이제 토박이말 땅 이름을 찾아보기도 어렵게 되었다. 그 못된 버릇은 광복 반세기가 다 되도록 못 버리고 있다.

이름에 대한 우리의 태도는 좀 유별난 데가 있다. 옛날의 사대부들은 호(號)니 자(字)니 해서 '이름'이 여럿이었다고 할 수 있다. 웃어른의 이름 부르기를 거리낄 만큼 이름을 소중히 여겼다. 이름을 한자로만 적는 것도 뿌리 깊은 한문숭상의 전통이 이어진 것이다. '소중한 이름을 어찌 천한 한글로 적을 수 있으랴'라는 생각이 깔려 있는 듯하다.

그러나 이제는 생각을 바꾸어보자. 소중한 이름을 꼭 중국글자로 적어야만 할까. 또 호(號)를 쓰는 버릇을 좀 버렸으면 한다. 이름과 다른 호를 죄다 알기도 어렵거니와 "홀이름씨"라는 말부터가 한 사람을 가리키는 이름이 하나여야 좋다는 것을 말하고 있기 때문이다. 굳이 쓰겠다면 듣기만 해도 그 뜻을 알 수 있는 본디 우리말로 지어야 할 것이다.

한글로만 적으면 좋을 것을 한자로 적기 때문에 생겨나는 여러 가지 우스운 일은 하나둘이 아니다. 나라 이름을 보자. "波"가 폴란드를 가리키고 "奧地利"가 오스트리아를 가리키고 "아메리카"가 '아름다운 나라(美國)'로 둔갑한다. "쏘련"이 "蘇聯"이 되어 또다시 "소련"이 되는가.

땅 이름도 마찬가지다. "한밭"이 "大田"으로 둔갑한 것부터가 억울한 일인데, 이제는 한글로 "대전"은 될 수 없다고 끝까지 버티고 있다. 어이없는 일이로다. 대전이 도대체 중국 땅이라도 된단 말이냐? 모두 왜 이러느뇨?

더구나 많은 신문들이 "YS"니 "DJ"니 하여, 이제는 사람 이름을 또 영문자로 적는 버릇에까지 젖어들고 있으니, 이런 기막힌 일이 또 있을까? 홀이름씨는 소리대로 적음이 온 세계의 관례이기에 중국의 서울은 "북경"이 아니라 "베이징"으로 적혀야 마땅하다. 일본의 땅 이름이나 사람 이름을 소리대로 한글로 적어야 함은 두말할 필요도 없다.

요즈음 북녘에 관한 기사가 신문에 자주 실리면서 그 이름(홀이름씨)을 적는 버릇에도 이같이 홀이름씨를 특별히 여기는 버릇이 그대로 드러난다. "리분희, 리조 실록, 로동 신문"과 같이 적은 것이 여러 번 보인다. 바깥 것을 받들던 버릇이 북녘에도 이어진 것이라 할까. 그러나 북녘에서는 "임수경"을 "림수경"으로 쓴다.

왜, 이렇게 우리는 우리말과 우리글에 자신이 없는 것이냐. 더구나 "京畿도 水原시"로 적는 신문을 보고 있노라면 차라리 분노가 치민다. 우리말과 글을 이렇게 대접하니 학교에서는 '실용한자'를 가르치라고 하는 사람이 나오는 것이 아닌가. 이러니 "G7"이나 "가요 톱 10"을 "G 일곱(칠)", "가요 톱 열(십)"로 읽지 못하는 우리들의 버릇도 이상할 게 없다.

이제 신문들도 그 깊은 인습의 늪에서 하루바삐 헤어나야 한다. 한 세기 전에 나온『독립신문』의 훌륭한 전통으로 되돌아가자. 봉건시대 와 식민지시대의 나쁜 버릇에 연연해야 하는 이유가 어디 있을까? 글살이의 민주화를 이루고 겨레문화의 주권을 되찾아야 할 때이다.

(『한글 새소식』 제232호, 1991. 12)

6) 한자혼용론, 이제는 접어야 할 때

이 글은 고영근(서울대학교 교수) 님이『어문생활』통권 123호에 쓴 「새 천년의 어문정책 방향」과 민현식(서울대학교 교수) 님이『어문생활』 통권 제132호에 쓴 「교과서 개발자들께 드리는 긴급 제언」에 대한 반박 이다.

고영근 님은 위 글에서 21세기에는 동북아시아가 세계사의 주역이 될 것이란 예측을 기반으로 이런 정세의 흐름에 대비하는 길은 지난 수천 년 동안 동아시아 공용문자 역할을 해온 한자에 새로운 역사적 기능을 부여하여 한자교육과 한자 사용을 강화하자고 주장하고 있다. 무엇 하나 새로울 것 없는 낡은 주장에 대해 새삼스럽게 반박문을 쓰 게 되는 현실이 서글프다. 그렇지만 아직도 이런 말에 고개를 끄떡이 는 적지 않은 사람들을 위해 아까운 시간을 내게 되었다.

21세기는 동북아가 세계사의 주역이 될 것이라고 많은 사람이 예측 하고 있다. 미국의 패권이 빠른 속도로 퇴조하고 있는 지금, 이런 전

망은 새로울 것도 없다. 그렇지만 이런 미래에 대비하기 위해 한자교
육을 늘리고 한자를 사용해야 한다는 결론을 낼 수 있을까. 아마 어려
울 것이다. 말글정책은 한 나라 국민이 스스로 결정할 것이지, 외국과
의 교류가 정책결정의 중요 원인이 될 수는 없기 때문이다. 우리 지식
인들이 제 겨레나 나라를 먼저 생각하지 않고 외세만 쳐다보기 때문
에 나오는 생각이다. 한자를 씀으로써 우리가 잃을 것이 얼마나 큰지
생각하지 못하고 힘 센 나라의 글자를 쓰면 외래문화 수입에 편하니
까, 그에 맞추어 말글정책을 바꾸자는 줏대 없는 생각이다. 동북아시
대가 곧 오리라는 전망은 아마 옳을 것이다. 그렇지만 그런 추세에 맞
추어 한자를 많이 쓰자는 주장은 옳지 않다. 그런 생각은 조공국의 지
식인이나 식민지 시절의 지식인의 생각일 수는 있어도 자주통일을 해
야 하는 분단시대를 사는 지식인의 생각이 될 수는 없다.

　한자는 오랫동안 독점과 분열의 글자였다. 지배계급이 고급정보와
지식을 독점하기에 한자보다 더 좋은 매체가 어디 있겠는가. 오늘날
의사소통이론에서는 효율적인 낱소리글자(알파벳)의 활발한 사용과
민주주의 발전의 평행관계는 상식이 되고 있다. 더구나 오늘날 북녘
동포들이 오래 전부터 한글만 쓰기를 실천하고 있는 지금, 한자 혼용
은 자칫 글의 분단, 계층의 분단으로까지 이어지기 쉽다. 또 한자를
기호론적으로 보았을 때, 알파벳과 같은 형식적인 기호가 아니어서
의미와 기원을 따지고 들면 중국 고대문화의 보물창고를 만나게 된
다. 모화의 늪 속으로 빠지지 않을 수 없다. 『논어』나 『천자문』에 짙
게 배어 있는 중화주의의 독소를 제거하는 것도 학계의 커다란 과제
로 남아 있다. 부분적으로 한자문화에서 자주적인 유산이 없지는 않
다. 그러나 크게 보아 한자문화는 사대주의적이다. 기록된 전통문화

의 유산이 일본보다 적고 독자성마저 약한 것은 우리말을 적기에 너무 불편한 한자에 우리가 너무 오래 매달려 있었기 때문이다. 일찍부터 이두를 좀 더 간편하게 만들어가는 길을 갔었더라면 하는 아쉬움이 들 때가 많다. 한문을 일본어 어순에 따라 뜻으로 읽는 일본사람에게 한문은 일본어가 된다. 우리가 써오던 한자에는 겨레의 자주성과 민중성이 살아 숨 쉴 틈이 없다. 그것은 모화의 상징이다.

한글은 글자로서는 거의 완벽하였지만 아주 뒤늦게 나왔다. 뒤늦게 나온 한글도 우리는 제대로 이용할 줄 몰랐다. 결과적으로 우리 역사를 우리가 기록한 것이 매우 적다. 우리 역사를 알자면 중국사서의 한 부분에 중국인의 눈에 기대어 우리 역사를 재구성해야 하는 경우가 많다. 쉽게 쓸 수 있는 문자가 없이는 역사마저 잃어버릴 수 있다. 쉽고 대중적인 자기표현의 매체가 없어 그만큼 우리의 고유한 역사와 문화를 기록하여 보존하기가 어려웠다. 그들의 책에 나타나는 우리는 언제나 문화가 없는 오랑캐였고 중국을 침략할 수도 있는 호전적 존재로 그려져 있다. "문자"가 곧 한자를 가리켰던 시기에 한글은 없는 것이나 마찬가지였다. 중국과 다른 글자를 쓰는 것은 오랑캐들의 일이며 중화가 되려면 중국 한족과 같은 글자를 써야 한다는 의식에 사로잡혀 있었다. 한문 쓰기는 우리가 작은 중화라는 증거였다. 이게 동아시아 공용문자와는 한자의 실상이다.

1945년 이후로 남녘에서는 우여곡절을 겪으면서도 한글문화가 눈부시게 성장하였다. 이런 성장은 오랫동안 한자문화에 짓눌려 있던 한글문화가 활짝 피어난 것으로 우리 역사에서 일찍이 없었던 찬란한 위업이다. 비록 구석구석에서 흠이 여럿 있지만 봉건적·사대적인 한자문화를 민주적이고 자주적인 한글문화를 이루어야 한다는 시대적

요청을 구현하는 데에 한글은 훌륭한 매체였다. 이런 시기를 한자문화가 '한글전용정책에 억눌려 신장의 계기를 얻지 못했다'고 보는 것은 오랜 한문숭상의 폐해를 제대로 깨치지 못한 무지에 지나지 않는다. 한글전용은 오랫동안 막혀 있던 자주적이고 민중적인 한글문화가 터져 나올 물길을 터주었다. 다음 세대에게 한문숭상(더 나아가 한문문화의 내용이 되는 유학이 갖는 화이론에 따른 사대—모화)이 조선왕조가 망한 주요원인이었다고 분명히 가르쳐야 한다.

동북아가 주역이 되는 시대가 오더라도 한글전용정책에 변화가 있어서는 안 되겠다. 앞으로도 중국과 일본의 은근한 패권 다툼은 여전할 것이다. 동북아시대를 핑계로 고작 중국이나 일본의 울타리 안에서 말글정책마저 이웃나라에 맞추어야 한단 말인가. 경제적 비효율성과 자주성의 훼손을 생각하면 있을 수 없는 일이다. 공용문자로 한자에 새로운 역사적 기능을 부여한다면, 남북의 분열, 굴종과 사대의 역사 외에 무엇이 되겠는가.

민현식 님은 「교과서 개발자들께 드리는 긴급제언」에서 교과서 개발자들에게 교과서 본문에 괄호 병용 한자를 늘리고 옛글에는 혼용체 지문을 늘리며, 한자를 이용한 어휘 확장 학습을 강화할 것을 제안하고 있다. 그는 이런 제안의 이유로 한자교육에 대한 여론의 압도적 지지, 고전교육 강화의 필요성, '한자 문맹'이라는 학생들의 낮은 한자 이해력 등을 들었다. 그러나 이런 제안에 고개를 끄덕일 수 있는 합당한 이유는 그다지 보이지 않는다. 하나하나 따져보자.

한글전용과 한자혼용 싸움은 주로 초등학교 한자교육 문제를 둘러싸고 전개되었다. 한글사랑운동은 한자교육과 양립할 수 있을까? 해묵은 이 물음에 대해 대답하려면, 한자문화와 한글문화의 성격, 말과 글의 관계, 우리말 어휘체계의 방향, 아이들의 발달단계 등 여러 측면을 고려해야 할 것처럼 보인다.

국립국어원의 2005년도 여론조사에서 국민의 70%가 초등학교 한자교육을 찬성하고 있다고 한다. 아마 이것은 사실일 것이다. 도도한 한글사랑의 물결 속에서 이런 여론은 조금은 뜻밖이라는 생각이 들기도 한다. 한자문화의 무게는 우리 역사에서 이렇게 큰 것인가. 뒤집어 생각하면 이것은 제대로 청산하지 못한 오랜 한문숭상의 낡은 찌꺼기는 아닌가. 교육을 중시하던 전통이 '교육'에 대한 비판 없는 생각을 부추긴 결과는 아닌가. 무엇을 얼마만큼 언제 배워야 하는가라는 물음에 무턱대고 일찍부터 많이 배우면 된다고 여기는 데서 온 것은 아닌가. 한자만을 참 글자(진서)라 하고 훌륭한 한글은 언문이라 얕보며, 학문과 교육의 매체로 쓰기를 거부했던 낡은 생각이 아직도 살아 있는 것이 아닌가. 광복 뒤에도 상황이 그다지 변화하지 않은 것처럼 보인다. 다음과 같은 사례가 있다.

> "근일 어떤 지방에서는 조선이 독립이 되었으니까, 학교는 소용이 없다고 서당을 차리고 옛날식 한문을 가르치는 데가 있다고 하며, 또는 학교에 아이를 보내니까, 만날 언문만 가르치니, 그것도 며칠 동안이라면 무방하겠지마는, 벌써 석 달 동안이나 배우고 보니, 무엇 또 이어 배울 것이 없다고, 학교 교육을 악평한다고 들었다. 이는 그네의 머리가 문자언어교육에 사로잡히어 있기 때문에 선생에게 배운다는 것은 당연히 어려운 한자, 한문이나 배울 것이지, 하로 아침만 배우면 그만 더 배울 것이 없는 언문 같은 것은 배울 만한 가치가 없는 것이라고 믿는 까닭이다.(최현배, 『글자의 혁명』, 1947, 40쪽)"

한글전용교육은 한글로 된 읽을거리가 없다면 무의미하다. 국민기

본교육과정에서의 한자교육은 한자로 된 출판물을 만들어내게 될 것이다. 이런 데서 초등학교 한자교육이 왜 글자 정책의 쟁점이 되는지를 이해할 수 있다. 기득권층의 반발도 거세었고 사대모화사상이 하루아침에 가실 리도 없었다. 오늘날 한자문맹을 탓하는 사람들은 자꾸 한자·한문교육이 곧 교육이고 학문이던 시대만을 생각하고 있는 것은 아닐까. 낡은 잣대에 매달려 한자를 지성과 학문의 상징으로 여겨서는 안 된다.

학생들의 고전 이해가 한자교육 강화의 빌미가 되는 것도 우스운 일이다. 겨레의 고전이든 중국고전이든 언제나 한자, 한문으로 이해해야 한다는 생각을 버리자. 번역본을 쓰면 된다. 고전은 따분하고 현실에 맞지 않는 경우도 많다. 고전에 대한 존중은 이에 대한 비판적 이해를 해쳐서는 안 된다. 더구나 고전의 매체가 초등교육정책에까지 영향을 준다면, 이는 고전에 대한 비판 없는 태도가 끼치는 해독일 뿐이다. 자라나는 어린이들의 발달단계에 비추어보면 기억력에 짐이 되리라 생각된다. 무엇보다도 한자는 창의적인 교육에 그다지 도움이 되지 않는다. 고전에 한자를 섞어 쓸수록 대중은 고전과 한자를 더욱 외면하게 마련이다. 한자를 섞어 쓰면 말글 '하나됨'이란 역사적 흐름을 영원히 이룰 수 없다.

우리 전통사회는 말과 글이 이원적으로 극단화된 사회였다. 이런 분리를 메우고 이 둘을 거의 일치시킬 수 있는 길은 한글로만 쓰기에 있다. 한글만으로 우리말을 적기에 모자라 한자에 기대야 한다면 한글이 낱소리글자(알파벳)마저 될 수 없다. 한자를 계속 쓴다면 한자를 이용한 '말만들기'를 계속할 것인데 그런 어휘는 다시 한자에 기대어야만 이해될 것이다. '촛불 시위로 光化門은 光化의 빛 대신 狂禍의 소리로 뒤덮었다’와 같은 민현식 님의 표현이 좋은 보기다. 입말로는 뜻이 전달되지 않는 이 같은 표현은 지식인의 허영심을 자랑하는 데나 쓰일 뿐이다. 전통사회에서 보이는 말과 글의 극단적 분리는 곧 한글문화와 한자문화가 함께 살아가기 어렵다는 것을 뜻한다.

훈독전통이 뿌리내린 일본에서는 한문은 겉보기와 달리 일본어가 된다. 그러나 우리에게 한문은 우리말이 안 된다. 따라서 한문교육과 우리말 교육을 뒤섞어서도 안 된다. 일본에는 사라진 우리말 “가람”, “뫼”에 맞먹는 낱말이 그대로 살아 있다. 우리와 달리, 사람 이름과 땅 이름도 일본 고유 색채가 뚜렷하다. 한글과 한자는 새의 두 날개와 같은 게 아니라, 물과 기름처럼 서로 겉돌 수밖에 없는 관계다. 일본의 한자문화는 자주적이고 주체적 필요에 따라 창조되었다고 할 수 있다. 조선의 한자문화 가운데 모화사상에 찌든 부분을 빼면, 오늘에 되살려 쓸 수 있는 부분은 아주 적다. 이런 한글과 한자의 관계를 우리는 초등학교부터 바로 가르쳐야 묵은 시비에서 벗어날 수 있다.

민 님은 일본의 노벨상 풍년을 한자 개념어 활용과 연관시키고 있지만, 이는 우스꽝스런 생각이다. 일본은 우리처럼 학문언어, 보편언어가 한문, 일본어, 영어로 마디마디 끊어지지 않았다. 일본이 한문을 대하던 태도는, 조선과는 달리 주체적이었는데 영어를 다루는 데서도 그런 태도는 이어지고 있다. 초등학교에서 영어는 정식 교과목이 아니다. 영어 못한다고 정부가 국민을 들볶고 시간과 힘을 미국말 배우기에 쏟아 붓게 만들어 모두가 허우적거리는 경우는 생각할 수도 없다. 일본의 학문은 자국어 존중의 전통에 뿌리내리고 있어 정체성을 그대로 유지하고 있다.

우리에게는 아직도 우리가 딛고 설 제대로 된 전통이 없다. 오늘날 같이 한자교육의 여론이 가라앉지 않고 있는 것은 제대로 된 한글전용교육이 없었던 것도 큰 원인이다. 한자를 어근으로 하는 '새말 만들기'는 우리말 어휘체계를 부자연스럽고 어렵게 만들기 때문에 되도록이면 삼가야 한다. 여러 분야에서 전문용어 쉽게 풀어쓰기, '새말만들기'에서 고유어 어근의 적극적 활용 등을 어릴 때부터 습관으로 삼지 못했다.

『한겨레』에 연재되는 백기완 님의 회고록을 보라. 하루(2008년 11월 18일)치만 보더라도 '새말만들기'의 놀라운 창조력을 보게 된다.

준심(정권), 불쌈(혁명), 굴대(방송), 랭이(민중), 등빼기(반란), 곧맴(양심), 말통(전화기), 피불(난로), 올리게(상), 깃줄대(전봇대), 알범(주인), 떠방(반응), 다룸(시험), 눌데(방), 글묵(책), 먹개(벽), 집데(주소)

광복 뒤로 우리는 눈부신 한글문화의 성장을 보고 있다. 그런데도 우리말과 글에 대한 자부심을 버려야 할 것으로 여기는 풍조가 자꾸 번져가고 있다. 국제화와 세계화가 이를 감싸는 명분이 되고 있다. 주체적이지 못했던 한문에 대한 태도가 영어에 대해서도 되풀이되는 경향이 있다. 한문숭배가 망국에 이르렀던 역사를 되돌아본다면 자꾸 번져가는 영어숭배는 걱정되는 바가 적지 않다. 함께 머리를 맞대고 걱정해야 하는데도, 빛나는 한글문화의 금자탑을 허무는 데 국어학자들이 앞장서다니……

(『한글 새소식』 제442호, 2009. 6)

2. 한글만 쓰기는 통일의 길

1) 한자폐지가 앞서야
- 남북의 말글이 하나되려면

북녘의 말글이 남녘의 말글과 많이 달라졌다는 말을 자주 듣게 된
다. 이 말은 한글맞춤법이 서로 다르다는 것을 뜻할 때도 있으나, 그
보다는 우리말의 낱말 짜임새를 두고 하는 말이다. 40년 넘는, 짧지
않은 세월에 적지 않은 변화를 보이는 것은 놀라운 일이 아니다. 이러
한 남북 간의 '언어 이질화'는 많은 신문에서 주장하듯이 정말 북녘의
'어학혁명' 탓만일까?

'이질화'란 딜라진다는 뜻이다. 여기서 먼저 한 가지 따져보아야 할
문제가 있다. 그것은 무엇이 무엇과 달라진다는 뜻인지, 달라짐의 기
준이 무엇인지를 분명히 하는 일이다. 북녘 말이나 남녘 말, 그 자체
가 기준이 될 수는 없다. 그렇게 된다면 남·북이 서로 헐뜯고 욕하기
에 안성맞춤이 될 것이다. 이런 눈을 가지고 '언어 이질화'를 걱정하
며 남북통일을 들먹이는 것은 어이없는 일이다.

한 언어의 기본어휘와 문법구조는 그 언어의 뼈대라 할 수 있다. 이
런 우리말의 문법구조와 기본어휘를 두고 말한다면, 지난 40여 년간
의 변화에도 불구하고 남북이 서로 크게 달라졌다고 할 수 없다. 우리
말의 기본어휘는 여러 세대에 걸쳐 우리 조상들이 물려준 것이며, 사
회의 한 계급이 아니라 사회의 모든 계급들에 의해 창조된 것이다. 그
것은 좀처럼 변하지 않는 우리말의 기초이다.

'새말'을 만드는 데는 무엇보다도 이 기본어휘가 재료가 되어야 한

다. 우리말의 기본어휘에는 한자에서 비롯된 것도 있지만, 그보다는 순수한 우리말이 그 바탕을 이룬다. 그런데도 남녘에서는 새로 생겨나는 말이 거의가 한자를 기초로 한 것이거나 아니면 서양말이다. 넘쳐나는 외래어 때문에 우리말의 순수성이 많이 흐려졌고 낱말 짜임새가 체계적으로 되지 못하였다. 보기를 들면 "쌀→쌀값→쌀밥"과 같이 늘어나야 할 말이 "쌀→미가→라이스"처럼 늘어나 낱말들이 아무 체계도 없이 모래알처럼 흩어지고 말았다. "쇠젖→우유→밀크"처럼 변하는 말도 많다.

이런 외래어는 남북의 말글이 달라지는 가장 큰 원인이 된다. 우리 고유의 것을 멸시하던 봉건관료들의 못된 버릇이 아직도 남아, 한글만 쓰기가 거의 다 이루어진 오늘날에도 고유어로 새말을 만드는 전통은 좀처럼 뿌리를 내리지 못하고 있다. 이런 현실은 무엇보다도 아직 한자를 쓰고 있다는 사실과 긴밀히 이어져 있다. 한자 섞어 쓰기를 말의 문제가 아니라 다만 글자의 문제라고만 볼 것인가. 결코 그렇지 않다. 한힌샘 주시경 님의 말을 빌면, 글자는 단순히 '말을 담는 그릇'에 그치지 않고 '말을 닦는 기계' 구실을 하기 때문이다.

북녘에서는 오래 전에 한자를 폐지했지만 남녘에서는 아직도 쓰고 있다. 이 차이에서 오는 남북의 말글 달라짐은 결코 적은 것이라 할 수 없다. 이런 점은 터키의 언어정책에서도 새삼 확인된 바 있다. 듣는 바로는, 북에서는 "가로수, 레코드, 파마"들의 말을 "거리나무, 소리판, 볶음머리"로 바꾸었다 한다. 이런 새말들은 자주 쓰이는 고유어의 기본어휘를 재료로 하여 잘 만들어졌다. 그러나 남녘의 "가로수, 레코드, 파마"는 우리말의 기본어휘와는 아무런 연관도 없는 것으로서, 결국 우리말 가운데 담을 쌓아 새로운 층을 만들어낸다. 기본어휘가 새말을 만드는 재료가 되지 못한 데서 오는 자연스럽지 못한 말의 늘어남이다. 남녘 말이 바로 이런 상황에 놓여 있다. 기본어휘와의 연속성과 말의 순수성이란 기준으로 보면 남북의 말글 달라짐이 북녘 탓이라는 주장은 말과 글을 잘 알지 못하는 사람의 주장임을 알 수 있다. 북녘에서는 새말을 만듦에 있어 고유어의 요소(순수한 기본어휘)를 존중한다는 원칙을 분명히 하고 있다. 이러한 원칙은 우리말을 제대로 가꾸기 위한 중요한 원칙으로서 결코 아무렇게나 보아 넘겨서는 안 될 일이다.

물론 북녘의 언어이론에서도 개운치 않은 구석이 있다. 온 세계가 다 공산주의가 되는 '일정한 시기까지는 민족적인 것을 고려해야 한다'는 주장이 바로 그렇다. 또 우리말을 고쳐 나가는 것을 "어학혁명"이라 부르는 것 또한 그렇다. "어학혁명"이 말과 글을 보는 관점의 근본적인 전환을 뜻한다면 옳게 쓰인 말이겠지만, 그 알맹이가 '말다듬기'란 점에서 본다면 혁명이라 할 수는 없다. 언어에는 혁명이 있을 수 없기 때문이다. 하기야, '어학혁명'이란 개념 자체가 잘못된 것은 아니다. 말을 '혁명과 건설의 힘 있는 무기'로 보는 것도 언어나 언어학의 자율성과 긴장관계에 있다. "혁명"을 '계급혁명'으로 본다면 더욱 그렇다. 언어는 한 계급의 것이 될 수 없기 때문이다. '혁명'이란 말에 지레 겁을 집어먹고 실체를 바로 보지 못하는 것은 어리석은 짓이다. 이런 개운치 못한 곳이 있지만, 우리말을 제대로 가꾸기 위한 북녘의 애씀은 참으로 칭찬받을 만하다. 이런 반면에 남녘에서는 그러한 애씀이 모자랐음을 겸허하게 뒤돌아보지 않을 수 없다.

남녘에서도 말다듬기운동이 있긴 있었다. 어려운 한자말, 서양말을 쉬운 고유어로 풀어낸 '새말쓰기운동'이 그것이다. 그 결과로 생겨난 낱말들은 북녘의 그것과 같거나 아주 비슷한 것이 많다. "첨가하다, 침수하다, 집요하다"들은 "덧붙이다, 물에 잠기다, 끈덕지다"로, 양쪽이 똑같고, "날조하다"는 "가짜 꾸미다"(남쪽), "꾸며내다"(북쪽), "촉박하다"는 "닥치다"(남쪽), "몹시 급하다"(북쪽)로 조금 다르긴 하지만 뜻을 아는 데는 아무 어려움이 없다. 우리말 어휘를 바탕으로 삼아 새말이 자연스럽게 생겨났기 때문이다. 새말이 고유어를 바탕으로 만들어진다면 남북의 말글 달라짐을 막을 수 있는 길도 바로 여기에 있다고 하겠다.

그런데도 이 우리말다듬기가 널리 펼쳐지고 뿌리내리지 못했을 뿐만 아니라 오히려 그동안 애써 다듬은 말들마저 한자말로 다시 바꿈으로써 '언어의 이질화'를 부채질하고 있으니 안타까운 일이다.

오늘날 한자말이 남북의 말글을 달라지게 하는 가장 큰 빌미가 되고 있음은, 우리나라에서 한자말의 역사를 보아도 알 수가 있다. 한자는 사대주의와 봉건주의에 물든 지배계급이, 쉬운 한글도 깨칠 여유마저 없던 민중을 무식하고 가난하게 만드는 데는 안성맞춤이었다. 이들 '유식한 봉건관료'들은 상민의 말글을 멸시하고 그와 달라짐을 생활의 원리로 삼았다. 한자는 예부터 분열과 대립의 글자였다.

한편, 한글은 민중의 글자요, 자주성의 상징이요, 모든 사람을 하나로 묶는 통일의 글자이다. 외세에 의해 우리 겨레가 남북으로 갈라진 지 어느덧 반세기에 접어드는 지금, 분열의 글자인 한자가 통일의 큰 걸림돌이 된 것이 어찌 우연이겠는가. 그러므로 오늘날의 우리말 쓰기 운동은 미처 마무리 짓지 못한 독립운동이요, 갈라진 겨레를 하나가 되게 하는, 무엇보다도 값진 통일운동이라 할 수 있다.

요즈음 남북의 말글 달라짐이 우리들의 큰 관심사로 된 것은 참으

로 반가운 일이다. 그러나 터무니없이 그것이 북녘 탓이라고만 비난
해서는 안 되며 더구나 대립과 파쟁을 일삼아서도 안 된다. 학자들은
새삼 말과 글이 무엇인지를 곰곰 생각해보아야 하고, 신문들은 한글
만 쓰기에 반대하는 얼마 안 되는 독자를 설득하는 용기를 가져야 한
다. 정말 우리말과 글의 앞날을 생각한다면 '민족어의 이질화'를 가속
시키는 데에 으뜸가는 원인이 되는 한자를 하루빨리 버려야 한다.

(『한글 새소식』 제203호, 1989. 7)

2) 북녘의 말글정책을 어떻게 볼 것인가
―한문교육 부활이 한글만 쓰기의 실패를 말하는가

국어연구원에서 펴낸 『북한의 언어정책』(안병희, 1992. 7)은 많은
학자들이 이제까지 내놓은 북녘의 말글정책관을 담고 있다. 이 책은
북녘의 한글만 쓰기가 실패했다고 보고 논의를 펴고 있다. 이런 주장
은 대중매체를 통하여 여러 번 선전되었기에 새삼스러운 것도 아니
다. 나랏돈을 쓰는 국가기관에서 나온 것인 만큼 여기 나타난 생각들
은 곧 있게 될 남북의 말글 하나됨을 위한 만남에서 남쪽의 견해를
대표한다고 여겨질 가능성마저 있다. 그러나 과연 이런 시각만이 정
론일까? 말글정책을 두고 오랜 논쟁을 해온 우리 학계가 이 문제를 두
고도 의견을 하나로 쉽게 모을 수는 없을 듯하다. 남북의 말글이 하나
되려면 이 논쟁도 어차피 한번은 치러야 할 홍역임에 틀림없다.

먼저 국어정책을 말하는 자리에서 '한자문화권'(170쪽)을 들추어내
는 것은 삼가야 한다. 20세기의 한자문화권이란 중화사상의 일본판이
라고 할 수 있는데 침략을 정당화하는 논리였던 '대동아공영권'이 이

름을 바꾼 것에 지나지 않다. 이런 동아시아적 보편질서의식은 오래 전부터 우리 지성사를 지배해왔으나 근대 이후로 민족국가가 역사전 개의 기본단위가 됨과 더불어 쇠퇴하였다. 주시경이 국어연구에서 늘 말글과 그 나라 사이의 관계를 먼저 문제 삼았던 것도 근대적 주권국 가에 이런 보편질서 의식이 큰 걸림돌이었기 때문이다. '한자문화권' 이란 의식을 버리지 못하면 우리말에 침투한 중국어적 요소를 당연하 게 여길 것이다. 이는 우리 역사의 큰 과제인 자주성의 문제를 대수롭 지 않게 여긴다는 비판을 피하지 못할 것이다. 국어정책을 말하면서 한자문화권을 들먹임은 그 자체가 한글문화에 대한 모멸이라 보아도 지나침이 없다. 중국글자로 상징되는 봉건주의와 식민주의에 맞서 한 글문화를 일구고 지켜온 겨레문화의 위대한 전통을 국어연구원이 대 수롭지 않게 여겨서는 안 될 줄 안다. '그 나라 말과 그 나라 글은 그 나라 사람들이 따로 서는 나라가 됨의 특별한 빛'이라는 주시경의 가 르침은 오늘날에도 깊은 뜻을 담고 있다.

『북한의 언어정책』 가운데서도 「북한의 한자·한문교육」(170~180 쪽)은 가장 큰 문제점을 드러내고 있다. 이 책에서 북녘의 언어정책 (1~68쪽)과 말글규범(69~112쪽), 어휘정리 (113~136쪽)와 국어교과 서 내용(137~169쪽) 소개는 비교적 문제가 적다. 그러나 이 부분은 한 글만 쓰기가 불가능하다고 보는 관점이 전제되어 많은 논란의 가능성 을 안고 있다. 한글만 쓰기가 우리말 발전의 가장 기본적인 전제조건 이라 믿는 사람의 눈으로는 북녘의 언어정책을 바로 이해하지 못한 왜곡으로 보일 수밖에 없다. '한자·한문교육'은 사실상 우리말의 역 사와 현실을 어떻게 파악하며, 그리고 그 앞날을 어떻게 설계할 것인 가라는 문제에 이르기까지 거의 모든 문제와 관계된다. 그런데 『북한

의 언어정책』은 '한자교육을 전제로 하지 않는' 북녘의 한글만 쓰기
가 '실패'했다고 보고 북쪽의 한문교육 부활은 '한자폐지에서 오는 폐
단을 그들이 일찍부터 체감하고 이를 시정해야 한다'는 필요성을 느
꼈던 까닭으로 본다.(170쪽) 그 폐단이란 다름 아닌 '어휘력의 빈곤'이
라고 보며 '모든 출판물이 한글전용을 하고 있어 학습효과가 기대하고
있는 만큼 나타나고 있지 않는 것이 그들의 한계'(180쪽)라는 지적까지
하고 있다. 과연 이런 주장이 옳을까?

　남북의 말글 '이질화'를 극복해야 한다는 주장이 오래 전부터 있었
다. 남북의 말글정책에서 가장 큰 차이는 무엇보다도 남쪽에서는 아
직도 중국글자를 섞어 쓰고 있다는 점이다. 이 차이가 '이질화'에 어
떤 영향을 끼치는가 한글만 쓰기가 우리말 발전의 기본조건이라 보는
관점에서 보면 '이질화'의 원인은 중국글자 섞어 쓰기에 있다. 물론
맞춤법에서도 차이가 나고 말다듬기에도 남북의 차이가 난다. 중국
글자를 섞어 쓰고 있다는 사실을 대수롭지 않게 여기기 쉽다. 흔한 생
각으로는 중국글자를 섞어 써도 우리말 그 자체에 큰 영향을 미치지
않는다. 그러나 이는 잘못이다. 주시경에 따르면 글은 말을 담는 그릇
이자 말을 닦는 기계이기에 기계를 먼저 닦은 뒤에야 말이 잘 닦이어
진다. 우리말을 중국글자라는 이지러진 기계로 담는다면 우리말이 거
칠어질 수밖에 없다. 한글이야말로 우리말의 새 하늘과 새 땅이다. 외
국을 보더라도 중국의 남쪽말과 북쪽말은 통역이 필요할 정도로 큰
차이가 있으나 많은 학자들이 한 언어의 두 방언으로 보는 중요한 요
인은 같은 글자로 적힌다는 것이다. 우리말을 두 쓰기 체계로 나누어
서는 안 된다. 나날말(일상언어)학파의 주장을 끌어오지 않더라도 말
이나 글자는 그 쓰임이 생명이다.

그런데도 남북의 '언어이질화'를 걱정하면서 북쪽의 한글전용정책에 따른 말다듬기가 큰 원인인 것처럼 말하는 사람도 있다. 그러나 이런 생각은 문제가 많은 주장으로 비판적 검토가 필요하다. 말글에서 남북의 차이는 체제 차이가 반영된 것이 대부분이다. 또 뜻풀이에서 체제의 성격이 반영되어 어느 정도 차이가 생기는 것, 이를테면 「현대조선말사전」(1982)에서 "부자"의 뜻풀이에서 '재산을 많이 가지고 호화롭게 진탕 치며 살아가는 자'라고 풀이하고 있어 뜻풀이에서 계급성이 강조되어 있으나 그 기본적인 뜻—재산이 많은 사람—에서는 남쪽과 공통이며 이 점에서는 많은 일치가 있다. 이런 뜻풀이의 치우침도 그 뜻의 근본적인 변화는 아니다. 어떻게 보면 사람마다 하나의 낱말에 다른 개념을 갖고 있다고 볼 수 있다. 가치론적으로 중립적이라 할 수 있는 낱말까지도 그에 대한 개념이 같지 않다. 무리수와 허수까지 알고 있는 대학생이 알고 있는 '수'와 자연수와 분수밖에 모르는 초등학생 김차돌이 알고 있는 '수'도 같지 않은 측면이 있다. 이런 낱말 이해에서의 차이는 어떤 말에서든 나타날 수 있으며 조금도 이상한 것이 아니다. 같은 표현이라도 이해의 깊이가 다르다고 할 수 있다.

이제까지 대중매체를 통해 선전된 '이질화'는 이런 말글에서의 차이를 과장한 것이 대부분이다. 그런 데서는 대개 낱말을 월에서 떼어내 소개하기 때문에 남북의 차이가 크게 느껴지게 마련이다. 그 낱말이 들어가 쓰인 보기월을 주면 그 뜻을 짐작할 수 있는 때가 많다. 또 남쪽사람이라고 해서 남쪽말을 다 아는 것도 아니고 북쪽말을 죄다 모르는 것도 아니다. 이제부터라도 남북이 활발하게 교류하면서 거부감 없는 좋은 말을 서로가 거리낌 없이 쓴다면 남쪽말과 북쪽말을 애써 구별하여 기억하지 않아도 될 것이다. 또 분단과는 관계가 없는 본디부터 있던 방언의 차이가 있다. 이런 것들은 우리말을 풍부하게 하는 것으로 부정적으로 볼 이유는 없다. 다듬은 말은 거의 비슷하게 다듬은 것도 있다. 다만 같은 대상이나 현상을 두고 서로 다른 낱말을 쓰는 경우가 문제가 되는데, 이는 많은 경우 남쪽의 언어정책이 낡고 어려운 말을 그대로 내버려두기 때문이다. 따라서 그 차이가 북쪽의 철저한 한글전용 때문이라는 주장은 설득력이 없다. 북쪽말을 남쪽말을 기준으로 삼아보면서 '이질화'라고 보는 것은 온당하지 않다. 북쪽의 관점에서는 외래말이 범람하는 남쪽 탓이라고 보지 않겠는가. 이제까지 '이질화'가 북쪽 탓이라는 생각은 냉전적 시각의 산물일 뿐이다.

뒤집어서 생각해보면 우리가 남북 말글의 '이질화'를 자꾸 말하는 것도 남북의 말글에서 동질성이 얼마나 큰가를 말해준다. 어떤 이가 '늑대와 승냥이는 다르다'고 말한다면 이는 그 둘 사이에 많은 같음이 있기에 애써 다른 점이 있음을 강조하는 것이다. 그러나 어떤 이가 '늑대와 사슴은 다르다'고 말한다면 누구나 이상하게 여길 것이다. 그 다름이 분명하기에 애써 말할 필요가 없기 때문이다. 남북의 말글이 많은 점에서 같기 때문에 조그만 차이도 크게 느껴지고 이를 "이질화"로 표현한 데 지나지 못한다. 북녘의 다듬은 새말에서 거부감을 느낀다면 근거 없는 편견이나 독단에서 벗어나 이성적 검토가 필요하다. 주관적인 인상만으로 판단해서는 현실을 잘못 보기가 쉽다.

우리말 속의 한자말 어휘를 이해하는 데에서 중국글자에 대한 이해는 말밑의 이해에 지나지 못하며 우리말 이해에 본질적일 수는 없다. 이는 어디까지나 보조수단일 뿐이다. "노인", "노총각"에서 "노"가 '늙은', '나이 많은'의 뜻을 가짐을 가르치게 되면 반드시 "老"를 알아야 할 필요는 없다. 중국글자 어근으로 새말을 늘리지 않고 중국글자 교육으로 한자

말밑을 이해한다면 이런 교육은 한글만 쓰기와 어긋나지 않는다. 다만 새말은 언제나 본디 우리말 어근으로 만든다는 원칙이 필요한데 이 점을 김일성 주석은 1964년 1월의 교시에서 분명히 밝혀두고 있다.

"무엇보다도 한자어에 대한 태도를 옳게 가져야 하겠습니다. …… 새로 나오는 말들은 우리말 어근에 따라 만드는 것을 원칙으로 하여야 합니다. 단어체계를 고유어와 한자어의 두 체계로 하여 복잡하게 만들 필요가 없습니다."

한문교육의 한 부분으로 한자말의 말밑을 가르치는 것이 결코 한글만 쓰기의 실패를 뜻하지 않는다. 말밑에 따른 낱말 이해는 우리말만이 아니라 영어에서도 도이치란트말에서도 가능하다. 그리스말에서 오는 낱말이나 라틴말에서 오는 낱말을 유럽 사람들도 이런 방법으로 이해할 수 있을 것이다. "aristocracy(귀족정치), autocracy(독재정치), democracy(민주정치)"와 같은 낱말에서 "cracy"가 그리스말 "kratia(지배)"에서 온 것을 알면 이해에 많은 도움을 받을 수 있는 것과 같다.

중국글자에 대한 무지가 우리말 어휘력의 가난함을 불러온다는 생각은 아무런 근거도 없다. 우리말 어휘력의 부족을 중국글자 교육으로만 메울 수 있다고 여기는 것도 문제이다. 말이 갖는 창조성이 글자에 기대지 않음을 새삼 말할 필요도 없다. 한글만 쓰게 되어 어휘력의 모자람을 불러왔다는 생각은 우리말의 어휘체계를 한자말 중심으로 유지한다는 전제에서 나오는 것인데 이는 우리말 발전의 올바른 방향이 아니다. 젊은이들이 한자말의 뜻을 잘못 알고 있거나 아주 모르고 있다는 사실이 곧 한글전용의 실패, 즉 어휘력의 빈곤을 뜻하는 것으로 해석하였는데(173쪽, 178쪽) 이는 논리적 비약이다. 어휘의 변화는 언제나 일어나는 것이며 세대 사이의 어휘 차이도 자연스런 것이다. 어휘는 언어에서 가장 변화가 쉽게 일어나는 부분이다. 이를 무턱대고 한글만 쓰기의 실패로 몰아가서는 안 된다. 이런 주장은 중국글자 섞어 쓰기가 얼마나 큰 해독이 되는가를 깨치지 못한 무책임하고 안일한 현실 파악을 그대로 드러내고 있다.

말과 글의 관계에 대한 주시경의 이론으로 볼 때 남북의 말글 차이는 주로 남쪽 때문이라는 결론이 나온다. 말이 글을 담는 그릇이라면 그릇이 달라짐에 따라 말에 변화가 온다. 남쪽에서는 계속 중국글자를 섞어 씀으로써 소리글자로만 적어서는 이해되지 않는 말(일본식 한자말이 대부분)이 살아남을 수 있는 터전이 있고, 이는 남북의 말글에 점점 차이를 더 크게 한다. 말의 존재방식(글)이 달라짐에 따라 말이 도리어 영향을 받게 된다. 주시경의 계몽사상은 한글천대의 극복을 그 주요 내용으로 하는데, 그러한 계몽은 남쪽에서는 아직도 절실히 필요하다. 우리말을 중국글자로 적는 버릇이 얼마나 큰 해독이 되는지 대중의 자각이 아직 거의 없기 때문이다. '글이 거칠면 그 글자로 쓰는 말도 거칠어진다'는 주시경의 주장은 우리말이 한글로 규범에 맞게 담겨야 한다는 생각을 달리 표현한 것이다.

북쪽의 한글만 쓰기와 말다듬기는 우리말 어휘구성을 체계적으로 만든다는 점에서 긍정적 평가를 받을 만하다. 우리말 어휘구성을 보면 나날말이나 기본어휘에는 본디 우리말이 많고 전문용어에는 한자말과 서양말이 대부분이다. 이는 우리말이 자연스럽게 자라나지 못하고 외래말에 억눌린 모습을 그대로 보여준다. 기본어휘가 기본이 되지 못하는 상황이기 때문이다. 이런 현실을 바로 잡으려면 기본어휘를 재료로 새말을 만들어내면 된다.

"승수→곱하는 수, 환기→공기갈이, 외래어→들어온 말, 교환→바꿈, 응집→엉겨붙기, 매표→표팔기, 일조량→해쪼임량"과 같이 바뀌어야 우리말이 자연스럽게 피어난다. 그리하여 궁극적으로는 우리말 어휘체계를 본디 우리말 중심으로 하나로 통일해 갈 수 있다. 북녘에서 만든 이런 말들은 남녘을 중심으로 보면 남북의 말글 달라짐이라고 할 수도 있지만 비난받을 일은 아니다. 중국글자를 섞어 쓰면 한자말이 자꾸 생겨나 남북의 말글이 자꾸 달라지는 큰 원인이 된다. 그러므로 남북의 말글이 하나되려면 무엇보다도 중국글자를 폐지하는 일이 앞서야 한다. 『북한의 언어정책』이 한문교육의 부활을 한글만 쓰기의 실패라 보는 것은 잘못이다. 특히 66년 5월의 김일성 주석의 교시에서 한문교육 부활의 이유가 남쪽의 신문이나 잡지를 읽을 수 있게 하고 고전을 번역하기 위해서라고 밝힌 것을 믿지 않고 중국글자 폐지가 실패한 것이 그 '진정한 동기'(173쪽)라고 말한다. 이런 의심은 지나치다.

더러는 언어를 '혁명과 건설의 힘 있는 무기'라 보는 북녘의 언어관에 거부감을 나타내는 경우도 본다. 그러나 이런 거부감은 말의 본성에 관한 오해에서 나온 것으로 볼 수 있다. 언어는 원칙적으로 모든 이데올로기로부터 자율적이라고 할 수 있다. 언어는 자본주의를 선전하는 무기가 될 수도 있다. 남북의 말글 하나됨에서 중요한 것은 이런 언어관이 어휘구성에 부정적 영향을 끼치는가라는 점인데 그렇다는 증거는 거의 보이지 않는다. 이 점에 대해서 우리는 그다지 걱정하지 않아도 좋다. 이 점에서 남이나 북이나 현실보다는 허상을 보고 있다고 말할 수 있다. 글이 말에 주는 영향력을 생각할 때, 남북의 말글 차이를 걱정하기에 앞서 한글만 쓰기가 이루어져야 한다. 북녘의 언어정책을 탓하기에 앞서 한글만 쓰기와 말다듬기를 위해 애써야 좋다. 그 뒤에야 우리는 남북의 말글 차이를 좁히기 위한 진지한 노력을 생각해볼 수 있을 것이다. 『북한의 언어정책』은 문제가 많은 주장—한글만 쓰기는 불가능하다—을 전제하고 있기 때문에 북녘의 말글정책을 올바로 보지 못하였다. 누구보다도 우리말글의 현실과 앞날을 바로 알아야 할 국어연구원이 이 점에서 잘못 생각하고 있지 않나 걱정이 앞선다. 말하자면 한글만 쓰기는 우리 겨레가 다시 하나되기 위해 반드시 거쳐 가야 할 통일운동의 첫걸음이다.

(『말과 글』, 1993. 가을)

3) 북녘의 말글정책 보도에 대한 분석

앞으로 남북통일이 어떤 형식으로 이루어질지 지금으로서는 그 누구도 알 수 없다. 통일이 어떻게 이루어지느냐에 따라 말글의 통일도 크게 달라질 것 같다. 그러나 북녘의 언어 현실이나 정책에 대한 신문 보도에는 편견이 심하다는 느낌이 든다. 이런 편견에 대해 글쓴이는 이미 여러 곳에서 이야기한 바가 있다.(『한글 새소식』 1989. 7.『말과 글』 1993. 10) 이렇게 다른 사람의 생각을 편견이라고 단정하는 것이 조금 독단으로 들릴지도 모르겠다.

북녘에서는 반세기 전에 한글전용을 단행했고 몇몇 학자들이 이 정책이 실패했다고 거듭 주장하였으나 그 증거는 어디에도 없다. 그러나 신문에서는 이런 편견이 아직도 그대로 남아 있다. 수천 년 동안 내려오던 봉건문화, 사대문화의 인습을 청산하여 민주화와 자주화를 이룬 북녘의 커다란 변혁은 앞으로 우리 역사의 빛나는 부분이 되리라 생각한다.

그런데도 남쪽 신문들은 이에 대한 정당한 평가에 몹시 인색하다. 이에 글쓴이는 올해 3월부터 5월에 걸쳐 남북의 말글통일과 북녘의 말글 정책에 대한 주요기사를 분석하면서 이에 대한 의견을 펼쳐보려 한다.

"북한은 스트레이트는 '곧추치기' 혹은 '꺽어치기', 스파링은 '대상훈련'이라고 부르고 잽은 특별한 용어 없이 '가볍게 타격한다'고 한다. 어퍼컷은 '올려치기'이고 체중을 빼는 것을 '뽑는다'고 한다." 「소박한 북한의 권투 용어」(『한국일보』 3. 4)

이 기사는 이런 용어가 낯설다고 하면서도 긍정적인 측면이 있다고 했다. 북녘의 눈으로 본다면 남쪽말도 낯설 것이다. 낯선 정도가 아니라 외국어가 되지 않을까? 말이 쉽다는 것은 중요하다. 필요 없는 외국어는 무엇보다도 그 말을 들여오는 사람의 특권의식 때문이다. "진리"보다는 "참", "미"보다는 "아름다움"이 더 근원적인 말이다. "존재"보다는 "있음"이, "화폐"보다는 "돈"이 더 근원적인 말이다. 아직도 이런 토박이말을 논문에서는 쓰면 안 되는 줄 아는 학자들이 많다.

「남북한 언어 통일 시급하다」(『중앙일보』 사설, 3. 18)

남북한 언어학자가 만나 '언어 이질화' 문제를 해결해야 한다는 결론은 온당하나 국어 사전에 관한 말은 엉뚱하다. 그러나 이 점을 글쓴이는 지난 1994년 봄과 여름에 걸친 국어연구원에 대한 질의에서 확인한 바 있다.(『말』 10호, 1994. 10. 참조)

국립국어연구원이 편찬한다는 통일에 대비한 『종합국어대사전』은 통일과 무관하다. 그냥 남북의 말이 차이가 날 때에는 남쪽말로 표준을 삼는 흡수통일을 전제한 국어사전일 뿐이다. 이 사전의 정치적 의도에 대해서도 말이 많았다. 어느 원로 국어학자는 그때의 원장이었던 어느 교수에게 편지를 보내어 항의를 전달한 바 있다. 남북의 언어에 대한 기본개념이 남쪽에서는 음운체계라는 구조주의적 틀을 중시하는데 북쪽에서는 마르크스 식 언어현실을 중시한다고 했으나, 이도 이 문제에 대한 올바른 접근이 아니다. 음운체계로서의 언어는 북녘에서도 이념과 무관하게 받아들일 수 있다. 주시경과 조선어학회의 전통을 소중하게 생각한다면 남북의 말글이 하나가 될 수 있는 길은 매우 가깝다.

그러나 불행하게도 오늘날 우리말글정책에 큰 영향을 미치는 여러 국가기구에는 주시경과 조선어학회의 전통을 학문적 근거가 없다고 여기는 경성제대 학맥의 '과학적' 언어학파가 다수를 이룬다.(『함께 여는 국어교육』 1994. 겨울호, 김영환의 글 참조) 우리에게 값진 유산이 있건만 애써 이를 하찮다고 여기고 있다. 전통을 박물관에만 가두어두어야만 할 까닭은 없다. 현실 속에서 살아 움직여야 한다.

"북한은 1954년 조선어 철자법을 새로 정하고 60년대 들어 사회과학원 언어학 연구소가 말다듬기운동을 벌여 언어혁명을 가속화했다. 그 결과 남북한 언어는 어휘, 발음, 맞춤법, 어법에 심한 차이를 보이게 됐다." 「남북한 언어 격차」(『동아일보』 「횡설수설」, 4. 20)

이런 말은 남북의 말글 차이가 북녘 탓이라는 인상을 심어준다. 굳이 따진다면 아직까지 글살이에서 중국글자를 섞어 쓰고 미국말 잘하기가 개인의 능력을 재는 잣대가 되어버린 남쪽의 책임이 더 크다. 제대로 뜻도 이해하지 못한 채 입에 오르내리는 국제화, 세계화를 빌미

로 이런 풍조를 정당화하기도 한다. 차이나 다름은 기준이 문제가 된
다. 서 있는 자리를 바꾸어 생각한다면 북쪽에서 남쪽말에 대해 느끼
는 거리감도 클 것이다. 좀 더 객관적이고 냉정한 현실 인식이 필요한
때이다. 북쪽에서 남쪽은 왜 한글로만 쓰기를 하지 않는가라고 묻는
다면 무엇이라고 대답하겠는가.

> "북한은 국제방송의 「이조 4대왕 세종」이란 프로에서 세종대왕의 개인 사
> 상과 치적을 소개했다. …… 김일성의 유일사상체계가 확립된 이후 세종대
> 왕의 훈민정음 창제는 물론 세종 대왕에 대한 그 어떤 것도 주민들에게 소
> 개하지 않고 있다." 「북한, 세종의 한글 창제를 인정」(『한국일보』 5. 13)

역사의 주체가 인민이라는 관점에서 개인의 업적을 내세우는 역사
서술에 반대하는 사관을 엿볼 수 있다. 이 점은 역시 북녘의 특수성이
라 생각된다. 그러나 남쪽에서는 이와 반대되는 경향 때문에 문제가
된다. 한 개인이 얼마나 많은 일을 해냈는가를 강조하여 개인숭배에
빠지는 일이다. 이를테면 『독립신문』에 대한 연구에서 이기문 님의 「독
립신문과 한글문화」(『주시경 학보』 4집, 89. 12)와 정진석 님의 「보도
용어의 역사적 고찰」(『말과 글』 1996. 봄)이 이런 좋은 보기에 속한다.
이기문 님의 글은 서재필 개인의 업적을 신비화하는 경향이 있고, 정
진석 님의 글은 '『독립신문』의 제2인자'가 누구인지에 대해 많은 관
심을 쏟고 있다.

이 두 주장은 아직은 막연한 추측에 지나지 않는다. 또 이런 개인에
대한 강조는 역사에 대한 전체적 이해를 가로막는다는 점에서 볼 때
하루빨리 지양되어야 한다. 아마도 진실은 전체적 상황 속에서 개인
의 긍정적 업적을 서술하는 두 극단의 중용이 되지 않을까 한다.

최근의 『한겨레신문』 5월 24일자 보도에 따르면, 송민 국어연구원장
과 전임 안병희 원장이 남북의 맞춤법 통일을 위해 연변을 방문했다고
한다. 그 뒤로 아무 소식이 없는 것으로 보아선 별다른 성과가 없었던
모양이다. 이런 결과는 놀라운 것이 아니다. 국어연구원은 북녘에서 쓰
이는 "길섶"이란 좋은 말을 두고 공연히 "갓길"이란 억지말을 만들었
다.(『말과 글』 1995. 여름. 김영환의 글 참조) 국어연구원은 또 한자의
공통약자를 중국 일본과 함께 만드는 일을 하고 있다.

지난 해에 교육부에서 국민학교의 이름을 "초등학교"로 바꾸었는
데 통일을 생각하여 "인민학교"로 바꾸자고 하는 사람은 아무도 없었
다. 미국말 "primary school"을 일본인들이 번역한 "초등학교"가 "인민
학교"나 "어린이학교"를 대신하고 말았다.(『한글 새소식』 1995. 10. 김
영환의 글 참조) 이런 여러 정책은 남녘의 말글정책이 참된 통일을 생
각하는 바탕 위에서 이루어지지 않고 있음을 보여주기에 넉넉하다.
그러나 이런 데에 비판적으로 문제를 제기한 신문은 없었다.

무엇보다도 한글로만 쓰기가 우리말의 자연스런 자라남을 위한 가
장 기본적인 조건이라는 깨달음이 아쉽다. 또 냉전의식에서 벗어나는
일이 중요하다. 이런 여러 가지 문제에 대한 논의에서 커다란 전환이
필요한 때이다.

(『말과 글』 67호, 1996. 여름)

4) 한글전용으로 남북의 언어통일을

지난 광복절은 매우 뜻 깊은 날이었다. 흩어진 가족들이 50년 만에
서로 만났다. 기쁜 소식은 이에 그치지 않고 우리말글의 통일에도 빛

을 되찾을 수 있다는 희망도 보였다. 이름만 듣던 북녘의 국어학자 류렬 님이 따님을 만나러 서울에 왔고, 또 한글학회의 허웅 님을 만나 남북의 말글 차이를 줄여나가기로 의견의 일치를 보았다. 이런 합의는 물론 법적 구속력을 갖지는 못한다. 그렇지만 이념과 체제의 많은 차이 때문에 반세기가 넘도록 소식도 주고받지 못했지만 우리말글 사랑에서 남북의 차이가 없음을 확인하였다. 오랜 분열과 대립 속에서도 이런 공통성을 갖고 있다는 것은 정말 다행한 일이요, 소중한 자산이 아닐 수 없다.

그런데 이런 만남에서 북녘으로부터 남녘에는 외국어가 너무 많다는 지적이 나왔다. 그런 지적은 새삼스러울 것도 없고 오래 전부터 예상했던 것이었다. 그런데 일부 언론에서 이를 북녘의 '새삼스런 민족주의 공세'로 보고 있다.(『조선일보』 2000. 8. 24) 북녘에서는 일찌감치 한글전용으로 방향을 잡았으나 남녘에서는 한글전용—한자혼용 논쟁이 반세기를 넘어 이어지고 있다. 이런 대립과 파쟁 속에 우리말글을 제대로 가꾸려는 노력은 턱없이 모자랐다. 우리말에는 마치 묵힌 논밭처럼 잡초만 무성하였다. 어휘의 70%가 한자어라는 게 현실이라면 부끄러운 현실을 바꾸려는 노력이 있어야 할 것인데 도리어 현실에 대한 맹목적 굴종만이 강조되었다. 이런 잘못된 태도는 미국말에 대해서도 이어져 드디어 미국말을 공용어로 삼자는 말까지 나오고 말았다. 반면에 북녘에서는 이미 지난 1949년에 한글전용을 단행하였고 이에 따라 어휘를 정리해왔다. 이는 한자가 갖는 귀족적인 성격이 사회주의자들이 강조하는 대중성과 어긋났기 때문이다. 한글전용 문제는 단순한 민족주의가 아니다.

남북의 "언어 이질화"란 말이 십 년을 넘게 언론에 오르내렸다. 그런데 지금 우리에게 중요한 것은 이른바 '이질화'의 성격이 무엇이며 어떻게 해야 '이질화'를 막을 수 있는가라는 물음이다. "이질화"로 표현된 남북의 언어 차이는 본디부터 있던 방언 차이를 빼면 주로 한글전용에 얼마나 노력했는가의 차이다. 남북의 언어 차이를 줄여가자면 남녘의 한글전용이 선결과제다. 한자혼용은 분열과 대립의 실마리가 된다. 이번 광복절의 흩어진 남북가족 만남에서도 북녘에서 남녘의 말과 다른 뜻으로 쓰이는 여러 표현들이 소개되었다. '사변'은 '사건'의 뜻으로 쓰이고 '일없다'는 '괜찮다, 무사하다'는 뜻이라고 한다. 이런 차이는 어떤 뜻으로든 결코 언어 '이질화'가 아니다. 하나의 자연 언어 안에서 나타나는 이런 차이는 남북이 아니더라도 동서·계층·세대 사이에도 흔히 있는 일이다. "샹들리에, 아이스크림"은 "무리등, 얼음보숭이" 등으로 남녘에서도 바꾸면 된다. 이런 보기는 우리말 어휘를 깨끗하게 하고 풍부하게 한다. 무엇보다도 말 만드는 사람의 창조적 상상력과 자주성을 보여준다.

오늘날의 '언어 이질화론'은 우리말 역사를 보는 데서 남쪽의 일부 학자들이 식민사관에 동조하여 신라어 정통설을 내세우고 고구려어로 대표되는 북쪽말은 사라졌다고 보는 관점을 연상시킨다. 그들은 고대 우리말을 부여계(북)와 한계(남)로 나누고 그 언어들 사이의 친족 관계를 따지는 이론까지 내놓았다. '과학적' 언어학을 내세우는 그들이 일본학자들의 영향을 받아 분단 이념을 고대 우리말에까지 적용하였다. 이런 학자들은 다른 한편으로는 한글을 천대하는 생각의 뿌리가 된 주자학의 화이론에도 눈을 뜨지 못하였다. 이희승이 경성제대에서 배운 실증주의 학풍에 기초한 '한자혼용론'은 이런 역사에 대해 눈을 뜨지 못하고 '한글전용론'은 민족주의적 감정에만 기초했다고 보면서 국수주의라고 배척하였다.

'한글전용을 해야 한다는 북녘의 주장이 언어 통일의 걸림돌이 될 수도 있다'는 『조선일보』(2000. 8. 15)의 보도는 한자병용을 주장하는 조선일보사나 국어연구원의 관점을 전제하고 하는 말이다. 한글전용론이 아니라 북녘의 눈으로 보면 한자혼용이야말로 통일의 걸림돌이다. 『조선일보』(2000. 8. 24)는 북녘의 한글전용은 북녘이 '폐쇄사회'여서 가능한 것처럼 말하면서, 남녘은 '개방사회'이고 '보편성 위의 독자성'을 추구한다고 했다. 도대체 무엇이 '개방'이고 '보편성'인가? 무엇을 왜 '개방'해야 하는가? 보편성은 외국, 특히 미국 흉내 내기에 달려 있는가? 여러 겨레의 독자적인 문화를 존중해야 한다는 원칙만이 참된 뜻으로 보편적이다.

한자혼용을 대변하는 심재기 국어연구원장은 '자연스러운 방법으로 고유성과 외래요소를 융합'하자고 한다.(『조선일보』 2000. 8. 22) 자연스러운 방법이라 하는 데서 언어현상을 자연현상이라 보는 실증주의를 느낄 수 있다. 이런 실증주의 또는 '과학적' 언어학은 일제시대에 안확이나 이희승의 주시경 비판에서 그 모습을 드러낸 바 있다. 이희승의 『국어대사전』(1961)에서도 언어는 '자연발생적으로 탄생되든지 채택'되는 것이라고 되풀이하였다. 세종대왕의 자주정신을 말하거나 한글이 가장 우수한 글자라고 말하면 과학이 아니고 이념(김민수, 『국어학사의 기본이해』, 1987)이라는 비난도 있었다. 심재기 님은 이런 '과학적' 국어학의 이념에서 주시경과 조선어학회의 전통은 '국수주의'(『새국어소식』 1999. 10)라며 '냉정하고 이지적인 안목'(『새국어소식』 2000. 10)을 강조한다.

그러나 이런 좁은 실증주의는 언어학에서 가능한 과학성이 무엇인가에 대한 잘못된 생각에서 나왔다. 이념이나 가치판단은 과학과 대립한다는 생각은 지나치게 소박한 태도이다. 일제가 남긴 유산을 '과학적' 언어학이라 고집하는 것은 우리 역사를 돌아보지 않고 겨레의 자주성을 대수롭지 않게 여기는 데서 나오며 그것부터 이미 가치판단이며 이념적 태도이다. 언어학에서 자연과학과 같은 과학성을 얼마나 추구할 수 있는가를 되물어야 한다. 이런 실증주의는 말다듬기와 같은 노력은 '인위적'이라는 이유로 거부한다. 문화 수준이 높은 나라의 말이 들어와 쓰이는 현상은 현실적으로 용인할 수밖에 없다는 숙명론 또는 패배주의이다. 물이 높은 데서 낮은 데로 흐르듯 선진문물을 전달하는 말이 들어오게 된다고 생각한다. 이런 생각에 따를 때, 우리말과 글에 대하여 우리가 할 수 있는 일은 없다. 내버려두는 것만이 '정책'이 된다.

그러나 언어변화 특히 어휘변화는 어떤 의미에서든 자연현상의 일부가 아니다. 모든 살아있는 자연언어에서 사전의 변화는 끊임없이 일어난다. 새로운 어휘가 보태지고 낡은 어휘는 빠져나간다. 외래 어휘가 쉽게 들어오기도 한다. 따라서 자연언어는 적어도 원칙적으로는 무한히 많은 것을 포괄할 수 있게 된다. 이런 변화는 외래요소가 거의 끼어들지 않는 말본구조의 변화와 성격이 다르다. 어휘변화는 겨레의 삶과 역사와 밀접하게 연관되어 있다. 외국어가 넘치는 현실에서 '언어는 고유성과 외래요소가 합쳐져야 발전한다'고 주장함은 외국말로 범벅된 현실을 바로잡아 통일로 가려는 노력을 하지 말자는 말과 다르지 않다. 문제의 초점은 우리말 어휘구성에서 외래요소가 지나치게 많다는 데에 있다. "산"이 "뫼"를, "강"이 "가람"을 몰아낸 역사는 미국말을 대하는 데서도 되풀이되고 있다. "아내"는 "와이프"가 되고

"가게"는 "마켓"이 되어버렸다. 어휘변화는 기본적으로 인위적이며 문화적인 현상이다. 이를 자연현상처럼 다룬다면 현실에서 사대주의와 굴욕을 '자연스러운' 것으로 받아들이게 만든다.

지난 7월부터 시행 중인 로마자 표기법도 통일이란 눈으로 보면 문제가 많다. 국제표준 기구의 권유로 지난 1992년 6월에 남북이 공동으로 마련한 로마자 표기법이 지켜지지 않은 현실에서 그 일을 서둘러 독자적으로 시행하는 것은 통일을 지향한 분별 있는 작업이 아니었다. 베이징에서 8월 11~13일에 있었던 학술토론회에서 북녘의 문영호 사회과학원 언어학 연구소장이 유니코드, 지명의 표기, 한글의 라틴문자 전자법 등을 언급하면서 단일한 조선글 체계와 서사규범을 강조한(『조선일보』 2000. 8. 15) 것도 이런 분별없는 행동에 대한 경고라고 생각된다. 국어연구원 운영이 좀 더 민주적이라면 이런 일만은 피할 수 있었을 것이다.

남북이 냉전을 풀고 화해하기 위해서는 서로 같은 점을 찾고 다른 점은 이해하려 노력해야 한다. 서로 잘한 것을 칭찬하고 본받을 만한 것은 본받아야 한다. 나는 무조건 정당하다고 여기고 나를 기준으로 남을 마름질해서는 대화나 화해는 어려울 수밖에 없다. 한글전용은 남북말글통일의 큰 전제조건이다. 통일된 나라의 말글이 중국글자와 미국말로 뒤범벅된 상태를 바랄 사람은 없으리라. 남녘의 말글살이가 주체성이 없다는 북녘학자의 지적을 진지하게 받아들여야 통일의 길이 열린다.

(『한글 새소식』 제339호, 2000. 11)

둘째 조각 한자문화에서 한글문화로

1. 한문번역론

고전 번역에 대한 논의가 학계에서 점점 활발해지고 있다. 이 문제의 중요성을 뒤늦게나마 깨닫게 된 사람이 많아졌다. 새롭고 유익한 번역론이 많이 나오고 있다. 그런데 아쉬운 점은 번역에 대한 논의가 유럽고전에 집중되어 동아시아의 고전에 대한 논의는 거의 없다는 사실이다. 유교나 불교경전에 대해 번역을 외면해온 우리 태도를 되돌아 볼 필요가 있다.

번역문화의 전통에 대한 반성이 아주 절실하다. 우리에겐 번역의 전통이 아주 가난한 편이다. 그만큼 한문숭상의 폐해가 컸고 지성사의 귀족주의적 전통이 강하다는 말이 된다. 다른 나라에서 비슷한 보기를 찾기 힘든 우리 역사의 특수성이다. 그러나 중국은 천 년에 걸쳐 인도의 불경을 번역한 전통이 있고, 일본은 학문의 역사가 번역으로 이루어졌다는 평가를 받는다.(『동아일보』 1997. 12. 13) 우리도 한문으로 된 유교나 불교의 경전을 번역하여 이해할 수밖에 없었지만 한글로 된 기록이 적어 전통과 문화의 계승이 쉽지 않았다. 비록 한때 사상의 이해에서 높은 수준에 이른 것은 사실이나 뒷뉘에 이를 쉽게 이어줄 길을 찾아 내지 못하여 오늘날은 살아 있는 유산이 되지 못하고 있다. 우리의 지적 작업이 한글(우리말)로 표현된다는 이 단순한 사실이 어떤 뜻을 담고 있는지 깊이 새겨야 한다.

아직은 낯선 생각이겠지만, 한문고전을 번역하는 데도 가장 아쉬운 원칙은 한글사랑이다. 지금 나오고 있는 많은 한문고전 번역은 문제가 많다. 번역한 글이 너무 어렵다. 일찍부터 한글만 쓰기를 단행한 북쪽은 남쪽에 견주면 낡은 생각이 많이 없어진 것 같다. 남쪽과 북쪽에서 번역한 『실록』의 한 부분(세종 26년 2월, 최만리 상소문)을 비교해보자.

"(남) 만일에 말하기를, '형살(刑殺)에 대한 옥사(獄辭) 같은 것을 이두문자로 쓴다면 문리(文理)를 알지 못하는 어리석은 백성이 한 글자의 착오로 혹 원통함을 당할 수도 있겠으나, 이제 언문으로 그 말을 직접 써서 읽어 듣게 하면, 비록 지극히 어리석은 사람일지라도 모두 다 쉽게 알아들어서 억울함을 품을 자가 없을 것이다.' 하오나, 예로부터 중국은 말과 글이 같아도 옥송(獄訟) 사이에 원왕(冤枉, 억울하게 잘못됨)한 것이 심히 많습니다."

"(북) 말하기를 '죄를 따지고 형벌을 주는 문건에 리두 문자를 쓴다면 글뜻을 모르는 어리석은 백성들은 한 글자의 착오로도 원망을 사게 할 수가 있다. 그러나 지금 그의 말을 언문으로 적어서 들려준다면 아무리 어리석은 사람이라도 다 이해하기 쉬워서 원한을 품는 사람이 없을 것이다'라고 합니다. 그러나 예로부터 중국에는 말과 글이 같은데도 죄인을 심문하거나 송사를 심의해주는 어간에 억울하게 원한을 품는 사람들이 아주 많습니다."

여기서도 "형살(刑殺), 옥사(獄辭), 원왕(冤枉)"은 현대 우리말이 아니며, 번역에서 이런 옛말을 자꾸 끌어들여이면 알아들을 수 없는 월이 되며 또다시 번역이 필요하게 된다. 우리말 월로서 자연스럽지 못하고 어렵다. 한자용어가 많아 읽기가 힘든 번역은 '학술적'이라거나 '전문연구자용' 번역이라고 말하는 것은 적절하지 않다. 그런 사람은 번역본보다 원본을 읽어야 한다.

그러나 이렇게 어려워진 데는 나름대로 까닭은 있어 보인다. 본디 글에 충실해야 한다거나 정확한 번역을 해야 한다(그 시대에 썼던 말을 써야 한다)는 생각이 바로 그런 까닭이다. 다음을 보자.

'임금이 돌아가셨다'보다 '임금이 훙(薨)하셨다'가 더 정확한 번역인가. 그렇지는 않다. 번역은 우리말로 옮기는 것인데, 뒷것은 어휘가 우리말에 속한다고 보기 어렵다. 한 언어의 어휘체계는 언제나 부분적으로 변화하며 어휘의 밖걸림(외연)은 안정성이 있지만 고정되어 있지는 않다. 필요한 때에는 넓게 잡을 수 있다. 또 새로 지어낼 수 있다. 고전을 아끼고 사랑하는 것만큼, 그 고전을 표현하는 우리말과 글도 존중받아야 한다면 이런 식의 번역은 삼가야 하리라 본다. 번역이 우리말로 옮기는 것이며, '임금이 훙(승하)하셨다'는 월은, 우리말 어휘의 범위를 느슨하게 잡더라도 우리말이 아니다. 이는 중국역사에서 나타난 어떤 특수성을 반영한다. 이런 특이한 생각이나 표현에 얽매일 필요는 없다. 이해되려면 또다시 번역이 필요한 표현은 우리말로 온전히 옮겨 오지 못했기 때문이다. 옮기려면 끝까지 옮길 일이요, 가운데쯤에서 멈출 일이 아니다. 정확하게 뜻이 같아야 한다는 생각에 끝없이 무게를 두면 번역 그 자체를 거부하게 된다. 우리말로 번역할 때에는 충실한 번역, 정확한 번역이 되어야 한다는 요구에 못지않게 니다(Nida)의 주장처럼 우리말로서 자연스럽고 알기 쉬워야 한다는 요구가 있다. 번역 그 자체의 본성이 이런 요구를 내놓는다.

문헌학적 고증이 필요한 때에는 예외가 되겠지만, 한 외국어에 맞먹는 우리말이 여럿이면 문맥에 따라 다르게 번역할 수밖에 없다. 외국어의 여러 어휘를 우리말에서 한 낱말로 나타낸다면 외국어에서의 조그만 차이는 우리말에서는 사라질 수밖에 없다. 이런 생각을 받아들이지 않을 때, 한글을 토씨에만 쓰는 『사서언해』와 같은 책을 낼 수밖에 없다. 우리 지성사에서도, 몇몇 분야를 빼면, 오늘날의 뜻으로 번역이란 전통이 없었다. 언해는 한문의 풀이이기에 본디글(원문)과 함께 나타나며, 우리말글 그 자체로 이해되는 본디글이 없는 온전한 뜻에서의 번역은 아니다. 언해는 한문 이해의 방법이라는 뜻이 더 강하다. 그렇기에 우리의 언해 전통도 글자 그대로 옮기는 경향이 강하여 뜻 중심의 번역이 거의 없다.

그 가운데서도 뜻 중심의 번역에 가장 가까운 『번역소학』(중종 13년, 1518)이 그 뒤에 비판에 부딪혀 『소학언해』(선조 20년, 1587)로 바뀌었고 뒤로 갈수록 한자말만 늘어났다. 낱말 사이의 풀이(번역)의 정확성만 자꾸 따지고 자연스런 우리말 표현이 어떤 것이지 생각하지 못하였다. 이런 어설픈 언해 의식은 요즈음에도 『실록』이나 『불경』을 번역할 때, 한문 본디글을 함께 싣는 데서도 나타난다. 유교경전의 번역에서는 아직도 한문이 먼저 나온다. 우리말글은 깊은 생각을 담기에 모자란다는 생각, 한글은 '언문'이란 생각이 남아 있다. 번역한 우리말글이 한문 본디글의 도움을 받지 않고도 제대로 이해되어야 참된 번역이다. 우리말글 사랑과 어긋나는 번역의 정확성이나 충실성이란 신화요 미신일 뿐이다.

한문고전을 쉽고 자연스런 우리말로 번역하기 위해서는 낡은 말글의식에서 오는 한자말을 제한해야 한다. 오늘날에도 동아시아의 철학이나 역사를 다루는 논문에는 한글은 토씨에만 쓴 것이 적지 않다. 이렇게 대중이 이해하기 힘든 특수한 어휘의 늪으로 빨려 들어가면 많은 사람들에게 내용을 전달할 수 없게 된다. 이런 말글의식에는 지배계급의 사대주의와 특권의식이 배어 있다. 그러나 많은 사람이 자주 쓰는 나날말을 많이 쓰면 쉬운 번역이 된다. “도로”보다 “길”이, “화폐”보다 “돈”이 알기가 쉽다. 한문에 기대지 않고 한글로만 쉽게 풀어 쓴 『논어』, 『대장경』, 『실록』을 가져야 한다. 번역에서 현대 우리말을 빼고 외국어 어휘나 우리 옛말을 자꾸 도입하여 정확한 번역에 이를 수 있다는 생각은 번역의 성격을 이해하지 못한 어리석은 이상일 뿐이다.

옛말이나 외국어를 현대 우리말로 옮길 때, 비록 부분적으로는 외국어나 죽은 옛말을 그대로 들여오는 것을 피할 수 없기는 하나, 우리가 미리 가진 어휘(현대 우리말)를 써서 해야 하며, 그럴 때만 옛말이나 외국어가 이해된다. 모든 번역은 이미 해석이란 가다머(Gadamer)의 주장에 귀 기울일 필요가 있다. 이제까지 쉽고 자연스런 번역이 많지 않았던 가장 큰 까닭은 본디글과의 정확한 뜻같음이란 생각에 얽매여 번역의 본성을 오해했기 때문이다. 이런 상태에서 외국어 숭배의 늪을 빠져나올 수 없었다. 이는 사실상 번역의 부정과 다름이 없다. 그러나 번역은 번역되는 외국어 못지않게 번역하는 우리말에 대한 이해를 요구한다. 우리말의 구조나 의미를 자명한 것으로 전제해서는 안 된다. 또 어느 표현이 우리말인가라는 문제의식이 필요하다. 그러나 이런 문제에 대한 의식이 흐릿했기 때문에 우리는 오랫동안 번역을 얕잡아보았다.

심지어 국어사전을 만들면서도 ‘어느 표현이 국어’인가라는 비판적 문제의식이 빠졌다. 겨레말을 살렸다는 『우리말 큰사전』마저 한자말에 대해 각별히 대접한다. 토박이말은 빠진 게 많은데, "寺田, 沙田, 私田, 師傳, 梭田, 寺典, 私錢, 私戰, 私轉, 祀典" 같은 것도 우리말로 잡아야 하는가. '일본말' 사전을 베낀 『국어대사전』을 보고는 '우리말' 어휘의 70%가 한자말이라며 중국글자 섞어 쓰기 운동을 펴는 사람도 있다. 국어연구원에서 통일을 대비해 만든다는 『종합국어대사전』도 예외가 될 것 같지 않다. 올림말 수가 50만이라고 하는데 남녘말과 차이가 나는 북녘말은 버릴 말로 처리하고, 이제까지 나온 사전의 낱말을 죄다 올릴 것 같다. 어느 것이 우리말인가란 물음을 빼버리고 죄다 모은다고 '종합'이 되지는 않는다.

우리말답게 쓰인 번역이야말로 지구마을시대의 우리말 지킴이요, 자주적 학문의 밑바탕이다. 유럽이나 미국의 학문을 받아들이면서도 오랫동안 번역에 무관심했던 것도 우리 지성사의 가난한 번역 전통이 그냥 이어진 것이라 생각된다. 한문고전도 쉬운 우리말로 번역해야 한다는 번역 일반론의 원칙에서 벗어나서는 안 된다. 나날말로 쉽게 옮긴, 한글사랑에 충실한 한문 번역이 전통문화 이해의 지름길이다. 한문고전 자체는 모두 박물관의 유물과 같다. 이제는 쓰이지 않는 한자말을 과감하게 버리고 풀어 쓰는 일이 중요하다.

쉬운 번역을 거부하면 '학문'이나 '문화전통'이 우리말글 천대의 명분이 되는 상황을 벗어날 수 없다. 번역 일반의 논의에 발맞추어 나가야 한문고전의 번역도 오랜 인습에서 벗어나 우리말글 사랑에 동참할 수 있을 것이다.

(『한글 새소식』 제316호, 1998. 12)

2. 중국고전을 어떻게 읽을 것인가

몇 해 전에 『노자』 강의로 시작된, 방송을 통한 중국고전 강의가 많은 관심을 끌면서 아직까지도 이어지고 있다. 얼마 전에는 『논어』를 하더니 이제는 『주역』을 강의하고 있다. 많은 사람들이 그런 고전의 대중화가 바람직하다고 생각하고 있다. 반면에 고전 풀이가 제대로 된 것인가라는 물음부터, 그런 세계관이 오늘을 이끄는 나침반으로 유효한가라는 시비도 있다. 그런데 우리가 그냥 그냥 넘어갈 수 없는 중요한 사실은, 이런 고전 읽기에 나타나는 중국글자 또는 고전중국어에 관한 문제이다. 이런 고전 읽기에 고전중국어와 중국글자에 대한 이해는 아주 긴요한 조건이 되고 있음을 본다. 전통문화 또는 중국고전에 대한 이해가 우리말글 사랑의 걸림돌이 되어왔음을 모르는 사람은 없다.

흔한 생각으로는 고전을 이해하기 위해서는 그런 지식쯤은 자연스럽게 전제되는 것이 아닌가라는 생각을 할 수 있다. 유럽에서 라틴말이 그러하듯이…… . 그러나 라틴말과는 달리 고전중국어에는 여러 특수성이 있다. 먼저 중국고전은 상형이 밑바탕이 된 뜻글자로 씌어 있다. 더 나아가 중국어는 고립어이다. 이것은 아무 것도 아닌 것처럼 보일 수도 있으나 깊은 뜻을 갖고 있다. 중국글자는 상형에 바탕을 두고 있기 때문에, 글자가 복잡하고 그 수가 많을 수밖에 없다. 생산력의 수준이 낮은 전통사회에서 이런 글자는 많은 문화전통을 오로지 몇몇 지배계급이 독점하게 만들 수밖에 없었다. 이런 중국글자로 쓰인 고전은 우리에게 일찍부터 큰 골칫덩어리였다. 글자 자체도 어려울 뿐만 아니라 중국어가 우리말과는 근본적으로 달랐다. 중국어가

고립어여서 말본이랄 게 거의 없는 언어임에 비해 우리말은 교착성이 매우 많은 언어이다. 중국어가 낱소리마디 언어임에 비해 우리말은 여러 소리마디 언어였다. 중국어와 달리 우리말에는 성조도 없다. 자연언어들 사이에서 이 두 언어 사이의 차이는 무척 크다.

우리는 한글로 된 그리스 고전이나 기독교 고전은 많이 읽고 있다. 본디 그리스말 또는 히브리말로 씌어 있지만 그것을 일반 독자가 의식하는 일은 드물다. 그러나 중국 고전의 경우는 한자와 한문부터 떠올릴 때가 많다. 바로 이 점이 우리가 중국고전을 대하는 특이한 점이고, 이 특수성에 대해 깊이 생각할 필요가 있다.

중국고전을 배우기 위해 우리 조상들이 부딪친 어려움은 지금의 우리가 거의 상상하기도 어려운 정도다. 따라서 중국고전 읽기는 소수의 지배계급에 한정될 수밖에 없었다. 이런 지식의 독점은 중국과의 역학관계에서 문화를 들여오는 계급의 특권의식과 결합하였고, 이는 중국문화에 대한 극심한 사대주의의 온상이 되었다. 중국고전 읽기에서 고전중국어의 특수성에 대해 정확히 인식해야 한다. 고전 해석은 여러 가지가 가능하고 그 다양성을 존중해야 한다. 그러나 한문고전의 해석에 나타나는 다양성은 여느 고전 해석에 나타나는 다양성과 다른 특수성이 있다. 그것은 대부분 고립어로서의 한문이 갖는 체계적 모호성에서 말미암는다. 이 특수성은 단순히 외국어를 우리말로 번역할 때 나타나는 일반적인 것이라 보기 어렵다.

중국고전을 읽을 때 먼저 부딪치는 것은 현대적 문장부호에 익숙한 우리가 갖는 어려움이다. 중국고전에 대한 표점작업이 필요한 까닭도 널리 알려져 있다. 중국고전은 띄어쓰기가 돼 있지 않고 문장부호도 쓰이지 않았다. 월 단위를 어떻게 나누어야 하는지를 그때그때 판단해야 하고, 이에 대한 판단이 서더라도 임자말이 무엇인지도 분명하게 드러나지 않는다. 최현배는 이런 사실을 이미 오래 전에 지적한 바 있다.

> "'盜難豫防'을 중국인은 도둑은 예방하기 어렵다로 읽고, 일본인은 도둑의 재난을 예방하자'로 읽는데, 오늘의 조선인은 아마도 그 중간일 것이다."[2]

중국어는 시제 관념이 뚜렷하지 않고, 고립어로서 그 말본기능이 변화해도 낱말 형태의 변화가 없다. "君君, 臣臣"(『논어』「안연」)으로 표현되는 유교의 정명론은 흔히 '임금은 임금다워야 하고 신하는 신하다워야 한다'고 우리말로 옮긴다. '임금은'과 '임금다워야 한다'를 하나의 월에서 "君"이란 표현으로 나타내고 있다. 사실과 당위의 차이도 언어적으로 나타나지 않고 있다. 또 생략이 아주 심하다. "君君"에서 임자말이 빠진 것으로 보면 '임금을 임금답게 한다'거나 '임금을 임금으로 대접한다'로 풀이할 수 있다. 상형문자에서 출발한 한자 배우기 어려움과 복잡함 뿐만 아니라, 월 뜻의 모호함도 여러 면에서 특수하다. 이것은 다양한 해석을 낳는 좋은 땅이기는 하다. 그러나 생각을 분명하게 전달하고 토론하는 데는 도움이 되지 않았다.

유럽과 비교해볼 때, 중국철학사는 유교 및 도교경전의 주해작업 그 자체라고 보아도 틀리지 않을 만큼 고전주해의 역사가 길고 그 성과도 많다. 한대의 훈고학은 말할 것도 없다. 글자의 모양, 뜻, 소리에 대한 관심이 당나라 때까지 유학 연구의 경향이었다. 성리학을 완성했다는 주희의 철학체계도 주해작업이라는 형태를 벗어나지 않는다.

---

2) 최현배, 『글자의 혁명』, 정음문화사, 1947, 74쪽.

『사서집주』는 책 이름에서 알 수 있듯이 고전에 대한 주해이고 『주자어류』도 고전에 대한 언급이 대부분이다. 청대의 고증학도 고전에 대한 문헌학적·언어학적 연구다. 이런 중국철학사의 전개는 한문이 갖는 체계적이고도 특수한 애매성 때문에 고전의 의미를 분명히 하는 것이 곧 철학사 자체로 되었음을 말해준다.

얼마 전에 나온 『노자와 21세기』(김용옥)와 『노자를 웃긴 남자』(이경숙)는 『노자』의 거의 모든 구절을 다르게 해석하면서 서로가 옳은 풀이라고 다투었다. 이런 일은 그리스말 고전이나 라틴말 고전 연구에서는 일어날 수 없다. 우리가 고전중국어의 이런 성격을 알지 못한다면 중국고전은 깊은 생각을 갖고 있다고 여기게 된다. 중국고전을 숭상할수록 전통사회의 지식인들은 고전중국어의 전문가가 될 수밖에 없었다. 중국말로 읽고 중국말로 생각하여 중국글자로 쓰자면 제아무리 뛰어난 사람이라도 중국경학의 가장자리를 맴돌 수밖에 없었다. 중국고전을 대하는 이런 비판 없는 태도는 우리 겨레를 끝없는 사대주의와 한문숭배의 수렁으로 몰아넣었다.

그리하여 말과 글이 완전히 이원화되었으며 중요한 문화유산이 거의 모두 고전중국어로 기록되는 비참한 지경에 이르고 말았다. 유럽에서 중세사회가 끝나고 근대사회로 들어오자 몇몇 사람들만이 읽던 라틴말로 된 책들은 대중이 읽을 수 없게 되었다. 대중에게는 모두 쓸모없게 되어버렸다. 근대로 접어들면서 한문은 어렵고 복잡한 글자, 낯선 말본 등으로 한문유산이 박물관의 골동품이 되어버렸다. 마치 우리가 기댈 문화와 전통을 잃어버린 것처럼 되었다. 그러나 일본은 한문을 뜻으로 읽던 전통에 따라서 유럽과 아메리카의 문화도 번역으로 받아들여 자주적 근대화의 주춧돌을 놓았다. 우리처럼 격심한 전통의 단절을 겪지 않았다. 일본은 조선과는 달리 한자문화의 폐해를 훨씬 적게 입었다.

중국고전의 많은 부분을 차지하는 유학의 경전은 그 내용으로 보아도 중국 중심의 세계관과 가치관을 담고 있어 배달겨레에 대한 많은 편견을 담고 있다. 유학을 숭상할수록 중국과 다른 우리 고유문화를 부끄러운 오랑캐 풍속이라고 우리 스스로 버리고 버려 이제는 중국과 비슷해졌다고 부끄러운 줄도 모르고 자랑하였다. 인조 때의 '명나라를 향한 큰 의리'는 전쟁을 사양하지 않을 정도였으니, 눈먼 이념의 추구가 현실에 대한 판단마저 마비시킨 좋은 보기이다. 고전을 나타내는 영어 "classics"는 고대로마에서 시민들을 재산에 따른 분류를 나타내는 "classis"의 그림씨꼴 "classicus"에서 온 것으로, '으뜸가는, 고급의'란 뜻을 갖고 있다. 이 말은 고전이 갖는 귀족적 성격을 말해준다. 고전의 대중화에는 한계가 있을 수밖에 없다. 중국고전의 대중화가 마냥 바람직하지는 않다. 비판적이고 자주적으로 읽는 눈을 갖추어야 한다. '그 책은 현실적 타당성을 떠나 고전으로서 가치가 있습니다'라고 말한다면, 여기서 "고전"이란 말은 역사에 기대어 헛된 위세를 부리지만 이미 현실에서는 타당하지 않고 박물관이나 고전학자의 연구실에 갇혀야 할 낡아빠진 것이란 뜻으로 쓰이고 있다. 고전을 내세워 권위에 대한 비판 없는 복종을 강요해서는 안 된다. 전통문화를 이어받자는 핑계를 대며 중국고전의 매체인 한자마저 물신처럼 떠받드는 것은 반성 없는 고전 읽기의 표본이다. 21세기를 들먹이며 『노자』가 새로운 문명의 대안이라고 선전하거나 『논어』를 풀이하면서 공자 만세를 부른다면 비판적이고 주체적인 고전 풀이를 할 수 없다.

전통문화, 특히 지배층의 문화를 이해하는 데에 중국고전의 이해가 필요하더라도 중국고전의 성격을 제대로 알려면 주체적이고 비판적으로 읽어야 한다. 그렇지 못하면 중국고전 연구가 전통문화를 핑계로 다시 한글사랑의 걸림돌로 나타난다. 중국고전을 비판 없이 읽으면서 무턱대고 대중화만 강조한다면, 온갖 케케묵은 병폐가 되살아날 것이다.

(『한글 새소식』 제348호, 2001. 8)

3. 고사성어에 대하여

새해마다 신년휘호라 하여 유명한 정치인들이 쓴 한문 붓글씨를 신문이나 방송이 보도하는 것을 본다. "대도무문"이란 한문 붓글씨를 써오던 김영삼 대통령은 올해에 "유시유종(有始有終)"이라 썼다. 야당의 총재들도 무엇이라 썼다고 기억한다. "유시유종"이란 말은 '시작을 했으면 반드시 끝을 마무리한다' 또는 '시작을 했으면 반드시 끝을 맺을 때까지 변함없이 뜻을 관철시킨다'는 뜻으로 『논어』와 『법언』(한나라, 양웅 지음)에서 따왔다고 한다. 우리가 아직도 유교이념에 따라 정치를 하는 나라였던가. 새삼 이런 생각도 들었다. 비록 껍데기만 남은 버릇이라 하지만 아직도 이 나라에서 그 효력이 가시지 않은 유교적 봉건이념의 자취를 이런 데서 느낄 수 있다고 한다면 지나친 말이겠는가? 내용만 보면 비단결같이 곱고 깊이 있는 말씀이다. 그 고상하고 깊이 있는 말씀은 꼭 한문이어야 되나 보다. 말과 행동 사이의 큰 거리를 못 보게 만드는 데는 오히려 어려운 한문이 제격이라고 할까. 새해 덕담을 두고 그렇게 혹평까지 할 게 무어냐고 할지도 모르겠다. 그러나 낡은 한문숭상의 통념에서 언제까지 이렇게 인습을 되풀이해야 할까? 언론에서 보도까지 하는 걸 보면 개인의 취미생활에 그치는 것도 아님이 분명하다.

우리말에는 꽤 많은 한자숙어나 고사성어가 들어와 쓰이고 있다. 많이 아는 것을 마치 유식함의 증거인 양 여기기도 한다. '문자 쓴다' 고 할 때가 바로 이런 경우다. 언뜻 보면 아무렇지도 않은 것처럼 볼 수도 있다. 영어에도 이런 고사성어는 많이 있다. 그러나 우리나라에 서 한자 고사성어는 어떤 특이성을 갖는다. 네 마디로 되어 있어서 간 결하게 표현하는 힘이 있다. 이런 고사성어가 많은 경우에 온전한 중 국어 월이 된다. 우리 정치와 관련하여 자주 나오는 "읍참마속"이니 "항 장부살"이란 표현도 월이지 단순히 이은말(구)은 아니다. 이를 외국어로 알지 못하고 쓰고 있음은 크게 잘못 되었다. 일본도 이 점에서는 우리와 차이가 없어 보인다.

고사성어나 한자숙어를 어떻게 보아야 할 것인가? 이런 문제에 대 해 진지하게 생각해보아야 한다. "관포지교"나 "새옹지마", "오월동 주"와 같은 말은 중국역사와 문화가 물씬 풍겨 나오는 말이다. 앞의 두 말은 이은말이지만 "오월동주"는 하나의 온전한 월이다. 앞 두 경 우도 쓰지 않는 것이 좋지만 "오월동주"와 같은 고사성어는 빨리 버 려야겠다. 아는 체하고 싶어 하는 지식인의 허영심을 채워줄 뿐이다. "토사구팽"이나 "신토불이"도 어김없는 외국어이지 우리말이 아니다. 이런 상황은 영어와 큰 차이가 있다. "고르디우스의 매듭", "아킬레스 의 발꿈치", "판도라의 상자", "다모클레스의 칼" 등은 그리스에서 유 래한 고사성어인데 모두 월이 아니다. 아직도 쓰이는 고사성어에는 한자와 한문을 외국글자, 외국말로 알지 못하는 우리 지식인의 오랜 병폐가 그대로 도사리고 있다. 오히려 사대부들의 귀족적 취미가 대 중화한 느낌이 없지 않다. 최루탄을 쏘는 경찰과 맞서는 학생들이 시

위하면서 "무탄무석(無彈無石)"이라 쓴 표어를 보아도 그런 느낌이 들고 봄이 되면 으레 한 번쯤 듣게 되는 "춘래불사춘(春來不似春)"이라는 말에서도 같은 걸 느낀다. 얼마 전부터는 이런 경향이 대중가요에까지 번졌다. "천상유애(天上有愛)", "귀천도애(歸天道哀)" 등은 결코 우리말 노래 제목이 아니다. 더구나 이런 노래는 일본 노래의 표절이라는 말이 나왔다. 한국인들 앞에서 한국인 가수가 영어로 노래를 부르는 마당에 그게 무슨 문제냐고 생각할 수도 있다. 제목만 우리말이 아닐 뿐 가사는 우리말로 되어 있다고 할 수도 있다. 이것이 단순히 몇몇 사람의 이국적 취향이라면 그냥 넘길 수도 있겠으나, 이런 노래 때문에 한자숙어도 아닌 한문이 외국어라는 의식 없이 대중적으로 쓰이는 데 문제가 있다. 이러다 보니 이른바 국어사전에도 한자숙어를 넘어 한문까지 올려놓았다. 널리 읽혀지는 『국어대사전』(이희승 편찬)이 바로 그것이다. 거기에는 "가빈즉 사량처(家貧則思良妻)", "일장공성 만골고(一將功成萬骨枯)"와 같은 완전한 한문이 수없이 올라 있다. 이것은 우리를 외국어에 대해 무방비 상태로 만든다.

영어로 숙어를 "idiom"이라 하는데 그 말밑이 그리스말 "idios"이다. '개인적인, 고유한, 분리된, 특이한'이란 뜻인데 "idiot(바보)"와 말밑이 결국 같다. 공통적이지 못한 방언적이고 개인적인 말이란 뜻이고 이런 말을 쓰는 사람은 제 자신의 삶과 앎을 객관화시킬 능력이 모자란다는 뜻에서 바보와 같다고 할 수 있다. 고사성어는 말 그대로 옛일을 기억할 것을 요구하는 표현이다. 추상적이고 일반적인 생각을 구체적으로 표현하고 전통을 존중하는 중국인 특유의 사고방식을 이런 데서 만나게 된다. 중국의 역사와 문화가 짙게 밴 고사성어를 언제까지 배우고 익혀야 할 것인지 이제 우리가 결정해야 한다. 앞으로 이런 고사

성어는 말 그대로 중국인에게 특이하고 고유한 표현에 그치게 해야
한다. 여기서도 주체의식이 아쉽다. 한자와 한문을 철저히 외국글자,
외국말로 보는 눈이 필요하다. 그렇지 못하면 중국어 "공안"을 "경찰"
로 바꿀 줄 모르게 되며 "工作"을 "사업"으로 바꿀 수 없다. 하나 덧붙
여 말하자면 "북경"보다 "베이징"이, "동경"보다 "도쿄"가 옳다는 것
이다. 주체사상을 만들었다는 사람의 이름을 굳이 "黃長燁"이나 "황장
엽(黃長燁)"으로 적는 것은 한글천대며 부질없는 중국글자 숭배다. 중
국이나 일본의 홀이름씨를 적는 데도 유럽이나 아랍의 땅 이름처럼 그
냥 소리대로 적으면 된다. 한자라는 매개체를 끼우지 말아야 한다. "북
경", "동경" 식으로 적어야 한다는 주장은 한자를 외국글자로 보지 못
하는 사람들의 주장일 뿐이다. "덩샤오핑"이 "등소평"보다 낯설기는
하나 탁구선수 "자오즈민"은 "초지민"보다 더 널리 알려져 있다. 중국
이나 일본의 홀이름씨를 소리대로 적는 것은 먼 길이지만 반드시 가야
할 길이다. 중요한 것은 한글사랑이요 한자중독에서 헤어나는 일이다.
　아무렇게나 쓰는 고사성어나 한자숙어에도 어김없이 우리말글 천
대가 드러난다. 이런 표현을 쓰지 않기를 원칙으로 삼아야겠다. 아울
러 언론은 정치인이 한문 붓글씨 쓰는 버릇을 마치 고상하고 품위 있
는 행동인 양 보도하지 말고 비판적으로 볼 수 있는 눈을 가져야 한다.
(『한글 새소식』 제296호, 1997. 4)

4. 사자성어의 정치학 우려
－지나친 부정적 개념화도 문제

2001년부터 『교수신문』에서는 우리 사회를 각각 "오리무중(五里霧

中),이합집산(離合集散) , 우왕좌왕(右往左往), 당동벌이(黨同伐異), 상하화택(上火下澤)"으로 요약하였다. "오리무중"은 교수 신분의 불안정성을 주로 말하였고 선거가 있던 2002년을 "이합집산"으로 표현하였다. 대통령 선거를 앞두고 오직 몸보신과 양지만을 선호해 이 당, 저 당 옮겨 다니는 철새 정치인과 권력을 장악하기 위해서 유리한 방향으로 분별없이 헤치고 모이는 모습이 그 여느 때보다도 두드러졌기 때문이었다.

2003년 한국을 우왕좌왕했던 해로 기억하는 것으로 나타났다. 노무현 정부가 출범하자 정치, 외교, 경제정책에 혼선을 빚고, 대구지하철 참사에서 본 것처럼 사회 각 분야가 제자리를 찾지 못하고 갈 곳을 잃는 모습을 보인 것이 가장 큰 선정 이유였다.

2004년의 "당동벌이"는 같은 파끼리는 한 패가 되고 다른 파는 배척한다는 뜻을 가진 고사성어다. 글자대로 옮기면 '같은 무리와는 당을 만들고 다른 자는 공격한다'는 뜻이다. 『후한서』의 「당고열전(黨錮列傳)」 서문에서 나온 말이다. 대통령 탄핵, 수도 이전 문제를 두고 논란을 벌였던 해다. 어떻게 보면 이런 생각에 고개가 끄떡일 수도 있다.

지난해에 선정된 "상화하택"이라는 표현은 주역에서 온 말인데, '위에는 불 아래에는 못'이라는 뜻이다. 2005년 내내 정치·경제·사회 영역에서 서로 상생하지 못한 채 비생산적인 논쟁과 대립, 분열만이 있었다는 것이다. 강정구 교수사건, 사립학교법, 행정도시법 등에서 대립이 선명하게 보인 게 그 이유이다.

이 사자성어는 많은 경우에 우리말이 아니다. 당동벌이도 상화하택도 그렇다. 한 해를 대표하는 사자성어는 아니었지만 혀는 칼보다 날카롭다는 "설망어검(舌芒於劍)", 살갗의 털을 뒤져서 흠집을 찾아낸다는 "취모멱자(吹毛覓疵)"도 우리말이 아니다. 또 이런 표현들은 무척 어렵다. 나날의 삶에서 쓰이는 말이 아니기 때문이다.

"오리무중" 같은 표현은 중국의 옛일을 바탕으로 생겼다. 중국의 옛날 일에 대한 이해를 전제한다. "오리무중, 상화하택, 우왕좌왕" 등의 표현은 중국인 특유의 이미지에 바탕을 둔 생각을 잘 보여주는 표현이다. 각각 불확실성, 대립, 방향상실을 뜻한다. 올해 교수사회의 바람을 담았다는 "약팽소선(若烹小鮮)"도 우리말이 아니다. 자유방임주의의 구체적 표현이다.

내용으로 보면, 이 사자성어로 대변되는 현실이 너무나 부정적으로 개념화되고 있다는 점이 문제다. 지난해의 갈등과 대립을 "상화하택"으로 표현하여 물과 불의 대립관계로 표현하였다. 이런 언어의 틀 자체가 대립이란 피해야 할 것이란 생각을 깔고 있는 것처럼 보인다.

그러나 대립과 갈등은 어느 사회나 있다. 이를 금기시하는 것이야말로 어느 한쪽 편을 드는 일이 될 수 있다. 그 대립의 역사적 뿌리를 생각하면 이 대립이 소모적인 것만은 아니다. 해방공간에서 좌우대립은 결국 국가 폭력의 개입으로 '적'을 소탕하기로 막을 내렸고 여기에는 외세마저 끼어들었다. 최근 몇 년 사이의 변화는 좌우이념의 대립을 끝냈다기보다 극단적으로 치우친 이념의 시대가 갔음을 뜻한다. "좌파"라는 딱지가 무서워 묻혀야만 했던 상식의 목소리가 다시 들리는 것뿐이다. 갈등을 부정적으로만 볼 이유는 없다.

2004년의 대통령 탄핵은 당동벌이의 좋은 보기지만 이에 대한 성숙한 시민사회의 대응도 기억될 것이다. "당동벌이"는 이 밝은 측면을 외면한 표현이다. 강정구 교수를 둘러싼 논란도 이제는 이념문제도 죽느냐 사느냐의 문제가 아니라 공개적인 토론의 문제로 변화하고 있음을 보여주는 긍정적인 면이 있다. 역사 바로 세우기는 보안법 폐지보다 더 성공적이다.

　사립학교법을 둘러싼 갈등도 단순히 피해야 했던 것만은 아니다. 남북의 화해도 좀 더 탄탄한 길로 접어든 것처럼 보인다. 한글날이 국경일로 되살아난 것은 미국말 숭배의 돌림병을 치료할 새로운 희망을 보여주었다. 경제 분야의 양극화가 큰 문제로 되고 있지만 표면적 대립의 긍정적 측면을 볼 필요가 있다. 이와 달리 사자성어로 나타나는 중국사상은 조화와 중용을 강조한다.

　이런 사자성어로 현실을 요약하기가 교수사회의 울타리를 넘어 빠르게 번지고 있다. 대통령은 올해 교수사회의 바람을 담았다는, 나라 다스리기를 작은 생선 굽듯이 하라는 "약팽소선(若烹小鮮)"은 보수적인 구호라고 했고, 기업의 임원들은 경제양극화를 구름과 진흙의 다름 "운니지차(雲泥之差)"라 표현하였다. 국정원은 온갖 어려움을 이기고 길을 개척한다는 "극세척도(克世拓道)"라는 말을 내세웠다. 이제 현학적인 말 쓰기 경쟁이 붙기라도 한 것일까. 본래 새해 휘호라며 전직 대통령들은 열심히 써 왔는데 노무현 대통령은 그렇게 하지 않았다. 이름을 로마자로 쓰는 버릇도 노무현 님은 따르지 않았는데, 어쨌거나 말글의식에서 한걸음 나아진 것이었다. 그런데『교수신문』사자성어로 한 해 요약하기가 이런 흐름을 갑자기 거꾸로 돌려놓았다. "DY"나 "GT"처럼 로마자로 이름 나타내기도 다시 보이기 시작했다.

　중국고전 속의 어려운 말을 외우고 되뇌는 것이 고전 공부의 목적은 아니다. 중국고전은 중화주의 이데올로기에 깊이 물들어 있다. 한자를 통한 언어조작으로 지배·중화이데올로기는 끊임없이 생산되고 유포되었다. 중화가 빛나기 위해서는 오랑캐를 끊임없이 만들어내야만 했다. 유식함을 자랑하기에 안성맞춤인 사자성어를 쓰기에 앞서 오늘날의 우리에게 중국고전은 아직도 상식이고 교양인가 되물어볼 필요가 있다. 비실용적인 시문에 실용적인 중국사람이 왜 그렇게 많은 관심을 가졌는가. 말을 만들고 조작하는 것이 통치의 중요방법이었음은 이제 상식이 아닌가.

사자성어에는 복잡한 정치학이 깃들어 있다. 권력이나 돈을 가진 사람들이 사자성어를 즐겨 만들고 퍼뜨리는 것은 역사적으로 볼 때 새로운 게 아니다. 사자성어라는 틀로 우리 현실과 역사를 보는 것은 중국인이 만든 틀 속에 우리의 앞날마저 가두는 일이다. 언어의 한계는 곧 세계의 한계라고 할 수 있는 맥락이 분명히 있다.

현실을 낡은 중국고전의 언어만으로 담으려는 시도는 문제를 일으킨다. 차라리 우리 속담으로 한 해를 요약해보는 것은 어떤가. 이를테면 우리 역사는 고래 싸움에 새우등이 터진다는 말보다 더 적절한 게 없다든지. 비록 결실은 맺지 못했으나 국가보안법 폐지가 의제로 떠올랐던 것은 탈냉전의 길이 넓어지고 있음을 보여준다. 15년 만에 한글날이 국경일로 되살아났다. 이런 것들을 쥐구멍에도 볕 들 날이 있음을 보여준 것으로 보면 어떤가.

(『교수신문』, 2006. 1. 16)

5. 한자도 우리 글자인가

이 글은 안병희(서울대학교 교수) 님이 쓴 「한자의 올바른 인식을 위하여」(『한글과 한자문화』, 2004, 2월호)에 대한 반박이다. 안 님은 한자가 중국글자라는 주장은 틀렸다고 했다. 문물제도를 그 '원적의 나라 이름'으로 부르는 것은 '큰 망발'이라고 한다.

정말 그런가? 글자를 유형에 따라 그림글자나 소리글자로 나눌 수 있다. 글자는 글자를 만든 나라나 겨레 이름을 따라 짓는 경우가 많다. 한글을 "조선글자"로 부를 때도 그렇다. "이집트글자, 중국글자, 거란글자, 여진글자"란 이름도 글자를 처음 만든 나라나 겨레 이름을 따라 지었다. 유럽의 경우에도 이런 보기는 많다. 기원이 분명하게 알려지지 않은 것은 여기서 예외가 되기도 한다. "룬문자"가 여기에 가장 좋은 보기가 된다. "파스파글자"란 만든 이의 이름을 땄다.

글자 이름은 홀이름씨의 특성을 가짐을 알 수 있다. "한자"나 "중국글자"란 이름도 홀이름씨다. 오늘날 세계적으로 쓰이는 아라비아숫자는 본디 인도숫자였다. 여기서 "아라비아", "인도"도 그런 문물을 처음 만들거나 퍼뜨린 나라나 겨레와 연결시킨 이름이다.

안 님의 주장처럼, 어떤 경우에는 '원적지의 나라 이름'을 따지는 것은 아무런 뜻이 없다. "브라질산 커피"라고 할 때, 커피의 원산지가 에티오피아임을 굳이 알 필요는 없다. "중국산 양복"이라고 할 때, 그 옷의 양식이 유럽에서 건너왔음을 늘 알고 있는 것도 아니다.

글자는 말이 시각화된 형태이기 때문에 그 모양이 중요하다. 그것이 처음 만들어질 때의 모양과 통일성이 사라지지 않는 한 그것은 어디서나 하나의 글자이며 똑같은 이름으로 불린다. 글자를 그 기원(원적)에 따라 이름 지음은 본질적이다. 글자를 유형에 따라 나누는 것은 이와는 다른 문제이다. 한자가 우리나라에서 아무리 오래 쓰여도 중국글자일 뿐이며, 캐나다에서 라틴자(로마자)를 아무리 오래 쓰더라도 캐나다글자가 되지는 않는다.

아마도 문화의 보편성을 소박하게 믿는 데서 문물은 '원적'에 따라 부르지 않는다는 주장이 나온 듯하다. 이런 소박한 생각은 지난날 중국고전을 대하는 태도에서 두드러지게 나타났는데, 우리를 가없는 중화문명숭배의 수렁으로 몰아넣었다. 중국글자를 외국글자로 알지 못하는 것부터 우리 지식인들이 얼마나 중화적 세계관에 젖어 있는가를 말해준다.

이런 중화적 세계관은 현실적 역학관계에서 중국이 우리에게 강요한 것이었다. 요순이나 한·당시대를 그리는 사대부들의 태도가 괴테가 이탈리아로 여행을 떠나고 슐리만이『일리아드』의 세계를 그리워하는 것과 다른 이유가 여기에 있다. 그리스나 이탈리아는 독일에 그들의 문화를 강요할 정치적·군사적 힘이 없었다. 그러나 중국은 강력한 힘의 중심으로서 주변의 여러 겨레들에게 존경과 숭배를 강요해온 제국이었다. 유럽에서는 외래종교인 기독교가 그리스·로마의 고전문화를 짓누르면서 유럽을 바꾸어놓았지만, 중국의 외래종교인 불교는 변화를 겪으면서 그 본디 모습을 거의 잃고 중국문명의 한 부분으로 탈바꿈하고 말았다.

유럽에서는 로마제국은 다시 부활하지 못하였으며 특정 민족의 이데올로기를 보편적이라고 강요할 정치적·군사적 힘을 가진 나라가 다시 생겨나지 않았다. 그러나 중국에서는 한나라는 당, 송, 명으로 부활하였다. 중국 중심의 세계질서는 천하체제라고 할 수 있는데 중국과 그들을 중화로 받드는 주변의 오랑캐로 이루어진다. 중국 임금이 직접 다스리는 제국의 바깥에 '오랑캐'가 중국식 문화를 본뜨고 조공을 바치는 세계이다. 이것은 오늘날 미국의 패권이 세계적으로 관철되는 방식과 그다지 다르지 않다.

중국문명 닮아가기를 부추긴 주요한 매개체는 한자였다. 중국글자는 중국의 통일을 이루고 중국 안의 여러 겨레를 하나로 묶는 구실을 했다. 겉보기에 중국은 하나의 국민국가이지만 사실은 여러 겨레와 여러 문화를 아우르는 거대한 문명권이자 대륙이다. 중국은 오랫동안 제국의 형태로 유지되어 그 문화가 획일적으로 통제되었다. 그런데 비록 본디 모습을 많이 잃었지만 아직도 놀랄 만큼 다양하다. 이런 다양성은 결코 하나의 기원으로부터 설명될 수 없다. 유럽문화가 여러 기원을 갖듯이 중국문명도 여러 다른 기원을 갖고 있다. 중국문화의 단일성을 주장하는 이론 속에는 '전형적인 국수주의의 강한 요소와 인종차별주의의 요소'가 있다. 아시아 어느 나라보다도 우리 역사와 문화는 중국중심주의의 가장 큰 해를 입었다. 이런 중화사상은 구체적으로는 한문숭배와 이에 따른 중국글자 중심의 말글의식으로 나타났다.

한글사랑운동이 말을 인위적으로 만들어낸다며 한글사랑운동에 반대하는 사람들이 많다. 이를테면 '날틀'이란 말이 인위적이어서 자연적이지 못하다는 주장을 해왔다. 어떤 낱말이 인위적이냐 자연적이냐는 만든 이가 알려져 있느냐에 달려 있다.(최현배, 『우리말 존중의 근본 뜻』, 112~120쪽) 자연언어와 인공언어를 구별할 때에도, 자연이냐 인공이냐는 그 언어의 구조를 만든 특정한 사람이 알려져 있느냐에 달려 있다. "자연적"이란 "익명적"이란 말과 같아진다. 언어는 자연스럽게 무의식적으로 생겨난다고 볼 수 있다.

그러나 현실적으로 자연언어는 늘 어떤 겨레의 언어로 있음을 생각한다면 자연언어의 자연성, 즉 익명성은 절대적이지 않다. '익명적'이란 뜻으로 "자연적"이란 말을 쓴다면 한자도 인도숫자도 자연적이다. 자연언어의 어휘에는 언어마다 독특하게 세계를 나누어보는 세계관을 담고 있다. 또 역사와 문화에 따라 끊임없이 변화하기 때문에, 거의 변화가 없는 구조(말본)보다 인위적인 성격이 더 강하게 드러난다.

새 낱말을 만든 사람의 이름이 알려지지 않아야 자연스런 새말이란 생각은 옳지 않다.

언어를 자연현상이라 보면 말글정책, 그 자체를 부정하게 된다. 외래어를 제한하거나 물리치는 것도 인위적인 간섭이 되기 때문이다. 바로 "날틀"이나 "먹거리" 같은 말마저도 언어의 자연성을 내세우며 잘못된 말이라고 생각하는 사람들이 국립국어연구원과 같은 국가기관을 차지하면서 우리말글 사랑을 인위적으로 가로막고 있음은 역설이 아닐 수 없다.

"원래, 정통 언어학에서 보면 언어순화라는 것은 있을 수가 없습니다. 말은 자연스럽게 생성, 변화, 사멸하는 것으로 보고 거기에 아무런 가치를 부여하지 않기 때문입니다. 말은 인위적으로 만들거나 바꿀 수 없다는 것입니다. 언어학에서는 모든 언어현상이 그저 객관적인 관찰, 객관적인 고찰의 대상일 뿐입니다."(남기심 국어연구원장, 『국어순화에 관련하여』, 2003. 10)

언어학에서 정통과 이단이 있다고 여기는 생각은 학문적이지 못하다. 언어의 변화를 자연적인 변화로 보는 것은 19세기 역사학파의 생각이었을 뿐이다. 지금은 언어학 사상사를 공부하는 사람이나 기억할 정도로 낡은 것을 '정통' 언어학이라 고집해서는 안 된다. 여기에는 가치를 배제하는 소박한 실증주의적 학문관을 엿볼 수 있다. 그러나 관찰이 실천적 관심에서 나올 때가 많다. 이러한 생각은 주로 경성제대를 통해 소개되었으며 이희승은 이를 이어받고 있다.(최현배, 『앉으나 서나 겨레 생각』, 1993, 189~190쪽) 사람이 말을 가질 수 있음은 자연(본성)이라 할 수 있으나 특정한 자연언어를 배우고 익히는 과정은 문화에 속한다. 문화는 애지음의 영역이다. 새말은 '발생' 또는 '탄

생'하는 것이 결코 아니며 애짓는 것이다.(최현배 지은 『우리말 존중의 근본 뜻』, 122쪽)

남북의 말다듬기가 크게 성공하지 못한 까닭도 우리가 지나치게 중국글자 중심의 말글의식에 젖어 있기 때문이다. 한자식 새말만들기는 '자연스럽게' 여기고 이런 새말애짓기를 인위적이라 여기기 때문이다. 제국대학의 낡은 유산을 밑거름으로 주시경과 조선어학회의 전통과 대결해온 국어연구원이 자유방임이라는 그들 스스로의 원칙을 어기면서 국가기관을 손아귀에 넣고 있는 오늘날의 현실은 우리말글의 불행이 아닐 수 없다.

안 님은 이 밖에도 몇 가지 주장을 덧붙였다. 한자에는 중국과 다른 우리식 소리가 있다고 했다. 그리고 이것 하나만으로도 한자를 중국글자로 부르지 못하는 근거가 된다고 한다. 'A'를 독일사람(아)과 영국사람(에이)이 서로 다르게 읽어도 그게 라틴글자임에는 변함이 없다. "北"을 "베이"로 읽지 않고 "북"으로 읽는다고 "北"이 중국글자가 아니란 주장은 나오지 않는다. 한자를 뜻과 소리의 묶음으로 읽는 것은 한자가 중국글자라는 좋은 증거다. 뜻은 외국말을 풀이할 필요 때문에 생긴 것이다.

안 님은 더 나아가서 '더욱 중요한' 반론으로서 조선에서 만든 "畓", "垈", "媤" 등의 글자가 자주 쓰였다는 사실을 들었다. 그러나 이런 글자가 몇 만을 넘기는 한자 전체에 비추어 얼마 되지도 않는데다가 한문 속에서 쓰였다. 모두 중국에서 들여온 글자를 바탕으로 중국인들이 새 글자를 만들던 방식으로 만들었다.

문화와 학문의 보편성에 대한 소박한 생각을 버리자. 중국을 닮는 것이 곧 선진 '문명'이던 때가 있었다. 작은 중화이념을 내면화하여 사대주의를 자랑으로 여기기도 했다. 이런 생각은 겨레의 문화를 애짓는 힘을 자꾸 갉아먹었으며 중국과 다른 우리 문화의 참모습이 무엇인가라는 물음에 분명한 대답을 하지 못하도록 만든다. 이 말은 우리가 중국문화를 받아들여 더욱 발전시킨 게 없다는 뜻은 결코 아니다. 하지만 그렇지 못한 분야는 더 많다. 중국글자는 참으로 '만들어내는 문화의 적'이다.(최현배,『글자의 혁명』, 42쪽) 한문을 소리로만 읽기를 고집하여 뜻으로 읽는 전통이 강한 일본보다 폐해가 훨씬 컸다.

한문 유산 가운데 우리 역사와 삶을 담은 겨레의 고전이 적지 않지만, 우리 역사를 한자로 기록하였다고 한자가 중국글자란 딱지를 뗄 수는 없다.『하멜 표류기』가 우리의 삶을 담고 있다 해서 네덜란드말이 우리말이 되지는 않는다. 한문을 써온 역사 때문에 앞으로도 한자를 쓰는 것이 전통계승이라 생각하는 사람도 많으나 역사를 골동품처럼 여김은 잘못이다. 역사는 전통에 얽매이면서 다른 한편으로는 그것을 다시 애짓는다. 중국글자를 '사회간접자본'이라 보는 것은 한글날을 공휴일에서 빼고 미국말 공용화를 추진하는 전경련의 주장일 수는 있어도 국어연구원장을 지낸 사람의 생각이어서는 안 될 것이다. 외국어를 배우는 데 이러한 도구주의 또는 기능주의적 태도가 도움이 될 수 있겠다. 그러나 글자마저 생산성의 한 요소로 보는 물신숭배로부터 벗어나야 한다. 말과 글자는 한 공동체의 역사와 함께 변화한다. 세계를 보는 방식이 말글의 영향을 받게 된다.

낱말 아래까지 소리를 분석하는 낱소리글자에서 낱자 하나하나는 그 자체로는 무의미한 부호이다. 자연언어의 다양성에 대해 낱소리글자는 독립적이며 일정한 자율성을 띤다. 이 부호들은 원칙적으로 어떤 특정한 언어에 얽매여 있지 않다. 그러나 대상을 본뜨면서 추상하는 이미지라는 특성을 지닌 중국글자 속에는 중국인의 삶과 역사가 그대로 담겨 있다. 한문을 숭상할수록 중국의 역사와 문화를 남의 것으로 볼 수 있는 눈을 잃게 된다. 유교경전은 물론이고 『천자문』이나 『삼국지』에도 중화사상이 깊이 배어 있다. 주희의 중화사상은 고대유학의 그것보다 훨씬 폐쇄적이고 배타적이다. 한문을 숭상할수록 '한문으로 국문을 대신하고 중국역사로 국사를 대신'(『대한매일신보』, 「국·한문의 경중」, 1907. 3. 17~19)하는 길을 피해 갈 수 없었다.

한문숭상의 해독을 바로 알고 한글사랑의 깊은 뜻을 바로 아는 것이 우리말 연구와 교육의 큰 전제가 되어야 한다. 한자를 "중국글자"라 부른다고 '망발'이 되지는 않으며 '편협한 애국주의'를 부추김도 아니다.

(『한글 새소식』 제381호, 2004. 5)

6. 한자문화에서 한글문화로

이 글은 『말과 글』 2002년 가을호에 실린 이진오(부산대학교 한문학과) 님의 글 「"연변"과 "옌볜", 어느 쪽이 옳은가」에 대한 비판이다. 이 님은 "연변"이 옳다고 본다. 글쓴이로서는 이 문제는 이미 해결된 것으로 알고 있다. 이를테면 『한글 새소식』 1987년 11월호와 1991년 12월호에서 나는 이 문제에 대해 언급하였다.

새삼스러운 일이지만 여기서 다시 논의해보자. 여기서 문제의 초점은 홀이름씨(고유명사)가 어떻게 번역되는가에 달려 있다. 그것은 뜻을 생각함이 없이 소리로서 그대로 옮겨야 한다. 따라서 중국인들이 "北京"이라 적는 곳은 "베이징"이 된다. "毛澤東"은 "마오쩌뚱"이 된다. 이런 것은 물론 우리에게 낯설다. 어떻게 보면 이는 역사성의 파괴라고 생각된다. 그러나 이 낯섦이 어디서 오는가를 다시 생각해야 한다. 그것은 주로 한자를 숭배하던 생각이 아직 가시지 않았기 때문이다. "北京"을 "북경"으로 적어야 한다는 생각은 말을 지나치게 글자 중심으로 생각하기 때문에 나온 것이다. 말은 일차적으로 소리로 있다. 글자 그것도 중국글자와 같은 매개물을 끼우지 말아야 한다. "북경"보다 "베이징"이 옳다면 "동정호"보다 "둥팅후"가 옳다. 다만 한자에 물든 세대에는 낯설다는 것이 문제인데, 이것은 자라는 세대에게는 문제가 되지 않는다.

다만 천안문과 같이 사람이 세운 것에는 지은이의 의도가 있으므로 "톈안먼"이라고 적기가 불편할 수도 있다. 그러나 건물이 언제나 지은이의 의도를 상기하면서 기억되지는 않는다. 대부분의 경우에 "洞庭湖"가 두보와 무관하듯이 "天安門"도 천하의 편안함과 그냥 무관한 홀이름씨일 뿐이다. "파룬궁" 또한 마찬가지다. "法輪功"이라 쓴다고 불교와 관련이 있다는 인상을 받는다면 이 종교(?)를 잘못 알게 되지 않을까? "달러"나 "파운드"의 말밑을 알 필요가 없는 것처럼 중국 돈도 그냥 "런민피"로 알면 된다. 중국은 우리에게 더는 특별한 외국이어서는 안 된다.

또 이진오 님의 주장과는 달리, 한문은 우리 것이 될 수 없다. 오래 써왔다고 우리 것이라고 여김은 착각일 뿐이다. 바로 여기에 사대주의에 깊이 빠져든 우리 지성사의 비극이 있다. 한문은 일본사람에게는 일본어가 되지만 우리에게는 우리말이 안 된다. 중국어의 한 방언일 뿐이다. 이 차이는 주체적 한문학을 지향하는 이들이 진지하게 생각해야 할 과제다.

우리가 한자와 한문을 오랫동안 써왔다는 사실을 어떻게 볼 것인가라는 문제는 우리말과 글을 연구하는 사람들이 피할 수 없는 물음이다. 이는 어떻게 보면 지난 역사의 문제인 것 같지만 우리말의 현실과 그 앞날을 어떻게 가꾸어나갈 것인가라는 문제와 떼어서 생각할 수는 없다. 한자와 한문 그리고 이런 글자로 적힌 문화에 대한 통념 때문에 우리말과 한글, 겨레문화에 대한 많은 편견이 깃들게 되었다. 이러한 편견에는 우리가 흔히 생각하는 것보다 훨씬 깊은 지성사의 뿌리가 있다.

우리 겨레가 한자를 만들었다는 생각도 잘못이다. 이런 주장이 나오는 뿌리는 동이족의 창힐이 문자를 지었다는 기록에 있다. 하지만 그가 지었다는 문자는 '그 모양이나 짜임새가 한자와는 뚜렷이 구별되는 딴 글자'라 생각된다.(류렬, 『단군과 고조선』, 살림터, 1999, 593쪽)

또 한자를 천 년이 넘게 써왔기 때문에 우리 글자라고 말하는 사람이 있다. '동양민족의 공용문자'이기에 한자를 '외국문자라고 생각하는 것은 너무나 단견이요, 고루한 사고방식'이라고 한다.(이희승, 「나의 어문관」, 『어문연구』 제38호, 1983)

요즈음에는 이 낡은 주장을 다시 살려 한자가 '동방문자'라고 주장하는 사람들이 있다. 글자란 그 모양과 짜임새가 변화하지 않는 한 중국글자가 우리 글자로 되지는 않는다. 로마자는 영국에서 쓰이든 인디아에서 쓰이든 로마자일 뿐, 영국글자나 인도글자가 되지 않는다. 그와 마찬가지로 한자는 천 년을 넘게 우리나라에서 쓰여 왔으나 중국글자일 뿐이다.(다만 한자말은 그 소리와 뜻이란 측면에서 얼마든지 우리말이 될 수 있다) 더구나 뜻글자인 한자는 그 자체로는 뜻이 없는 부호인 알파벳과 달리 그 글자 자체가 특정한 겨레의 특수한 시대와 문화를 담고 있다. 임금을 나타내는 "王"은 하늘과 땅과 사람을 이어주는 사람으로 풀이하는 경우가 있다. "望"은 사람이 눈을 크게 뜨고 멀리 바라보는 모습을 본떴다고 한다. 이렇게 한자는 한 특정한 겨레와 특정한 문화와 연결되어 있다.

이에 비하면 로마 알파벳은 추상적인 부호이다. 이 글자보다 앞서는 페니키아 문자에서는 A는 황소라는 뜻을 나타내는 그림글자(알레프)에서 따온 것이고 B는 집이라는 뜻을 나타내는 그림글자(베트)에서 왔다. 알파벳에서는 구체적인 의미가 철저히 사라져버린다. 이것은 한글에서도 마찬가지다. ㄱ은 혀뿌리가 목구멍을 닫는 모양을 본뜨고, ㄴ은 혀가 윗잇몸에 붙는 모양을 본떴다. 하지만 그렇다고 이 글자가 그런 뜻을 나타내지는 않는다. 더구나 ㅡ는 땅을 본뜬 것이고, ㅣ는 사람이 서 있는 모양을 본떴다. 하지만 그렇다고 그 뜻을 나타내는 것은 아니다. 음성 자질을 반영한 '상형'은 닿소리의 경우에 나름대로 의미가 있으나 홀소리의 경우에 이런 기원에 대한 설명은 아무런 의미가 없다. 알파벳은 이런 의미를 추상화하지 않으면 성립할 수 없다. 일반적으로 알파벳 낱자의 그 기원을 따짐은 의미가 없다. 그 자체로는 의미 없는 부호의 모임일 뿐이다.

그러나 한자는 그 자체가 뜻과 역사를 담고 있다. 이 글자를 쓰는 한 이 글자를 만든 겨레의 문화와 역사 속으로 빨려 들어가게 된다. 중국사에서 한자가 중국을 하나로 묶고 이민족을 동화시켜 흡수하는 중요한 매개물이었다. 한자는 중국문화의 상징이었으며 한자가 전해준 유교문명은 우리를 철저히 중국 중심적 세계관 속으로 갇히게 만들었다. 이런데도 이희승은 '한자를 사용하면 사대사상을 길러주게 된다는 주장도 사리불변(事理不辨)의 망론이 아닐 수 없다(위의 글)'고 하였다.

그런데 어떤 이는 한글과 한자가 서로 보완적이라고 주장한다. 낱말이나 월에서 훈독이 많은 일본에서는 이 주장이 맞는다. 그러나 우리에게는 한글과 한자는 물과 불처럼 서로 죽이는 관계다. 우리의 산과 강은 본디 "뫼"와 "가람"이었다. "한밭"과 "무너미"는 이제 어디에 있는가. 한자와 한글이 보완하는 관계라면 우리말과 문화가 왜 이렇게 본디 모습을 잃어버렸을까? 우리말을 적는데 성격이 다른 두 글자인 한글과 중국글자를 섞어 쓰면 서로 보완한다는 생각은 근거 없다.

과거에 우리에게 학문하기는 언어로 보면 한문 읽기고, 내용으로 보면 중화사상을 선전하는 중국고전 읽기였다. 중국문화는 우리에게 문화 바로 그것이었다. 그러나 이제 중국문화는 수많은 외래문화의 하나로 되어야 한다. "北京"을 "북경"으로만 아는 것은 우리 문화에서 한자가 특권을 차지하고 있던 시대를 이어가자는 생각의 산물일 뿐이다.

말의 일차적인 존재방식은 소리란 상식이 외국어인 중국어를 표기하는 데에도 엄격하게 적용될 필요가 있다. 중국 출신 탁구선수 "초지민"과 "자오즈민" 가운데 어느 것이 더 잘 알려져 있는가. 한자라는 매개를 처음부터 빼버려야 한다. 한자를 중국글자로 알지 못하고 한문을 외국어로 알지 못하는 세대의 사람들은 계속 불평할 것이다. 사람들은 쉽게 자신의 체험을 일반화하는 경향이 있다. 그러나 이제 한자에 대한 교양을 모든 사람에게 강요하던 시대는 분명히 지나갔다.

"파룬궁"이니 "베이징"이니 하는 발음은 미국 기준의 적용(이진오, 「"연변"과 "옌볜", 어느 쪽이 옳은가」 18쪽)이란 생각은 잘못이다. 이것이 한자에서 벗어난 더 주체적인 방식이다. 이것을 '역사성을 무시'하는 것이라고 보진 않는다. 역사란 그냥 과거를 무작정 이어가자는 과거 숭배와 같지는 않다. 역사가 과거를 되풀이하는 것이라면 역사란 이름으로 사람들을 끝없이 수구적으로 만들어 새로움을 거부하게 만들게 마련이다.

참된 역사성이란 올 것(미래)이란 관점에서 지난 것을 볼 수 있는 눈을 가져야 하며 새로운 것을 애짓는 힘이 그 본성이 아니겠는가. 이제 중국글자와 중국고전은 우리 문화에서 전통이란 이름으로 특별한 자리를 요구해서는 안 된다. 그것은 그 내용에서 보아도 사대주의이고 봉건주의다. 이진오 님의 글 가운데는 논리적으로 문제를 오해한 것도 눈에 띈다.

““Paris”는 프랑스에서는 “빠리”이지만 미국에서는 “패리스”로 읽힌다.”(이진오, 「“연변”과 “옌볜”, 어느 쪽이 옳은가」 17쪽)

이것이 “北京”이 “북경”이 될 이유가 되는가? 서로 아무 관련이 없는 사실이다. 프랑스와 미국의 경우에 우선 같은 로마자로 적혀 있고, 적기법도 같은데 소리내기가 다를 뿐이다.

“베이징”은 로마자 적기법에 따른 것을 또한 우리말 소리체계에 맞게 한글로 적은 것이다. 로마자 표기법에 기대지 않고 외국어로서의 중국어의 소리를 정확하게 표기하는 방법을 따로 마련할 수도 있다. 여기서 중국 사람들의 발음이 “베이징”과 꼭 같으냐는 중요하지 않다.

“모두가 열심히 “베이징”이라고 적고 있는 동안에 중국에서는 서울을 “서울”의 발음을 살려 적은 일은 전무하다. 그들은 “漢城”이라고 적어버린다.”(이진오, 「“연변”과 “옌볜”, 어느 쪽이 옳은가」 18쪽)

이것은 중국인의 중화사상이 얼마나 뿌리 깊은지를 잘 말해준다. 아직도 그들은 우리를 자주독립국가로 인정하고 싶지 않은 것이다. 이렇게 우리를 멸시하는 태도는 배웠다는 사람에게 더 심한 것으로 알려져 있다. 우리 외교가 자주적이라면 이 문제를 제대로 해결하지 못했겠는가. 중국인의 잘못된 태도를 본받아야 할 이유는 없다.

한걸음 더 나아가 서울을 "中京"으로 하자는 주장도 있다. "세계의 중심이라는 뜻"이라고 한다.(진태하, 「서울의 한자 명칭을 "中京"으로」, 『국어교육』, 2002. 1) 한자에 대한 애정이 지나쳐 나를 객관화해보는 힘이 모자라기 때문에 나온 주장이다. "북쪽 서울, 동쪽 서울, 남쪽 서울"에 비겨서 지은 이름 같은데 "中京"을 보고 모든 사람이 다 이런 뜻을 상기할 수는 없을 것이다. 차라리 "크기가 중간쯤인 서울, 중국의 서울"이란 뜻으로 오해받을 가능성이 크다.

중국철학사가 훈고학 중심으로 전개된 것은 이런 한자말과 한문의 다의성 때문임은 오늘날 연구자들의 상식이 되고 있다. 한자에 대한 맹목적 신뢰는 우리 겨레문화의 독자성을 좀먹어왔다. 어느 곳의 땅 이름이든 이제 한자로 짓기를 그만두어야 한다.

"서울"이란 이름은 중국에서도 통용되어야 한다. 우리말과 우리 문화의 비극은 한자와 한문을 외국글자인 중국글자, 외국어인 중국어로 알지 못한 데서 왔다. 한글만 쓰기는 오랜 역사에 대한 반성과 비판, 겨레역사와 문화방향, 말과 글의 성격에 비추어 나오는 우리 문화의 당연한 방향이라 하겠다.

(『말과 글』 제93호, 2002. 겨울)

둘째 가름
겨레문화의
큰방향
- 한글문화

첫째 조각 『독립신문』과 한글문화

1. 누가 『독립신문』 창간호 논설을 썼을까?
— 이기문 님의 「독립신문과 한글문화」에 대한 반론

이기문 님의 「독립신문과 한글문화」(『주시경학보』 제4집, 1989. 12)는, 『독립신문』의 한글만 쓰기에 얽힌 문제를 다룬 글이다. 이 글은 얼핏 보면 옳은 것 같지만, 반론의 가능성이 있는 내용도 많다.

글쓴이는 여기에서, 이기문 님의 '독립신문의 한글전용이 서재필의 주도로 이루어졌다'는 주장에 대하여 한 반론을 제기하고자 한다. 『독립신문』의 한글만 쓰기에는 서재필의 공헌이 큼을 부정할 수 없지만, 한힌샘의 공로도 이에 못지 않게 크다고 볼 수 있다. 여기에서는, 이기문 님의 글에서 미처 생각해보지 못한 여러 사실을 지적하여, 몇 가지 역사적 문제에 관해서 「독립신문과 한글문화」는 잘못을 범하고 있음을 보여주려 한다.

그 반론으로서 첫째로, 이기문 님의 주장대로 『독립신문』의 창간호 논설을 정말 서재필이 썼다고 볼 수 있는가 하는 문제이다. 이것은 속단이라고 생각한다. 우선 서재필은 우리말글에 직접 관심을 표시한 적이 없었음을 상기해야 한다.

글쓴이의 지금 생각으로는, 『독립신문』의 창간호 논설은 두 사람의 것, 즉 앞부분은 서재필, 뒷부분은 주시경의 것이다. 이렇게 생각할 수 있는 근거는 다음과 같다.

그 원문을 보면, '논설'이라는 한 제목 아래 이어지는 글인데도 앞 부분과 뒷부분의 사이를 띄어 놓았고, 그곳에 이상한 부호(무늬줄)가 들어 있다. 그러한 부호는 다른 논설에서는 보이지 않는다. 그것은 쓴 이가 바뀌었다는 표시로 생각된다.

또, 하나의 논설문인데도 같은 사실을 두고, 앞부분에서는 '모두 언 문으로 쓰기는 남녀, 상하, 귀천이 두루 보게 함이오'라고 했으나, 뒷부 분에서는 '다만 국문으로 쓰는 것은 상하, 귀천이 다 보게 함이라'고 표현하여, '한글'을 '언문'과 '국문'으로 다르게 표현하였고, 같은 내용 의 말을 되풀이하였다. 이는 두 사람이 썼다는 간접적인 증거가 된다. 그러한 내용의 되풀이는, 앞부분에서는 '우리 신문을 보면 조선인민이 소견과 지혜가 진보함을 믿노라'고 하고, 뒷부분에서는 '우리 신문을 하루걸러 몇 달 간 보면 새 지각과 새 학문이 생길 걸 미리 아노라'고 한 데서도 다시 나타난다. 또, 빈칸 띄었기에 관한 주장도, 앞부분에서 는 '또 구절을 띄어쓰기는 알아보기 쉽도록 함이라'고 했고, 뒷부분에 서도 같은 내용이 다시 나온다. 왜 같은 말을 되풀이한 곳이 여러 군데 있을까? 그렇다면 『독립신문』의 빈칸 띄어쓰기는, 이기문 교수의 생각 과는 반대로, 서재필 주도로 이루어진 것이 아니란 말이 된다. 또 한힌 샘 주시경도 일관성 있게 그의 저서에서 띄어쓰기를 지키지 못하였다.

더 나아가 앞부분의 마치는 곳에 '논설 그치기 전에 우리가 대군주

폐하께 송덕하고 만세를 부르나이다'고 한 것으로 그곳이 논설이 끝났음을 암시하고 있다. 만약에 그 논설을 한 사람이 썼다면, 왜 논설의 중간 부분에 "논설 그치기 전에"라는 표현을 썼을까?

글쓴이는 이런 여러 이유로 『독립신문』 창간호 논설은 두 사람이 썼다고 본다. 뒷부분의 내용을 보아도, 쉽고 좋은 우리 글자를 쓰지 아니하고 외국글(한문)만 숭상하는 기묘한 버릇 때문에 우리글을 천대하는 '한심한' 현실을 말하며 이런 버릇이 다른 나라에서는 없음을 말하고 있어, 나라와 말글 사이의 뗄 수 없는 관계를 줄기차게 강조한 주시경의 생각(『한나라말』에서 '말은 나라를 이루는 것인데, 말이 오르면 나라도 오르고 말이 내리면 나라도 내리나니라'고 표현하였음)과 일치하고 있다. 만약 이런 생각이 옳다면, 『독립신문』의 한글만 쓰기에 주시경은 이를 이론적으로 뒷받침한 사람이란 결론을 내기에 넉넉하지 않을까. 따라서 『독립신문』의 한글만 쓰기 결정을 서재필이 내렸을지라도 처음부터 주시경의 많은 도움을 받은 것이라 볼 수 있다.

둘째, 이기문 님의 주장과는 반대로, 주시경과 서재필의 만남이 서재필이 일방적으로 가르친 관계라고 보기는 어렵다. 만국지지만 해도 주시경은 서재필과 만나기 전에 정인덕, 박세양, 두 분에게서 가르침을 받은 것이다. 『독립신문』 제2권 제92호(1987. 8. 5)의 글을 서재필이 썼다면 그 내용은 주시경의 사상에서 많은 영향을 받았다고 보아야 한다. '국문 옥편을 만들어 말 쓰는 규칙과 문법을 정하여'로 표현되는 말글 규범화에의 욕구는 주시경에서 가장 강렬하게 나타남은 새삼 말할 것도 없다. 말글에서 규범을 세우려는 욕구는 구한국 말부터 정치적·경제적·문화적 이유로 끊임없이 제기되고 있었다. 그 글을 쓰게 된 계기도 아마 그 이전에 나온 주시경의 「국문론」에서 찾아야 할 것이다. 주시경으로서는 『독립신문』은 이제까지 갖고 있던 신념을 확인하는 것에 지나지 않았다.

세 번째로, 『독립신문』의 한글전용은 엄청난 혁명이었지만, 그것이 누구의 주도로 이루어졌느냐에 관심을 모아서는 안 되리라 본다. 그것은 한 개인이 역사에서 할 수 있는 일이 시대정신에 엄청나게 힘입고 있다는 사실을 상기할 때에 더욱 그렇다. 한 개인이 얼마나 위대한 업적을 냈는가를 밝히는 것보다 그러한 업적을 어떻게 이룰 수 있었는가를 밝혀내야 올바른 역사인식을 줄 수 있다. 그저 개인의 결단과 선각으로만 행위를 설명하는 것은 역사 과학적 설명으로는 좋지 않다고 생각한다. 『독립신문』의 한글만 쓰기는 성경에서 알게 모르게 영향을 받았을 것이고, 한자를 섞어 쓸 때에 필요한 엄청난 활자를 감당할 수 없었던 사정(『독립신문』의 활자는 일본 요코하마에서 들여온 것이라고 함)도 한글만 쓰기를 감행하게 만든 중요한 요인이었을 것이다. 서재필은 한글만 쓰기가 갖는 큰 뜻을 미처 생각해보지 못한 듯하며, 생각했더라도 이를 지속적으로 주장하지 않았다. 이에 대한 이론적 확신도 없었던 듯하다. 뒤에 남긴 기록에서 한글만 쓰기 문제에 대한 언급이 보이지 않는 것은 이 때문이 아닐까. 그는 '굳은 신념과 강한 결단력'에 따라 한글만 쓰기를 결정한 것이 아님을 알 수 있다. 우리는 무엇보다도 한 개인의 행위 뒤에 있는 시대정신을 읽어야 한다.

이런 여러 가지 문제점에서, 「독립신문과 한글문화」는 『독립신문』에 얽힌 사실의 파악과 그 역사적 의의를 올바로 알아내지 못했다고 본다.

(『한글 새소식』 제213호, 1991. 3)

2. 누가 『독립신문』 1897년 8월 5일자 논설을 썼을까?

지난 『한글 새소식』 제223호(1991. 3)에서 나는, 『독립신문』 창간호 논설 가운데 그 뒷부분의 지은이가 주시경이라는 주장을 편 바 있다. 이 주장은 이제 누구도 쉽게 부정할 수 없을 만큼 증거가 많다고 본다. 『독립신문』에 보이는 우리말글 문제에 관한 주장은 주시경의 생각이라고 말할 수 있다. 『독립신문』은 창간할 때부터 한문에 물든 지식인들을 달래기 위해서 창간호 사설의 많은 부분을, 왜 한글만 쓰는가를 설명하는 데 내주고 있다. 서재필은 이 일을 주시경한테 모두 맡긴 것 같다. 『독립신문』에 보이는 국문에 관한 기사나 논설은 주시경과 떼어 생각할 수는 없을 듯하다. 주시경은 『독립신문』에서 이제까지 알려진 것보다 더 낡은 활약을 했다. 서재필이 주시경을 '언문 담당 조필'이라 부르고 있음(신용하, 「독립신문의 창간과 그 계몽적 역할」, 1975, 328쪽)을 무심코 지나쳐서는 안 되리라 본다. 이제 우리는 이러한 주장을 기반으로 『독립신문』 1897년 8월 5일자의 논설이 주시경의 글이라고 생각해보기로 하자.

먼저 그 글은 내용으로 보아 윤치호의 글에 대한 논평(1897년 5월 27일자)과 연속성이 크므로 같은 사람이 썼다고 봄이 합리적이다. '글자 쓰는 법'을 정하여 놓자는 말글의 규범화에 대한 강렬한 욕구가 드러나 있고, 그 방법으로 '옥편'을 만들 것을 제안한다. 일정하게 적었을 때 어떤 이점이 있는가를 말하는 데 쓰인 "말"과 "물"이란 보기도 일치한다.

그 다음 서재필이 미국생활에서 저작권에 대한 특별한 인식을 갖고 있었다거나 논설란에 다른 사람의 글이 실렸을 때는 빠짐없이 그 글쓴이를 밝히기를 잊지 않았기에 서재필이 썼다는 주장(이기문, 1989, 12쪽, 15~16쪽)은 그다지 믿을 게 못 된다. 『독립신문』 창간호 논설은 이런 주장에 명백한 예외가 있음을 보여 주지 않는가.

또 표현에서 나타나는 여러 문제를 보자. '국문'이라는 표현이 8월의 논설에서는 아주 여러 차례(17번) 쓰였다. "언문"이란 표현이 쓰이지 않았다. 갑오경장 뒤에야 생긴 표현을 그때 이렇게 일관성 있게 쓸 수 있었다는 것은 한글에 많은 관심을 갖고 있던 사람이 썼다고 볼 수 있는 증거가 된다. 따라서 글쓴이가 서재필보다는 주시경일 가능성이 크다. 서재필은 『독립신문』 창간호(1896년 4월 7일) 논설에서 '언문'이란 표현을 쓰고 있고, 1898년 1월에 독립신문사의 자산목록과 월 비예산을 작성할 때도 "언문 담당 조필"이라고 하였으므로, 한글에 대한 서재필의 이름은 '언문'이었음을 알 수 있다. 『독립신문』 창간에서 2년이 덜 차는 그때까지 서재필의 언어의식이 한글을 두고 '언문'에서 '국문'으로 또다시 '언문'으로 바뀌었다고 보기는 어렵다. 서재필이 물론 한글을 천대하는 생각을 갖지는 않았지만 그 이름은 여전히 '언문'이었다고 생각함이 더 그럴 듯하다. (물론 주시경의 글을 소개하면서 '국문론'이란 말을 쓰고 있기는 하다. 서재필의 다른 기록에서 '한글'이란 표현이 나타나는지, 언제부터 얼마나 자주 쓰였는지 조사해서 알아볼 수 있으면 이는 소중한 자료가 될 것이다)

덧붙여 말한다면, 우리말 연구의 선구자인 이봉운의 『국문 정리』 (1897. 1)의 첫머리에서도 '국문'이란 표현과 아울러 '언문'이란 표현이 자주 쓰였다. 또 거기에 벌써 말과 글이 같아야 함을 말하고 '언문 옥편'을 만들어야 함을 말하고 있다. 따라서 1897년 5월 27일의 윤치호 글에 대한 논평에서 '옥편'을 만들어야 한다는 생각이 처음으로 나왔다고 말하거나 8월 5일의 논설에서 말글이 같아야 한다는 생각이 처음 나타났다는 주장(이기문, 1989, 16~19쪽)은 기본적인 사실을 잘못 안 것이다. 이와는 달리, 아마 이 글은 외국어를 번역해야 한다는 주장을 처음으로 표명한 글일 것이다.

또, 그 해 9월 25일의 「국문론」도 그 첫머리에 '내가 월전에'라는 표현을 쓰고 있다. "월전에"는 4월 22일과 24일의 「국문론」을 가리키는 것일까? 아무리 정확하지 못한 표현을 썼다 하나 다섯 달 전을 가리켜 '월전에'라고 할 것 같지가 않다. 글자 그대로 8월에 쓴 논설을 가리킨다고 보는 것이 더 그럴듯하다.

"경계"란 표현에도 눈길을 돌려 보자. 이 표현은 주시경에게 독특한 뜻을 지닌 어휘에 속한다고 볼 수 있다. 8월 5일의 논설에서는 이 표현이 2번 쓰였고 9월 25일의 「국문론」에서는 5번, 27일의 「국문론」에서는 1번 쓰였다. 그 뜻도 문맥에 따라 한결같지는 않다. 8월 5일의 논설에서는 '구별'이라는 뜻에 가깝게 쓰였다. 반면에 9월 25일과 27일의 「국문론」에서는 소리대로 적는 맞춤법을 배척하고 형태 중심의 적기법을 말하면서 '경계를 옳게 찾아 쓴다'고 말하고 있다.(보기: "먹으로, 손에, 발은" 등) 주시경은 이 표현을 '땅이 갈라지는 한계'라는 흔한 뜻으로 쓰고 있지 않다. 지금까지 알려진 바로는 구한국 말 때 "경계"란 표현이 이와 같이 쓰인 다른 곳은 없는 줄 안다. 이는 한 사람이 썼다는 증거가 된다고 본다.

그런데도 하나 미심쩍은 것은 왜 1897년 8월의 논설에서는 주시경의 글임을 밝히지 않았을까 하는 점인데, 바로 이것이 글쓴이가 주시경이 아닐지도 모른다고 여기는 가장 중요한 이유가 된다. 4월과 9월의 「국문론」에서는 글쓴이를 분명히 밝히고 있다. 그러나 이 의문은 서재필이 주시경을 "조필"이라 부르고 있음을 생각할 때 풀릴 수도 있다. 의문은 또 있다. "주상호씨가 국문론을 지어 신문사에 보내었기에 좌에 기재하노라"란 표현에서도 "보내었기에"라는 표현은 주시경이 독립신문사의 일을 전혀 맡고 있지 않는 사람이라는 인상을 준다. 이는 참으로 알 수 없는 수수께끼다. 그런데도 넉 달이 지난 뒤에는 "조필"이라고 부르고 있을까? 『독립신문』의 논설도 많이 썼다는 말인가? "보내었다"는 표현에 큰 뜻을 둘 수 없음을 말하는가?

그런데도 그 글을 딴 사람보다 주시경이 썼다고 생각함이 더 그럴듯하다. 내용이 그 해 4월과 9월에 나온 주시경의 「국문론」과 많은 부분에서 일치하기 때문이다. 일치는 다음 몇 가지로 나누어 볼 수 있다.

첫째, 먼저 훌륭한 제 나라 글자를 버리고 '어렵고 세상에 경계 없이 만든' 한문을 숭상함은 '우습고 개탄할 일'이라 봄은 4월의 「국문론」에 쓴 주시경의 주장과 같다. 나라마다 쓰는 글이 말과 같은데, 조선은 한문으로 책을 만드니 말과 글이 같지 않아 새로운 학문의 보급이 능률적이지 못함을 말하고 있다. 세계 여러 나라의 말과 글을 말하고 또 우주자연에까지 비추어보아 우리말글을 씀이 당연함을 말한 주시경의 사상이 그대로 드러나 있다. 또, 그 첫 부분과 끝 부분에서 독립하는 데는 우리말글을 숭상하여 써야 함을 말하고 있다. 이는 주시경의 중심사상이다. 한 나라의 말과 글은 '독립의 본성'(『국어 문전 음학』, 1908. 1)이며 한 나라가 '땅덩이 위에 홀로 서는 특별한 빛이어서 이 빛을 밝히면 그 나라의 홀로 서는 일도 밝아진다'(『한나라말』, 1910. 6)고 주시경은 말하지 않았던가. 물론 우리말글을 숭상해야 한다는 주장은 여러 선각자들에게 공통이었으나 이를 일찍부터 줄기차게 강조한 사람은 역시 주시경이다.

둘째, 글자 쓰는 법을 정하여 놓자는 말글 규범화에의 강력한 욕구가 드러나 있다. 8월 5일치 논설의 뒷부분이 이 문제에 대한 언급이다. 서재필이 이에 대한 관심을 표시한 적이 없었다. 그러나 주시경의 9월 25일과 27일자 「국문론」은 '국문을 가지고 어떻게 써야 옳은가'를 말하고 있어 주제에서도 거의 같다. '국문 동식회'로 나타나는 주시경 사상은 이 말글 규범화와 뗄 수 없음을 우리 모두 알고 있다. 5월 27일자에 실린, 윤치호 주장에 대한 논평에서 / ㅏ /음과 / · /음의 구별이 많은 관심의 대상이 된 것도 이 소리를 둘러싼 혼란이 특히 많아 말글 규범화 문제의 중심이 되었기 때문이다.(김영황, 『조선 민족어 발전 역사 연구』, 1978, 462쪽) 주시경은,『국어 문전 음학』(34쪽, 60~61쪽)에서 17살 때, 아래 아(·)가 / ㅣ /와 /ㅡ/를 합한 소리일 것이라고 생각했다 한다. 이 문제에 관심을 갖고 있던 주시경의 논평이라 생각함이 더 그럴 듯하다.

셋째, 번역에 관한 논의다. 번역에 관한 논의는 8월 5일의 논설에서는 '학문'과 '지식'을 전달해주는 매체로서 한문이 너무나 비효율적이어서 '각색 학문을 국문으로 번역하여 가르쳐야' 한다고 보았기 때문에 왔다. 번역에 관한 언급이 9월의 「국문론」에도 나온다. 따라서 어떤 이처럼 8월의 논설에 나오는 주장이 9월의 「국문론」에 어떤 영향을 주었다기보다는 같은 사람이 쓴 글이라 봄이 더 적절하다. 주시경이 이런 주장을 다만 말에 그치지 않고 양계초의 『월남망국사』(1907. 11, 초판)를 번역하여 실천하였다. 9월에 나온 「국문론」은 번역할 때 생기는 기술적인 어려움을 어떻게 볼 것인가를 말하고 있어 이미 어떤 형태로든 학문과 교육에서 번역된 책을 써야 한다는 원칙을 확인하였음을 넌지시 일러준다.

아주 어릴적부터 주시경은 번역에 관한 관심을 갖고 있었다. 1914년 10월에 창간된 『청춘』에 실린 「주시경 선생 역사」에서는 주시경이 서울로 온 뒤 이회종 진사한테서 한문을 배우면서 늘 글 뜻을 우리말로 번역함을 보고, 글이란 말을 적으면 넉넉하다고 보고 번거로운 한문으로는 새 학문과 새 지식을 얻는 데 몇십 배나 시간과 노력을 허비해야 하니 우리글을 씀이 좋겠다는 생각을 깨쳤다고 적고 있다. 이를 해결하는 길은 번역이라는 결론을 쉽게 낼 수 있다. 말글 하나됨이란 역사의 숨결을 그가 가장 먼저 알았다. 한문(한자)이 우리말과 글, 우리 문화를 얼마나 짓누르고 있는가를 누구보다도 먼저 깨쳤다. 다음과 같은 논설의 주장에 귀 기울여보자.

> "각색 학문 책을 국문으로 번역하여 가르쳐야 남녀와 빈부가 조금씩이라도 학문을 배우지 한문 배워 가지고 한문으로 다른 학문을 배우려 하면 국 중에 이십여 년 그 노릇만 할 사람이 몇이 못 될지라."

4월 24일 「국문론」 끝부분에서 주시경은 벌써 '성인께서 만든 글자가 배우기가 쉽고 쓰기도 쉬우니 이 글자들로 모든 일을 기록'하여, 학문을 익히고 직업을 지켜서 나라의 독립에 기둥이 될 것을 동포형제들에게 호소하고 있다. 또 「국어와 국문의 필요」(1907. 1)에서도 8월 5일의 논설과 같은 주장이 되풀이되고 있다.

> "지금 같은 세상을 당하여, 특별히, 영, 일, 법, 덕 등 외국말을 배우는 이도 반드시 있어야 할지라. 그러나 전국 인민의 사상을 돌리며, 지식을 다 넓히어 주려면, 어쩔 수 없이 국문으로 각색 한문을 저술하며 번역하여 무릇 남녀하고 다 쉽게 알도록 가르쳐주어야 될지라."

번역에 관한 논의는 이제까지 주시경 연구에서 많은 관심을 끌지 못한 문제이다. 이것은 다른 국어운동의 선각자한테는 잘 나타나지 않는 사상이기도 하다. 이런 주요한 사상에, 그때에는 누구도 귀 기울여 듣지 않았다. 우리는 얼마 전까지만 해도 한글만 쓰기가 한문으로 된 옛 책을 못 읽게 만든다고 '민족문화를 말살'한다는 비난을 들었다.

넷째, 8월 5일의 논설에서는 오늘날 한자를 섞어 쓰자는 사람들에 대한 훌륭한 논박이 발견된다. '한문 글자로 쓰지 아니하면 조선말에 모를 말이 많이 있다'고 주장하는 '다만 한문공부만 하고 국문 공부는 아니한' 사람의 생각을 논박하는 다음 글을 보자.

> "만일 조선인민을 가르치되 독립이란 말을 남에게 의지하지 아니하는 것으로 가르쳐 놓을 것 같으면 독립만 보고도 그 뜻을 알 것이요, 홀로 독립을 배우지 아니한 사람도 뜻을 책을 보고도 알 터이요, 누가 말하는 것을 듣고도 알 터이다. (그리하면) …… 한문 생각은 당초에 하지도 아니할 터이라."

이와는 조금 다른 맥락(어떤 한자말을 쓰고 또 어떤 말을 버릴지 논의하면서)이기는 하나 위와 거의 같은 보기가 9월 25일의 「국문론」에서도 나타난다.

> "또 飮食 음식이라 할 것 같으면 마실 음 밥 식자인 줄을 모르는 사람이라도 사람들의 입으로 먹는 물건들을 음식이라 하는 줄로 다 아니 이런 말도 또 마땅히 쓸 것이오."

이런 생각은 주시경이 학술용어를 새로 지어 쓰는 데도 그대로 나타난다.

"이것(줄여 쓴 말과 새로 만들어 쓴 말: 글쓴이 보탬)을 한자로 짓지 않음
은 그 한자의 뜻으로 풀려 하고, 그 일의 뜻은 뜻하지 아니함을 덜고자
함이라."(『국어문법』, 「이온글의 잡이」, 1910. 4)

이는 한자에만 기대어 우리말 속의 한자말을 이해하려는 사람들의
잘못을 지적한 것으로, 오늘날에도 한자 섞어 쓰기를 고집하는 사람
들에게 그대로 유효한 비판이 된다. 글자란 무엇보다도 말을 담는 그
릇임을 말하고 있으며 글말보다 입말이 앞섬을 밝히고 있다. 말에 대
한 이런 이해는 우리가 흔히 빠지기 쉬운 오해에서 벗어나 있다. 참으
로 빼어난 주장이다. 한글만 써야 한다는 생각을 할 수 있었던 사람은
100년 전에도 여러 사람이 있었겠지만, 왜 한글만 써야 하는가를 이처
럼 훌륭하게 말할 수 있었던 사람이 그리 많지는 않았을 것이다. 깊은
연구가 없는 이로서는 이 같은 논리적 반박을 할 수 없다.

다섯째, 8월의 논설에 나타나는 '바라건대 조선학부에서 조선 국문
옥편을 만들어 말 쓰는 규칙과 문법을 정하여 전국이 그 옥편을 좇아
말과 글이 같도록 쓰고 읽게 하여'란 생각도, 9월 25일의 「국문론」에
서는 '바라건대 조선 안에 학업의 직입을 맡은 이는 다만 한문 학교나
또 그 외에 외국 문자 학교 몇들만 가지고 이 급한 세월을 보내지 말
고(조선 국문으로 번역된 책을 만들어 써야 하는데 국문으로 된 책을
만들기 위해서는 먼저: 글쓴이 보탬) 조선말로 문법을 정밀하게 만들
어서…… 글을 지을 때에도 법식에 맞고 남이 알아보기에 쉽고 문리와
경계가 밝게 짓도록 가르쳐야' 한다고 표현되었다. 이는 그 당시 교육
방법에 대한 새로운 제안인데, 앞 주장이 뒤의 주장에 영향을 끼쳤다
기보다는 그 글쓴이가 한 사람이라고 생각함이 더 그럴 듯하다. 문법

을 배우고 '자전'을 만들어야 한다는 주장은 「국어와 국문의 필요」에서도 그대로 되풀이된다.

이러한 여러 근거에서 우리는 8월 5일의 논설도 주시경이 썼다고 여기는 편이 더 그럴듯하다고 생각한다. 그런 생각은 주시경만 할 수 있었던 것은 아니고 그런 생각의 대부분은 그때 국어운동에 관심 있는 많은 선각자들에게 공통적이었다.

그러나 번역에 대한 주장과 한자 섞어 쓰기에 대한 논박은 아무나 할 수는 없었을 것이다. 그때 이런 주장을 할 수 있었던 사람은 주시경이라고 봄이 가장 그럴듯하다. 주시경이 아닌 다른 사람이 썼을 듯한 근거가 많다고 볼 수 없다. 다른 사람이 쓴 글을 거의 같은 내용으로 한 달 뒤에 주시경이 썼다면 이는 실질적으로 남의 글을 베꼈다고 볼 수 있다. 그만큼 내용에서 꼭 잘 들어맞는다. 이런 사실들은, 비록 몇 가지 문제점이 풀리지 않은 상태로 남아 있으나, 그 논설을 쓴 이가 주시경이라는 추정을 더욱 그럴 듯하게 만들어준다.

〈참고문헌〉

김민수, 『주시경 연구』, 탑출판사, 1977.
김병제, 『조선어학사』, 과학백과사전 출판사, 1984.
김영황, 『조선 민족어 발전 역사 연구』, 과학백과사전 출판사, 1978.
신용하, 「독립신문의 창간과 그 계몽적 역할」, 『한국사론』, 서울대학교 국사학
　　　과, 1975.
이기문, 「독립신문과 한글문화」, 『주시경 학보』 제4집, 탑출판사, 1989.
주시경, 『주시경 전집』, 이기문 엮음, 아세아문화사, 1976.

(『한글 새소식』 제213호, 1991. 3)

3. 『독립신문』과 신문의 한글만 쓰기
―창간 100주년을 맞아

다가오는 신문의 날(1996. 4. 7)이면 최초의 근대적 민간신문인『독립신문』이 나온 지 백 년이 된다. 그런데 이날을 보는 시각이 한결같지 못하다. 이『독립신문』과 뗄 수 없는 서재필과 독립협회에 대해서도 긍정적인 평가와 더불어 그 한계에 대한 논의가 많다.

『독립신문』을 '부왜 역적 기관지'로 보는 극단적 견해도 있다.(려중동,『독립신문 연구』, 경상대학교 출판부, 1991), 북녘에서는 '부르주아적 민권운동의 대변지'라 보고, '숭미사대주의를 부식'한 것이 이 신문의 본질적 약점이라 보면서『독립신문』을 '우리나라 신문의 전통 창시자로 분식하는 것은 부질없는 일'(리용필,『조선신문 100년사』, 1985)이라 보고 있다. 그런가 하면 문체부는 서재필을 다가오는 4월의 문화인물로 선정하였다.『독립신문』창간이 서재필 개인의 업적이 아님을 지적하면서 서재필이 '후손들에게 귀감이라고 이야기해줄 수 있는 인물이 아니다'라는 평가(주진오,「서재필 신화―왜곡된 진실들」,『시사저널』, 1994. 4. 28)도 있다. 이처럼『독립신문』과 서재필에 대한 평가는 극단적으로 차이가 난다. 글쓴이는『독립신문』과 서재필의 업적이 과장되었다는 생각을 하지만 이런 여러 문제에 대해 상세하게 논의할 준비가 되어 있지 않다.

『독립신문』에 대한 평가가 아무리 차이가 나도 그것이 긍정적 평가를 받을 수 있는 측면이 있다. 그것은 바로 한글로만 쓰기이다. 이 한글만 쓰기도 독립신문사의 사장이었던 서재필의 공적이라 볼 수 있을까? 이 문제에 대한 논의는 개인의 업적과 아울러 시대상황을 고려한 좀 더 차분한 논의가 있어야 한다. 굳이 누구의 공적이냐를 따지자면 주시경의 주도에 서재필이 동조한 합작품이라고 할 만하다. 이 문제를 둘러싼 논의에도 서재필에 대한 미화가 눈에 띄는 것은 안타까운 일이다. 『독립신문』의 한글만 쓰기를 서재필의 공적으로 돌리는 논의(이기문, 「독립신문과 한글문화」, 『주시경 학보』 4, 1989. 12)는 많은 문제점이 있다.

주시경의 공로가 컸음을 말해주는 증거가 많이 있다. 서재필은 우리말글에 대해 관심을 보인 적이 없으며 한문이나 영어에 전혀 불편함이 없는 사람이었다. 독립문에도 "獨立門"이라고 씌어 있으며 1930년대에 그가 남긴 자필 서명도 영문과 한자로 되어 있다.(『서재필과 한국 민주주의』, 대한교과서 주식회사, 1990) 주시경의 도움 없이 서재필이 『독립신문』에서 한글만 쓰기로 결단을 내릴 수 있었을까?

한글만 쓰기를 신문들은 어떻게 다루어 왔는가. 놀랍게도 신문들이 한글만 쓰기의 가장 힘센 반대 세력이었다고 말할 수 있다. 한때는 '대학을 나오고도 신문 한 장 제대로 못 읽는다'는 말이 나올 정도로 한자 섞어 쓰기의 구실을 마련해주었다. 또 상식으로도 쉽게 판단할 수 있는 문제를 마치 해결될 수 없는 어려운 문제인 양 끝없는 논쟁의 틀을 마련해 왔다. 이런 태도는 대중매체의 반대중적 태도를 말해 준다. 이 문제를 보도해온 신문의 역사가 이미 재미있는 연구대상이 될 수 있다. 우리 신문들이 어떤 깊은 생각에서 중국글자를 섞어 쓴 것이 아님은 중국글자를 섞어 쓰는 곳이 홀이름씨임을 보아도 알 수 있다.

홀이름씨는 소리대로 적기에 가장 좋은 곳이다. 홀이름씨는 외국어로 번역할 때에 뜻으로 옮기지 않는다. 최근의 홀이름씨에 대한 논의는 홀이름씨가 어떤 뜻을 갖지 않는다는 쪽으로 생각이 모아지고 있

다. 보기를 들어 '아리스토텔레스'란 이름의 뜻에 그리스의 철학자 또
는 알렉산더왕의 스승이란 것이 그 부분으로 포함되지 않는다. 이것
은 홀이름씨가 단순한 물리적 실재로서 다루어져도 좋음을 뜻한다.
따라서 홀이름씨는 소리대로 적기에 가장 알맞다. 그런데도 우리 신
문은 홀이름씨만 골라서 소리 적는 구실이 거의 없는 중국글자로 적
었다. 우리는 예부터 이름(명예)를 소중하게 생각해왔다. 그런 생각이
이름은 중국글자로 적어야 한다는 막연한 통념으로 이어졌으리라고
느낄 때가 많다. 더구나 이름에 대해 주술적인 생각을 갖고 있기도 하
며 본디 이름 외에 호를 쓰는 사람도 많다.

홀이름씨가 이름과 대상 사이의 일대일 대응이 성립하는 가장 전형
적인 경우임을 생각한다면 이것은 기억력의 낭비라는 생각이 든다.
또 공연한 귀족 취향이 아닌지 뒤돌아보아야 하리라 본다. 이런 우리
말과 글에 대한 무관심과 냉대가 "YS, DJ, JP"를 쓰게 만들었을 것이
다. 홀이름씨를 한글로 적더라도 중국의 홀이름씨도 예외가 될 수 없
다. 우리가 중국글자 중심의 말글의식을 버린다면, 또 과거의 관례를
무작정 따라야 한다고 생각하지 않는 한 중국의 서울은 "북경"이 아
니라 "베이징"으로 적는 것이 옳다. 말은 무엇보다도 소리로 있는데
그 소리를 그냥 소리글자로 적으면 된다.

중국 땅 이름을 중국글자로 적은 것을 다시 우리식으로 읽지 말고,
중국 땅 이름을 그냥 한글로 적어야 옳다. 이 문제는 과거의 습관이
어떠했느냐가 아니라 홀이름씨가 무엇인가라는 물음에서 출발해야
문제가 바로 풀릴 것이다.

한자 섞어 쓰기 주장의 가장 큰 기둥인 '한자의 강한 조어력'이란
우스운 말이 아닐 수 없다. 한자의 조어력이란 글자와 말의 차원을 뒤

섞은 잘못이거니와 한자로 자꾸 새말을 만들어 가면 우리말 어휘체계를 모두 망가뜨리게 됨을 오랜 역사에서 보고 있지 않은가. 오늘날 우리말의 어휘체계는 이런 한자말에다 서양말까지 끼어들고 있음을 바로 보아야 한다.

"쇠젖→우유→밀크" 식의 어휘체계로 바뀌고 있다. "다리미"가 왜 "아이롱"으로 바뀌어야 하는가. "쌀-쌀농사-쌀통"이 아니라 "쌀-미작-라이스 박스"로 바뀌어가는 데도 우리말을 그대로 내버려둘 것인가. 한자 중심의 말글의식에서 벗어나 토박이말을 자료로 말을 만들어 가는 일도 중요하다. 우리말 만듦법에 대한 깊은 연구와 이의 대중화가 이루어져야 한다.

이른바 비통사적 합성법이라 알려진 방법도 많이 써야 한다. 이런 말만듦법이 오랜 우리의 전통인데도 "먹거리"를 둘러싸고 오랜 논란까지 있었다. 중국글자를 섞어 쓰는 관습은 더는 논란거리가 될 수 없다.

기호의 생명은 그 쓰임에 있다면 우리말을 적는 데는 한글과 큰 차이가 있는 중국글자를 섞어 써서는 안 된다. 중국글자가 우리말에 반작용을 하여 우리글살이가 끝내 중국글자에서 헤어나지 못할 수도 있다.

어떤 이는 한자문화권을 내세우며 동아시아 세 나라가 중국글자의 줄임자를 같이 쓰자는 사람도 있다. 그러나 우리는 이 '한자문화권'의 내용을 생각해보아야 한다. 그냥 이제까지 한자를 써왔음을 뜻하는 말이라면 틀린 말은 아니지만 실질적인 내용이 거의 없는 말이다. 우선 우리와 중국은 말의 계통부터가 아주 다르다. 글자도 뜻글자와 소리글자로 다르다. 우리와 일본도 글자살이에서 큰 차이가 난다. 알파벳과 소리마디 글자의 차이가 있고, 한자와 한문을 읽는 방식에서도 차이가 크다. 한자문화의 실질적 내용을 이루는 유교의 전개과정도 크게 달랐다. 오늘날에도 정치경제적으로도 서로 엄청난 차이가 난다.

무차별적인 한자(유교) 문화권의 통일성으로 서로가 안고 있는 다른 문제를 얼버무릴 때가 아니다. 더구나 우리는 현대정치의 필수적인 공간인 근대적인 민족국가마저 이루지 못하고 있다. 단순한 역사적 개념으로서 한자문화권이나 유교문화권을 말할 수는 있겠지만 앞날에 어떤 뜻을 갖는 한자문화권은 더는 있을 수 없다.

독립신문은 말글살이에서 엄청난 진보를 가져왔다. 한자문화에 대하여 한글문화가 갖는 민족적·민중적 성격은 큰 뜻을 지닌다. 더구나 남북통일을 생각한다면 한글만 쓰기 외엔 대안이 없다.『독립신문』창간호의 논설을 눈여겨보면 그 절반이나 되는 부분이 한글만 쓰는 까닭을 밝히고 있는데 이는 한글만 쓰기가 그만큼 혁명적이었음을 말한다.

『독립신문』의 표현을 따온다면 그때 우리는 '한문만 늘 써 버릇하고 국문은 폐한 까닭에 국문만 쓴 글을 조선인민이 도리어 잘 알아보지 못하고 한문만을 잘 알아보는' 한심한 상황에 있었다. 그런 상황에서 '언문'만으로 된 신문이 나온 것은 그야말로 혁명이었다. 이것은『독립신문』과 서재필을 둘러싼 여러 논의를 어떤 눈으로 보든 인정할 수 있다고 본다.

대부분의 신문들이 오늘날에도 중국글자를 섞어 쓰고 있음을 볼 때, 한 세기 전의 혁명은 오늘날에도 큰 빛을 던져주고 있다. 그런데도 남쪽에서는 신문들이『독립신문』을 전통의 창시자로 보면서도 이를 오랫동안 잊고 사실상 한자 섞어 쓰기를 대변해왔다. 그것도 가장 먼저 한글로만 적을 수 있는 홀이름씨를 중국글자로 적으면서 우리말의 어휘체계나 겨레문화의 앞날을 제대로 생각해보지도 못한 채……

이날을 기념해오면서도 한글만 쓰기를 신문이 아직도 외면한다는 것
은 앞뒤가 맞는 일이라 보기 어렵다.

(『말과 글』제65호, 1995. 겨울)

둘째 조각 겨레의 큰 스승 — 주시경

1. 주시경 연구의 바른 길

(1)

주시경 연구소에서 내는 학술잡지 『주시경 학보』[3]를 펼쳐볼 때마다 무엇인가 잘못되었다는 생각을 하지 않을 수 없다. 그것은 바로 주시경 사상의 가장 중요한 부분인 한글만 쓰기의 깊은 뜻을 아직도 깨닫지 못하고 있기 때문이다. 주시경의 주장이 근거가 없다고 보고 반대한다는 생각이 든다. 주시경 연구소의 소장인 김민수(고려대학교 명예교수) 님이 쓴 다음과 같은 글에서 이런 생각이 틀리지 않음을 알 수 있다.

"그런데 그 정신은 보기보다 깊고 넓어서 단순한 말다듬기나 한글전용에만 있는 것은 아니었다. 그는 그의 설계도라고 할 1897년 「국문론」에서, 공용문으로서 한문을 폐지하되, 한자 아는 사람에게는 우리말이 된 한자말

---

3) 『주시경 학보』는 1988.7월 창간호를 내고 14호(1994.12)로 종간하였다.(보탠 글)

을 한글로 쓰는 국·한자혼용을 하고, 한자 모르는 사람에게는 우리말이
되지 않는 한자음을 쓰지 않는 한글전용을 해야 한다는 방법을 구체적으
로 언명했기 때문이다. 즉 다음의 천명이 그것인데, 오늘날 외형적인 한글
전용이 주시경 정신이라고 하는 것은 왜곡이요 모독이다."
"한문을 아는 사람일지라도 한문의 음만 취하여 써서 놓은 고로 흔히 일곱이
나 여덟은 모르나니 차라리 한문 글자로나 쓸 것 같으면 한문을 아는 사람이
나 시원히 뜻을 알 것이라."(「국문론」,『독립신문』 1897. 9. 28)
　　　－「주시경 학보를 창간하면서」,『주시경 학보』 제1집 1988. 7.

역사상 조선어학회와 같은 항일단체가 존재했다는 것은 아주 특이한 일이
다. 그것은 물론 과거 우리가 겪었던 민족적 고난의 단면을 말하는 것이
나, 학술로써 항일운동을 했다는 사실은 여간 불행한 일이 아니다. 이성적
이고 엄정해야 할 학문이 어떤 이념에 사로잡힐 때, 그 학문은 필경 이성
을 잃고 왜곡하게 되기 때문이다. 일제하의 우리 학문이 그런 경향을 띤
것은 이런 측면에서 해석되어야 하는 만큼 이 학회가 학문보다 정책적 운
동에 쏠렸던 것은 오히려 잘된 결과라고 하겠다.
　　　－「조선어학회의 창립과 그 연혁」,『주시경 학보』 제5집 1990. 7.

(2)

이런 주장에 대해서는 다음과 같은 여러 물음을 제기할 수 있다. 먼
저, 이런 주장이 주시경 사상에 대한 올바른 이해인가라는 문제가 있
다. 또 학술활동을 통한 독립운동을 어떻게 볼 것인가라는 문제가 있다.
주시경이 「국문론」에서 '한자 아는 사람에게는 우리말이 된 한자
말을 한글로 쓰는 국·한자혼용을 하고, 한자 모르는 사람에게는
우리말이 되지 않는 한자음을 쓰지 않는 한글전용을 해야 한다는
방법을 구체적으로 언명'했다고 보는 것은 오해다. 위에 나타난 주
시경의 글은 우리말 사전(옥편)을 만드는 원칙을 말하면서 나왔는데,
다음과 같은 말이 그 앞과 뒤에 나온다.

"또 飮食 음식이라 할 것 같으면 '마실 음', '밥 식' 자인 줄을 모르는 사람이라도 사람들의 입으로 먹는 물건들을 음식이라 하는 줄로는 다 아니, 이런 말도 또한 마땅히 쓸 것이요, 山 산이라 하든지 江 강이라 할 것 같으면 이런 말들은 다 한문 글자의 음이나 또한 조선말이니, 이런 말들은 다 쓰는 것이 무방할 뿐더러 마땅하려니와, 만일 한문을 모르는 사람들이 한문의 음을 써서 놓은 글자의 뜻을 물을 것 같으면 단지 한문을 모르는 사람들만 알지 못할 뿐 아니라……"
"그러나 한문을 모르는 사람에게는 어찌하리오. 이런즉 불가불 한문 글자의 음이 조선말이 되지 아니한 것은 쓰지 말아야 옳은 것이오."

주시경은 이 글에서 외래 한자말이라도 그것이 입에 익은 우리말이면 계속 쓰자고 하고 이를 굳이 한자로 적어 그 말밑을 밝힐 필요가 없다는 주장을 폈다. 따라서 이런 말은 마땅히 한글로만 적을 수 있다고 보았다. 이런 주시경의 논의는 이미 말밑 이해가 말의 이해에 반드시 필요하지는 않음을 말한 것으로 볼 수도 있고, 말과 글의 관계에 대한 논의로도 볼 수 있다. 오늘날까지도 한글만 쓰기에 반대하는 사람들은 이런 주시경의 주장을 다시 새겨보아야 한다. 무엇보다도 우리말의 밖걸림(외연)을 어떻게 잡을 것인가라는 논의로 보더라도 훌륭한 논의다. 새로운 낱말은 토박이말 중심으로 만들어가되 한자에 기대어 이해되는 새말은 만들어내지 말자는 주장이다. 국어 어휘가 될 수 없는, 낯선 한자말을 무한정 만들어 쓰는 버릇은 그에게 비판대상이 되지 않을 수 없다.

무슨 근거로 주시경이 '한자 아는 사람에게는 우리말이 된 한자말을 한글로 쓰는 국·한자혼용을 하고, 한자 모르는 사람에게는 우리말이 되지 않는 한자음을 쓰지 않는 한글전용을 해야 한다는 방법을 구체적으로 언명'했다고 할 수 있는가? 그에게 한글만 쓰기란 조선말이 된 한자말은 한글로 적고, 우리말이 되지 않는 한자말을 쓰지 않는 것이었다. 따라서 김민수 님이 끌어 온 주시경의 글은, 한문은 우리말이 아니기에 그 음을 한글로만 적으면 알 수 없고, 한자로 적으면 한문 아는 사람은 알 수 있다는 주장일 뿐이다.

다음으로, 조선어학회의 항일활동을 '불행한 일'이라고 보아야 하겠는가라는 문제를 다루어보자. 글쓴이는 적어도 이 점에서는 생각이 아주 다르다. 어째서 그 빛나는 전통이 '불행한 일'일까? 그 어두웠던 때에 이런 저항도 없었더라면 오늘날 우리가 얼마나 초라하겠는가? 아무리 생각해도 이 말이 제대로 이해되지 않는다. 학문 활동은 실천이나 가치를 전제하는 경우가 많으며, 이는 우리말 연구에서도 마찬가지다. 주시경의 씨가름이나 말소리에 대한 연구도 결국은 말글 규범의 통일이란 실천적 목적을 떠나지 않는다. '늣씨'와 '고나'라는 개념에 도달했다고 주시경을 예찬하면서도 형태주의 맞춤법이 뿌리 내린 것이 총독부를 등에 업은 것이라고만 여긴다면 이런 주시경 이해가 바로 된 것이겠는가? 조선어학회의 민족주의 이념이 학문의 엄정함을 해쳐서 '이성을 왜곡'했다니, 말이 지나치다. 이 표현은, 앞뒤의 내용으로 보아, 한글만 쓰기와 형태주의 맞춤법을 가리키는 듯한데, 어떤 까닭에 학문의 엄정함을 해쳤다는 것일까? 엄정하게 따져서, 한글만 쓰기가 학문적 근거가 없고 한자 섞어 쓰기가 학문적 근거가 있다고 여기는 것도 하나의 이념이요, 편견이 아닌가?

20세기 초반에 거세게 일었던 논리실증주의는 철학의 엄정성을 요구하며 검증원리를 내세웠고 이에 따라 전통적인 형이상학과 윤리학을 무의미하다고 배척하였으나, 검증원리 자체는 검증되지 않는다. 또 논리실증주의가 굳게 믿고 있던 실증적 과학마저도 검증원리의 요구를 충족시킬 수는 없었다. 학문 활동에서 가치판단은 모두 배제할 수 있다는 생각부터가 가능하지도 않은 환상이며, 이는 역사적 실천의 한 부분인 학문 활동을 잘못 보게 만드는 경우가 많다. 그런 요구부터가 수많은 가치판단의 소산이다. 실증주의는 남을 꾸짖기에 앞서 제 스스로를 돌보지 않으면 안 된다. 이념이나 가치판단은 무턱대고 피해야 할 괴물이 아니다. 언어학에서 그런 실증주의의 방법을 적용하면 그 끝에는 언어라기보다 기호가 남을 것이고, 그 언어를 쓰는 겨레의 문화와 역사를 다룰 수 없는 것으로 빼고, 더 나아가 '국어'란 개념마저 부정하게 된다. '국어'는 그냥 언어가 아니라 국가권력이라는 배경이 있어야만 하기 때문이다. 학문이 엄정성을 갖기 위해 필요한 조건은 이러한 가치판단과 이념을 죄다 빼버리기보다는 이에 대한 비판적이고 합리적인 반성이다. 학문의 엄정성을 물리치는 민족주의라면 제국주의에 대항하는 참된 뜻의 민족주의와 함께 어울릴 수도 없다.

(3)

우리 겨레는 발전적 두뇌가 모자란다. ─ 이런 말이 나오고 있다. 따져보니 맞는 말이다. 맨 처음으로 금속활자를 만들었지만 그 활자로 책을 많이 찍어서 많은 사람이 책을 읽고 깨어난 모듬살이를 하지는 못했다. 훌륭한 한글을 만들어만 놓고 제대로 부려 쓰지 않았다. 조선 시대에도 불교와 유교의 많은 경전을 '언해'한 적이 있건만 이런 경전을 한글로 번역하면 전통을 제대로 계승할 수 없다며 아직도 한글천대의 인습을 버릴 줄 모르는 사람이 많다. 식민지 시절에 주시경의 정신을 이어 마련해놓은 맞춤법을 나라에서 함부로 바꾸려 든다. 한글날을 공휴일로 쇠며 그 높은 뜻을 기려오고 있는데, 갑자기 공휴일에서 빼버린다. 우리말글정책과 연구에 주시경과 조선어학회의 전통을 잇는 곳이 있는데도 나라에서 이를 부정하고 딴 기관을 만들어 공연히 대립하게 만든다. 빛나는 유산을 우리가 하찮은 것이라 여기고 이를 버리는 제잊음의 시대를 우리는 살고 있다.

김민수 님의 글은 이와 같은 오늘날의 여러 혼란, 전통단절과 밀접한 연관을 갖고 있다. 전통의 유산을 그냥 아무런 학문적 근거가 없다고 내던지고 애국적인 동기에서만 나왔다고 말하고 있기 때문이다. 이런 주장은 우리가 과거 전통에서 무엇을 이어가야 하며 무엇을 버려야 하는가에 대한 이해를 뒤죽박죽으로 만들어버린다. 이어가야 할 전통을 부정하고 보니 남는 것은 봉건시대와 식민지 시절의 찌꺼기뿐이다. 주시경과 조선어학회가 이런 인습과 얼마나 끈질긴 싸움을 해 왔는가를 모르는 사람은 그리 많지 않을 것이다.

(『한글 새소식』 제258호, 1994. 2)

2. 자주문화와 통일의 길을 가르쳐주신 한힌샘 주시경 선생[4]

오는 칠월 스무이레 날, 주시경 선생 가신 지 어느덧 찬 여든 해가 됩니다. 서른여덟 해, 선생의 짧았던 생애에 견주면 참으로 긴 세월이건만 선생이 남기신 발자취는 아직도 또렷합니다. 선생을 한 번도 뵌 적이 없이 남기신 책만 읽고 뒤늦게 깨우친 제가, 오랫동안 선생의 높은 뜻을 이어 우리말글을 위해 애써 오신 분들이 쓰셔야 할 글을 쓰게 되어 두렵기까지 합니다. 쓰러져가는 나라를 구하려 몸이 가루가 되도록 애쓴 위대한 애국자, 빼어난 국어 연구의 선구자, 덕망 높은 교

---

4) 주시경 선생 80주기에 한글학회가 위촉한 글(보탠 글)

육자, 이와 같은 말들로는 선생이 남기신 훌륭한 발자취를 모두 드러내기에 턱없이 모자랍니다.

그러나 이날을 맞는 우리는 선생께서 남기신 큰 가르침을 생각하면서 오늘의 현실을 돌이켜보면 어쩔 수 없이 커다란 슬픔에 젖게 됩니다. 선생의 가르침에 어긋나는 일이 하나둘이 아닙니다. 선생께서 그렇게 물리치려고 애써 싸우셨던 외세는 아직도 이 땅에 길게 그림자를 드리우고 있습니다. 거기다가 겨레가 남북으로 갈라져 서로 도울 줄 모르니 더욱 부끄러울 뿐입니다. 통일된 자주적인 나라를 세우기에는 수많은 걸림돌이 앞에 놓여 있습니다.

'그 나라 말과 그 나라 글은 그 나라 곧 그 사람들이 무리진 덩이가 천연으로 이 땅덩이 위에 홀로 서는 나라가 됨의 특별한 빛이라'고 일러주신 선생은 우리말과 글에 덮씌운 온갖 허상을 걷어냄으로써 자주문화의 주춧돌을 놓고 가셨습니다. 한글만 쓰기가 선생의 뜻이었는데도 이런 주장을 펴신 선생의 뜻이 너무나 깊어 뒷뉘의 많은 사람들이 선생의 큰 뜻을 잘 알지 못했습니다. 아직도 정부에서 내는 문서는 물론이고 신문과 방송도 한글만 쓰기를 거부하고 있습니다. 봉건시대와 식민지시대의 찌꺼기인 한자뿐만 아니라 낯선 외국말이 점점 늘어나고 있습니다. 한글만으로 민주적이고 자주적인 문화를 세워 나가자고 하면, 일본도 한자를 쓰는데 왜 그러느냐고 합니다. 선생의 주장은 그냥 감정에서 나온 것이고 학문적인 까닭이 있는 것이 아니라고 합니다. 일제침략기 제국대학의 학맥을 이어받는 사람들은 선생의 학문이 그냥 민족주의적 감정에서 나온 것이라고 여기며, 한문으로 상징되는 봉건주의와 사대주의의 폐해는 생각해보려 하지 않습니다. 말과 겨레는 서로 나누어질 수 있는 것이라 하고, 그래서 말이 오르면 나라도 오른다는 선생의 주장은 한갓 애국심에서 나왔을 뿐이라고 합니다.
또 '문화'와 '학문', '교육'을 내세우며 한글만 쓰기에도 반대하는 이
가 적지 않습니다.

그러나 선생께서는 한 세기 전에 그 빼어난 『독립신문』 창간호 논
설에서 '한문 못 한다고 그 사람이 무식한 사람이 아니라'고 일러주셨
습니다. 선생의 학문이야말로 실천과 조화를 이룬 보기 드문 경우가
아닌가 합니다. 나라를 구하려는 애국심에서 학문이 나오면서도 그러
한 열성과 실천적 관심이 우리말글에 대한 객관적이고도 독창적인 인
식으로 이끌어 우리말에 대한 온갖 편견과 무지를 벗겨내고 진흙 속
에 묻힌 겨레의 보배인 한글을 다시 찾게 만들었습니다. 한글을 되찾
음으로써 우리말과 문화를 길이 뒷뉘에 남겨줄 큰 길이 활짝 열렸습
니다. 주시경 선생이야말로 자주적인 문화를 세우기 위해 애쓰는 온
겨레의 스승이 아닐 수 없습니다.

또 학술용어를 한자로 만들면 그 글자의 뜻으로만 풀이하려는 버릇
이 있음을 경계하시고 토박이말로 학술용어를 지으셨다. 일본식 한자
말과 영어투성이로 된 오늘의 우리 학술용어를 볼 때마다 오랜 인습
의 벽을 뚫고 앞날을 보신 선생을 생각하지 않을 수 없습니다. 선생의
뜻을 오늘에 이어가려면 해야 할 일이 산더미처럼 쌓여 있습니다.

그런데도 한글만 쓰기가 선생의 참뜻이 아니라는 참으로 알 수 없
는 주장까지 나오고 있습니다. 그러면서도 그들은 선생을 연구한다고
말하고 있습니다. 선생의 후손들이 학교에서 한글로만 된 책을 배우
는 것은 헌법에 어긋나는 것이라는 웃지 못할 넋두리를 늘어놓는 사
람마저 있습니다.

이제는 국제화시대라는 핑계로 한글과 우리말을 천대하자는 움직

임마저 마치 앞날에 대한 소중한 깨우침인 양 당당해졌습니다. 그들도 국어를 연구한다는 깃발을 내걸고 있습니다. 하루 이틀도 아니고 반세기가 되도록 선생의 생각이 옳지 않다며 끝없이 시비를 걸어, 정작 선생의 뜻을 이어가는 소중한 사업들을 돌볼 겨를이 없습니다. 치미는 화를 참기 어렵습니다. 오늘에도 우리말글 알기를 이렇게 하거늘 하물며 한 세기 전이야 새삼 말할 것이 없지 않겠습니까? 선생이 가신 그 가시밭길을 생각할 때 가슴이 미어질 뿐입니다.

선생의 가르침은 또한 통일의 길이 됩니다. 한글만을 써야 온 겨레가 모든 부질없는 구별을 떠나 하나가 될 수 있습니다. 이런 통일의 길에도 적지 않은 걸림돌이 있습니다. 가장 먼저, 나라에서 세운 국어 연구기관에서 말글정책이 어디로 가야 할지를 제대로 알지 못합니다. 낡은 말글의식에서 헤어나지 못하고 있는 점이 크게 걱정됩니다. 그들은 북녘의 한글만 쓰기 정책이 실패했다고 말합니다. 한글만 쓰기 교육으로 자라나는 세대가 쓰는 말수가 줄었다고 합니다. 그렇기에 한자교육을 하지 않을 수 없다고 합니다. 그러나 한자가 우리말의 문제점을 해결하는 요술방망이는 아닙니다. 선생이 일러주신 말과 글의 관계를 제대로 알고 있지 못하니 우리말과 글에 대한 믿음과 사랑을 가질 수가 없었을 것입니다. 선생이 깨뜨리려 하셨던 무지와 인습의 벽이 얼마나 두터운 것인가를 다시 생각하게 됩니다.

말과 글은 그 쓰임이 생명인데도 남쪽에서 아직도 온전한 한글만 쓰기가 이루어지지 못했습니다. 이 사실이 무엇을 뜻하는지 그들은 뒤돌아보려 하지도 않습니다. 그러나 선생은 글이 말을 담는 그릇이면서 그를 닦는 기계임을 일러주셨습니다. 한자를 섞어 쓰지 않을 수 없다는 생각을 버리지 못하는데 북녘의 말글정책인들 바로 보일 리는 없습니다.

반세기 동안이나 몸에 밴 냉전의식도 현실에 대한 바른 앎을 가로막고 있습니다. 그러면서 그들은 많은 차이가 있는 남북의 말글을 통일한다면서 국어사전을 만든다고 합니다. 통일을 대비하는 사전을 만들려면 먼저 맞춤법과 표준말을 하나로 통일해야 합니다. 그렇지 않고는 반쪽 사전이 될 수밖에 없습니다. 그런데도 신문마다 '통일사전' 선전은 어찌 그리 요란한지, 참으로 딱한 일이 아닐 수 없습니다. 더구나 그 사업에는 정치적인 목적마저 끼어 있다고 합니다. 이 어두운 시대, 책 읽으며 사는 한 사람으로서 슬퍼하지 않을 수 없습니다.

나랏돈을 쓰면서 국어를 연구한다는 그들은 동아시아 세 나라가 한자의 줄인 글자체를 공통으로 만들어 쓰자는 주장마저 내놓고 있습니다. 만약 이렇게 된다면 남북의 말글이 걷잡을 수 없이 차이가 나고 말 것입니다. 이것이 어찌 훌륭한 말과 글을 갖고, 주시경과 조선어학회의 선열과 이 위대한 인물을 모신 겨레의 말글정책이 될 수 있겠습니까? 하루바삐 선생의 가르침을 깨닫고 지극한 우리말글 사랑의 정신을 본받아야겠습니다. 선생의 뜻을 제대로 이해하지 못한 우리말글에 관한 연구나 정책은, 자주적인 문화를 세우고 통일을 이룩해야 한다는 시대의 커다란 과제를 그르치게 될 것입니다.

그러나 선생은 오늘 우리가 안고 있는 자주문화 세우기와 통일이라는 오랜 과업에서도 겨레의 나아갈 길을 가르쳐주셨습니다. 선생이 말씀하신 바대로 한글이야말로 우리나라가 홀로 서는 특별한 빛이며 한글로만 써야 상하귀천이 하나될 수 있기 때문입니다. 한글이 하나됨의 글자이기에 남북으로 갈라진 겨레가 하나되는 길도 한글만 쓰기에 있다고 하지 않을 수 없습니다. 한글만 쓰기를 이루지 못하고 남북의 하나됨을 말하는 것은 모두 거짓입니다. 선생의 가르침을 따르고 높이 받드는 이들이야 남에 있든 북에 있든 겨레 사랑하는 마음이 어찌 털끝만큼의 다름이라도 있겠습니까? 아직 우리 겨레가 하나되지 못하였으나 선생의 깊은 뜻을 고이 간직하고 있는 한, 자주적인 겨레문화의 앞날이 든든하다 하겠습니다. 선생의 가르침을 굳게 믿는 우리는 크게 걱정하지 않습니다. 겨레문화의 앞날을 위한 선생의 큰 뜻이 이 땅 위에서 머지않아 온전히 이루어지리라 믿습니다.

선생이 가신 가시밭길이야말로 이 일을 이루는 밑거름이며, 오늘 우리가 이 일을 밀고 나가게 하는 힘이 됩니다. 역사의 물줄기가 몇 번이나 굽이칠지는 모르나 언젠가는 큰 바다에 다다르고야 마는 것을 어찌 모르겠습니까? 선생이 하신 모든 일들이 겨레문화의 발전을 위해 커다란 첫발을 내디디신 것이었는데도, 선생이 일러주신 길을 따라가는 뒷뉘의 발걸음이 벅찬 것이 안타까울 뿐입니다.

오늘날 우리 겨레가 안고 있는 여러 문제를 해결하는 길을 오래 전에 일러주신 선생이 가신 지 벌써 여든 해, 선생의 뜻을 이어받아 자주문화와 통일을 향해 힘차게 달려 나갈 것을 다짐합니다.

(『한글 새소식』 제264호, 1994. 8)

3. 주시경 연구, 무엇이 잘못되었나

주시경 연구가 크게 잘못되고 있다. 주시경연구소(소장 김민수)에서 내는 『주시경 학보』를 보며 늘 이런 생각을 해왔다. 창간사를 읽으면서부터 고개를 갸우뚱했으나 처음 얼마 동안에는 그래도 기대를 버릴 수 없었다. 그러나 그것은 글쓴이의 주관적 바람이었을 뿐이었다.

주시경 연구소의 주시경에 대한 편견은 뿌리가 깊다. 글쓴이는 이미 『한글 새소식』제 223호(1991. 3)의 「누가 독립신문 창간호 논설을 썼을까」와 258호(1994. 2) 「주시경 연구의 바른길」에서도 『주시경 학보』의 여러 잘못을 비판한 적이 있다.

이기문 님의 논문 「안 자산의 국어연구－특히 그의 주시경 비판과 연관하여－」(『주시경 학보』제2집, 1988. 12)도 여러 편견으로 가득찬 글이다.

자산 안확(1886~1946)의 주시경 비판은 타당한가. 안확은 국어학사에서 어떤 자리를 차지해야 하는가. 「안 자산의 국어연구」는 주시경 학문에 비판적이었던 안확의 주장을 '민족 문화를 올바르게 밝히려고 한 그의 노력'(85쪽)이 망각 속에 묻혀서는 안 된다는 관점에서 소개하고 있는 글이다. 이 님은 주시경의 주장은 옳지 않다고 여기며 안확의 비판에 대해서는 긍정적인 평가를 하고 있다. '민족의 참모습을 찾는 것이 그의 연구의 목표'(87쪽), '신선하고 통쾌한 느낌'(88쪽), '자산의 머릿속에 민중에 대한 의식이 자리 잡고 있었음'(94쪽), '자신의 맞춤법 문제에 대하여 넓은 시야를 가지려고 애썼음'(94쪽) 등에서 이를 알 수 있다. '국어의 계통과 역사에 대해 눈을 돌리게 한 점에서 결코 헛되지는 않았다'(99쪽)는 평가도 긍정적이다.

옛말과 토박이말을 되살리려는 주시경의 애씀에 대한 반대, 형태주의 맞춤법에 대한 반대, 언문을 만든 동기가 한자음의 교정에 있었다는 안확의 주장은 오늘날에도 그다지 낯설지 않다. 이런 주장들엔, 어떤 근거가 드러나 있기보다는 전통적인 우리말글에 대한 통념에 호소하는 것이 많다. 눈여겨볼 것은, 그가 주시경 학설을 비판하는 데는 당시 일본에서 유행하던 역사언어학의 영향이 보인다는 점이다. 『학지광』 제4호(1915)의 「조선어의 가치」는 주시경의 학설이 '진정한 언어학'과 어긋난다고 보고 있다. 『조선 문학사』(1922) 안의 「조선어 원론」에서도 '과학적' 연구를 말하고 있으며, 『동광』 제8호(1926)의 「조선어 연구의 실제」에서도 '감정을 버리고 진가치를 과학적으로 연구함이 정도(正道)'라 말하는 데서도 역사언어학의 실증주의가 드러난다. 그가 국어의 계통과 역사에 대하여 일찍 눈을 돌린 것도 그때 일본에 소개되었던 역사언어학의 영향을 받았음을 보여준다. 이것은 뒷날의 우리말 연구사에 비추어 그냥 보아 넘길 수 없는 중요한 사실이다. 안확에서 이희승을 중심으로 한 경성제대 학풍의 근본주장인 '과학적' 국어학이 거의 온전하게 모습을 드러낸다. 이희승도 '과학적' 언어학을 추구하였고(『주시경 학보』 14집, 1994. 12. 67쪽), '과학적' 국어학이 주시경의 학문과 어긋난다고 보는 점도 안확과 같다. 『딸깍발이 선비의 일생』(창작과 비평사, 1996)에 따르면, 그는 중앙학교 시절부터(1916~1917)부터 '일본인들이 일본어를 연구하려면 언어학을 공부하여야 한다고 쓰인 책을 보게 됐다. 국어 연구에 뜻을 두었던 나는 이를 보고 우리 국어를 제대로 연구하려면 먼저 언어학을 공부해야 하겠다고 생각하게'(60~61쪽)되었다고 말하고 있다. '국어를 학문답게 공부하려면 언어학을 전공해야'(61쪽) 한다는 생각도 일찍부터 주시경 학파의 주장에 그리 공명하지 않고 있었음을 보여준다. 여기서 특히 "제대로", "학문답게"란 표현을 눈여겨볼 필요가 있다. 안확은 '진정한 언어학자'가 없음을 개탄(「안 자산의 국어연구」, 90쪽)하고, 주시경을 두고 '언어학을 부지(不知)하는 자'(「안 자산의 국어연구」, 97쪽)라고 비판하면서도 특별한 논증을 하지 않았다. 언어학이 주시경의 학문이 비과학적임을 보여준다고 보고 있었기 때문이다. 그러나 이러한 언어학은 오늘날 우리가 보기에는 아주 특이하다. 비록 한때 유행하던 생각이긴 하지만 오늘날에도 타당한 것이라 할 수 없다. 언어를 마치 자연과학의 대상처럼 생각하고 언어에 대한 어떠한 반작용도 물리쳐야 과학적이란 생각은 좁은 실증주의적 학문관일 뿐이다.

"언문"에 대해 안확은 "諺"의 본디 뜻이 '야비함'이 아니라(「안 자산의 국어연구」, 92쪽)는 사실을 바르게 알아내었다. 그러면서도 학문의 언어와 나날말이 완전히 다른 중세사회의 성격을 이해하지 못하여 "언문"이 왜 멸시하는 뜻을 갖게 되는지 이해하지 못하였다. 우리 지성사에서 한문 사용이 어떤 의미를 갖는가라는 역사인식에서도 낡은 생각에 사로잡혀 있었다. 지성사의 담당자였던 사대부의 모화사상이 얼마나 철저했는지 모화사상과 유학의 관계가 결코 우연적이지 않음도 깨치지 못하고 있다.(「안 자산의 국어연구」, 88쪽) 조선조 지성사는 외래학문을 주체적으로 받아들이는 데 결코 성공적이지 못했다.

안확의 주장은 오늘날 우리에게 단순한 역사연구의 관심이 될 수는 있겠으나 살아있는 현실이 될 수는 없다. 안확의 주시경 비판이나 이에 대한 이기문 님의 긍정적인 평가는 주시경 학문이 '민족주의적'이기에 '과학적'이지 못하리라는 생각에서 나온 것일 뿐, 타당성이 없다. 학문연구는 '과학적'이어야 하지만 안확의 연구에서 주시경에 대한 강한 부정을 빼면 특별히 '과학적'인 것은 없다. '애국적' 또는 '민족주의적'이면서도 과학적일 수 있다. 가치 평가적 개념을 무턱대고 배제해야 과학적으로 된다는 생각 그 자체가 과학에 대한 편견이고 이념이다. 삶이 학문을 받들기보다 학문이 삶을 받들어야 한다. '과학'이나 '학문'이 겨레의 자주적인 삶과 어긋날 수밖에 없다고 여긴다면 그런 '과학'이나 '학문'을 우리 겨레가 먼저 부정해야 한다. 중국어(한문)는 우리말과 계통과 말본이 전혀 다르다. 오랜 한문숭배가 우리의 말글의식을 얼마나 일그러뜨려 왔는가를 진지하게 반성하는 데서 참으로 과학적인 국어연구를 시작해야 한다. 이와 같은 주장이 타당하다면 다음과 같은 주장은 사실이라고 할 수 없다.

> "주시경 연구에 탐닉하고 그분의 업적을 더 높인 분이 많이 있지만, 이기문 선생님도 그 대열의 선봉에 있습니다."(심재기, 『교양인의 국어실력』, 태학사, 1998. 6. 197쪽)

주시경을 연구한다면서 주시경의 참모습을 일그러뜨리는 연구가 많다. 물론 주시경의 학설도 틀린 곳이 있으면 비판해야 하지만, 주시경의 학문은 애국적이기에 비과학적이라고 판단하는 것은 옳지 않다. 안확의 주시경 비판은 외래학문의 수용이 주시경 이해를 가로막는 좋은 보기가 될 뿐, 그를 넘어가는 의미는 없다. 오늘날 어지러운 우리 말글의 현실을 볼 때마다, 주시경을 부정함으로써 '과학적' 언어학이 가능하다고 여기는 학풍의 폐해를 생각하지 않을 수 없다. '과학'과 '학문'은 제국대학이 차지하고, 주시경에게 돌아갈 것이라고는 '이념'과 '독단'뿐이라는 잘못된 주시경 연구에서 어지러운 오늘의 현실이 비롯되지 않았는가.

(『한글 새소식』 제313호, 1998. 9)

셋째 조각 문화유산의 비판적 계승

1. 되새겨보는 문화유산의 의미
－『훈민정음』 등의 기록유산 선정에 부쳐

지난 10월에 유네스코에서는 『훈민정음』과 『조선왕조실록』을 인류의 기록문자 유산으로 선정했다. 없어지거나 망가질 우려가 있는 세계적 기록유산을 보호한다는 뜻에서 신설된 제도로 세계역사 및 문화 발전에 관련된 주요 문서, 필사본, 구비전승자료 등을 그 대상으로 하는데 『훈민정음』은 그 독창성을, 『실록』은 자료의 방대함을 유산 지정의 주요 이유로 꼽았다. 지난 1995년에 석굴암과 팔만대장경판 및 판전, 종묘가 세계문화유산으로 등록된 뒤로 연이은 반가운 소식이다. 그러나 이런 문화유산이 오늘의 우리에게 어떤 의미를 담고 있는가를 음미하는 것이 더 중요하다. 잘못 생각하면 이런 기록유산이 한문숭배의 구실이 될 수 있다. 전통이니 문화(학문, 교육)니 하는 것들이 우리말글 사랑에 큰 걸림돌이 되어 온 것이 어제오늘의 일이 아니다. 문화유산은 그냥 옛것에 대한 한가한 취미에 그치지 않고 구체적인 삶

속에서 살아 있는 현재가 되어야 한다면서 인습 따르기가 계속되었다.

이렇게 보면, 기록유산들은 문제가 많다. 위의 기록유산은 한문으로 씌어 있다. 고전중국어로서의 한문은 외국어일 뿐만 아니라 죽은 언어이다. 그 자체로는 박물관의 선사시대 유물과 같다. 따라서 그 내용을 오늘날의 우리말로 되살리는 작업, 다시 말해 번역이 필요하다. 『실록』이 번역된 것이나 『대장경』의 번역에 많은 힘을 쏟는 것은 뜻 깊은 일이다. 그러나 이런 번역작업에도 쉽게 풀어 쓰지 못하고 한자 어휘가 많아서 문제다. 특수한 어휘 외에 모든 말을 현대한국어로 풀어써야 대중성을 얻어 현실 속에서 의미를 갖는다.

『실록』이 번역된 뒤에 읽기가 쉽지 않다는 평이 나왔다. 조선시대에도 불경의 언해가 많았지만, 이젠 '언해' 정도가 아니라 완전한 번역으로서 한문을 잊어도 좋을 만큼 쉽고 현대적인 불경을 만들어야 할 때이다. 특히 원시불교경전은 범어원전에서 바로 옮겨야 하며, 한문불경은 그냥 참고자료에 그쳐야 한다.

이른바 지구마을시대이니, 바깥에서 우리를 어떤 눈으로 보고 있는가도 진지한 성찰의 대상이 되어야 한다. 일본문화의 독자성은 인정하면서도 한국문화의 독자성을 인정하는 데는 인색한 외국학자들이 많다. 측우기와 현존하는 가장 오랜 목판인쇄물인 『다라니경』에 대해서도 중국은 자기 것이라고 시비를 걸고 있다. 외국의 교과서에서도 우리에 대한 왜곡이 매우 심하다고 한다.

나를 몰라주는 남을 탓할 수도 있겠으나 우리 문화의 독자성에 대해 우리가 눈뜨지 못하고 있는 사실도 돌이켜보아야 한다. 왕조시대의 극단적인 배불정책으로 『팔만대장경』을 대수롭지 않게 여기는 풍조를 낳았다. 대장경판마저 달라는 일본의 요구에, 주어도 아깝지 않다는 말이 오갔을 정도다.(세종 5년, 12월 25일) 오늘날 불교용어를 보면 그 본디 뜻은 잊힌 채 엉뚱하게 뜻이 변해버린 어휘가 많다. "야단법석", "행각", "이판사판" 같은 말이 그 좋은 보기다. 이 또한 배불정책의 어두운 그림자다. 이는 '언문'이 본디 뜻과 관계없이 천대하는 뜻을 담고 있는 것과 같다. '언문'도 본디는 입말을 담는 글자란 뜻이었다. 학문에서 쓰이는 '문자'나 '진서'와 대비되어 얕보는 뜻을 갖게 되었다. 또 한글과 불교는 중국문물이 아니었기에 오랑캐 풍속으로 여겨진 점에서도 같다.

오늘날 불교학자들은 『팔만대장경』에 바탕을 둔 일본의 『신수대장경』을 인용한다. 불교유산을 시대에 맞게 어떻게 되살려야 하는가에 대한 소중한 교훈이 되고 있다. 『훈민정음』도 500년이나 모두 잊고 있었다. 첫머리마저 찢어내야 했던 그 사연도 세계의 문화유산을 우리가 어떻게 여겨왔는가를 그대로 말해준다.[5] 한글이 살아있는 값진 유산이라면 한자문화권을 내세워 한글문화의 독자성을 대수롭지 않게 여기고 남의 꽁무니나 따라다니자고 해서야 되겠는가. 최초로 만든 금속활자도 대중의 글자살이에 변화를 주지 못했다면 구텐베르크의 발명과 같은 의미를 갖지 못한다. 수많은 한자 활자가 필요하고 쉬운 우리글도 없어 지배층만이 한문이란 글말을 쓰는 상황을 끝내 깨뜨리지 못했다. 19세기 말에 이르러 『독립신문』의 활자마저 일본에서 들여와야 했다. 우리 역사를 스스로가 돌보지 않았던 것이다. 가장 필요한 것이 우리 문화에 대한 깊은 이해와 따뜻한 관심이다. 한글이나 『대장경』은 문화재들을 우리 스스로가 얕잡아 보고 대수롭지 않게 여긴

---

5) 이 사실은 그때까지 잘못 알려져 있었다. 본디 안동 광산 김씨 종택인 긍구당 소장이었다고 한다.(박영진, 「훈민정음 해례본의 발견경위에 대한 재고」, 『한글 새소식』 제395호, 2005. 7. 참고)(보탠 글)

대표적인 경우다. 이제 우리가 따뜻한 관심을 갖고 오늘날에 이어갈 길을 찾아야겠다. 전통문화는 단순히 옛날 일을 외우고 되풀이하는 데에 그 뜻이 있지 않다.

우리 문화에 대한 이해와 자부심이 놀랄 만큼 부족하다. 문화재 도난과 도굴이 잦고 보존이 엉성하다는 지적도 많다. 지식인들은 외국 학문의 대리점을 내고 있다는 소리도 들린다. 문화의 마지막 자존심이라는 말글마저 이제 엉망이다. 올해부터는 초등학교에서도 미국말을 가르치고 있다. 각종 시험에서도 미국말 회화가 특채나 우선 임용의 기준이 되고 있다. 한문숭배가 채 가시기도 전에 미국말 숭배가 돌림병처럼 온 나라를 휘젓고 있다. 문화는 중국 것이라는 통념에서 미국 것이란 통념으로 바뀌고 말았다. 『대장경』을 대수롭지 않게 여기고 금속활자를 버리고 한글을 천대한 역사는 되풀이되고 있다.

남과 구별되는 우리만의 겨레문화는 지구마을시대의 빼놓을 수 없는 조건이다. 그것이 우리의 우리됨을 만든다. 유네스코에서 우리 전통문화를 높이 평가한 것은 반가운 일이다. 그러나 박물관에만 갇힌 겨레문화는 지난날의 추억을 일깨울 수는 있어도 어렵고도 힘든 현실에서 힘이 되지 못한다. 문화유산이 우리에게 어떤 의미가 있는가를 되묻고, 그것을 오늘에 되살리고 발전시키려는 정신이 더없이 소중한 때이다. 외국문화에 대한 이해도 결국은 우리 문화의 발전을 위한 것이 아니겠는가.

(『한글 새소식』 제304호, 1997. 12)

2. 한글 만든 원리 '상형' 및 '지방고전'에 대한 비판적 이해

『훈민정음』에 '상형'이나 '자방고전(字倣古篆)'으로 나타나문 한글의 기원이나 제자원리에 대한 논의는 오래 전부터 있었다. 이제까지 여기에 나타난 주장을 이해하려고 애썼지만 성과는 신통치 않았다. 이 원리를 새롭게 이해하려면 알파벳의 발달과정에 대한 이해와 당시 지식인의 유학적 세계관에 대한 이해가 필요하다.

추상적인 기호의 집합인 알파벳 일반이 갖는 특성으로 미루어 낱글자는 상형대상을 나타내는 이미지의 의미를 완전히 떠나야 하고 처음 글자꼴에서 극단적으로 추상화하여야 한다. 알파벳의 낱글자에도 이미지의 자취는 있다. 로마자 A는 소의 머리를 나타내는 그림에서 파생되었다. 그렇지만 그 기호는 이미지나 대상이 아니라 소리 자체만을 가리켜야 한다. 한자 "毛"가 일본 가나 も로 되는 과정을 보면 먼저 의미가 사라지고 소리는 그대로 남고 글자꼴에서도 많은 연속성이 있음을 알 수 있다. 글자꼴의 이런 연속성을 무시해야 소리글자가 될 수 있다. 즉 이미지의 자취는 있지만 소리만을 나타내는 기호로 쓰인다. 이런 추상과정은 정신의 창조적 힘을 보여준다. 일본 가나 も는 상형한 글자에서 파생되었다. 그렇지만 상형에 따라 만들어진 글자는 아니다. 상형문자에서 발달한 경로가 분명하다면 알파벳으로서의 한글에도 이런 이미지의 자취가 있을 수 있다. 이것이 분명하지 않은 데 한글의 독창성이 있다. 한글의 기본 다섯 글자에 대한 설명에도 '상형'이 쓰이지만 여기서 '상형'은 글자꼴에 음성 자질을 반영한다는 뜻이다. 이를테면 ㄴ은 혀가 위쪽 잇몸에 붙는 모양을 상형한 것이다. 한자 만드는 기본원리인 상형은 도상을 만드는 것이다. 여기에는 대

상과 글자꼴, 즉 기의와 기표의 유사성이 본질적이고 의미를 떠나지 않으며 음성 자질의 반영과 무관하다. '상형'이라 표현되었으나 한자와 한글 기본자의 경우는 큰 차이가 있다.

『훈민정음』이 내세우는 상형이나 획 더하기의 원칙에는 분명 글자꼴을 기억하는 데 도움이 되는 특성이 글자꼴에 반영되어 있다. 이러한 특성은 유익하지만 꼭 필요하지는 않다. 알파벳의 낱자 하나하나는 무의미한 추상적 기호이며 대상을 재현하거나, 어떤 음성 자질을 반영해야 할 필요는 없다. 획 더하기로 표현된 낱자들 사이에 체계적 연관은 한글을 효율적인 문자 체계로 만들어주기는 하지만 반드시 있어야 하는 조건은 아니다. 홀소리 기본자(/·/, /ㅡ/, /ㅣ/)가 하늘, 땅, 사람을 '상형'했다고 할 경우, 닿소리 기본자에 대한 '상형'과 성격이 또 다르다. 닿소리의 '상형'에서 가능했던 음성학적 의미마저 줄 수 없는 주장이다. 소리글자가 소리글자인 까닭은 글자꼴과 대상 사이의 이미지의 연속성을 무시하는 데, 즉 상형이 아닌 데 있다.

이러한 단절에 필요한 것은 '상형'이 아니라 추상이다. 그런데도 굳이 '상형'을 내세울 수밖에 없었던 속사정은 바로 한글을 만든 원리도 한자 만든 원리와 같다고 주장하려는 데 있다. 모화사상에 젖어 있던 유학자들을 달랬던 것이다. '글자는 옛 전서를 본떴다'는 주장도 비판적인 눈으로 보아야 한다. 이 주장이 사실인지 확인할 길도 없거니와 전서의 자취가 남아 있더라도 중요하지 않다. 알파벳으로서의 한글의 낱자는 전서에 나타나는 이미지의 의미를 빼고 형태의 연속성을 무시해야만 소리글자의 구실을 할 수 있기 때문이다. 고전모방설은 중국 문화와의 연관을 곧바로 앞세워 한글을 변호하는 주장이다. 한글과 한자를 만든 원리가 똑같이 상형이 될 수는 없다.

　표어문자인 한자와 알파벳은 출발점은 그림문자로서 같았지만 발전방향이 합성(결합)과 분해(석)로서 서로 반대된다. 한자는 상형과 지사로 만든 기본글자를 회의나 형성으로 합성하여 새 글자를 만들었다. 알파벳은 분해(석)하여 원소를 찾았다. 그리스말 "stoicheion"은 알파벳의 낱자를 가리키면서 자연계의 원소를 가리키는 말이었다. (한글은 일단 원소를 찾고 이 원소들로부터 일정한 규칙에 따라 합성하여 새로 만들어진 글자로 이루어졌다고 할 수 있다)

　『훈민정음』을 표면적으로 받아들일 때, '「제자해」는 처음부터 끝까지 송학이론을 응용한 문자론으로 일관했다'고 보게 된다.(강신항, 『훈민정음 연구』 2008, 18쪽)『훈민정음』이 '상형'과 '고전 모방', 이에 덧붙여진 음양, 오행 등이 새 글자의 태어남을 정당화하고 있다. 그렇지만 최만리와 같은 정통 유학자들이 한글창제에 격렬하게 반대하고 이 글자를 쓸모없다고 여긴 것도 유학에 뿌리를 두고 있다. 말하자면 한쪽에서는 유학으로 한글의 태어남을 정당화하고 또 다른 한쪽에서는 유학을 근거로 한글창제를 중화문화에서 벗어나 오랑캐와 같아진다는 이유로 반대한 셈이다.

　이러한 겉보기의 모순은 『훈민정음』에 나타나는 '상형' 및 '자방고전'과 같은 만든 원칙을 비판적으로 이해함으로써 사라질 수 있다.

(『한글 새소식』 463호, 2011. 3)

3. 『왕조실록』과 『리조실록』

　지난해 말에 북쪽의 『리조실록』(번역본)이 남쪽의 여강출판사에 의해 출판되었고 남쪽의 『조선왕조실록』도 모두 번역되었다. 새삼 말할 것도 없이 이런 번역은 '우리 문화를 한 단계 높일 유산'이며 남북의 출판교류는 '학문적·문화적 통일의 첫걸음'이다. 이런 번역 사업에 많은 사람, 전문가들이 애쓴 것은 값진 일이라 하겠다. 번역을 두 겹으로 하는 것이 어쩌면 낭비처럼 생각되기도 한다. 그런데도 이 두 번역본의 비교는 우리에게 많은 것을 생각하게 한다.

이제까지 나온 언론의 여러 보도를 간추리면 남쪽의 『조선왕조실록』과 북쪽의 『리조실록』(아래에서는 『왕조』와 『리조』라 부름)의 차이는 다음과 같이 말할 수 있다. 남쪽의 번역은 '학문연구자를 위한 자료 개방'이란 성격을 갖고, 북쪽의 번역은 '민족고전의 전 인민적 향유'를 위한 것이다. 이에 따라 『리조』는 한글만 쓰기 원칙을 충실히 지키면서 한자를 전혀 병기하지 않았으며 용어는 되도록 풀어 썼다. 그 보기로 "전교(傳敎)"와 "장계(狀啓)"를 "지시"와 "보고"로 고쳐 쓰고 있다. 남쪽에서는 "조하(朝賀)"라는 한문으로 그대로 옮겼는데 북쪽에서는 "신하들의 축하"라고 번역하였다. 심지어 왕의 시호까지 풀어쓰고 인명, 제도명, 물건명 특수용어를 순 한글로 풀어 써 한문을 모르는 사람이 읽기에 편리하다.

『왕조』는 『리조』와 달리 국역본이라도 전문적인 용어는 한자를 병기해 놓고 그 자리에 간단한 간주와 주석을 붙여 이해를 돕고 있다. 또 풀어쓰기를 원칙으로 한 『리조』가 아예 색인을 두지 않은 데 비해 색인을 두어 필요한 부분을 쉽게 찾아볼 수 있게 했다. 그러나 원어를 그대로 한글로 옮겨놓기만 한 경우가 적지 않아 일반인이 읽기에 어려움이 있다.

『왕조』는 민간단체인 재단법인 민족문화추진회와 사단법인 세종대왕기념사업회가 국고보조로 68년부터 93년까지 무려 26년에 걸쳐 이

뤄낸 성과이다. 반면 국가기관인 사회과학원 민족고전연구실(초기 리조실록 번역실)이 추진기관이 돼 '용어상의 통일성'과 '국역사업의 계획성'을 보인 북쪽의 『리조』는 70년대 초부터 81년까지 번역 작업을 끝내고 75년부터 91년까지 교열·편집 작업을 병행해 모두 27종 4백 책으로 완간됐다. 『왕조』가 태백산 사고본을 원본으로 태조부터 철종까지의 실록을 번역하고 일제가 왜곡 편찬한 고종·순종실록을 제외한데 반해, 『리조』는 6·25 당시 가져간 적상산 사고본을 원본으로 철종조까지 번역하고 이왕직 도서관본을 원전으로 고종·순종실록까지 번역했다. (이와 같은 사실은 『샘이 깊은 물』 1993. 12, 『중앙일보』 1994. 3. 3, 『한겨레신문』 1994. 3. 23의 보도에 따랐다)

상당히 큰 차이가 나는 번역본이 나오게 된 배경에는 말글에 대한 의식 차이가 깔려 있다. 이를 한번 뒤돌아보고 남북의 번역본을 비교하면 제삼의 번역본을 내는 데 도움이 되리라 본다.

『왕조』가 안고 있는 가장 큰 문제는 읽고도 뜻을 잘 알기 어렵다는 것이다. 그것은 완전한 번역이 아니기 때문이다. 완전한 번역이 아닌 까닭은 한자를 괄호 속에 넣어 쓴 표현이 많다는 데서도 알 수 있다. 다음은 정조 십사 년 팔월 초하루의 기록이다.

1) 『왕조』 윤대(輪對)가 있었다. - 『리조』 돌림 접견을 하였다.
2) 『왕조』 춘당대(春塘臺)에 나가 내시사(內試榭)를 거행하였다. - 『리조』 춘당대에서 궁중 활쏘기 시험을 보였다.

여기서 "윤대"와 "돌림 접견", "내시사"와 "궁중 활쏘기 시험"이란 어휘의 차이를 분명히 알아둘 필요가 있다. "윤대"와 "내시사"는 그 당시의 우리말에 속하는 상용어나 관용어였으나 이미 죽은 말이 된 지 오래다. 즉 현대 우리말 어휘체계에 속한다고 볼 수 없다. 따라서 이런 용어는 풀어 써야 옳다. 물론 어떤 역사적 용어가 우리말에 속하는가 라는 문제에 대해서 의견이 달라질 수 있다. 또 우리말의 어휘가 언제 나 고정되어 있다는 것도 아니다. 그러나 모든 언어의 말 수는 유한하 다. 이와 같이 역사적인 용어를 모두 우리말에 넣는다면 우리말을 우 리 스스로가 이해할 수 없게 된다. 이는 우리의 나라말과 거리가 있어 낯선 외국어와 같아지며 이런 낱말이 섞인 월은 이해하기 어려운 표 현이 된다. 결국 이런 용어는 제한된 범위에서만 쓰여야 한다. 이렇게 풀어 써야 할 보기는 『왕조』에서 아주 자주 나온다.

3) 『왕조』 경연에 있다가 나가서 백성의 고통을 이와 같이 진술하니, 외 직으로 특별히 보임한 본의를 저버리지 않았다고 할 수 있다. ─『리조』 경연관으로 있다가 나가서 백성들의 고통을 이렇게 진술하였으니 특별 히 지방관으로 내보낸 본의를 저버리지 않았다고 할 만하다.(『영조실록』 십 사년 팔월 초하루)
4) 『왕조』 신 등의 좁은 구구한 소견으로 오히려 의심되는 것이 있사와 감 히 간곡한 정성을 펴서 삼가 뒤에 열거하오니 엎디어 성재(聖裁)하시옵 기를 바랍니다. ─『리조』 신 등의 좁은 소견으로 볼 적에 오히려 의문 나는 것이 있기에 아주 간절한 마음을 먹고 삼가 아래와 같이 글을 올 리니 전하는 참착하기 바랍니다.(『세종실록』 이십육 년 이월 이십일)

『왕조』의 "경연"이 『리조』에서는 "경연관"으로 바뀌어 알 수 있는 표현이 되었다. "외직으로 보임하다"는 "지방관으로 내보내다"로 바 꾸어 알기 쉬운 표현이 되었다. 『왕조』의 낯선 낱말과 글자 그대로 번 역한 부자연스러운 표현에 비하면 『리조』는 훨씬 자연스럽게 이해된 다. "성재(聖裁)"와 같은 죽은 말도 사라졌다.

물론 이러한 『왕조』의 번역에 대하여 변명이 아주 없지는 않다. 본디글의 정확한 뜻을 그대로 보존하는 번역이라야 한다는 논리가 있다. 정확성이란 훌륭한 번역 원칙이기는 하나 이 원칙이 절대적이지는 않다. 정확한 번역 못지않게 우리말 월로서 자연스럽고 이해할 수 있는 것이라야 한다는 또 하나의 중요한 원칙이 있다. 정확성을 위해서는 역사적인 용어를 많이 써야 좋다. 그러나 이런 '정확한' 번역이 올바른 이해와 같지는 않다. 또 이런 번역문은 현대 우리말의 어휘에 속하지 않는 표현을 자꾸 들여와 우리말의 정상적인 표현이 되지 못한다. 또다시 풀이되어야 이해될 수 있기 때문이다.

이런 정확성이란 기준을 자꾸 내세우게 된다면 우리는 결국 조선시대의 구결문장으로 돌아가게 된다. 중종 13년(1518)에 간행된 『번역소학』에서는 자연스러운 우리말이 많이 쓰이고 알기 쉽게 번역되었으나 선조 때 나온 『소학언해』에선 직역에 치우쳐 한자말이 많아졌다. 또 우리말의 월로서 자연스럽지 못한 것이 늘었다. 이런 변화는 번역에서 번역되는 언어에 대한 이해 못지않게 요구되는 번역하는 우리말의 특성에 대한 이해가 모자랐기 때문이다. 우리말이 아니라 한문에 더 가깝게 되었다. 번역이란 관점에서 보면 더 불완전한 번역이 되어버렸다.

이런 변화는 그 책의 독자층이 사대부였기 때문이라 볼 수 있다. 한자와 직역을 중심으로 되는 것이 추세였다. 어디까지나 언해의 목적인 한문으로 된 본 글의 이해가 목적이었기 때문이다. 우리의 언해전통은 한문 본디글을 떠나 그 자체로 읽히지 못한 한계를 갖고 있다.

그러나 『번역소학』은 한문을 이해 못하는 독자층을 위해 번역된 것이었다. '언해'가 한문 본디글의 우리말 풀이를 벗어나지 못하여 완전한 번역이 되지 못한 상태에서 『번역소학』의 전통이 그나마 끊어지고

『소학언해』의 전통만 그 뒤로 이어졌다.

이런 역사적 맥락을 생각한다면 남쪽의 『왕조』가 정확성을 내세워 읽기가 힘든 직역이 된 것도 이해할 수 있는 일이다. 우리의 오랜 언해 의식이 비판 없이 이어졌기 때문이다. 그것은 『왕조』가 실록의 본디글을 덧붙이고 있는 사실에서도 확인할 수 있다. 또 대중용이 아니라 학술용이라고 하는 데서도 『소학언해』의 전통을 이어가고 있음을 알 수 있다. 그러나 이제는 이런 전통을 비판적으로 볼 수 있어야겠다.

우리의 번역에 대한 의식이 큰 문제를 안고 있는 것은 결국 우리가 한자를 '진서'라고 보는 관념을 버리지 못하고 있기 때문이다. 한문과 정확히 대응하는 우리말이 없다는 이유로 한자 어휘를 자꾸 들여오게 된다. 번역에서 정확성이라는 가치를 절대시하면 우리말과 글에 대한 천대는 필연적이다. 이제는 도리어 우리말본으로 보아 자연스러운가 라는 조건이 더 필요한 때이다. 이는 번역자가 본디글 못지않게 우리 말을 정확하게 이해하는 것이 필요함을 뜻한다. 『왕조』가 안고 있는 문제는 바로 이 조건을 고려하지 않은 데에 있다.

글쓴이는 『왕조』가 모두 잘못되었다고 보지는 않는다. 부분적으로는 『왕조』가 잘 번역한 곳이 있다. 전문연구자를 위하여 색인을 만든 것도 잘한 일이다. 『리조』가 쉽지만 부분적으로 역사적인 용어를 한글로만 적어 뜻을 잡기가 어려울 때도 있다. 다음과 같은 좋은 보기가 있다.

5) 『왕조』 조참(朝參)할 때에 백숙(伯叔)과 사부(師傅)는 출입에 추창(趨 蹌)하지 말게 하라. —『리조』 정사날 모임을 가질 때 삼촌들과 사, 부 는 모두 걸어 들어보고 나가고 할 때 종종걸음을 치지 않게 할 것이 다.(『세종실록』, 25년 12월 계미)

『리조』에서 "사, 부"라 표현하여 얼핏 알아듣기 힘든 말이 되어버린
다. 이런 말을 풀어 쓰지 않으려면 도림(괄호)안에 한자를 넣어도 좋을
것이다. 아니면 잡이(주석)로 다루어 이해를 도우면 더 좋을 것이다.

이런 여러 사항을 고려하여 남북의 전문가들이 모여서 더 나은 제
삼의 번역본을 내는 일을 하면 좋을 듯하다.

(『말과 글』 제60호, 1994. 겨울)

4. 한글현판 떼기는 역사 거꾸로 돌리기

문화재청에서 이번 광복절에 경복궁 복원의 한 부분으로 박정희 전
대통령이 쓴 광화문 현판을 떼어내고 한자현판을 단다고 한다. 이런
계획이 발표되자 반대여론이 들끓고 있다. 이런 여론은 합리적이고
온당하다고 생각한다. 이 문제를 결정하는 데는 여론수렴과정이 공정
해야 하며, 또 결정과정은 투명하고 공개적이어야 함을 미리 말해둔
다. 상징성이 크고 온 겨레가 자랑하고 아껴야 할 광화문과 그 현판이
대립과 분쟁의 씨앗이 되는 것은 불행한 일이다. 지금의 현판을 바꿔
달자는 까닭은 크게 두 갈래다. 이제 여러 가지 문제를 따져보자.

광화문(경복궁)의 본디 모습을 되찾는 데 얼핏 생각하기에는 한자
현판이 당연한 것처럼 보이기도 한다. 원형복구란 측면에서 보면 한
글현판을 달자는 주장은 억지로 보일 수도 있다. 그러나 여기에는 큰
문제가 있다. 한자현판이 남아 있지 않다. 사진에 희미하게 나타난 현
판의 "門化光" 글씨를 되찾을 수 있다 하더라도 그것을 바탕으로 새
현판을 만들면 될까? 엄격하게 따지면 한자로 쓴 광화문 현판으로
'복원'하더라도 (적어도 2005년으로서는) 문화적・역사적 가치가 있

다고 보기 힘들다. 문화재에서 진품과 재현품(복원)의 차이는 엄청난 것이며, 이 거리는 메울 수 없다. 상징성이 크지만 그 자체는 문화재가 아니다. 일본군 장교 출신이 쓴 것이 부끄럽다면, 식민통치자들이 우리를 지배하기 위해 모은 자료에 기대어 본디 모습을 구차하게 되찾기도 이에 못지않게 부끄러운 일이다.

고종 때 경복궁을 다시 지으면서, 임태영이 270여 년 전의 원형을 기억하지 못하고 새로 한자현판을 쓴 것이 당연한 것처럼, 지난 1968년에 광화문을 복원하면서 한글현판을 단 것은 한자현판이 없는 상태에서 자연스런 선택이었다. 2009년 경복궁 복원이 끝날 때까지 한글로 된 광화문 현판을 걸어둔다면 마흔 해를 넘게 걸어둔 게 된다. 광화문의 전체 역사에서 쉽게 없었던 것으로 여길 수 있는 기간이 아니다. 창건 때(1395) 정도전이 쓴 "正門"이 "광화문"이란 이름을 지은 세종 8년(1426)까지 31년 동안 걸려 있었다. 그 뒤부터 선조 25년(1592)까지 166년, 고종 때부터 1950년 사이의 80여 년에는 못 미치지만 무시할 수 없는 기간이다. 따라서 본디 현판이 사라진 상황에서 생겨난 지금의 현판을 또 하나의 원형으로 보지 못할 이유는 없다. 이것은 창작품이며 최초의 한글 광화문 현판으로서 뜻 깊은 문화재로 볼 수 있다.

이제 한자현판을 다시 단다면, 막 피어나는 한글현판의 역사를 단절하고 역사를 거꾸로 돌려놓는 것이 된다. 새로이 뻗어가는 한글현판의 전통을 이어감이 옳다. 한글현판은 원형을 훼손하였으니 버려야 한다는 생각은 잘못이다. 문화재청이 말하는 경복궁(광화문) 복원도 좀 더 정확하게 말하면 잘못 복원된 부분을 고치는 작업이 더 많은 줄로 안다. 1592년의 임진왜란 이전에도 수없이 경복궁 안의 여러 건물을 새로 짓거나 고쳤다. 광화문 현판도 한자로만 써야 한다는, 판에

박은 생각을 버려야 한다.

현판을 쓴 이(박정희)에 대한 반감이 한글현판을 바꾸자는 다른 이유를 이루고 있다. 그가 일본군 장교 출신이고 독재자였음은 엄연한 사실이다. 그런데 박정희가 썼기 때문에 바꾸어서는 안 된다는 사람도 있다. 박정희에 대한 평가는 아직도 우리 사이에 크게 갈라져 있다. 현판 문제에 정치인에 대한 평가를 끌어들인다면 끝없는 논쟁으로 이어질 것이다. 이렇게 되면 문화재나 역사를 보는 눈은 정치 속으로 휘말려 들어가 버린다. 이런 식의 생각에 젖다 보면, 정치상황이 바뀔 때마다 문화재에 손을 댈 수밖에 없게 된다.

문화재는 역사기록과 많은 점에서 같기 때문에, 마음에 안 든다고 자꾸 본디 모습을 바꾸거나 없애면 안 된다. 역사 해석과 평가에서 자유와 다양성이 존중되어야 하겠으나 문화재는 보존과 보호가 무엇보다도 앞서는 가치다. 과거 성리학이 나라의 공식이념이었던 시기에 불교유산을 많이 없앴다. 목 없는 숱한 불상이 대개 이런 사실에 대한 증거다. 그때로서야 그런 행동이 옳다고 굳게 믿었겠지만, 오늘날 우리가 보기엔 엄청난 문화재 파괴다. 이처럼 오늘날의 평가가 앞날의 평가와 같다는 보장도 없다. 현판은 쓴 사람이 누구냐는 문제보다 글자가 더 중요하다. 현판의 글자는 모두 보지만 그 현판을 쓴 이가 누구인지까지는 모르는 경우가 대부분이다. 광화문 현판만 하더라도 이 문제가 터지기 전에 그것을 쓴 사람이 박정희라는 사실을 알고 있던 사람은 몇몇 전문가뿐이었다. 그것이 독재자의 얼룩이라도 지워야 한다는 결론이 그냥 나오지는 않는다. 현재의 정치적 평가를 잣대로 문화재에 손을 댄다면 제대로 남아날 문화재가 거의 없을 것이다.

문화재 복원의 궁극적 목적은 역사와 문화를 계승하고 발전하려는 데 있다. 우리에게는 계승이란 무턱대고 과거를 흉내내거나 되풀이하는 데 있다고 생각하려는 경향이 있다. 그런 생각은 현재와 미래가 과거의 역사를 되풀이한다는 생각을 전제한다. 그러나 인류의 가장 훌륭한 지성의 성취인 한글을 두고 중국글자를 참 글자라 떠받들면 살아온 자기 부정과 망각의 오랜 역사는 되풀이되어서는 안 된다. 중국글자에 대한 반감이 폭넓게 번져 있지는 않지만, 한글사랑은 겨레의 역사와 문화에 대한 값진 깨달음이다. 중화사상(유교)을 중국인보다 더 깊이 내면화해 온 우리 역사에 대한 비판적 거리두기는 한글사랑의 첫걸음이 된다. 의미 없는 기호의 집합이라 볼 수 있는 낱소리글자와 달리, 중국글자는 아주 많은 경우에 의미를 직접적으로 나타내므로 이 글자를 비판 없이 배우고 익히다 보면 끝없이 중국문화와 역사의 세계로 휩쓸려 들어가 중화사상에서 헤어날 수 없게 된다. 갑골문이나 금문에 따른 한자의 말밑 연구는 그대로 중국역사와 문화의 연구가 된다.

잘못된 역사마저 되풀이하여 과거가 미래마저 삼켜버리게 만드는 것이 문화재 복원의 의미는 아니라고 생각한다. 전통계승이 과거 흉내 내기와 같지는 않다. 전통계승은 선택적으로 이루어진다. 과거의 자취가 우리에게 견딜 수 없는 아픔을 상기시키고 현재의 삶에서 자신감을 빼앗는다면, 그런 자취를 지워야겠다.

그러나 한글현판을 내리고 한자현판 달기는 전통계승이라기보다 해묵은 인습 되살리기다. 현충사나 영릉에도 한글현판을 단 것은 잘한 일이다. 이 현판들은 모두 왼쪽부터 쓰고 있는데 본디 한자로 오른쪽에서부터 썼던 것을 모르고 쓰지는 않았다고 본다. 비중 있는 문화재나 역사적 유적의 한글현판은 드문 만큼 그 값어치가 앞으로는 더욱 빛나지 않겠는가.

　중화사상에 억눌려 온 한글문화를 생각할 때, 막 피어나는 한글문화의 새로운 전통을 꺾어놓지 말고 북돋고 힘껏 밀어주는 것이 문화재청이 할 일이다. "門恩迎"이 "문립독"으로 바뀐 것이 옳다면, "門化光"이 "광화문"으로 바뀐 것도 잘된 일이다. "광화문"을 내리고 "門化光"을 올려 광복 예순 돌을 맞겠다는 말에 깃든 겨레역사와 문화를 보는 눈이 크게 잘못되었다고 말하지 않을 수 없다.

　광화문 현판 바꾸기의 두 주역인 문화재청장과 문화재위원회위원장은 평소 한글문화에 대해 이해가 모자라거나 치우진 생각을 선전해 왔다. ("한자교육에 대한 과감한 단행을 읍소하는 심정으로 부르짖지 않을 수 없다. ……한문교육은 언어교육이기 때문에 영어처럼 조기교육이 아니면 해결되지 않는다." 유홍준, 『중앙일보』, 2001. 5. 28)

　서예나 현판문화 자체가 글자이면서 그림인 한자의 독특한 성격에서 비롯되었으며, 자연스럽게 중국 중심적인 성격을 띠게 된다. 한자 중심의 말글의식에 젖게 되면, 의미 없는 기호에 지나지 않는 한글을 값진 것이라 생각하기 힘들다.

　한자현판은 사대와 조공의 어두운 그림자가 따라다니는 중국문화의 그늘에서 하루빨리 벗어나야 한다는 우리 역사의 큰 방향을 나라에서 앞장서서 거스르는 것이다. 신채호가 그 혹독한 환경 속에서도 사대주의를 문제 삼은 까닭은 망국의 뿌리가 사대주의에 있음을 보았기 때문이다. 중국글자는 또한 백성들이 깨어나길 바라지 않던 지배계급에게 우민화의 훌륭한 수단이었다. '정부에서 내리는 명령과 국가문적을 한문으로만 쓴즉 한문 못하는 인민은 남의 말만 듣고 무슨 명령인 줄 알고, 이 편이 친히 그 글을 못 보니 그 사람은 무단히 병신이 됨이라'고 한

『독립신문』 창간호 논설(주시경 씀)에 귀를 기울여야 한다.

위와 같은 이유로 현판 문제를 다음과 같이 해결해야 하리라 본다.

1. 광복 예순 돌이란 시한을 없애고 이 문제를 풀어야 한다.

한글현판 아래서 광복 예순 돌 기념식을 올려야 더 좋다. 일본군 출신 대통령의 현판이 견딜 수 없다면, 일본사람의 도움을 받아 복원한 중국글자 현판은 이보다 더 견딜 수 없다. 독재와 친일 찌꺼기를 씻어내지 못한 것은 분명 우리 역사의 큰 흠집이지만, 한문숭상 — 한글천대는 그보다 훨씬 폐해가 크고 뿌리가 깊은 흠집이다. 작은 흠집 없애려다 더 큰 흠집을 낼 수밖에 없다. 여러 모로 따질 것이 많은 이런 사정을 무시하고 일을 서두른다면, 지금처럼 문화재마저 대립의 불씨가 될 뿐이다. 이 일을 서둘러야 할 아무런 이유도 없다. 여론이 갈라진 상태에서 일을 강행한다면, 얼마 못 가서 바꾸자는 소리가 또 나오기 마련이다. 이번 광복절까지 꼭 바꾼다는 주장을 꺾지 않는다면, 정치적인 의도로 현판을 바꾼다는 의혹을 살 수밖에 없다.

2. 한자현판으로 바꾸기는 절대 안 된다.

지금의 현판을 그냥 두는 것이 좋으나, 광화문(경복궁)을 복원한 뒤에 바꾸더라도 한글현판을 달아야 한다. 탑골공원의 "삼일문" 편액을 떼어내는 데는 누구도 반대 목소리를 내지 않았다.(2001. 11) 일본군 장교 출신이 썼다는 게 현판을 뗀 까닭이다. 원형을 복구하자며 "寺覺圓"로 하자고 나선 사람은 없었다. 그 뒤로 독립선언서체(한글)로 된 현판을 달았다고 한다. 굳이 지금의 한글현판을 떼겠다면, 재현품이 아니라 새로 지은 한글현판을 다는 것이 옳다.

3. 문화재를 고치거나 새로 지을 때, 앞으로는 한자현판을 한글현판으로 바꾼다는 큰 원칙을 세웠으면 좋겠다. 한자현판은 우리의 전통문화를 한낱 골동품으로 여기도록 만들기 쉽다. 한자문화를 고집하는 한 전통문화는 살아있지 못하고 낯설고 진기한 것에 그치게 된다. 적지 않은 사람들을 문화재에 다가가지도 못하게 만든다. 오래되고 큰 절에서도 '殿雄大'을 '큰 법당'으로 바꾸었다는 소식을 들은 적이 있다. 한자투성이 문화재 때문에 많은 국민은 문화재에 친근감을 느끼지 못한다. 다수 국민이 우리 역사와

문화재에 무관심하다고 섭섭하게 생각하지 말고 친근하게 느끼도록 애써
야 하겠다.

문화재 복원을 빌미로 나라의 상징적 건축물에다 오래전에 사라져
자취조차 희미한 사대주의의 '유산'을 되살린다면, 이는 역사 거꾸로
돌리기다. 겨레의 자주와 자강 노력에 찬물을 끼얹는 일은 뒷뉘에 두
고두고 입방아에 오르내릴 것이다.

(『말과 글』 제102호, 2005. 봄)

5. 한글 광화문 현판을 제자리에

본디 모습을 되찾는다며 내건 지 석 달이 채 안 된 광화문 현판이
맨눈으로 볼 수 있을 만큼 큰 금이 가서 갈라졌다. 충분한 시간을 두
고 판재에서 습기를 빼지 않은 게 원인일 것이라고 생각된다. 연말까
지 끝내기로 했던 일을 광복절 경축식이라는 정치적인 상징 효과를
노리고 기한을 앞당겨 일을 끝냈으니 먼저 이런 방침을 정한 사람의
책임도 크다. 그러나 이 현판은 한글현판을 한자현판으로 바꾼다는
또 다른 측면에서도 이미 2005년부터 논란이 되고 있다. 한글단체들
은 그때부터 상징성이 큰 광화문에 한글현판을 달아야 한다는 주장을
펴왔다. 그렇지만 문화재청은 줄곧 일본까지 뒤져서 찾아낸 유리원판
을 바탕으로 '중건 당시의 원형'으로 복원하겠다며 한자현판을 걸겠
다는 원칙을 굽히지 않았다.

먼저 어떤 이유에서건 있던 현판을 내리고 새로 현판을 만들어 단
것은 부자연스럽고 예외적인 사건이다. 임진왜란과 6·25를 계기로
타버린 현판을 다시 만든 것은 자연스럽다. 새 현판 제작이 처음부터

필요 없었다고 할 수 있다.

다음으로 원형복원이 무엇인가에 대해 생각해보아야 한다. 탈근대
주의사상에서 강조하듯, 원형은 시차를 두고 사후에 구성되는 개념이
다. 사후에 구성되기 때문에 원형은 처음부터 실재하는 것으로 찾아
낼 수 있는 것이 아니다. 이런 관점에서는 고종 때 임태영이 쓴 현판
도 처음에는 원형이 아니었다. 1968년에 박정희가 쓴 현판도 그때는
원형이 아니었다. 그러나 지금은 원형이라고 볼 수 있다. 한글로 된
문화재를 거의 보지 못한 우리에게 통념의 전환을 요구하는 대목이다.

2008년 숭례문 화재 때, 불길 속에서 그 현판을 어렵사리 구해냈다.
그때 훼손된 이 현판은 이제 복원을 마쳤다. 제 모습 되찾기나 복원은
이런 경우에는 제대로 쓰인 것 같다. 그렇지만 유리원판에 나타난 이
미지를 디지털기술을 이용하여 복원한 광화문 현판도 원형인가. 그렇
지 않다. 이 물음에 대한 대답은 단호하다. 광화문 현판의 경우는 숭
례문과 차이가 크다. 복원 전과 복원 후 사이에 문화재의 물질적 연속
성이 없기 때문이다. 문화재에서 시간과 역사의 숨결을 느낄 수 있는
것은 바로 이 물질적 재료의 지속성과 연속성이 있기 때문이다. 이 경
우는 복원이라기보다 복제다. 기술로 무수히 복제할 수 있는 '문화재'
란 문화재의 개념을 파괴하게 된다.

이보다 더 근본적인 문제는 이른바 '원형복원'의 정당성에 대한 물
음이다. 광화문의 담장이 콘크리트로 되어 있다고 그것을 허물고 원
형대로 돌로 다시 쌓아야 한다는 결론을 낼 수 있을까. 과거의 잘못은
무턱대고 지워야 하는가. 지금의 평가로 유물에 함부로 손대는 것은
우리 시대의 월권이 아닌가. 다음 세대도 잘못됐다고 자꾸 손을 댄다
면 문화재는 끝없는 변형과 왜곡을 겪을 수밖에 없다. 이런 중요한 문

제를 충분히 따지지 못하고 그냥 지나쳐 온 느낌이 든다. 지금의 광화문 한글현판도 본디 한자로 씌어졌다는 사실을 모르고 만들었다고 볼 수 없다. 한글로 썼기 때문에 잘못된 복원이 아니라 문화재란 한자로 된 것이라는 통념을 깼다는 적극적인 의미가 있다. 원형복원이라는 문제에 대해 좀 더 조심스럽게 접근할 필요가 있다. 현판글씨를 쓴 박정희에 대한 평가는 긍정적이든 부정적이든 현판을 계속 달 것인가라는 물음에 직접 끼어들어선 안 된다. 현판이라는 텍스트의 의미 이해나 평가는 어디까지나 자유롭게 하되 역사적 평가를 곧바로 문화재 원형의 변경이나 철거로 연결시키는 것은 삼가야 한다.

지난 광복절에 40년도 넘은 한글현판을 버리고 한자현판을 새로 단 이명박 정부의 역사의식도 문제가 있다. 한자를 "진문"이라 떠받들고 중국과 다른 글자를 쓰면 오랑캐가 된다 하고 우리말을 "방언"이라 하던 아픈 역사는 단순히 교과서적 지식으로만 머물러 있어서는 안 된다. 박물관에 갇힌 한글현판을 본디 자리에 다시 갖다놓는다면 문화재 보존의 논리에도 맞고 현판을 고치거나 새로 만들 때 생기는 문제를 쉽게 해결할 수 있다.

(『한글 새소식』 470호, 2010. 12)

넷째 조각 한글날, 겨레의 큰 잔칫날

1. 한글날은 자주문화의 날이 되어야 한다

요즘 들어 정부가 너무 자주 공휴일을 이리저리 바꾼다는 생각을 하지 않을 수 없다. 설날이 갑자기 바뀐 것도 그렇고 추석 연휴가 자꾸 늘어난 것도 그렇다.

보도에 따르면, 정부가 공휴일을 조정하면서 한글날을 공휴일에서 빼고 기념일로만 쇨 것이라고 한다. 만약 이런 보도가 사실이라면 크게 잘못되었음을 지적하지 않을 수 없다. 새삼스럽게 말하지 않아도 한글은 겨레문화의 상징이다. 그것이 규모 있게 만들어졌다고 외국 학자들마저도 탄복한다. 우리나라의 문맹률이 아주 낮은 것도 한글에 힘입은 바 크다. 한글이라는 편리한 도구가 없는, 불편한 상황은 생각하기도 어렵다. 봉건왕조와 식민지 시절을 지나며 한글이 겪은 수난은 곧 겨레문화와 민중문화의 수난임에 틀림없다. 한글날을 공휴일로 기념함은 오랜 한글천대를 이겨내고 한글만 쓰자는 뜻이 담겨 있다고 풀이하지 않을 수 없다.

그러나 어이없게도 광복된 지 반세기가 가까워진 아직까지도 한글만 쓰기조차 제대로 못하고 있다. 예보다 많이 줄어들긴 했으나 신문 같은 대중매체에서는 한자를 섞어 쓰고 있다. 정부의 공문서도 한자투성이다. 입으로는 겨레문화와 자주정신을 말하면서도 실제로는 봉건시대의 한글천대를 그대로 이어가고 있다.

유학이 엄청난 세력을 갖게 되면서 봉건시대의 우리 지식인들은 중국 중심의 세계관에 젖은 나머지 중국과 다른 우리말과 글에 대한 심한 비하감을 갖게 되었다. "이언(俚言)"이니 "언문(諺文)"이니 하는 말이 다 이런 생각에서 나왔다. 최만리의 상소문에는 한자를 '성현의 문자'라고 하였다. 반면에 훈민정음은 '상스럽고 쓸모없는 글자'라고 보았다. 이런 생각이 한두 해도 아니고 수백 년을 두고 이어졌음은 두루 아는 바와 같다. 이러니 한자·한문을 외국글자·외국말로 알지 못하는 지경에 이르고 말았다. 그러나 한문은 그 말본과 기본어휘가 우리말의 그것과는 뿌리부터 서로 다르다. 이렇게 보면 한 세기 전에『독립신문』이 한글만 썼다는 사실을 새삼스럽게 되돌아보지 않을 수 없다. 우리 역사의 큰 과제인 겨레의 자주성을 생각할 때『독립신문』의 한글만 쓰기는 혁명이었다. '하찮은' 소설이나 성경에야 '언문'만 쓰겠지만 나라 일과 외국물정을 알리는 신문이 '언문'만 쓰리라고 몇 사람이나 생각했겠는가.『독립신문』의 창간호 사설을 보면, 그 절반을 넘는 부분이 한글로만 쓰는 이유를 말하고 있는데 오늘날에 읽어도 감동적인 글이다. 우리 글자를 우리 스스로가 천대하는 기묘한 버릇을 명백히 지적하고 있다.

"우리 신문이 한문은 아니 쓰고 다만 국문으로 쓰는 것은 상하귀천이 다

많은 사람들이 한글만 쓰기가 애국적 정열에만 바탕을 두었을 뿐
아무런 학술적 근거가 없으리라고 여기고 있다. 학문이나 문화는 보
편적인데, 배타적이지 않으냐는 의구심을 갖는 사람도 있는 듯하다.
더 나아가 한글만 쓰기가 '학술 발전을 저해'한다는 비난도 들은 적이
있다. 그러나 이런 비판은 어떤 객관적인 근거를 갖고 있다고 보기 어
렵다. 글자란 학문이나 문화를 전해주는 매개물일 뿐이며, 우리가 외
래문물을 받아들일지라도 그 매개물에마저 무슨 조화라도 붙은 줄 여
길 필요는 없다. '말글 하나됨(언문일치)'은 르네상스 이래도 역사의
보편적 과정이며 우리가 여기에서 예외가 될 만한 이유가 전혀 없다.
우리는 훌륭한 소리글자를 갖고 있지 않은가. 우리말과 우리글에 신
뢰를 가져야 할 때이다.

냉전시대가 끝난 지금, 우리의 언어정책은 북녘의 철저한 한글전용정
책을 의식하지 않을 수 없다. 북녘에서는 지난 1949년에 한자 사용을 폐
지하고 줄곧 한글전용정책을 펴왔다. 그리고 새말을 만드는 데는 고유
한 우리말 어근을 존중한다는 원칙을 분명히 하고 있다. "레코드"를 "소
리판", "가로수"를 "거리나무" 등으로 바꾼 것이 바로 이런 원칙에 따른
말다듬기의 산물이다. 이런 작업은 우리말의 순수성을 지키고 어휘구성
을 체계적으로 만든다는 점에서 긍정적인 평가를 받아야 한다. 새말이

기본어휘를 재료로 자연스럽게 피어남을 알 수 있다. 한자말, 서양말이 넘쳐나는 남녘과는 딴판이다. 이런 상황은 무엇보다도 남녘에서 아직도 한자를 쓰고 있다는 사실과 이어져 있다. 주시경 선생의 말대로 글은 단순히 '말을 담는 그릇'이 아니라 '말을 닦는 기계'라면 한자를 폐지한 것과 계속 쓰는 데서 오는 차이는 엄청나다고 보아야 한다. 흔히 말하는 '남북의 말글 달라짐'은 여기에 가장 큰 원인이 있다. 오늘날에도 고유어로 새말을 만드는 전통이 좀처럼 뿌리를 못 내리고 있는 것이 가장 큰 문제다. 한글천대는 아직도 끝나지 않고 엄연히 이어지고 있다.

우리말글은 알아야 별 소용이 없고 외국말, 외국글은 많이 알아야 한다는 생각에 우리는 오랫동안 주눅들어왔다. 우리의 큰 과제인 겨레문화의 자주성을 생각할 때 한글천대를 극복함은 결코 작은 일이 아니다. 한자 사용을 폐지하고, 고유어 어근을 재료로 새말을 만드는 버릇이 대중 속에 확고히 뿌리박아 외국말, 외국글에 대한 맹목적 숭배가 말끔히 가실 때까지는 한글날을 공휴일로 기념함은 큰 뜻을 갖는다. 한글날의 유래를 생각하면 더욱 그러하다. 캄캄하던 식민지 시절인 1926년부터 오늘날까지 이어져오는 뿌리 깊은 날이다. 겨레의 하나됨과 우리 문화의 자주성을 소중하게 생각한다면 이런 뜻 깊은 한글날의 격을 한층 더 높여 '자주 문화의 날'로 만드는 것이 옳은 일이다.

한문숭상의 유폐가 가시기도 전에 서양말이 우리말을 통째로 집어삼킬 듯 기승을 부린다. 누가 한글날이 갖는 뜻이 예보다 가볍다고 말할 수 있겠는가. 정부는 한글날의 격을 낮추려는 모든 움직임을 그만두기 바란다.

(『한글 새소식』 제214호, 1990. 6)

2. 국경일이 된 한글날
－대통령의 한글날 경축사를 둘러싼 논란을 보고

"한글전용을 주장하며 근거도 없는 세종 정신을 들먹여 한글전용과 자주독립을 부회하거나 한글이 세계에서 가장 우수한 문자라고 강변하는 것은 신앙적 이념이지 과학은 아니다. 세종의 민본주의는 훌륭한 것이지만, 그 생애를 통하여 한글전용을 주장한 적이 없고, 명나라와의 관계에서 한 번도 자주독립을 말한 적이 없었다. 오히려 지성사대를 되풀이하여 어명하였는데, 왜 이 사실에 눈을 감아야 한다는 말인가."(김민수, 『국어학사의 기본이해』, 집문당, 1987. 294쪽)

이런 분노는 얼마나 객관적 태도와 과학적 방법에 근거하고 있는 것일까? 이런 주장이 나온 지 어느덧 20년이 된다. 이 문제에 대한 논의는 어떤 진전이 있었을까. 안타깝게도 그동안 이 문제에 대한 논의는 제자리를 맴돈 듯하다.

올해부터 새로 국경일로 쇠게 된 한글날이 이런 문제를 다시 생각해볼 계기가 되었다. 한글날에 노무현 대통령이 직접 나와 경축사를 읽었다. 이제까지는 국무총리가 기념식사를 해왔다. 대통령은 경축사에서 한글날이 국경일로 된 것을 계기로 우리말과 우리글을 더욱 발전시켜나가자고 했다. 세계 어느 역사를 봐도 지배층이 쓰는 문자가 있는데도 (피지배층) 백성을 위해 글자를 만들었던 일은 없었으며 세종대왕이 한자만을 고집하던 지배층에 굴복했다면 한글은 만들어질 수 없었을 것이라고 했다. 한글창제에 담긴 민본주의와 자주적 실용주의를 계승, 발전시키는 일이야말로 혁신과 통합을 이루는 길이라고 했다. 김민수 님의 주장이 옳다면 이런 주장은 근거 없는 것이 된다. 청와대와 오랫동안 사이가 좋지 않은 신문들이 대통령의 경축사를 비판하였다.

지배층과 피지배층의 구분이 혁명을 선동하고 공산주의 지배계층
의 특권을 보호하는 장치로 이용되었다고 해도 지배와 피지배계급의
구분이 역사학이나 사회과학에서 쓸모없다거나 무의미함을 뜻하지
않는다. 양반과 상민의 구별은 계급지배를 위해 지배계급인 양반이
만들었다. 마르크스의 저작은 그 현실적 타당성 문제를 떠나 이미 고
전이다. 공산주의 혁명가들만이 지배와 피지배의 구분을 받아들이지
도 않는다. 계급분화현상은 인류역사와 더불어 시작된 만큼 쉽게 해
소될 문제도 아니다. 이런 언급 자체를 금기로 여길 일이 아니다. 오
랫동안 지배층만이 문자를 쓸 수 있었고 어려운 글자는 지배층의 특
권을 유지하는 좋은 방편이 되어온 사실도 분명하다. 한글창제가 세
종이 왕권강화를 위해 지배계급(사대부)을 견제하는 측면이 강함도
분명하다. 이런 단순한 사실마저 부인하면 합리적인 논의의 밑바탕을
없애게 된다.

『조선일보』가 사설에서 계급문제에 민감한 반응을 보인 반면에『중
앙일보』는 대통령의 경축사에서 여러 교수들의 의견을 따오는 형태
로 한글창제가 자주적 실용주의라는 주장을 문제 삼았다. 세종대왕의

정치철학을 설명하면서 '한글은 계급적 세계관을 뛰어넘어 백성을 하나로 아우르고자 했던 민본주의적 개혁정치의 결정판이며, 자주적 실용주의와 창조정신의 백미'란 주장이 근거 없다고 했다. 물론 세종은 중국과의 사대관계를 청산하는 뜻에서 한글을 만들지는 않았다. 그렇다고 한글창제가 자주적이 아니란 말은 되지 않는다. 동아시아에서 문자는 곧 한자를 가리킬 정도로 오랫동안 단 하나뿐인 글자였다. 또 한자와 다른 글자를 창제하는 것은 새로운 왕조의 탄생과 언제나 연관되어 있었다. 거란은 건국한 뒤 10년이 되던 920년 정월에 거란문자를 창제하기 시작하여 같은 해 9월에 완성하여 반포하였다. 여진문자 창제는 금나라의 건국(1115)과 시기가 같다. 몽골은 처음에는 위구르 글자를 쓰다가 쿠빌라이 때 파스파문자를 만들었다. 혹시 새 글자를 만든 게 중국에 알려지면 어찌 사대모화에 부끄럽지 않겠는가고 걱정하는 최만리는 한글이 자주의 상징임을 알고 있었다. 교조적 유학이 점차 뿌리 내림에 따라 사대모화는 점점 깊어가고 고유문화는 '오랑캐 풍속'이라 배척하게 되었다. 그런 시기에 세종은 사대라는 시대의 통념을 넘어서 지배계층의 반발도 무릅쓰고 한글창제를 감행하였다. 세종이 유교이념에 따른 사대주의를 거듭 확인하고 있지만 세종의 한글창제를 자주적이라고 보는 것은 문제없어 보인다.

<blockquote>
"자주적 실용주의는 결과론적 얘기다. 세종 당대에는 자주란 개념이 존재하지 않았다. 오늘날의 눈으로 과거를 일방적으로 해석하는 건 호소력이 없다."(박호성, 『중앙일보』 10. 10)
</blockquote>

그러나 이런 반론은 타당하지 않다. 어떤 행위를 보는 데는 그 결과가 일어나기를 의도했는가라는 문제는 중요하지 않다. 어떤 사람이

교통사고를 냈다고 할 때 그가 교통사고를 낼 의도를 갖고 있었음을 뜻하지는 않는다. 그 당시의 공식적인 이념인 유학에 따르면 조선은 사대가 국가운영의 기본원칙이었고 자주란 개념이 없었다. 그러나 하나의 이념이 언제나 현실의 모든 영역을 휩쓰는 것은 아니다. 그때에도 양성지(1415~1482)는, 매우 예외적이기는 하나, 자주적인 사상을 가졌던 인물이다. 세종이 지성사대를 거듭 밝히고 있는 것도 사대를 못마땅하게 여기는 생각이 어느 정도는 번져 있었음을 전제한다. 세종은 유학을 무턱대고 따른 중화주의자는 아니었다. 그가 한글전용을 의도하지 않았더라도 세종의 자주정신을 말해도 문제가 없다.

한글은 한 나라의 임금이 만든 것임에도 모진 고초를 겪었다. 아직도 한글이 왜 이런 가시밭길을 갈 수밖에 없었는지를 정확히 알고 있지 못하다. 먼저 유학의 중화주의적 성격에 대한 연구는 깊지 못하다. 척불론자와 훈민정음 창제를 반대하던 유신들이 거의 일치하며 그 논지도 또한 비슷하다.(강신항, 『훈민정음 연구』, 1991. 230쪽) 유학의 중화주의에 어긋난다는 점에서도 공통이기 때문이다. 중화체제에서 '방언'이나 '언문'일 수밖에 없고 '오랑캐 법'일 수밖에 없었다. 유학은 중화주의적 색채가 강하여 우리 고유문화를 '오랑캐 풍속'이라며 자꾸 없앴다.

다음으로 중화주의적 화이론 외에 경성제대에서 뿌리내려 서울대에 이어져 아직도 지배적인 연구방법론인 실증주의 또는 '과학적' 국어학의 영향도 크다. 한글사랑운동이 비과학적인 민족주의 이데올로기에 지배되고 있다고 보는데, 들머리에 소개된 김민수 님의 글에 이런 생각이 잘 드러나 있다. 그들은 한글을 '과대평가'하는데 반대하는 것을 학문하는 원칙으로 삼고 있다. 한글이 세계에서 가장 우수하다고 해도 이를 신앙이요, 이데올로기로 몰았다. 우리 글자가 좋다는 주장을 우리 스스로가 꺼려 외국학자들이 예찬하면 그제야 모두 이에 기대어 뒤따라가게 되었다. 그러나 이런 실증주의는 결코 '객관적'이 거나 '중립적'인 게 아니다. "훈민정음"이란 글자 이름의 의미를 백성 에게 한자의 바른 소리를 가르친다는 뜻으로 풀이해야 한다는 주장을 보자. 정우상 님은 「어문생활」(2006. 5)에서 훈민정음 창제의 목적이 한자음을 바로잡기 위해서였다고 주장한다. 이것이 한글창제가 자주 적인 동기에서 나오지 않았다는 실증적이고 객관적인 증거처럼 보일 수도 있다. 그러나 한자음을 바로잡으려는 목적이 있었다고 다른 더 중요한 목적이나 의도가 없었다고 보아야 하는가? 한글의 다른 이름 "언문"은 상스러운 나날의 말을 적는 글자라는 뜻이다. 언문이 나날의 말을 적어 널리 쓴다면, 한문의 지위를 크게 위협할 수도 있었다.

오늘날 남아 있는 문헌자료는 대부분 중국 중심의 동아시아 질서를 전제로 하고 있다. 한자라는 매체는 우리 역사와 삶을 기록하는 데 매 우 불편한 도구였지만 오랫동안 기록매체로서 독점적 위치를 차지하 였다. 역사를 기록할 수 있는 사람은 소수였다. 따라서 우리의 기록유 산은 매우 가난하고 고대로 올라갈수록 중국인의 관점에서 쓰인 사료 에 기대야 한다. '객관적 연구' 태도는 중화사관과 잘 어울린다. 더구 나 우리 지식인들은 중국인의 수준으로 완벽한 한문을 쓰려고 노력하 였다. 최만리는 그 유명한 상소문에서 '우리가 본디 문자를 알지 못하 는 매듭 글자의 상태에 있다면 잠깐 언문을 빌려 씀도 무방할 것입니 다. 그러나 이것도 옳은 생각을 가진 이라면 언문을 써서 방편을 꾀하 기보다 중국에서 쓰이는 문자를 익혀서 긴 계책을 세움이 옳다고 할 것입니다'라고 말하였다. 한문을 그대로 쓰는 것이 문명화의 길이라 생각했다. 오늘날로 치자면 외래문화 받아들이기에 번역보다는 영어

공용화가 옳다는 말이 된다.

한문을 그 내용으로 보면 유학이다. 조선의 주자는 없고 주자의 조선만 있는 우리 유학의 가난함은 새삼스럽게 확인되고 있다. 중국과 같아지는 것이 문화요, 사람의 길이었다. 그러나 일본은 최만리가 배척했던 길을 일찍부터 갔다. 평론가 고진이 지적하듯이, 한문을 능숙하게 하는 일본인은 아주 적었고 일찍부터 일본어로 글 쓰는 지식인이 많았다. 가나가 한글보다 훨씬 일찍부터 쓰여 옛날 노래와 역사기록도 우리보다 훨씬 많이 남아 있다.

더욱 안타깝게도 중국문화를 대하던 우리의 태도가 미국말을 대하는 태도에서도 거의 같은 모습으로되풀이되고 있다. 유창한 미국말을 하기 위한 혀 수술, 세계에서 가장 많은 미국 조기유학생, 가장 많은 토익 응시생, 외국인 가운데 가장 많은 미국 박사학위 취득자, 미국말을 못하면 다른 능력이 뛰어나도 취직이 안 되는 기업이나 대학의 분위기. 이것들은 오래 전부터 '국제화·세계화' 시대에 적응하기 위해 생겨났다. 그러나 일본은 우리와 사정이 아주 다르다. 초등학교에서 영어를 정규과목으로 가르치지도 않고 취직하는 데 영어가 절대적이지도 않다. 영어강의를 늘리는 게 앞서가는 대학이라고 생각하는 총장도 없고 영어로 회의를 한다는 회사도 없는 것 같다. 우리 대학처럼 미국 박사가 대학을 가득 채우고 있지도 않다. 과거 중국의 한족 문화를 대할 때 보였던 비판적 거리가 미국말과 문화를 대하는 태도에서도 엿보인다.

우리에게 '국제화'나 '세계화'는, 그 본디 뜻이 무엇이든, 일종의 집단최면으로서 소중화사상이 모방의 대상만 바꾼 것이라 볼 수 있다. 전통적 동아시아 국제관계에서 우리는 중국을 지키는 '동쪽 울타리'였다. 냉전이 깨지기 전까지는 '자유세계(일본과 미국)의 방파제'였고 '반공의 보루'였다. 냉전이 사라진 지금도 이런 성격에 변화가 있는 것은 아니다. 공격적 군사행동의 전초기지이거나, '진짜 우방' 일본을 지키는 데 꼭 필요한 곳일 뿐이다. '자유세계'는 이제 '국제사회'로 어느덧 바뀌었다.

외래사상과 문화에 흠뻑 젖어 작은 중화, 작은 미국이 되기보다 그에 대한 비판적 거리두기가 필요하다. 한글날은 이런 우리 시대의 과제에 많은 관심을 가질 것을 생각하게 하는 정말 소중하고 뜻 깊은 국경일이다. 낡은 생각에 사로잡혀 계급이나 자주란 말 그 자체를 금기처럼 여기는 것은 슬기롭지 못한 태도이다. 지배계급의 반대를 뛰어넘은 것도 사실이고 자주적 실용주의라 보기에도 문제가 없다. 대통령의 경축사에서 점점 도를 더해가는 미국말 숭배문제에 대한 깨달음이 없어 도리어 문제다. 언론의 주요 기능이 권력 비판에 있는 것은 사실이지만 그런 비판은 우리 지성사에 대한 올바른 인식에서 나와야 한다. 역사의식이 빠진 소박한 실증주의는 이데올로기의 색채를 짙게 띤다. 이런 문제에 대한 논의가 수십 년이 지나도록 제자리에 머물러 있다. 우리 문화와 역사에 대한 무관심을 말해주는 것이 아닐까.

(『말과 글』 제109호, 2006. 겨울)

3. 한글날을 보내며

한글날을 맞아 온갖 경축행사가 열리고 영어와 한자에만 쏠리던 관심이 한글에 반짝 쏠리기도 한다. 그렇지만 우리말과 글의 현실을 돌아보면 해야 할 일이 적지 않다.

태어날 때부터 한글은 결코 환영받는 문자가 아니었다. 특히 지배층 지식인이 외면했고 이런 형편은 오늘날까지도 큰 변화가 있다고 보기 어렵다. 얼마 전까지만 해도 영어몰입교육론이 나올 정도로 우리말 존중의 정신이 크게 흐트러져 있고, 대학의 영어몰입 강의는 마치 지향해야 할 목표인 양 선전되고 있다.

왕조사회에서 한글을 일컫던 ‘언문’의 의미를 되새겨볼 필요가 있다. 왕조시대에 한문은 ‘진서’로서 진리의 글자며 참 글자로서 문자 그 자체였다. 반면에 우리 글자는 나날의 말을 적는 글자란 뜻으로 “언문”으로 불렀다. 이런 규정은 나날의 문자와 신성한 학문용어의 이분법을 전제한다. ‘언문’에는 공적인 행정이나 교육에서는 쓰지 않는 글자란 뜻이 담겨 있다. 유교국가에서 교육과 학문은 공적 영역에 속하며 관리와 통제의 대상이었다. 사적 영역에 대한 이야기로 이해된 소설에서 한글 전통이 강한 것도 이런 맥락에서 이해된다.

그렇지만 태어날 때부터 한글로 학의 울음소리나 바람소리마저 적을 수 있다는 예찬이 있었고, 요즘은 모든 알파벳의 이상이라 칭송받고 있다. 우리말 어휘교육에서 한자에 대한 이해가 얼마나 필요한가에 대한 판단은 그냥 두더라도 한글로만 적기에 대한 시비는 접어야 하리라 본다.

영어숭배가 제도적으로 뿌리를 내린 것이 큰 문제다. 학생들의 장래를 결정짓는 입학시험부터 취직과 승진, 각종 국가고시에서 영어를 우대하다 보니 영어만능풍조가 번져 영어교육에 들어가는 사교육비가 너무 많다. 초등학교 3학년부터 배우는 영어도 너무 이르다는 생각을 할 수 있는데 '영어 유치원'마저 번창하고 있다. 나라 사이에 왕래가 잦아진 것은 사실이지만 이런 데서 생겨난 문제를 전문 인력 양성을 통한 번역이나 통역으로 해결할 생각은 하지 않고 온 국민에게 영어 말하기를 강요해서는 안 된다.

한-유럽연합, 한미자유무역협정의 번역을 엉터리로 해놓은 것도 공식문서에서 한글을 쓰지 않던 '전통'과 맥이 닿아 있다. 농산물유통공사를 'aT'로, 한국수자원 공사를 'K-water'로 이름부터 영어로 바꾼 공공기관이 너무 많다. 비용을 아낀다고 인턴에게 번역 일을 맡기기도 했다. 영어로 논문쓰기가 장려되면서 우리말 학술지는 무턱대고 2류 취급을 받고 있다.

이런 추세가 계속되면 우리말로 된 학문공동체가 무너짐은 물론이고 우리의 한국어로 이뤄지던 지적 축적이 또다시 단절되고 미국으로 흡수되는 길을 갈 수밖에 없다. 영어에 지나친 의미를 주면서 우리말과 글을 학문과 교육의 온전한 매체로 부려 쓰지 않는다면 우리글은 다시 '언문'이 되는 길을 갈 수도 있다. 이것은 한문을 읽고 쓰기가 학문과 교육 자체였던 '전통'을 되풀이하는 일이다. 대학의 영어몰입 강의는 절대과제가 아니라 경우에 따라 허용하는 쪽으로 원칙을 삼아야한다. 영어몰입 강의에 깃든 미국 대학에 대한 망상은 우리 전통과 문화에 대한 무관심과 짝을 이룬다.

한글은 500년이나 학문과 교육, 행정에서 배제된 '언문'으로 있었다. 천하체제를 깊이 내면화한 지식인들은 우리말을 '방언'으로 불렀다. 우리말과 글을 당연히 멸시하는 것이 지식인의 임무였다. 한문숭상의 폐해가 채 가시기도 전에 영어만능풍조가 깊이 뿌리를 내려 우리말과 글로 배우고 가르칠 수 있다는 믿음을 좀먹고 있다.

한글날은 우리 겨레의 큰 잔칫날이지만 특히 교수들을 비롯한 연구자들에게 더 뜻 깊은 국경일이다. 여러 가지 이유로 '언문'의식에 빠지기 쉽기 때문이다. 모든 문화적 활동에서 우리말과 한글을 훌륭한 도구로 넉넉하게 부려 써 새로운 전통을 만들어나가는 것이 중요하다.

(『교수신문』, 2011. 10. 17)

셋째 가름
의좋은 형제, 중화사관과 식민사관

첫째 조각 겨레문화의 아편 - 중화사관

1. '동북공정'의 뿌리 - 고구려사 담론을 비판한다(『교수신문』 326호
   (2004. 9.13))를 읽고
   - 우리 안의 '중화주의'와 싸워야

고구려사를 둘러싼 중국의 도발을 어떻게 보아야 할 것인가. 『교수
신문』에 실린 「고구려사 담론 비판」을 보고 무척 놀랐다. 정말 우리는
조약돌에 맞고 바위를 던지고 있을까. 이런 분석은 동아시아사를 보
는 기본적인 관점이 서 있지 못한 상태에서, 산술적인 중용을 선택한
데서 나왔다고 본다.

요즈음 불거진 고구려사 문제를 이해하는 데는 중국인 특유의 천하
관념과 이에 따른 중화사상의 이해가 필수적이다, 중화적 질서에 가
장 충실했던 조선의 지식인에게 중국의 문화는 보편적인 문화 그 자
체였으며 다른 겨레의 문화는 야만에 지나지 않았다. 황제가 다스리
는 중국은 지상에 하나뿐인 보편제국이었다. '문자'는 곧 중국글자인
한자를 가리켰으며 중국글자와 다른 한글은 글자 축에 들지도 못했

다. 문화의 보편성에 대한 소박한 생각에서 조선은 중국과 같아야 오랑캐를 면한다는 강박관념을 갖고 있었다.

중화적 세계관을 따를 때, 적어도 관념적으로는 중국과 대등한 외국이 있다는 것을 인정할 수 없다. 일찍이 춘추전국시대부터 유학에서는 문명세계를 지켜줄 통일천하의 출현을 "천하를 평안하게 한다"는 말로 표현했다. 그 뒤 '천하'에 중국 주변의 여러 민족도 포함하는 것으로 뜻이 확대됐다. 사실 이 겨레들은 이상한 모습을 하고 있는 것으로 묘사됐고, 짐승에 가까운 존재로 알려지기도 했다. 그리스에서도 사람이 살 수 있는 땅 '외쿠메네'의 가운데에 그리스가 자리 잡고 있었다.

이런 사상은 어느 곳에서나 흔히 나타나지만 이런 생각을 오랫동안 주변민족에게 강요할 군사적·정치적 기반을 갖춘 나라는 중국밖에 없었다. 이 점에서 중국은 특이했다. 로마는 끝내 사라졌으나 중국 한족의 통일제국은 부활했던 것이다. 기독교가 힘을 얻으면서 그리스-로마의 고전문화는 오랫동안 잊히고 왜곡됐으나 중국의 외래종교인 불교는 그 본디 모습을 잃고 중국문화에 동화됐다. 아우구스티누스는 로마의 쇠퇴가 기독교 탓이 아니라고 변호할 필요가 있었으나, 한 유는 불교가 오랑캐 종교이고 왕조를 보존하는 데 해가 된다고 공격하고 있다. 중국사에서는 유교, 즉 중화사상을 상대화하고 비판적으로 거리를 두고 볼 수 있는 관점 그 자체가 없었다.

짧지 않은 정복 왕조의 지배가 있었으나 중국사에서는 지역적·인종적·문화적 연속성이 아주 크다. 문화의 중심이 지중해에서 알프스 이북으로 옮겨가고 주도적인 역사의 주체가 라틴족에서 게르만족으로 바뀐 유럽과 크게 다르다. 유럽사에서는 중화사상과 같은 특정 민족 중심의 세계관이 뿌리를 내릴 영속적인 밑바탕이 없었다.

동아시아에서는 인종주의이자 변형된 제국주의의 한 형태인 중화사상이 한 번도 사라진 적이 없었다. 우리 지성사를 오랫동안 지배했던 유학은 중국의 통일을 간절히 바라면서 통일제국의 운영과 재생산을 주제로 하는 사상이며 중국인의 삶의 방식과 특성이 그대로 밴 중화사상의 표현임을 잊어서는 안 된다.

우리 역사는 이런 중화사상 때문에 엄청난 값을 치렀다. 한족의 나라든 정복 왕조든 대륙을 통일한 중국은 늘 우리에게 사대관계를 강요하거나 침략해왔다. 유학에 대한 극단적인 숭배는 사대 질서에 대한 비판 없는 복종을 낳았다. 스스로 '작은 중화'라 일컬으며 '기자의 옛 땅', '명나라의 동쪽 울타리'라며 자랑이 대단하였다. 조선이 마지막까지 남은 조공국이었던 역사적 사실은 이제 후손에게 무거운 짐으로 다가오고 있다. 고구려가 지방정권이라고 내세우는 첫 번째 이유도 조공－책봉관계다. 중화를 큰 자랑으로 알던 오랜 자기 망각이 청산되지도 않았는데 한 세기 전에 일본에게 패배했던 중화패권주의는 이제 다시 우리에게 성큼 다가오고 있다.

이런데도 고구려사 빼앗기에 대응하는 우리의 태도에 많은 혼동이 있는 것은 무엇 때문인가. 무엇보다도 아쉬운 것은 중국을 보는 비판적 거리다. 극단적인 한문·주자학 숭배에 젖어온 우리 지성사는 중국문화를 비판적으로 볼 수 있는 거리를 확보하지 못했다. 우리를 끊임없이 중국적 교양으로 무장하게 만들며 중국문화와 거리두기를 가로막는 요인들을 되돌아볼 필요가 있다.

이제까지 우리가 중국을 보는 눈을 결정한 것으로 유교경전과 『삼국지』 그리고 『천자문』(한자)을 들 수 있다. 이런 서적들은 중화사상의 매개체로서 우리 지식인들을 중화사상의 첨병으로 만드는 구실을 해왔다. 이런 데 대한 관심은 '학문'이나 '전통'이란 이름으로 미화됐다. 이제 이런 교양을 한 시대 한 문명권의 것으로 상대화해야 한다. 어떤 보편주의도 사람의 조건을 특수하게 만드는 구체적인 현실을 멋대로 마름질할 수는 없다. 신채호가 그 급박한 상황에서도 사대주의를 문제 삼았던 것도 망국의 뿌리가 사대주의에 있다고 보았기 때문이다.

조선의 공맹이 아니라 공맹의 조선이 되어버린 역사는 우리가 중화 사상의 희생자임을 말해준다. 오늘날의 기지촌 지식인에 앞서 조공국 지식인이 있었음을 상기할 필요가 있다. 학문이나 문화의 보편성에 대한 소박한 생각에서 하루빨리 벗어나야 한다. 다른 한편으로는 동 아시아연대론을 내세우면서 중국에 대한 환상을 부추기는 지식인도 많다. 미국의 패권주의에 지친 나머지 또 다른 외세에 막연한 기대를 거는 것은 위험하다. 연대는 서로 존중하는 데서 나와야 한다. 한쪽이 힘의 우위를 믿고 밀어붙여서는 가능하지 않다. 이럴 때 평화와 연대 는 강자의 야욕을 가리는 도구일 뿐이다.

다음으로 우리는 중국이 겉보기에는 국민국가이나 실질적으로는 수천 년 제국의 문화를 이은 통일되고 자족적인 문명권임을 상기할 필요가 있다. 예수회 수사들이 처음 중국에 이르렀을 때에 호의적인 시각으로 중국의 사상과 정치제도를 소개하는 저서를 썼다. 유럽만큼 이나 큰 덩치를 가진 제국이 끝없는 분열과 갈등을 겪고 있던 유럽과 대조적으로 질서와 안정을 유지하고 있었지 때문이다. 유럽의 분열이 유럽사의 역동성과 유럽 문화의 다양성이란 값진 선물을 남겼을지라 도, 그들에게 이것은 놀랍고 부러운 것이었다.

"중국에서는 고구려사가 전혀 정치쟁점화돼 있지 않다. 여기에 대해서는 아마 그럴 것이다. 중국은 우리처럼 모두가 이 문제에 관심을 가질 이유가 없다. 중국사에 수없이 나타났던 지방정권의 역사에 한 나라를 넣느냐 빼느냐의 문제일 뿐이다. 춘추전국시대만 해도 남방의 오, 월, 초와 서쪽의 진나라는 중화에 들지 않았던 오랑캐의 땅이었다. 고구려사의 중국사 편입도 끊임없이 중화의 영역을 확대해온 그들에게는 특별한 일이 아닌 것으로 보일 수 있다. 온 천하(실제로는 동아시아)에 보편제국으로서의 중국이 있을 뿐이라는 관점에 익숙하다. 그러나 우리에게 고구려사의 중국 귀속은 우리 역사의 절반을 훔쳐가는 것이고 우리 문화의 뿌리를 송두리째 빼는 문제다. 그들은 소나기가 그치기를 기다리고 있다. 고구려사 문제를 두고 내중의 반응마저 인제 가라앉아 버릴지 모른다고 본다면 지나친 걱정인가.

지금도 중화사상은 그들의 체질에 너무나 깊숙이 배어 그들 스스로도 좀처럼 헤어날 수 없는 늪이다. 유럽의 지식인들은 유럽중심주의를 벗어나려고 노력이라도 한다. 그러나 중국인은 중화주의적 질서에서 벗어나려고 노력하지 않는다. 중화사상에도 보편적 가치가 있으므로 인종주의가 아니라고 말한다면 이는 소박한 생각이다. 대동아공영권에도 유럽식민주의에도 '보편적 가치'가 얼마든지 나오기 때문이다. 이 겉보기에 보편적인 가치들은 중화사상을 포장하고 왜곡한 측면이 더 크다. 중국적 동아시아 질서에서 사대와 책봉도 예(禮)로 개념화된다.

이 예는 자연의 질서를 본뜬 문명사회의 보편적인 질서라고 끊임없이 선전되었다. 이것은 오늘날 민주주의와 인권이 미국의 패권을 정당화하는 구실을 하는 것과 다르지 않다. 겉보기에 전혀 문제없어 보이는 이 '보편적 가치'를 끊임없이 비판적으로 음미해야 중화사상의 늪에서 헤어날 수 있는 길을 찾을 수 있다.

엇비슷한 나라들이 모인 유럽의 경우를 모범으로 문명권의 중심-주변관계라 할 수 있는 한중역사문제를 해결할 수는 없다. 유럽의 통일은 나폴레옹도 히틀러도 실패했으며 중국처럼 한 민족이 중심이 된 통일은 이제는 생각조차 하기 어렵다. 학계 한쪽에서 '국사 해체'라는 목소리를 내고 있다. 그러나 이는 유럽사를 보편적인 모범으로 삼고 이를 동아시아에 비판 없이 적용하려는 비역사적이고 교조적인 태도의 산물이다. '과열된 반중 담론'이라는 비판도 중국과 유럽의 차이를 무시하고, 중화사상의 위험성을 애써 외면하는 것이다. 우리에게 중국문화와 비판적으로 거리를 두고 보는 눈이 드물다.

고구려사 지키기는 이제 시작이다. 정치적·경제적 득실을 따질 수 있는 영역이 아니다. 어렵다고 피해갈 수 있는 일도 아니다. 고구려사를 둘러싼 중국의 도발과 맞서는 것은 거대한 중화주의와 싸우는 일이다. 우리의 중국관을 형성하는 현실적 바탕을 되돌아보면서 겨레문화의 독자성과 창조성을 위해 중국문화와 비판적인 거리가 필요한 때다. 동양 또는 한자문화권이란 이름으로 우리의 미래마저 중국문화의 한 부분으로 자리매김하려는 움직임은 슬기롭지 못하다. 다른 민족을 오랑캐라고 멸시하면서 중화를 자랑해오다가 갑자기 중화에 소수민족 즉 과거의 오랑캐를 집어넣는다고 다른 민족을 대하는 한족의 태도가 변하지는 않을 것이다. "중화"나 "중국"이란 이름부터가 중국의 소수민족이나 주변 여러 나라에게 불쾌한 언어가 아닐 수 없다. 우리는 '중화'나 '중국'이란 개념 자체를 폐기할 것을 요구할 수 있어야 한다. 현실적으로 큰 기대는 하기가 어려우나 묵은 중화사상의 껍질을 깨기 위해 중국인들 스스로 노력하는 것이 가장 좋다.

(『교수신문』, 2004. 9. 20)

2. 중화사상에 눌린 한글문화

올해로 우리가 식민지의 쇠사슬에서 벗어난 지 예순 돌이 된다. 그것은 또 우리가 한자폐지를 터놓고 논의할 수 있는 마당이 열린 지 예순 해라는 말도 된다. 그동안 한자 그만 쓰기를 둘러싼 논쟁이 그치지 않은 가운데서도 글자살이를 한글로만 하는 데는 큰 성과가 있었다. 그러나 한글로만 쓰기로써 바랐던 성과는 제대로 나타나지 못하고 있다. 한자폐지로 토박이말로 재료를 삼는 새말이 힘을 얻어 뻗어 나가지 못하고, 온통 미국말이 들어서고 있다. 예순 해라는 결코 짧지 않은 기간을 생각할 때, 이런 현실의 변화는 우리를 실망시키기에 넉넉하다. 이럴 때마다 오랜 한문숭상이 낳은 폐해를 다시 생각하게 된다. 한글문화의 길을 가로막는 큰 요인 가운데 하나는 중국고전이 낳은 말글의식이다.

사대주의와 봉건주의의 캄캄한 어둠 속에서 한글사랑을 깨친 이들이 횃불을 들어 겨레문화의 앞길을 훤히 밝혔다. 그러나 수천 년 동안 중국글자에 찌든 생각은 검질기게 살아남아 겨레문화의 길을 가로막고 있다. 중국고전의 대부분을 차지하는 유교경전의 내용은 크게 보아 중화사상이고 지배계급의 통치철학이자 처세론이다.

글자 수가 많고 복잡한 한자는 소수지배계급의 문화가 될 수밖에 없었다. 한 세기 전에 조선에 왔던 어떤 영국사람이 '허가 낸 흡혈귀'라고 보았던 양반은 인민의 글눈뜨기를 바라지 않았다. 소리와 동떨어져 있을 수 있는 한자, 한문을 숭상하였기에 글자 중심 그것도 한자 중심의 말글의식이 자리 잡게 되었다. 말하기에는 큰 값을 매기지 않았지만 글쓰기에 큰 값을 매기는 생각을 낳았다. 한글사랑 반대의 까닭으로 나왔던 '한자는 조어력이 좋다'는 주장은 우리가 얼마나 한자 중심의 말글의식에 젖어 있는가를 잘 말해준다.

이런 중국적 전통은 글자란 죽은 것이고 말은 살아있는 것이라 신뢰해온 유럽적 전통과 크게 다르다. 글자(책)보다 말과 뜻을 앞세우는 전통이 아주 없지는 않지만, 말하기에는 긍정적인 값을 매기지 않았다. 『논어』는 여러 곳에서 말 잘하는 사람을 경계하고 있다. 이는 말의 진실성과 언행일치를 중시하는 관점에서 나왔다. 말하기는 자유로워야 한다는 생각보다는 조심해야 한다는 생각이 앞선다. 한문으로 된 중국고전 공부는 과거제도를 거쳐 지배층이 되는 길이기도 했는데, 이런 제도는 한문공부에 모든 힘을 쏟아 붓게 만들었다. 몇몇 사람의 빼어난 지식인을 빼면, 대부분의 인민이 글도 못 읽는 지경에 빠지고 말았다. 우리말과 글에 대한 관심은 값어치가 없었다. '나는 조선사람이므로 즐겨 조선의 시를 쓰겠노라'고 선언했던 정약용마저도 한글로 쓸 줄 몰랐다. 한문숭상의 수렁은 이다지도 깊었다. 한문숭상은 일본에게 나라를 빼앗기는 길을 미리 닦은 것이나 다름없었다.

한자는 글자이면서 그림의 성격이 있어 글자가 현실의 본뜨기란 생각을 낳기 쉽다. 소리글자와 달리 그 자체로 의미 없는 부호가 아니다. 한자가 갖는 강렬한 이미지는 구체적이고 직관적이다. 이런 한자의 성격은 글자(기호)와 그것이 나타내는 실재를 뚜렷이 구별하지 않는 경향을 낳는다. 중국이 일찍부터 인문화의 길을 갔다고 하나 이런 주술적 생각의 길이 끝내 가시지 않았다. 중국문화권에서는 분석적 학문의 전통이 가난하며 형식논리학이 발전하지 못한 것은 우연이 아니다. 이미지에 사로잡혀 생각하는 이성의 능동적인 주체성과 초월성이 없다고 볼 수 있다. 한자에는 그것이 생겨나던 무렵의 역사와 문화가 언제나 묻어 다닌다. 라틴자를 빌어 터키말이나 베트남말을 적는 것은 문제가 없어 보이나, 한자로 우리말을 적는다면 주체성을 갉아먹게 되어 있다.

이런 측면 못지 않게 중국고전은 그 내용에서도 부정적인 영향을 끼쳤다. 바로 중화사상이다. 역사적으로 보면 중국이 정치적 혼란을 겪던 시기에 나타난 유학은 곧 혼란을 극복하고 통일과 질서를 회복하는 것을 목표로 나온 사상이다. 『대학』에서 '평천하(平天下)'로 표현된다. 그 당시로 보면 유가사상은 중국의 통일과 통치방법에 대한 제안이었으며 다른 겨레의 침입을 막아내는 방법이기도 했다. 유가에 따르면 이 천하의 지배자인 천자는 어짊(仁), 예(禮)와 같은 도덕적 덕목으로써 천하를 다스려야 한다. 제 몸 닦기에서 출발하여 다른 사람을 다스린다는 유가사상의 이상은 천하를 평안하게 함에서 완성된다. 평안한 천하는 중국의 패권으로 중화와 오랑캐의 위계질서가 유지되는 상황을 말한다. 천하적인 질서에 따르면 중국과 대등한 나라는 있을 수 없고 중국 임금과 대등한 임금도 있을 수 없다. 중국은 곧 천하와 같아져 보편국가로 되며 수많은 나라 가운데 하나가 아니었다. 유가사상은 중국을 위하여 중국인이 만든 중국인의 사상이라고 말하지 않으면 안 된다.

학문이나 사상의 보편성에 대해 소박하게 생각할 게 아니다. 주자학을 극단적으로 숭배했던 조선에서 중국 한족의 눈으로 스스로를 '기자의 옛 땅', '명나라의 동쪽 울타리'로 보고 있다. 스스로를 잊고 부정함이 이와 같았으니 중화주의가 사대부의 뼛속까지 스며들었음을 알 수 있다. 더욱 안타까운 사실은 이런 역사에 대해 제대로 된 비판과 반성을 아직 한 번도 거친 적이 없다는 점이다. 신채호가 반제국주의 투쟁의 그 절박한 환경 속에서도 왜 사대주의를 문제 삼았을까? 망국의 뿌리가 사대주의에 있다고 보았기 때문이다.

이 사대주의 병폐 한가운데에 한문숭상이 자리 잡고 있다. 중국 한족의 문화만이 문화이기에 문화란 중국 닮기라고 보았다. 먼저 글자부터 같아야 했다. 중국말과 글자는 '보편적'이고 '국제적'인데 중국과 다른 우리말은 "방언(方言), 향언(鄕言)"을 면하지 못하였다. "문자"는 곧 중국글자만을 가리켰다. 고려시대에 이두의 쓰임이 제한된 것은 '저를 낮추었다기보다 중세사회의 필연적 귀결'(김민수, 『최행귀의 언어 이론에 대하여』, 1979)이 아니다. '보편적'이라는 것이 참모습에서는 우리를 낮출 것을 요구하고 있었기 때문이다. "문화"는 중국의 한족문화만을 가리켰고, "사람"은 중국 한족을 가리켰다. 한족과 다른 겨레는 사람과 짐승 사이에 있는 오랑캐였다. '학문'이나 '문화'는 오늘까지도 우리말과 글을 천대하는 주요 명분이 되고 있다. 이런 틈새에서 중국글자와 다른 한글이 태어나기는 어려웠다. 중국과는 말이 다르기에 글자가 다를 수밖에 없으며, 음양오행이나 천지인과 같은 원리에 따라 만들어졌다는 변호가 뒤따라야 했다. '날로 씀에 편하게 할 따름'이란 변호도 같은 맥락에서 나왔다.

중국이라는 통일제국의 성립과 유지에 한자는 중요한 구실을 하였다. 한자가 동아시아에서 한족의 패권적 지배를 수립하는 데 어떻게 유용한 도구가 될 수 있는가 하는 물음도 우리에게 뜻 깊고 중요하다. 한자란 매개가 중국의 다양한 방언을 넘어 통일성을 유지할 수 있게 만든다. 유럽처럼 소리글자를 썼더라면 중국은 결코 하나로 되지 못했을 것이다. 그것은 한족의 문화와 역사를 퍼뜨리면서 중국 주변의 여러 겨레를 한족으로 동화시키는 수단이었다. 우리 문화가 중화와 비슷해졌다는 정인지와 최만리의 말은 이런 작은 중화의식의 산물이다. 겨레문화의 독자성과 창조성을 잃으면서도 이를 자랑으로 알았다. 보편성이 개별성을 무시하고 말살하는 폭력적으로 되는 경우다. 이것을 '선진 문화의 섭취'로 볼 수 없다. 유학의 경전에 뿌리를 둔 화이관계의 정치적 측면인 조공－책봉 질서에 따르면 우리는 중국의 울타리[藩]가 된다. 임진왜란과 1950년의 전쟁에서 중국이 끼어든 것은 울타리를 넘어 중국 안에서 전쟁이 나는 것을 막으려 했기 때문이다. 후금이 명나라를 공격하기 전에 조선으로 쳐들어 온 까닭도 여기에 있다. 사대－책봉을 동맹관계로 보는 생각(김민수, 『세종대왕의 학술에 대한 신념』, 1999)은 잘못이다. 황제나 천자가 하나뿐인 것처럼 중국은 보편국가로서 하나뿐인 나라이며 따라서 동맹이란 생각이 들어설 자리가 없다. 사대는 자연의 질서에 따르는 사회의 질서이며 보편적인 예(禮)라고 선전되었다. 왕조시기에 사대교린정책을 예조에서 맡았다.

옛날 한문이 차지하던 자리를 이제는 미국말이 갈음하고 있다. '세계화'라는 보편성을 내세우며 작은 미국 만들기를 자랑으로 아는 사람이 많다. 성리학의 사대주의와 화이론을 제대로 안다면 새삼스러울 게 하나도 없는 현상이다. 주시경은 『독립신문』 창간호 논설에서, '각국에서는 남녀를 무론하고 본국 국문을 먼저 배워 능통한 후에야 외국글을 배우는 법인데 조선서는 조선 국문은 아니 배우더라도 한문만 공부'한다고 말하고 있다. 이는 근대적 민족국가의 말글의식에서 중화사상에 물든 말글의식에 대한 비판이다. 이런 비판은 오늘날에도 유효하다. 이런 역사에 비판적 거리를 두고 이겨내려 애쓰지 않는다면 역사는 되풀이된다. 분단과 전쟁을 겪었던 우리나라는 또다시 외세들이 치열하게 맞겨루는 터가 되고 있다.

유교경전은 모두 중화사상의 교과서였으며 중국의 사상, 역사, 문학을 예찬하는 내용으로 가득 차 있다. 중국역사와 중국 중심적 세계관을 빼면 신분차별, 남녀차별과 같은 봉건 이데올로기가 남을 뿐이다.『삼국지 바로 읽기』(김운회, 2004)가 '동북공정'보다도 더 위험하다는 소설『삼국지』의 독성을 가시게 만들 듯이,『논어 바로 읽기』,『천자문 바로 읽기』도 나와야 한다. 더 나아가『삼국사기 바로 읽기』,『조선왕조실록 바로 읽기』와 같은 책을 낼 수 있는 젊은이도 나와야 한다.

『논어』,「위령공」의 '말은 뜻을 전달하면 그뿐이다'라는 표현에서 보듯이, 유가는 말에 대한 적극적 관심을 잠재운다. 대신 행위의 도덕성에 초점을 맞춘다. 말글을 단순히 실재를 비추는 거울이라 여기는 생각이 점차 빛을 잃고 현실을 보는 눈에 적극적인 구실을 한다는 주장이 점점 힘을 얻고 있다. 말이 지어내는 허상과 그 위험과 같은 부정적인 측면마저도 말에 적극적인 관심을 줌으로써 풀어갈 수 있다. 그냥 눈을 돌린다고 문제가 사라지지는 않는다. 유럽과는 달리 중국 문화권에서는 논리학이나 말의 의미를 되묻는 반성적 전통은 가난한 편이다. 이런 전통은 한문숭상과 결합하여 우리말글을 돌아보지 않게 만들었다.

나라를 되찾은 지 60돌이 되도록 한글문화가 가시밭길을 걸을 수밖에 없었던 가장 큰 까닭이 여기에 있었다. 우리말글에 대한 무관심과 잘못되고 치우친 생각이 켜켜이 쌓여 있었다. 한글문화 세우기는 '학문·문화·교육·글자'의 개념에 코페르니쿠스적 전환을 요구한다.

겨레의 역사를 비판적으로 보지 못한다면 역사는 되풀이된다.

(『한글 새소식』 제390호, 2004. 9)

3. 사대주의, 방언, 국제어

우리말글이 망가지고 있다는 말들이 나온 지도 퍽 오래다. 그런데도 중국글자 타령은 오늘도 이어지고 있다. 대중의 머릿속에는 이 싸움이 뿌리깊이 박혀 있다. 그러나 이를 둘러싼 대립되는 주장이 무엇인지를 정확하게 아는 사람은 많지 않다. 또 이 논쟁은 그리 건전하고 생산적인 게 못 되었다. 언뜻 보기에 이 논쟁은 글자 싸움인 것 같다. 그러나 문제가 그렇게 간단하지는 않다.

이 땅에 한문이 단단하게 뿌리를 내리게 된 제도적 계기는 고려 광종 때부터 시작된 과거제도다. 과거제가 천 년 동안이나 이어져 우리 사회의 지배구조와 세계관을 거의 결정지었다고 볼 수 있다. 학문은 곧 중국고전 공부였고 지배계급이 되는 길이었다. 한자와 한문이 학문과 교육, 문화의 상징이었다. 한자를 떠난 교육과 학문을 생각하기도 힘들었다.

"문자"는 두루이름씨라기보다 중국글자를 가리키는 홀이름씨였다. 한글로 된 가장 오래된 비문으로, 1536년에 경기도 양주에 세운 '영비'도 이를 말해준다. 오늘날에는 미국 것은 모두 좋은 것이라는 생각이 널리 번져 있다. 오늘날 많은 사람들에게 외국어는 곧 미국말이다.

알고 있든 모르고 있든, 오늘날 우리가 미국을 보는 눈은 놀랍도록 지난날 중국을 보던 눈과 닮아 있다. 2003년 5월에 노무현 님이 미국에 갔을 때, 노 님은 '한국이 미국의 도움으로 건국되고 유지돼 왔음을 다시 한 번 확인했다'며, '한국은 미국의 이상과 제도가 가장 성공적으로 꽃피운 나라'라고 말했다. 400년 전 임진왜란 뒤에 명나라에 대한 조선사대부들의 말을 그대로 닮았음을 알 수 있다. 작은 중화가 작은 미국으로 바뀌고 있음을 볼 수 있다.

지난해 9월에 태풍이 왔을 때, 노 님이 연극을 보고 있었다고 알려지자 비판여론이 일었다. 그러자 어느 장관이 미국 대통령 아무개가 태풍이 왔는데도 골프를 쳤다는 이야기를 꺼내며 옹호하는 발언을 했다. 유교적 관념으로는 자연재해는 위정자에게 경고를 보내는 것이다. 이제 그런 낡은 생각이 더는 유지될 수 없어지자, 그 자리를 미국모형이 차지하고 있음을 볼 수 있다.

지난날 중국 중심의 동아시아 국제질서에서 몸에 익은 화이론적 세계관은 우리의 생각보다 더 깊이 우리의 사고방식에 영향을 끼치고 있다. 동아시아에서는 근대유럽처럼 주권국가들 사이의 평등이란 생각이 자라날 현실적 바탕이 없었다. 따라서 나라들 사이의 위계질서가 있음을 당연하게 여긴다. 우리의 사대주의가 갖는 또 다른 하나의 측면은 중국과 다른 문화를 가진 민족에 대한 편견이다. 중국과 같아지기 위해 중국과 다른 우리의 고유문화를 없애면서 독특한 문화를 가진 다른 겨레에 대해서는 우월감을 가졌다. 100여 년 전 위정척사파들은 조선을 위해서라기보다 작은 중화를 지키기 위하여 작은 일본이 되기를 거부했던 것이다. 외국인 노동자에 대한 무관심과 냉대는 숭미사상과 동전의 앞뒤처럼 연결되어 있다.

지난날 우리 교육은 한문, 즉 고전중국어 읽기였으며, 오늘날 미국으로 조기유학을 떠나는 많은 사람에게도 교육은 미국말 회화 배우기가 거의 전부다.

『삼국사기』나 『삼국유사』에서 우리말을 가리키는 이름은 "방언"이다. 이 말은 오늘날의 '방언'과는 반드시 같지는 않다. 그러나 두루 통하지 못한다는 깎아내리는 뜻을 담고 있음은 사실이다. 우리말과 글이 방언이라는 생각은 그냥 지난날의 이야기가 아니다. 지난날 한문이 국제어 또는 세계어였다. 조선시대에 우리말은 '방언' 또는 '이어(俚語)'에 지나지 않았다.

모두 12조로 된 1876년의 강화도조약의 세 번째 조항이다. 오랫동안 중국으로 보내는 사대문서에 한글로 쓰기를 생각할 수도 없었던 조선의 관료들은 이런 조항에서 아무런 문제점도 찾을 수 없었다. 근대적 국제질서 속으로 휩쓸려가는 첫걸음부터 조선글은 그 있음마저 부정되었다. 그때 조선에서 일본어를 아는 사람이 드문 현실을 생각하여 얼마 동안만 한문을 쓰다가 일본어를 배우는 사람이 늘어날 10년 뒤에는 한문마저 버리겠다는 생각을 일본은 갖고 있었다.

그렇지만 조선은 중화주의의 깊은 잠에서 깨어날 줄 몰랐다. 사사로이 보내고 받던 편지에서조차 한문을 쓰던 시절에 나라 사이에 주고받는 글자에 한글을 썼더라면 딸깍발이 가짜 명나라 사람들이 항의했을지도 모른다. 한때는 일본말이 "문화어"요 "국제어"였다. 한 평론가는 일제 말기의 일본어로 글을 쓴 이효석을 분석하면서 '당시의 보편어인 일본어에 참여함으로써 '언어의 국지성'에서 벗어나고자 하는 의도를 품었다'고 보았는데, 우리말을 방언으로 보는 관점이 그대로 살아있음을 볼 수 있다.

이런 현실이 오늘날까지도 크게 바뀌지 않았다. 중국의 고구려사 빼앗기에 항의하는 민족사관고등학교와 참여하는 4050전문가연대 등의 시민단체가 중국대사관에 가서 항의하는(2004. 1. 5) 사진을 보면 중국어와 미국말로 된 팻말을 들고 있다. 10명의 이사 가운데 한 사람의 미국인이 있어도 미국말로 회의를 여는 회사와 다르지 않다. 우리말과 글은 보잘것없다는 생각은 어디서나 번져가고 있다. 우리말은 어디까지나 지역성을 띤 말이며 외국인이 조금이라도 관여된 일에는 쓸모없다는 방언의식이 오늘날까지 이어지고 있다.

오늘날은 많은 사람이 미국말을 "세계어·국제어"라고 부른다. 우리말이 국제어가 못 되기에 잘난 사람은 우리말과 글은 버려야 한다는 생각이 번져가고 있다. '국제화' 바람이 불기 시작한 10년 전부터 이런 경향은 더욱 심해졌다. 기업이며 가게, 사는 집(아파트) 이름도 미국식으로 많이 바뀌었다.

우리 문화를 한자문화권으로 갈래지으면서 이를 우리가 중국글자를 써야 한다는 까닭으로 여기는 생각도 한글은 '국제적'이지 못하다고 여기는 태도에서 나왔다. 그러나 이런 '국제성' 또는 '세계성'이란 참된 뜻으로 보편성이 아니다. 군사적·경제적 힘을 바탕으로 성립된 폭력적 획일성이라 봄이 옳다. 경제단체들이 중국이나 일본과의 거래를 내세우며 한자시험을 보겠다고 하는 것을 보아도 이런 획일성이 어떻게 강요되는가를 보여준다. 그러나 문화는 본질적으로 다원성의 영역이다. 겨레문화의 특수성을 통해 보편성이 드러난다.

지난날 우리가 쓴 한문을 중세공동글말로 보는 관점도 있다. 조동일(서울대 교수) 님이 지은 『문명권의 동질성과 이질성』(지식산업사,

1999)은 이런 생각을 가장 체계적으로 말하고 있다. 이는 한문이 지난 날 지식인 사이의 국제어였다는 말로서 서유럽의 라틴말과 같기에 한문이 동아시아 공동유산이라 보는 관점이다. 언뜻 보아 그럴 듯한 이런 생각은 많은 허점을 안고 있다.

로마가 사라진 뒤에 유럽이 한 지붕 아래에 있다는 생각은 기독교라는 틀 안에서 성립한다. 그 안에서 이교도에 대한 편견과 유대인에 대한 박해는 있었어도 유대중심주의는 없었고 특정 겨레를 우월하다고 보지도 않는다. 중세 서유럽에서는 황제가 없었다. 프랑크왕국은 곧 나누어졌으며 신성로마제국은 로마적이지도 않았고 제국도 아니었다. 그러나 정치와 이념(종교)이 분리되지 않았던 중국은 달랐다. 중국 임금은 이념적 우두머리이면서 정치적 우두머리였다. 그는 중국 외의 다른 나라의 임금에게 정치적 정당성의 근원이었다. 중국과 갈등을 일으키면 예(禮)를 어겼다며 침략하였다. 조동일 님이 중세적 '보편' 종교라 보는 신유학의 이념은 극단적인 화이론을 담고 있다. 이 이념을 완성한 주희는 '고려가 오랑캐 풍속을 버리지 못하고 있다'(『주자어류』 제133권, 「이적(夷狄)」)고 비판하면서, 당시의 불교 비판이 목소리만 크고 성공적이지 못함을 당나라가 큰소리치고 고구려를 침략하다가 실패한 것에 유추하고 있다.(제126권, 「석씨(釋氏)」)

한문이 글말임에는 틀림없으나 중국과 일본에서는 우리와 현실이 크게 다르다. 중국인에게는 한문은 그들의 옛날말이다. 말본과 글자, 어휘가 크게 보면 같다. 훈독전통이 강하게 자리 잡은 일본인에게도 글말체나 번역체로서 입말과 거리가 있을 뿐 외국어는 아닐 것이다. 그렇지만 한문은 우리에겐 결코 우리말이 되지 않는다. 한문이 동아시아 공동유산이란 생각은 착각일 뿐이다.

　유교를 숭상했던 만큼 조선왕조가 배불정책과 사대주의에 철저할 수밖에 없었다. 우리는 앞으로도 매서운 중화바람을 견뎌야 할 것이다. 이제 베트남에게도 일본에게도 이 중화주의 바람은 지난날의 일이 된 것 같은데 우리에게는 그냥 지나간 일이 되지 않는다. 중국의 고구려사 빼앗기는 중화사상이 그대로 중국을 움직이고 있음을 보여 준다. 따라서 중국고전의 중화사상을 해체하는 일은 앞으로 우리 겨레가 새로운 삶의 방식을 찾아가는 첫 걸음이 되리라 본다.

　중화사상을 비판함이 곧 '근대 학문의 편견'에서 오지도 않는다. 멸시받아 온 겨레역사와 문화를 변호하려 함이다. 중세문명권이란 겉보기의 공통성에 이끌리어 중화사상이 '보편성'을 갖는다고 여겨서는 안 된다. 여러 중세문명권 사이의 중요한 차이를 보아야 하고, 과거를 과거대로 보자는 좁은 실증주의적 관점에서 벗어나야 한다.

　역사는 그냥 과거의 유물이나 일어났던 일의 기록이 아니다. 현재라는 눈으로 언제나 다시 쓰일 수 있다. 우리는 다가올 앞날을 내다보며 지금 이곳에서 해야 할 일에 따라 겨레의 지난 삶에 새롭게 의미를 주고 재구성할 수 있다. 사대주의를 주체성의 관점에서 비판함은 패배와 좌절을 앞으로도 되풀이해서는 안 된다는 뼈아픈 깨달음에서 나왔다. 이 일을 해낼 수 있는 힘을 우리는 벌써부터 넉넉히 갖추고 있다. 진흙 같은 지난날 속에 눈부시게 반짝이는 구슬이 묻혀 있었기 때문이다. 한글은 우리 스스로가 던져버린 겨레문화의 값진 보석이었다.

　방언과 국제어라는 이분법 속에 깃든 사대주의를 뿌리부터 흔들고 무너뜨리는 일이야말로 우리말글의 새로운 앞날을 여는 첫걸음이 될 것이다.

(『한글 새소식』 제379호, 2004. 3)

4. 우상 깨부수기, 한문고전의 경우

"나는 이른바 실학자들의 생각과 학문, 문학 속에 '민족'이란 요소가 있음
을 부인하지 않는다. 하지만 그들을 일괄하여 민족 그리고 나아가 근대란
코드로 읽어내려는 것은 강박증이 아닌가 한다."

『교수신문』 지난 호(05. 11. 28)에 실린 강명관(부산대 한문학과) 님
의 글 「박제가의 반민족주의」에 나타난 이런 생각은 온당해 보인다.

"우리나라는 땅이 중국과 가깝고 음성도 대략 중국과 같다. 그러니 온 나
라 사람이 본래 말(한국어)을 깡그리 버린다 해도 안 될 것이 없다. 그렇
게 한 뒤라야 오랑캐라는 한 글자[夷]로 불리는 수치를 면할 수 있고, 수
천 리 우리나라 땅이 절로 주(周), 한(漢), 당(唐), 송(宋)의 풍기(風氣)를
갖게 될 것이니, 어찌 통쾌한 일이 아니겠는가."

우리말을 버려야 오랑캐라는 부끄러움을 면할 수 있다는 박제가의
주장은 전통적 중화의식에서 한 치도 벗어나지 못하고 있다. 말이 다
름은 그리스와 마찬가지로 중국에서도 오랑캐라는 주요한 증거였다.
'음성도 대략 중국과 같다'는 말은 한자를 읽는 소리가 중국과 거의
비슷하다는 말일 뿐이고, 계통이나 말본이 너무나 다른 우리말과 중
국어의 차이를 그는 생각조차 할 수 없었다. 중국과 같아져야 오랑캐
를 면할 수 있다는 전형적인 유교적 세계관은 삼국시대나 고려 때부
터 흔히 나타난다.

이 점에서 박제가는 최익현이나 유인석과 전혀 다른 바가 없다. 나
라의 말이 중국과 다르다는 15세기 세종의 말글의식에서 퇴행하고 있
다. 최만리보다 더한 사대모화의 표현이다. 모국어를 버리고 중국어

를 배워야 한다고 역설하고 있는 박제가는 김정희처럼 중국문화에 대한 취향이 두드러졌던 사람이다.

그런데 다른 여러 부분들에서는 고개를 갸우뚱할 수밖에 없었다. 겨레의 문화와 역사에 대한 실학자 세 사람(박제가, 이덕무, 유득공) 사이의 차이를 '극과 극을 달리는' 것으로 볼 수 있는가라는 점이다.

박제가는 전형적인 화이론에 따라 모두 중국식으로 바꾸자는 것이고, 이런 생각을 비판한 이덕무는 말과 옷, 고유풍속은 그대로 두되 생각과 판단은 중국고전에 기대자는 것이다. 그런데 문제는 이 중국 사람이 만든 경전이 본질적으로 중국중심주의를 담고 있다는 데 있다. 인과 덕과 같은 일반적이고 추상적인 덕목에서부터 풍속에 이르기까지 중국 중심적인 생각이 유교경전에 적지 않아 문제다.

이덕무의 생각은 논리적으로 일관성이 떨어진다. 지성으로 사대한다면서 중국과 다른 글자를 만드는 세종과 비슷한 처지다. 사대에 어긋난다는 최만리의 공세에 세종은 답변을 할 수 없었다. 발해를 우리 역사에 포함한 것만으로 유득공을 민족주의라고 해야 할까. 국문 문학옹호론을 편 김만중이나, 조선 시 옹호론을 편 정약용을 민족주의자로 볼 수 없다면 발해사를 우리 역사에 편입했다는 이유로 유득공을 민족주의자로 볼 수는 없을 듯하다. 다만 답답한 정도의 전형적인 주자학의 중화주의에서는 벗어나 있다. 이들 사이의 차이는 민족주의와 반민족주의의 차이라 보기보다는 유학이 갖는 강력한 중화주의를 교조적으로 따를 것이냐, 유연하게 볼 것인가의 차이다. 발해사를 우리 역사의 일부로 본 유득공은 '에누리 없는 민족주의자'가 아니다.

다음으로 박지원이 든 『천자문』에 대한 반감도 고전적 중화주의에서 벗어나는 좋은 보기다. '하늘과 땅은 검고 누르며'에도 짙은 중화주의가 배어난다. 검은 하늘이란 관념은 중국적 하늘의 형이상학적 뜻을 생각하지 않으면 이해할 수 없는 개념이며 우리의 지각과 어긋나는 말이다. 땅이 누렇다는 것도 화북지방의 황토 빛깔을 보지 않은 사람에게는 실감나는 말이 아니다. 『논어』와 『천자문』으로 구체화하는 유학은 우리를 끝없는 중화주의로 빠져들게 한다. 강명관 님은 이 말을 '天 자는 푸르지 않습니다'로 옮겨 개념화의 폭력적 동일성에 대한 저항으로 보는 것 같다.

그러나 다른 번역에서는 '하늘은 푸르기만 한데 '天'자는 푸르지 않다고 합니다'로 옮겼다.(김근, 『욕망하는 천자문』, 삼인, 30쪽) 추상적 사고에 약한 중국적 전통을 생각하면 뒤의 것이 더 올바른 풀이라 생각된다. 한국인이 쓴 한문으로 쓴 문학작품이 국문학에 속한다고 하였으나 이는 유지하기 어려운 주장이다. 그러나 이 말이 우리 조상이 쓴 한문학이 우리 문화나 역사와 무관하다는 뜻은 아니다. 조상들이 쓴 한문학이 우리 문학이냐 아니냐를 두고 시비가 있는 것도 따지고 보면 우리 역사의 특수성에서 비롯되었다.

학문과 교육이 우리말글을 무시하는 빌미가 된 것은 어제오늘의 일이 아니다. 학교 이름에 민족사관을 내세우며 영어로 교육하고 배우는 고등학교가 있다고 하며 '민족의 대학'이라면서 영어로 한국문학을 강의할 미국인을 뽑겠다고 자랑스럽게 발표하고 있다. 미국말로 강의하는 교수를 뽑는다는 게 일류 대학이라는 증거가 되고 있다. 60여 년을 넘기는 미군 점령의 결과로 나타난 뼈아픈 희극의 극치가 아니고 무엇인가. 우리말 버리자는 주장이 박제가나 이광수에 그친 것은 아니었다. "夷言, 鄕言, 方言"이라 여겨온 우리 '전통'에서는 문화어, 보편어는 언제나 우리말과 글이 아니었다. 천여 년을 넘게 고전중국어였고, 한때는 일본어였고 이제는 미국말이다.

박제가야말로 말과 글에 대한 우리 지식인의 통폐가 어떤지를 그대로 보여주는 산 표본이다. 우리 지성사에서 흔히 볼 수 있었고 앞으로도 오랫동안 보게 될 우리의 슬픈 모습이다. 우리말을 오랑캐말로 여기던 태도는 자본 쪽에서 줄기차게 제기하는 미국말 공용화나 미국말 강의를 늘리는 것이 앞서가는 대학의 상징처럼 되고 있는 오늘날에도 엄연한 현실이 되고 있다. 이제는 관료마저도 제주도와 부산에서 미국말에 빠뜨리는 교육을 하겠다고 나서고 있다. 우리말과 글을 보는 이런 폭력적 태도는 낡은 것이다.

강 님의 주장처럼 민족주의는 제 나라 말 지키기에 열중한다. 민족주의를 마치 온갖 거짓의 대이름씨처럼 여기는 사람이 점점 늘고 있다. 제 나라 말 지키자는 주장도 허구적이고 의심스러운 민족주의로 보는 사람이 많은 것 같다. 우리말과 글의 순수성에 '지나치게 집착하는 운동'이라 보일 수도 있다. 그러나 오늘날 번져가는 미국말 숭배는 외국 것 받들기에서 권위를 찾으면서 민중에 군림해온 우리 지식인의 낡은 버릇을 되풀일 뿐이다. 우리말글에 대한 존중과 사랑은 '의심스러운' 민족주의에서 오기보다 우리 지식인의 삶의 방식에 대한 반성에서 나왔다고 보아야 한다.

지난날 중국고전 읽기에 온 지식인이 목을 맨 채 수천 년을 소비하였다. 그렇다고 중국인이나 일본인이 존중할만한 새로운 사상이나 연구를 내놓았다고 자신 있게 말할 지식인이 몇이나 될까? 몇몇 사람 빼면 거의 모두가 중화주의에 깊이 물들어 들여다볼수록 아픈 곳이 덧날까 두렵다. 가끔 사대, 모화와 거리가 있는 지식인이 있더라도 한글로 기록을 남긴 사람은 정말 드물었다.

우리말글 사랑이란 우리 역사에 비추어보면 근본적인 주장이다. 오랑캐 말을 학술어로 바꾸는 일이기 때문이다. 그러므로 중국고전을 읽을 때 비평정신은 우리가 아무런 비판 없이 자명하게 받아들여 온 '동쪽 오랑캐, 명나라의 동쪽 울타리'라는 우상을 깨부수는 일에 많은 시간을 돌려야 마땅하다. 우리가 오랑캐라 불리는 부끄러움을 면하는 게 아니라 우리를 오랑캐로 보는 중국고전의 허구를 밝힘이 과제다. 오랑캐를 벗어나려고 발버둥쳐서 작은 중화가 되는 것은 오랑캐로 남아 독자성을 갖기보다 더 비참하지 않은가. 중화주의의 허구를 보지 못할 때, 이제 막 움트는 우리말사랑운동도 '국어의 순수성에 지나치게 집착하는 운동'으로 보일 가능성이 크다.

스스로가 만든 우상에서 우리가 자유로워야 한다는 강 님의 주장에는 공감이 간다. 그렇지만 한문고전에서 우릴 짓누르는 가장 큰 우상이 무엇인가. 우리에게 덮씌운 오랑캐라는 굴레가 아닌가. 오랑캐의 말과 글은 학문과 교육에 걸림돌이 된다는 낡은 생각은 무의식적이긴 하나 아직도 도도한 흐름이다.

깨부수어야 할 우상은 한 번도 제대로 피지 못한 민족주의가 아니다. 코스모폴리탄적인 기독교제국에서 근대에 민족이 갈라져 나온 것에 비기면 한족 주도의 중화제국에서는 일찍부터, 비록 근대적인 형태는 아니지만, 민족이나 국가라는 의식이 있었다. 성급하게 외국 이론을 들여와 민족은 허구니 의심스럽다고 양심고백을 할 필요는 없을 것이다.

(『교수신문』, 2005. 12. 5)

5. 중화주의로서의 유학

―주자학과 조선개화파

유학의 중화주의에 대한 자각, 철학·문학 연구에 필수

성리학적 입장에서 조선개화파를 논의했다는 이상익(영산대학교 교수) 님의 글(「인권과 경제적 생활양식에 대한 '이견'」, 『교수신문』 제436호. 2007. 4. 30)을 보고 적잖이 놀랐다. 중화주의로서의 주자학을 비판 없이 받아들이고 새로운 삶의 방식인 양 말하고 있었지만 동의할 만한 주장은 거의 없었다.

먼저 간단한 사실부터 지적하자. 개화파가 1880년대를 기준으로 조선을 중국에 예속된 국가로 규정한 것이 잘못된 현실 파악인가라는 문제가 있다. 만국공법체계에 비추어본다면 중국의 중화체제는 더는 유지될 수 없었다. 사대의 성격이 시대에 따라 성격에서 많은 변이를 보이고 있으나, 자주성을 적지 않게 제약했던 것은 엄연한 사실이다. 특히 조선과 명·청의 관계는 중국고전에 따른 교과서적인 사대책봉을 넘어선 경우도 있어서 자주성이 적지 않게 손상되었다.

다음으로 '개항 당시에는 개화파는 제국주의의 대열에 동참하자는 이상을 내걸었었다'는 주장은 개화파의 일반적인 주장이라 보기 어렵다. 개화파가 현실투항적 실력양성론으로 흘렀다는 주장은 크게 보아 틀리지는 않았다. 그렇지만 이것이 위정척사파의 노선이 옳았다는 것을 뜻하지 않는다. 중화주의적 교양을 가진 압도적 다수에 대한 절망이 개화파의 조급증을 낳고 일본에 의존하게 한 측면도 크다고 볼 수 있다.

만국공법의 국제질서는 평등했나

중요한 쟁점은 중화체제를 어떻게 볼 것인가이다. '개화파는 근대적 공법질서에 대한 이해도 부족했고, 전통적 예(禮)의 질서에 대한 이해도 미흡했다’는 주장이 문제다.

만국공법을 국가들 사이의 평등한 국제질서라 하나 실상은 약육강식의 국제질서를 보지 못한 것이 그 ‘부족한 이해’의 실질적 내용을 가리키는 듯하다. 법률상의 평등한 국제관계는 어디까지나 원론적이고 이념적 규정임을 개화파가 몰랐다고 생각할 이유는 없다. 유교적 교양 속에 자라난 그들이 예로 포장된 국제질서를 몰랐다고 생각할 이유도 없다. 의존과 종속을 자연스런 것이라 아무리 속삭여도 그 본질을 감출 수는 없었다. 완전한 자주독립국가를 이룩해야 한다는 과제는 아직도 우리에게 커다란 숙제로 남아 있다. 오늘날 우리가 겪는 분단도 중화체제로부터 탈출할 때(1876, 1894), 외세에 힘입은 바 크다는 것과 무관하지 않다.

개화파는 독립이라는 과제를 자각하는 데서 단연 돋보였다. 사대와 자소는 고대중국의 특정시기에 중국 국내에서 성립되던 여러 나라 사이의 관계가 다른 민족과의 관계에도 확대된 것이었다. 이런 관계를 동아시아 전체로 확대하고 이를 자연적인 질서라 세뇌해온 중국고전의 이데올로기를 해체하는 큰 숙제가 남아 있다. 강화도조약의 제1조는 ‘조선은 자주국가로서 일본과 평등한 권리를 보유한다’로 되어 있다. 이는 사대질서로부터의 이탈을 뜻한다. 일본이 중국의 개입을 막으려는 의도에서 넣은 조항이지만 긍정적인 면이 적지 않다.

전체적으로 보아 번속국에서 자주독립국으로의 탈출이 쉽지 않았다. 해양세력이 쉽게 접근할 수 있었던 조선과 베트남은 중국과 문화적 동질성이 크지만 중화체제에서 탈출할 수 있었다. 그러나 내륙의 티베트나 신장지역은 한족과 문화적으로 크게 다르지만 끝내 중국의 한 부분으로 남았다. 사대·자소의 관계도 힘의 불균형을 전제하며 언제든지 약육강식으로 돌변할 수 있었다. 이상익 교수는 예에 기반을 둔 사대질서를 의리를 존중하는 평화로운 국제질서의 모델로 보았으나 이는 소박한 생각이다. 조선과 청의 경우, 1636년에 힘의 우열을 확인한 후 정치적 사대가 성립하였다가 북학파에 이르러 문화적 우열 관계마저 현실적으로 인정하자는 쪽으로 기울어졌다. 동아시아에서도 중국이 이웃나라를 침략할 때에는 언제나 예나 의리와 같은 명분을 앞세웠다.

오늘날에도 인권이나 민주주의가 미국의 패권 관철을 위해 동원되는 경우가 더 많다. 만국공법으로 포장하든 예나 의리의 질서로 포장하든 힘의 논리가 지배하는 국제정치의 현실은 큰 차이가 없다. 위정척사파가 중화주의적 세계상의 보편성을 맹목적으로 믿고 있는 한 만국공법체제가 중화체제와 어떻게 다른지를 생각할 수 없었다. 위정척사파는 중화사상의 지역적·인종적인 편협성을 물려받았고, 이를 기반으로 서구문물을 단순히 오랑캐 문물이라 보았다. 시대착오라는 지적도 새삼스럽다.

인권과 인륜은 한편으로는 배치되기도 하지만 궁극적으로는 지향해야 할 가치라는 데는 동의할 수 있다. 그러나 우리는 이러한 가치가 우리가 마땅히 추구해야 할 여러 다른 가치들과 어떻게 조화를 이룰 수 있는가를 살펴야 한다. 자유와 평등이 충돌할 수 있는 것처럼, 인권과 자유가 충돌할 수도 있다. 인륜하면 떠오르는 효라는 덕목은 다른 가치와 충돌하지 않고 원자화된 현대사회를 치유할 대안이 될까?

전통 성리학은 인간의 욕구충족 구조와 자연의 순환적 재생산구조를 일치시키려 한 것인바 이는 오늘날 더욱 절실한 과제일 것이라는 데도 우리는 쉽게 동의할 수 있다. 그런데 그것이 자연착취가 부른 환경오염에 좋은 대안이 될 것인가?

성리학이 자연의 질서를 본받는 사회질서를 말하고 있지만 이는 동아시아 전통사상이 크게 보아 전부 이 범주에 속한다고 할 수 있다. 유럽전통에서도 그런 전통은 쉽게 찾을 수 있다. 우리에게 모자라는 것은 그런 형이상학이 아니다.

'예'는 허구에 불과해

정통주자학의 눈으로는 서양은 오랑캐였고, 서양인의 눈으로 보면 전통적인 조선은 개화된 문명국이 아니었다. 온갖 구습이 온존하여 외부의 충격이 없이는 깨어날 수 없는 나라였다.

중화·오랑캐, 문명·야만의 구분은 그 자체가 폭력적인 이분법적 도식으로 침략을 정당화하는 명분으로 작동하며 이는 동아시아나 유럽이나 큰 차이가 없다. 만국공법을 내세우나 약육강식의 질서가 지배하는 체제와 사대를 예로 미화했던 중화주의의 천하체제는 힘에 기반하고 있다는 점에서 같다. 문명, 예, 인권, 보편성 등 이런 추상적인 개념들은 현실의 이해관계를 분칠하는 허구에 지나지 않을 때가 많다. 유학의 이런 중화주의는 결코 우연적인 특성이 아니다. 존왕양이라는 시대의 과제에 대한 응답으로서 나온 유학의 주요 관심은 중국의 정치적 통일이다. 아울러 그런 통일된 나라를 운영하는 기본원칙이요, 밑그림이기도 했다. 특히 『주례』는 통일된 나라의 관료기구표까지 제시하고 있다. 유학은 존왕양이란 정치적 과제에 이념적·문화적 색채를 덧칠해 놓은 것이다. 중국사를 보면 유학은 통일을 이루는 데는 무력하였으나 통일된 나라를 운영하는 데는 그 효용성이 입증되었다. 중국이 혼란하던 시기에 방어적 성격이 강했던 존왕양이의 이념은 통일된 뒤 중국에 평화가 찾아오면서 몹시 공격적이고 팽창주의적인 성격을 띠게 된다. 한 무제와 당 태종의 조선 침략은 바로 이런 구조의 산물이다. 팍스 시니카(pax sinica)의 값은 언제나 중국 주변의 여러 나라들이 치렀다. 겨우 멸망을 면한 나라들은 사대, 모화, 조공 등의 대가를 치러야 했다. 중화체제에서 우리말은 '방언'이 되는데, 이는 『춘추』 「공양전」의 천하대일통을 전제한 표현이다.

『사기』도 이러한 천하관을 전제한다. 이 천하관 속에서는 겨레의 고유문화는 중국에 동화되어야 할 '오랑캐 풍속'으로 된다. 대동아공영권의 논리가 허구라면 그 뿌리가 되는 중화사상은 더욱 문제가 많다. 대동아공영권의 논리는 중화사상의 근대 일본판이다. 무엇보다도 이렇게 오랫동안 중국 중심의 천하질서가 유지될 수 있었는지 그 원인에 대한 치밀한 분석이 이루어져야 한다.

엇비슷한 크기와 힘을 가진 여러 나라로 나누어진 유럽과 달리 동아시아에서는 힘의 우위를 가진 중국이 있었다는 점에서 중화체제는 좀 더 '안정적'이었다. 또한 이런 중화체제를 유지하는 한 기둥으로서 한자와 한문의 역할에 대해 많은 관심을 가질 필요가 있다. 동아시아에서 오랫동안 '문자'는 곧 한자를 의미했다. 이는 문화는 오직 한족만이 갖는다고 생각하게 만들 정도로 한족 우위를 상징하는 듯이 보였다.

유학의 중화주의적 성격에 대한 자각은 전통 철학과 문화의 연구에 새 하늘과 새 땅으로 우리를 이끄는 새로운 빛이 될 것이다.

(『교수신문』, 2007. 5. 21)

6. 중국 홀이름씨 한글로 적기, 어떻게 할 것인가

이 글은 『말과 글』 제112호(2007년, 가을)에 실린 「잘못된 외래어 표기법 고쳐야 한다」(글쓴이: 김창진 초당대학교 교수)에 대한 반박이다. 중국의 땅 이름과 사람 이름을 원음 중심으로 적지 말고 우리식 한자음으로 적자는 주장을 펴고 있다. 또 이런 주장을 소개하는 신문도 있다.(『조선일보』 10. 23, 11. 9) 한자를 우리식으로 읽던 관례를 깨고 중국어 발음대로 적기 시작한 것은 좀처럼 변화하지 않는 언어 습관에 비추어 조금은 예외적인 경우이기도 하다. 중국과 수교 이전에는 대부분의 도서나 매체에서 "北京"을 "북경"으로, "鄧小平"을 "등소평"으로 표기했었다. 이 문제를 푸는 데 중요하게 생각해야 할 사실이 바로 홀이름씨가 무엇인가라는 점이고, 말과 글자의 관계다. 먼저 홀이름씨가 무엇인가를 보아야 한다. 현대의 언어사전에는 홀이름씨는 올리지 않는다. 우리나라의 여러 사전에는 이 원칙을 지키지 않은 게 많은데, 특히 『국어대사전』(이희승, 민중서관)이 그렇다. 홀이름씨는 외국어로 번역하지도 않는다. 우리는 이 단순한 사실의 의미를 성찰해보아야 한다. 이것은 구조주의로부터 비롯한 정통언어학에서 홀이름씨가 내적 언어학을 추구하는 데에 걸림돌이었기 때문이다. 홀이름씨는 말하자면 내적 언어학의 바깥, 즉 지시대상과 역사세계를 끌어들이는 통로가 된다. 언어를 의미나 지시대상과 분리시키고 차이의 체계로 보는 소쉬르 이후의 언어학에서 홀이름씨를 제외해버릴 수밖에 없는 이유가 여기에 있다. "北京"을 "북경"으로 옮기는 것이 옳다고 여기는 생각은 한자 쓰기를 전제하고 있다. 바로 이 전제가 문제다.

이제 한글전용이 큰 흐름이 된 지금 중국의 홀이름씨에 한자 사용을 전제하는 적기법은 옳지 않다. 우리는 이 문제에서 새로운 전통을 세워가고 있다. 한자나 로마자나 외국문자이기는 마찬가지다. 한자를 쓴다는 것 자체가 비주체적인 일이다. 이런 사실에 대한 자각이 없으면 "베이징"으로 쓰면 비주체적으로 보일 것이다. "金大中"을 중국인들이 "진따중"으로 읽듯이 일본인들은 "긴다이추"로 읽을 수 있다. 그러나 "김대중"은 중국에서든 일본에서든 "金大中"이 되어야 한다. 우리 주체성을 살리기 위해서는 한자로 이름을 짓거나 쓰는 버릇 그 자체를 비판적으로 볼 필요가 있다. "潘基文"을 중국인들이 중국식으로 발음하는 것은 우리가 나무랄 것은 없다. 일본인은 그들의 글자로 한국 홀이름씨를 우리말 소리에 가깝게 표현하려고 애쓰고 있다. 조선을 망국으로 이끌었던 오랜 한문숭배의 깊은 늪으로부터 하루빨리 빠져나와야 한다.

말과 글자의 관계에 비추어볼 때, 음성언어가 시간적으로 앞서 생겨났다. 쓰임의 잦기와 광범위함이란 측면에서도 음성언어가 앞선다. 글말은 딸린 것이다. 데리다의 음성중심주의 비판은 이런 사실 자체를 부정하는 것으로 읽혀서는 안 된다. 김창진 님이 지적하였듯이 널리 알려진 유명한 홀이름씨는 세계 어느 나라나 현지원음을 따르는 경향이 있다. 그리고 이런 경향은 말과 글의 관계에 비추어보면 자연스러운 과정이고 앞으로 더욱 빠르게 번져갈 듯하다. 홀이름씨는 고전적 언어학의 개념에 따르면, 언어(랑그)의 부분이 아니므로 언어 사이를 건너갈 때 뒤치지 않고 그냥 소리로 적는 게 일반적 원칙이다. 이런 관점에서 보면 "베이징"은 외국어도 외래어도 아니다. 그냥 중국의 홀이름씨다. 물론 "북경"에 익숙한 사람에게 "베이징"은 낯설다. 최근 중국의 권력개편과정에서 시진핑 상하이시 당서기가 널리 알려졌다. "시진핑"을 한자로는 "習近平"으로 적는다. 앞으로 "습근평"으로도 기억하는 사람은 몇몇 전문가에 지나지 않을 것이다. 이런 데서 보듯 외국 사람이나 땅 이름을 처음부터 한자를 배제하고 소리 중심으로 적으면 된다. 언어의 으뜸 존재형식은 음성이다. 활자시대가 오든 전자시대가 오든 이는 변하지 않는다. "베이징"을 외면하고 "北京"을 끼워 놓고 이를 다시 "북경"으로 읽자는 주장은 줏대 없는 생각이다. 언어를 입말보다 한자 중심으로 보는 관점에 갇힌 사람들의 생각이다.

한동안 한자혼용론의 주요 이유로 한자의 조어력을 들고 나온 적이 있었다. 이 말도 엄격히 따지면 말과 글자의 범주를 혼동하고 있다. 이런 조어법은 우리말 어휘체계를 교란하여 본디 여러 소리마디 언어인 우리말의 모습을 크게 훼손하였다. 신문기사의 표제에서 자주 볼 수 있는 다음과 유형의 표현을 보자.

"油價 뛰자 乳價도 뛴다"
"劍을 쥔 檢"

위와 같은 한자를 이용한 말 만들기는 어떻게 보면 국어를 풍요롭게 만드는 방법으로 볼 수도 있다. 그러나 이런 표현은 입말로서는 있을 수 없고 한자를 통해서 전달되어야만 이해되는 글이다.(한자음의 장단을 잘 알고 늘 잘 구별할 수 있다면 문제가 없겠지만 이는 독자에게 무리한 요구이다) 신문마다 이런 표현을 자주 쓴다는 것은 우리의 말글의식 자체가 한자 중심으로 굳어 있음을 보여준다. "먹거리"와 같은 새말에 대해 아우성치는 학계도 이런 표현에 대해서는 거센 논란을 일으키지는 않았다. 그런데 문제는 바로 이런 말글의식이다. 입말로는 있을 수 없고 오로지 글자, 그것도 한자에 기대는 방식으로 존재하는 언어를, 대중매체에서 허용해야 할 이유는 없다.

어떤 사람은 한자로 적힌 홀이름씨가 가진 의미를 소중하게 생각하기도 한다.

> "예컨대 '北京'을 비한자문화권 국가에서는 중국인들이 사용하는 일종의 발음기호인 '한어병음'을 그대로 사용하여 'Beijing'이라고 표기한다. 이럴 경우 다른 지명과 충분히 구분할 수는 있지만 그 지명이 갖고 있는 문화적 함의는 인식할 수 없다. 이에 비해 우리는 '北京'을 '북경'으로 읽으면서 이 지명의 발음뿐만 아니라 '북방의 도성'이라는 의미도 함께 알 수 있다. 그렇다면 우리는 한자문화권에 속한 덕분에 비한자문화권 국가의 사람들보다 인명과 지명에 있어서만큼은 중국을 더 깊이 이해할 수 있는 남다른 장치를 갖추고 있는 셈이다."(김태성, 「중국 인명 및 지명 표기의 문제점」, 한글문화연대 주최, 바람직한 외래어 정책을 위한 학술토론회 2007. 11. 2)

이것은 홀이름씨가 무엇인지를 이해하지 못한 소박한 생각의 산물이다. 이런 식의 생각이라면 대전(大田)에 큰 밭이 없고 빌딩만 늘어서 있다면 대전이 아닐 것이다. "漢城"은 중국 한족의 도시라는 '문화적 함의'를 갖는가? 이런 까닭에 크립키는 홀이름씨를 엄밀한 지시자(rigid designator)라고 불렀다. 본디 홀이름씨에는 고정되고 불변하는 의미는 없다는 것이 오늘날의 공통된 논의다. 이순신이 일본군에 지더라도 이순신이 이순신임에는 아무런 변화도 없다. "산시, 허베이, 신장"처럼 한글로만 적으니 무슨 뜻인지 모르겠다는 말(김창진, 『말과 글』 제112호, 63쪽)은 홀이름씨가 다른 어휘처럼 의미를 갖고 있다는 생각을 전제한다. 홀이름씨마다 이렇게 의미를 주기 쉬운 것은 한자를 쓰는 중국인들의 특이한 태도이기는 하다. 이런 생각에는 대상과 이름을 연결시키고 분리하지 않는 태도가 우세하다. 그러나 홀이름씨에 대한 일반적 논의는 이런 전제가 근거 없음을 보여준다.

중국의 홀이름씨를 한글로 적는 데 독자들의 편의와 이해 가능성을 고려하여 적어야 한다는 원칙은 옳다. 그러나 그 독자가 언제나 한자를 쉽게 이해하고 편하게 여기진 않는다. "孫文"을 알고 "손문"이라 적어야 하는 것이 아니라 처음부터 그냥 "쑨원"만을 알면 된다. 한자에 익숙한 사람에게 이는 괴로운 일이겠으나 자라나는 세대는 전혀 그렇지 않다. 한글전용이 일반화됨에 따라 한자에 대한 이해를 전제한 중국의 인명과 지명 표기는 이제 당연히 현지음을 우리 소리체계에 맞게 적는 쪽으로 바뀌어야 한다. 이것이 전 세계의 공통된 상식이다. 중국은 이제 수많은 외국 가운데 한 나라에 그쳐야 하며 특별한 외국이어서는 안 된다.

우리 역사에서 끊임없이 진행된 한화정책의 폐해는 무척 크다. 신라 경덕왕 때부터 땅 이름을 중국식으로 고쳐 우리 고유의 전통이 점차 사라져갔다. 일본과 달리 토박이말 땅 이름이 거의 사라져버렸다. 사람 이름은 중국식이었다. 한문을 중국어로 알지 못하고 한자를 우리 글자라고 우기는 사람이 있다는 것은 한문이 얼마나 우리 문화에 깊이 침투하고 있는가를 단적으로 말해준다고 보겠다. 한문숭상의 폐해는 한문의 실질적 내용인 유학숭상의 폐해와 떠나서 논의될 수 없으며, 한자가 우리에게 망국의 문자였다는 주장이 진지하게 논의되어야 한다. 한자 쓰기를 전제하면서도 중국의 홀이름씨를 한자를 빼고 현지음 중심으로 적어도, '전통을 파괴'하느니 '언어주권을 포기'(김창진, (『말과 글』 제112호, 65쪽)하는 것이 아니다. 한자 사용은 겨레의 주체성과 언어주권에 큰 상처를 입힌다. 요즘 어느 사립고등학교에서 미국말로 가르치고 배우며, 미국 대학에 진학하는 것을 자랑으로 여기면서도 학교 이름에 민족사관을 내세우고 있다. 한자 쓰기를 전제하면서도 언어주권을 말하는 것도 이처럼 우스운 일이다. 현지음 중심으로 적더라도 조선인 자치주 사람이 "연변"이라 한다면, "지린성 옌볜"을 버리고 "길림성 연변"으로 고치면 된다. 그러나 "헤이룽장성 하얼빈"은 "흑룡강성 합이빈"으로 적으면 안 된다. 참된 뜻으로 역사와 주체성이 무엇인지를 생각할 때이다.

물론 어디까지가 홀이름씨냐에 대한 논란이 있을 수 있다. 중국 화폐 '런민피(人民幣)'를 "인민폐"로 부르거나, "런민화"라고 불러도 된다. 이것은 홀이름씨의 전형적인 경우가 아니다. "天安門"은 건물이면서도 그 건물이 서 있는 곳 이름이기도 하므로 "톈안먼"이 좋지 않나 생각할 수도 있다. "게이단렌"보다는 "경단련"이, "니혼게이자이신문"보다는 "일본경제신문" 또는 "니혼경제신문"이 더 좋다고 생각된다. 일반적으로 곳 이름이 아닌 분명한 목적을 갖는 단체는 뜻 중심으로 옮기는 것이 좋으리라 생각된다. 이러한 경우가 홀이름씨를 현지음에 가깝게 적는다는 원칙을 모두 허물지는 않는다.

동아시아에서는 일찍부터 말보다는 글쓰기를 신뢰하는 단단한 전통이 있다. 과거제는 글쓰기 숭상의 제도적 완성이다. 『논어』에는 말 잘하는 것을 경계하고 눌변을 미덕으로 여겼다. 이른바 한자문화권에서 말글의식이 유럽의 음성중심주의 전통과 크게 다르다. 이것은 그리스부터 내려오는 전통으로 루소, 헤겔, 소쉬르 등에서도 발견된다. 『장자』 「천도편」에서 '책은 옛사람의 찌꺼기일 뿐'이라는 주장에서는 이런 유럽적인 음성중심주의가 보이기도 한다. '글은 말을 다할 수 없고 말은 뜻을 다할 수 없다'는 『주역』「계사전」의 월에서도 데리다가 비판하는 현전의 형이상학을 찾아낼 수는 있다. 하지만 그런 전통은 주류가 되지는 못하였다.

그것은 한자가 소리와 관계없이 읽힐 수 있는 글자라는 점에서도 이해가 된다. 한자는 벙어리도 쓸 수 있다고 라이프니츠가 예찬한 바 있다. 한자혼용론이 들고 나왔던 '한자의 풍부한 조어력'이란 표현에서도 음성중심주의와 반대되는 또 다른 편향인 한자 중심의 말글의식이 두드러진다. 실제로 이런 말글의식은 여러 소리마디 언어인 우리말의 자연스런 성장을 크게 훼손하였다. 같은 소리면서 딴 뜻을 가진 말이 많아졌다. 입말로는 뜻 구별이 안 되기 때문에 중국글자인 한자에 기대지 않으면 의미전달이 되지 않는 어휘가 많이 생겨났다.

주시경은 「한나라말」에서 글은 말을 담는 그릇이자 말을 닦는 기계라고 하였다. 주시경이 이 말의 뜻을 정확하게 설명하지는 않았지만, 말에 대한 글의 반작용이 강조되고 있다. 글자가 말의 단순한 파생물이거나 재생하는 매체에 그치지 않음을 강조하고 있다. 말과 글의 엄격한 위계질서를 해체하려는 데리다의 사상과 공통된다. 우리말을 중국글자라는 그릇에 담아서는 안 되는 이유도 중국글자가 우리말에 반작용하는 이런 성격 때문이다. 중국 홀이름씨를 우리식 한자음으로 적자는 주장은 한자 중심의 말글의식을 당연하게 여기고 있다. 이 문제는 오랫동안 논란이 되어왔고 이런 주장에 대한 논박도 오래전에 나왔다.

(『말과 글』 제113호, 2007. 겨울)

둘째 조각 끈질긴 경성제대의 유산 – 서울대학교, 학술원, 국립국어연구원과 싸우기

1. 고구려어와 신라어 분리, 식민사관의 되풀이[6)
– 이기문 교수의 「국어계통론」을 논박함

고구려어와 신라어 분리, 식민사관의 되풀이

세 나라 시기에 우리말은 어떤 모습을 하고 있었을까. 안타깝게도 이에 대한 기록이 많이 남아 있지 않다. 일찍이 일본 식민사학자들은 우리말이 남북(한계와 부여계)으로 갈라져 서로 달랐고, 따라서 고구려와 신라의 언어도 서로 달랐다는 주장을 내세웠다.(쯔보이 구마조) 말하자면 김춘추가 연개소문을 만났을 때, 통역이 필요했을 것이라고 보는 것이다. 이는 고구려를 백제·신라와 분리하여 고구려는 백제·신라와 다른 겨레라고 하여 고구려를 우리 역사에서 빼버리려는 음모였다. 더구나 오늘의 남북분단 상황을 생각할 때, 이러한 주장이 예사롭

---

6) 이 글은 **93년 학술원상 수상자 서울대 이기문 교수에 대한 반박문이다.**(관련기사 『교수신문』 1993. 8. 15, 『뉴스메이커』 1993. 10. 14) 이미 밝힌 바와 같이 여기 나타난 내용은 대부분 월북 국어학자 김수경의 『세 나라 시기 언어 력사에 관한 남조선 학계의 견해에 대한 비판적 고찰』(평양출판사, 1989)에 따랐다.(보탠 글)

게 들리지 않는다.

정작 놀라운 일은 일본학자들의 이런 주장이 아니다. '권위 있는' 국어학자들이 이런 식민사학자들의 말을 되풀이하는 일이다. 이기문 교수의 다음과 같은 말이 그 대표적인 것이다.

> "우리말은 고대에 부여계와 한계로 갈라져 있었다. 백제의 언어는 지배족의 언어와 피지배족의 언어로 구성되었다. 고구려어의 수사가 일본어의 수사와 일치한다. 신라어는 현대 우리말의 직접적인 조상이다."

이런 주장은 사실 이기문 교수의 독창적인 주장이 아니라 고노 로꾸로의 것이다. 더 나아가 이기문 교수는 고대국어란 '신라어만을 가리킨다'는 주장을 편다.

> "고구려어는 알타이제어와 조선어 및 일본어를 연결하는 고리다. 고구려어는 고대일본어와 친족관계에 있었다. 가야지방에서는 신라말과 다른 부여계(고구려)언어가 쓰였고 이 언어가 큐슈로 건너갔다. 고구려어는 신라의 삼국통일로 낱말 몇 개만 남기고 아주 사라졌으며 통일적인 배달말은 신라의 삼국통일과 함께 이루어졌다."(이기문, 『국어사 개설』, 『한국어 형성사』 참조)

그러나 이 모든 주장이 그럴 듯하다는 증거는 어디에도 없다. 우리는 이미 나와 있는 여러 사람의 논의를 토대로 이기문 교수의 주장에 대한 반론을 다음과 같이 간추릴 수 있을 것이다.

삼국시대의 여러 언어 자료는 고구려어와 고대 일본어가 친족관계에 있음을 보여주는 것이 아니라 신라말과 큰 차이가 없는 한 언어임을 보여준다. 고구려말과 신라말의 차이가 방언 차이가 아니라 언어

차이임을 보여주려면 말본과 어휘, 소리에서 서로 다름을 논증해야
한다. 그러나 이기문 교수가 한 작업은 언어에서 가장 쉽게 변하는 어
휘에서 세 나라가 차이가 난다는 것뿐이다. 처음부터 논증다운 논증
을 하지 못했다. 이기문 교수가 『삼국사기』와 『삼국유사』에서 뽑아낸
자료에 대한 해석이 모두 옳다고 하더라도 신라말과 백제말, 고구려
말이 중세국어가 되는 비율에 큰 차이가 없으며 이는 도리어 세 나라
가 한 언어를 쓰고 있다는 증거가 된다. 문자 이외의 여러 유물(비석
등)로 보아도 세 나라의 말은 서로 외국어가 아님을 알 수 있다. 어떤
자료를 끌어오더라도 이기문 교수가 바라는 결론을 끌어낼 수 없다.
말소리와 말본에서도 외국어가 아님을 알기에 넉넉하다. 낱말 세 개
로 가야말이 부여계라는 주장마저 하고 있는데, 이는 경솔한 주장이
다. 언어가 무엇인가라는 기본적인 반성도 없이 언어가 같으니 다르
니 주장할 뿐이다. 또 이두만 해도 이기문 교수의 주장대로 신라인의
독자적인 노력이 컸던 것이 아니라 고구려에서 생겨나 백제와 신라로
전래되었음이 증명되고 있다. 우리말의 역사에 대한 이런 무책임한
주장들이 나오는 그 근본 이유는 일본학자의 인식에서 벗어나지 못했
기 때문이다. 북한과 일본에서 수십 년 전부터 매서운 비판이 일어나
는 것도 이런 맥락에서 이해된다. 백 걸음을 물러나 이런 비판을 굳이
끌어오지 않더라도 이기문 교수를 곤란하게 만든 고구려어의 위치에
대한 주장은 국내에서조차 지지를 받고 있지 못하다. 김방한, 최학근
교수는 이기문 교수의 주장을 부정하고 있으며 심지어 이숭녕 교수도
생각이 다르다. 우리말의 계통을 알타이어족이라 보는 학설이 근거
없는 것이라는 주장이 점점 힘을 얻어가는 요즈음 사라져버린 고구려
말이 우리말과 일본어를 연결하는 고리였다는 주장까지 한다면 이를

믿는 사람은 그리 많지 않을 것이다. 옛 문헌에 세 나라의 통일 때에 언어문제가 어떻게 제기되고 어떻게 처리했다는 기록이 전혀 없는 것도 언어가 같기에 여기에 관심을 돌릴 이유도 없었기 때문이다. 이밖에 「역사와 모국어」(『오늘의 책』, 한길사, 1984)도 특히 문제가 많은 글이나 여기서는 하나하나 따질 수 없다.

그 다음으로 문제 삼지 않을 수 없는 것이 주시경 사상의 왜곡이다. 『주시경 학보』 2집(1988)에 발표된 「안 자산의 국어연구」(1988), 4집에 발표된 「독립신문과 한글문화」(1989)가 그 대표적인 글이다. 앞 논문은 주시경의 주장이 아무런 학술적 가치가 없는 것으로 전제하고 쓴 글이다. 주시경을 비판했던 안확에 대한 우리의 관심은 '박승빈 학파'에 대한 관심과 비슷한 것으로 단순한 과거사에 대한 기록으로 남아 있을 뿐이다. 그런데도 마치 그의 주장이 대단한 뜻이 있는 듯이 말하는 것은, 주시경의 주장은 민족주의에 사로잡혀 아무런 학술적 근거가 없다는 생각을 전제하지 않으면 이해하기 어렵다. 이를테면 한글만 쓰기, 토박이말로 학술용어 만들기, 형태주의 맞춤법 등에 관한 안확의 주시경 비판을 마치 학술적 근거가 있는 양 말하고 있다. 만약 안확의 비판이 온당한 것이라면 주시경은 볼품없는 학자일 뿐이다. 차라리 이제부터라도 주시경은 그다지 뛰어난 점이 없다고 말해야 하지 않겠는가. 여기서 자세한 사항은 논의할 수 없지만 뒤 논문에서도 잘못된 인식이 그대로 드러난다. 이기문 교수는 여기에서 『독립신문』의 한글만 쓰기를 주도한 사람은 서재필이라며 서재필과 주시경의 합작품이라는 국어학계의 통설을 뒤집는 '독창적' 주장을 내세웠다. 그러나 이는 사실의 파악과 역사를 보는 눈에서 모두 문제다. 이를테면 주시경에 유리한 증거는 빠뜨리고 우리말글에 대한 큰 관심을 보인

적도 없는 서재필은 '선구적 결단'이니 하면서 예찬하고 있다. 그러나 이런 것은 역사적 사실과 분명히 어긋난다. 글쓴이는 이 점을 오래 전에 지적하였다.

어떤 사람은 '당신의 주장이 옳더라도 어떤 학설을 주장하는 것은 자유 아니냐'고 반론할지 모르겠다. 그러나 그 학문의 자유가 겨레의 자주성을 짓밟을 자유가 되더라도 비판을 하지 말고 학술원상까지 주어야 하겠는가. 더구나 잘못된 주장을 펴는 사람일수록 말글정책에 더 큰 영향을 줄 수 있는 자리에 있기 때문에, 이는 우리가 무관심할 수 있는 현실이 아니다. 비판에 대해 학술적으로 자신의 견해를 제시하겠다고 말한 이 교수 자신이나 이 교수를 아끼는 학자가 있다면 이런 여러 비판에 대하여 반드시 성실하게 답변해 오리라 생각한다.

(『교수신문』, 1993. 9. 1)

2. 이희승의 시월 문화인물 시비
ㅡ이희승의 '과학적' 언어학에 대한 재평가[7]

왜곡된 이희승의 학풍

10월(1994)의 문화인물 이희승에 관한 논란이 아직도 끊이지 않고 있다. 이제는 잠잠해지나 했더니 『월간 조선』 12월호에서는 이 문제를 더욱 왜곡하였다. 회견한 사람의 주장은 제대로 전달해주지도 않은 채로 제목은 『월간 조선』이 바라는 대로 붙여 비판자들을 근거 없이 이희승을 헐뜯는 사람으로 만들었다. 그렇지 않아도 거대한 학맥 때문에 이희승에 대한 논의가 왜곡되어 있는데 이를 바로잡으려는 논

---

7) 그 당시 이 문제에 대한 언론보도로는 『한겨레21』(1994. 10.20) 참조.(보탠 글)

의마저『월간 조선』은 가로막아 참된 우리 학문과 교육을 위한 논의를 더욱 꼬이게 만들었다.

그는 과연 민족의식에서 한글 맞춤법 제정에 참여했는가. 그가 한글만 쓰기에 반대한 근거가 무엇일까? 왜 그는『국어대사전』에 "예스"와 "굿모닝"까지 올렸는가. 그가 함흥 감옥에서 고문을 받지 않았다는 주장은 사실인가. 그는 딸깍발이로 알려져 있는데 왜 이런 소리가 들리는가. 이희승의 글은 학생들이 배우는 교과서에도 나오므로 이제는 차분하게 이 문제를 다루어봐야 하겠다. 이제까지 이희승의 학풍에 대한 공정하고도 객관적인 논의가 없었다. 대부분 그의 제자들이 쓴 글이다. 보기를 들면『새국어 생활』(국어연구원, 1994. 가을호)과 같은 것이다. 대중들도 그를 인품이 훌륭한 서울대 교수, 우리말을 지키려다 옥고를 치른 선비로 기억하고 있다. 어떤 이는 그를 '겨레의 스승'이라 추켜세우기도 한다.(안병희,『중앙일보』, 89. 11. 29) 이런 눈으로 볼 때, 글쓴이의 논의는 치우친 주장으로 보일 수도 있다. 그렇다면 글쓴이에 대한 당당한 반론을 펴서 이희승에 대한 더욱 객관적이고도 공정한 논의가 이루어지기를 바란다.

우리가 흔히 생각하는 바와 반대로 이희승의 학풍은 주시경이나 조선어학회와 근본적으로 다르다. 문제의 초점은 경성제대의 학풍이 무엇인가인데, 그 특징은 실증주의다. 이 학풍은 주시경과 조선어학회의 전통과 뿌리 깊은 대립을 보이고 있다. 그들은 언어학에서 '과학적' 연구를 내세운다. 유럽에서 19세기에 주류를 이루었던 역사언어학을 들여온 것이다. 이런 학풍이 이희승에게는 '과학적' 국어학으로 나타난다. 이런 '과학적' 연구는 특별한 뜻으로 '민족적'인 국어학을 비과학적·애국적 학문으로 근거가 없다고 비판한다. 경성제대의 일본인 교수들이 그렇게 직접 가르쳤는지는 알 수 없으나 주시경의 중요한 주장인 한글만 쓰기, 말다듬기에 반대하는 이희승의 주장에는 이런 경성제대의 학풍이 분명하게 드러나고 있다. 이희승의 주요 업적으로 알려진 「한글 맞춤법 통일안」 제정 참여도 이러한 동기에서 이루어졌다.

'과학적' 국어학과 한자 섞어 쓰기 운동

이희승의 '과학적' 국어학은 먼저 한자폐지 반대로 나타난다. 이 주장을 한때 해보고 만 것이 아니다. 그의 「일본 국자 운동의 일별」(1932)은 일본의 한자제한론이 우리에게도 적용되는 것으로 이해하고 있음을 보여준다. 따라서 그가 「나의 어문관」(『어문 연구』 38호, 1983)에서 한자 섞어 쓰기를 주장하면서 '일본을 보라'고 하는 것은 뿌리가 깊은 주장이다. 그가 한자폐지에 반대하는 이유를 보자.

> "기분상으로는 우리의 이세 교육에 우리 국자인 한글만을 전용하는 것이 좋을 듯이 생각될는지 모르지만 이는 어디까지나 민족적 감정에서 유로(流露)되는 집념에 지나지 않을 것이요, 우리 민족의 문화창조 내지 문화생활의 역사적 과정과 현실적 상황을 통찰하고 또 국내적으로 대외적으로 문화활동과 문화교류를 가장 활발히 전개하기 위해서는 무엇보다도 언어학적 문자학적 원리와 법칙이 제시하는 방법에 따라 이에 순응하는 것이 문화 창조를 촉진하는 가장 효과적인 최선의 방책이라는 것을 명심하여야 할 것이다."(『어문 연구』 4호, 「권두언」, 1974)

여기에는 '언어학적·문자학적 원리와 법칙'을 강조하면서 한글로만 쓰기를 '민족적 감정에서 나온 것'이라 보고 '활발한 문화교류'를 위해 한자를 섞어 쓰자는 주장을 펴고 있다. 원리와 법칙을 강조하면서 가치판단과 감정을 배제하는 '실증주의'가 드러나고 있다. 이 점에서 이희승은 역사언어학의 과학 개념에 사로잡혀 있었다. 『지명 연구의 필요』(1932)에서도 역사언어학의 경향이 보인다. 그가 경성제대에서 배운 것이었다. 또 여기서 문화교류의 상대는 주로 일본이다. 조선어학회의 간사장을 지내고 단군숭모운동을 펼친 민족주의자의 모습은 어디에도 없다. 그가 말한 '언어학적·문자학적 법칙'도 어떤 실체가 따로 있지는 않다.

「나의 어문관」에서 그는, 한자가 배우기 어렵다는 주장과 한자 섞어 쓰기가 사대사상의 온상이 된다는 주장에 대해 다음과 같이 말하고 있다.

> "일정시대 사년제 보통학교에서 한자교육을 한 전력을 살펴보더라도 이것
> (한자 배우기가 어렵지 않음을 이름 − 보탠 글)은 주저 없이 증언할 수가 있다."
> "또 보라. 우리의 이웃나라인 일본은 저희들의 고유문자가 있음에도 불구
> 하고 한자를 가르쳐서 한자와 가나를 혼용하고 있으나 이로 인해 그들의
> 애국심이 손상되었다는 말을 누구한테도 들은 적이 없다."

한문은 일본사람에게는 일본어가 되지만 우리에게는 국어가 되지 못한다. 따라서 한자를 일본사람은 국제문자라 할 수 있다. 이런데도 그는 일본과 우리의 말글 현실이 같다고 착각하였다. 그는 말과 글의 관계에 대한 최소한의 상식도 갖고 있지 못했다. 가나와 한글을 서로 맞먹는 것이라 보는 관점도 문제다. 가장 체계적이고 과학적인 한글과 겨우 소리마디 글자인 가나를 같다고 보는 인식은 큰 문제다. 일본의 글자살이가 세계에서 가장 나쁜 편에 속한다. 가나에도 서로 다른 갈래의 글자가 있고, 한자를 섞어 쓰는데 한자를 읽는 방식도 통일되

어 있지 않다. 이런데도 말글살이에서 일본을 모범으로 삼는 것은 무턱댄 일본 추종의 표현이다. 왜 우리가 일본을 따라가야 하는가. 더구나 그 주장의 기본정신이 경성제대에서 일본인 교수에게서 배운 데 있음은 더 큰 문제다. 말과 글은 한 나라가 홀로 서는 특별한 빛임을 강조한 주시경과 엄청난 차이가 있다. '국어존중'을 말하면서도, 그는 한자 어휘 중심의 우리말을 이어가자는 주장을 굽히지 않았다.

이희승과 〈한글 맞춤법 통일안〉 - 그는 왜 맞춤법 통일안 제정에 참여했나

이희승이 '맞춤법 제정과 표준말 사정에 참여'했음은 잘 알려진 사실이다. 또 이것이 빌미가 되어 옥고를 치른 일도 널리 알려져 있다. 이 점이 국립국어연구원이 이희승을 10월의 문화인물로 추천할 수 있었던 가장 큰 이유이다. 이희승에 대한 수많은 허상이 생겨날 수 있는 밑바탕도 그가 옥고를 치른 사실에 있다. 또 대중이 이희승이 어떤 인물인가를 제대로 알지 못하게 가리는 주요 원인이기도 하다. 이희승의 옥고는 순전히 일제의 무지에 따른 오해에서 나온 것이었다. 맞춤법만 하더라도 그 뿌리는 주시경과 조선어학회에서 비롯되었고 이희승의 조선어학회 참여는 비교적 늦은 때부터였다. 따라서 이는 혼자만의 공적이 아니다. 그 동기도 다른 조선어학회의 딴 회원과는 달리 그가 평생을 통해 추구했던 '과학적' 국어학의 확립에 있었다. 민족의식에서 나왔다고 볼 수 없다. '언어에는 조직이 있고 체계가 세워진 법칙이 있음'을 강조하는 그가 박승빈파의 소리 중심의 '무조리, 무통일한' 맞춤법에 반대하고 형태주의 맞춤법을 내세우는 측면에서 조선어학회와 일치하였다. 그가 쓴 「ㅎ받침 문제」(1932)란 논문은 언어는

‘변천하는 동안에도 그 법칙을 깨뜨리지 않는다’는 실증주의적 역사 언어학의 사상이 그대로 드러나 있으며 이런 이유로 그는 조선어학회의 맞춤법을 지지하였다. 이렇게 보면 이희승과 박승빈의 차이는 형태주의 맞춤법에 찬성하는가 반대하는가에 차이가 있을 뿐, 반조선어학회라는 측면에서는 아무런 구별도 없다. 어떤 이는 동기야 어디에 있었든지 공적은 공적이라 할지도 모르겠다. 그러나 광복 뒤로 그가 주동이 된 한자 섞어 쓰기 운동의 해독은 이런 공적으로 덮을 수 없다. 그는 맞춤법이란 규범 제정에 여러 사람 가운데 한 사람으로 참여했지만 반세기에 걸쳐 한글만 쓰기라는 훨씬 더 중요한 규범을 세우는 데는 철저히 방해하였다.

주시경과 조선어학회에 대한 투쟁

‘과학적’ 국어학의 이념은 이희승이 경성제대를 졸업하고 창립했다는 조선어문학회의 회보에 실린 글에서도 확인된다. 그는 이미 1932년에 낸 논문 「모음·자음의 명칭」, 「신어 남조 문제」에서 주시경의 학술용어를 ‘과학적’이지 못하다고 비판하고 있으며 ‘학술의 괴벽’이고 ‘호사가의 주장’이라고 몰아치고 있다. 주시경과 같이 ‘자아의식을 고취하기 위하여 외래어를 몰아내는 것은 언어를 연구 정리하는 과학자의 본분이 아니다’고 강조하면서 ‘과학적’ 태도를 가져야 한다고 말한다. 따라서 그의 주시경과 조선어학회의 전통에 대한 적대감과 대결의식이 뿌리 깊은 셈이다. 이희승은 「나의 30대」(1969)에서 ‘과학적’ 국어학 연구를 위해 경성제대로 진학했음을 고백하고 있다.

이런 ‘과학적’ 국어학에 따라 그는 국어순화에도 반대했다. 토박이말 말본 용어 쓰기에 반대하고 한자식 말본 용어를 쓰면서 그는 ‘언어는 사회의 공약(公約)에 의하여 자연발생적으로 탄생되든지 채택되는 것이요, 어느 특정한 사람이 인위적으로 또는 개인의 의사대로 만들어 쓸 성질의 것이 아니라'면서, 가장 먼저 알려졌으며, 또 가장 널리 알려졌으며 누구든지 알기 쉽기 때문에 한자말 술어를 쓴다고 하였다. 그는 이런 태도를 끝까지 버리지 않고 주시경과 조선어학회의 '애국적', 더 나아가서 '국수주의적'인 국어학에 '과학적' 국어학을 내세우며 끝까지 대항하였다. 경성제대의 학풍을 벗어나지 못했던 그가 '실증주의'라 불리는 국어학의 이념을 끝내버리지 못했다.

이와 같이 그가 추구한 '과학적' 국어학은 소리 중심 맞춤법, 한글만 쓰기 및 말다듬기에 반대하는 운동으로 나타난다. 식민지 시절에는 한자폐지와 말다듬기를 공개적으로 논의할 수 없었기에 조선어학회와 대립이 없었다. 그러나 광복 뒤에 이 문제가 제기되자 그는 반조선어학회 활동을 벌이게 된다. 결국 그를 통하여 일제침략기의 식민 국어학이 아직도 이어지게 되었다.

그는 『국어학 외길』(1980)에서 국어학을 공부하게 된 계기가 주시경의 『국어 문법』을 읽어보고 감명을 받은 것처럼 말하고 있다. 그러나 그가 주시경의 정신에 공감했다는 증거는 어디에도 없다. 옥고를 치른 조선어학회 회원들은 모두 한글만 쓰기를 주장하였다. 이희승처럼 중국글자를 섞어 써야 한다는 주장을 하면서 그 운동까지 편 사람은 그 혼자뿐이다. 이를 어떻게 설명할 것인가? 이희승과 조선어학회의 연관은 조그만 부분에 지나지 못한다. 광복 반세기가 지난 이제까지 한글만 쓰기를 둘러싸고 격렬한 대립을 보이고 있음을 어떻게 설명할 것인가. 이런 오랜 대립과 파쟁도, 결국 그가 이렇게 주시경과 조선어학회의 전통을 부정한 것이 그 뿌리다. 이런데도 그를 거레의 스승이라고 할 수 있겠는가. 그의 학설이나 주장, 행동은 처음부터 주시경과 조선어학회의 전통을 부정하는 맥락에 서 있었다.

국어순화를 부정한 『국어대사전』

이희승을 『국어대사전』(1961년 첫판)의 편찬자로 기억하는 사람이 많다. 문화체육부는 이희승이 '국어사전 편찬에 열정을 쏟아 국민들의 바른 어문 생활을 선도했다'고 말한다. 그러나 이는 근거 없는 주장이다. 이희승의 사전이 진무라의 『광사원』(이와나미 출판사)을 많이 베낀 것으로 정평이 나 있고, 일본에서만 쓰이는 한자말과 일본의 홀이름씨가 수없이 올라 있다. 반면에 토박이말은 아주 적게 올라 있다. 안 쓰이는 한자말과 영어가 두드러지게 많다. 한자숙어를 많이 올리다 못해 한문이 올라 있다. 이런 것들이 전체 올림말의 70퍼센트가 넘는다. 그의 '과학적'국어학은 이렇게 한자말에는 제한 없이 시민권을 내주고 토박이말을 천대한다. 이는 주시경과 조선어학회에 대한 무턱댄 대립의식의 표현이다. 이렇게 무엇이 우리말이고 무엇이 우리말이 아닌가라는 경계를 일찍부터 허물었다. 따라서 국어순화라는 말부터 꺼낼 수가 없다. 국어순화운동은 외국어를 국어로 바꾸어 쓰자는 것인데 이는 무엇이 국어이며 국어가 아닌가에 대한 분명한 구분을 전제하기 때문이다. 그가 내세운 과학적 정신이란 사실은 민족주의 언어학에 대항하는 핑계였을 뿐이다. 바로 이런 사전이 한자혼용론의 근거가 되었다.

이희승은 언어의 '사회성' 이론에 근거하여 일찍부터 주시경의 토박이말 말본 용어를 '신어 남조'라고 비판하고 있다. 이런 주장의 기초를 이루는 것은, 언어란 사회적 실재이기 때문에 개인은 그 모국어에 대하여 어떠한 지배도 하지 못한다는 소쉬르의 이론이다. 이 이론이 재빨리 경성제대 교수에 의하여 소개되었다. 이러한 언어관은 언어를 기호로 환원하고 엄밀한 과학으로서의 언어학을 추구한다. 언어와 겨레, 언어와 글자 사이의 연관은 관심을 두지 않고 언어 자체에만 관심을 갖는다.

하지만 이런 방법은 언어의 현실적인 모습을 보는 데는 적절하지 않다. 또 '과학'을 너무 좁게 이해하였다. 언어는 한갓 기호에 그치지는 않으며 그 쓰임에 따라 새로운 생명을 얻어가는 유기체이다. 소쉬르의 이론은 어디까지나 연구를 위한 방법론적 추상에 그쳐야 하며 현실적인 언어정책에서까지 뒤따를 것은 아니다. 이희승은 일본 학자들이 심어놓은 이 언어의 사회성이란 생각을 끝까지 버리지 못했다. 이는 『국어대사전』의 머리말에서도 확인된다. 그가 말본용어를 일본식(명사, 동사 등)으로 할 것을 주장한 것도 여기에 근거가 있었다. 오늘날 학술용어에 일본식 한자말과 영어가 넘쳐나고 토박이말은 거의 없다. 토박이말은 무식한 사람이나 쓰는 것이란 생각이 깊이 뿌리내리고 말았다. 이희승은 무엇이 국어이며 무엇이 국어가 아닌가라는 기본적인 물음에서조차 인식을 크게 그르쳤다. 『국어대사전』은 말다듬기를 부정하는 그의 주장을 뒷받침해준다. 그 스스로 '『국어대사전』은 오랜 세월과 고난과 역경 속에서 이룩된 저술'(『국어학 외길』, 1980)이라고 말하고 있다. 그러나 다른 사전의 편찬에 견주면 그다지 오랜 세월이 걸리지도 않았다. 남의 사전을 많이 베꼈는데 고난과 역경 속에서 지은 책이라고 말할 수도 없다.

이희승 학풍에 대한 공정한 재평가를

그의 학풍이 우리말과 글에 대해 부정적인 영향을 끼쳤지만 그 성격을 분명히 하려는 시도가 보이지 않는다. 오히려 그를 미화하고 왜곡하는 일이 자꾸 벌어져 주시경으로부터 비롯된 국어학의 참 전통이 크게 위협받는 일이 많다. 이희승이 추구했던 '과학적' 국어학을 공정하고도 객관적으로 평가해야 한다. 막연한 대중의 통념이나 몇몇 사람의 찬사에 그에 대한 평가를 내맡겨둘 수는 없다. 이 글에서는 우리말글에 끼친 그의 부정적인 영향력이 주로 경성제대에 뿌리를 둔 식민 언어학에서 오는 것이란 관점에서 그를 다시 평가해보았다.

10월의 문화인물 이희승에 대한 논란은 아직까지 버리지 못한 식민지시대의 찌꺼기를 없애고, 왜곡된 역사를 바로잡기 위한 좋은 기회다. 생각이 다르다고 남의 업적에 대해 흠집을 내려함이 아니다. 이희승은 혼탁한 우리말의 현실에 대해 가장 많은 책임을 져야 할 사람이지 우리 겨레가 기려야 할 사람은 아니다. 책임을 묻지는 못할망정 훌륭한 국어학자로 왜곡하는 일은 없어야 하겠다. 그가 민족적 동기에서 이 일에 참여했다면, 한글만 쓰기에 반대한 이유나 『국어대사전』에 외국말을 그렇게 많이 올리고 국어순화에도 반대한 이유는 커다란 수수께끼로 남을 것이다. 그가 과학적 국어학의 이념에서 이 작업에 참여했다고 보면 그의 모든 행동이 일관성 있게 설명된다. 주시경의 글을 읽고 국어학을 하게 되었다는 그의 회고는 사실일 수도 있으나, 그의 학풍은 제국대학의 교수들이 들여온 식민언어학을 그대로 따라가고 있다. 그리고 주시경과 조선어학회의 전통에 대한 맹목적 대결의식에 사로잡혀 있었다. 이런 그의 학풍이 그가 옥고를 치렀다는 사실에 가려 누구도 그 참모습을 바로 볼 수 없었다. 나름대로 의미 있는 그의 정치참여도 그가 가졌던 학문세계의 참모습을 바로 보지 못하게 하는 허울이었을 뿐이다. 학문하는 사람에게는 학문이 잘못되면 그의 올바른 행동도 부정적인 결과를 가져온다. 우리는 그의 겉모습만 보고 그 안을 들여다볼 기회를 한 번도 갖지 못했다. 막연한 통념에서 벗어나 공정하게 그를 다시 평가해야 한다.

(『한글 새소식』 제266, 267호, 1995. 1. 2)

3. "초등학교", "국민학교"의 새 이름이 될 수 있는가

광복 50돌을 맞아 교육부는 일제의 찌꺼기인 "국민학교"를 "초등학교"로 바꾸기로 했다고 한다.(지난 8월 12일자 일간 신문 보도) 국민학교란 이름은 지난 1941년 2월 일제가 황국신민교육을 위해 낸 국민학교령이 그 뿌리라고 한다. 많은 사람이 바꾸어야 한다는 주장에는 공감하면서도 이러한 결정에 마음으로부터 우러나오는 동의를 얻는 것 같지는 않다. 적어도 글쓴이에게는 "초등학교"라는 이름은 "국민학교"라는 이름보다 못해 보인다. 따라서 이런 결정은 필요하지 않았다. 이번 일이 이루어지는 과정을 보면 우리의 말글의식이 얼마나 큰 문제를 안고 있는가를 그대로 드러내 보인다. '국민학교' 이름 바꾸기를 둘러싼 여러 문제를 따져보아야 한다.

첫째, 북녘에서 이 문제를 어떻게 처리했는가를 살펴보아야 한다. 국민학교 명칭 개정 협의회가 연 공청회 소식을 전하고 있는 기사(『한국일보』 1995. 4. 21)를 보면 주제 발표자는 일본과 대만이 전후 이 이름을 버린 사실을 들고 있으나 북녘에서 어떻게 바꾸었는가를 말하지 않고 있다. 정확히 언제부터인지는 모르나 "인민학교"로 바꾸었다. 따라서 이 이름에 대한 검토가 있어야 한다. 반북 이데올로기에 가위눌려 아예 논의조차 못했다. 이러한 상황은 그 뒤에도 변화가 없었다. "초등학교"로 바꾸면 통일된 뒤에 또다시 바꾸자는 논의가 일어날 수 있다. 덧붙인다면 "인민"이란 표현은 "동무"와 함께 반북 이데올로기 때문에 쓰지 않게 된 대표적인 말이다. 그러나 공산당이 만든 말은 아니다. 19세기 말부터 널리 쓰인 말이다. 『독립신문』 창간호 논설(1896. 4. 7)의 뒷부분(글쓴이: 주시경)에서는 "인민"이란 표현이 자주 쓰이고 있다.

> "국문은 조선 글이니 조선인민이 알아서 백사를 한문 대신 국문으로 써야 상하 귀천이 모두 보고 알아보기가 쉬울 터이라. 한문만 늘 써 버릇하고 국문은 폐한 까닭에 국문만 쓴 글을 조선인민이 도리어 잘 알아보지 못하고 한문을 잘 알아보니 그게 어찌 한심하지 아니하리오."

따라서 "인민"이란 말을 꺼릴 합리적인 이유가 없다. "인민학교"를 진지하게 대안으로 생각해보지도 못한 것은 아직도 냉전-반공 이념이 우리를 짓누르고 있음을 잘 보여준다. 지난날 봉건왕조시대에 우리는 중국인이 만든 세계관(주자학)을 중국보다 더 철저히 따르고 존중한 적이 있다. 냉전시대가 끝난 지도 오랜 아직까지도 미국인이 만든 반공이념에 매달리며 맹목적인 북녘과의 대결의식에 사로잡혀 있지는 않는가. "인민학교"로 바꾸는 것은 적극적인 남북화해의 뜻도 있다. 자꾸 인민군만 떠올리고 이 말을 북쪽에서만 쓰이게 하다 보니 오늘날처럼 "국민"이란 말이 많이 쓰이게 되었다. "인민"을 남쪽에서도 자꾸 써야 남북의 거리가 좁아지고 "국민"은 남쪽말, "인민"은 북쪽말이라는 냉전-반북 의식이 사라진다. 또 "인민학교"가 "국민학교"와 가장 차이가 적다. 통일을 생각한다면 "인민학교"로 바꾸어야 한다.

둘째, "어린이학교"가 "초등학교"보다 낫다.

"초등"마저도 일본사람이 만든 새말이다. 미국말 "primary school"을 일본사람이 번역하여 쓰는 말이다. 『사원(辭源)』에는 "初等"이 나오지 않으며 『대한화사전(大漢和辭典)』에만 나오는데 그 쓰인 보기는 "初等敎育"뿐이다. 무엇보다도 우리말 어휘체계에서 이 낱말과 결합하여 쓰이는 다른 낱말이 없다는 것이 큰 문제이다. 이 말이 헌법과 교육법의 규정에 맞는다는 교육부의 말은 이런 법체계에 일본의 영향이 얼마나 큰가를 말해준다.

정작 학교에 다닐 대부분의 어린이들이 "초등"의 뜻을 알지 못할 것이다. 반면에 "어린이"는 무척 친근한 낱말이다. 무엇보다도 국민학생들이 좋아하는 낱말이다. 교사의 60%가 "어린이학교"를 대안으로 내놓고 있다고 한다.(『한국일보』 1995. 4. 21) "어린이학교"는 유치원에 다니는 어린이들까지 다니는 학교로 오해될 수 있다는 이유는 한자 이름을 고집하려는 핑계에 지나지 못한다. 이런 논리라면 "초등"이란 표현은 그것이 유치원이나 가정교육을 가리킬 수도 있기 때문에 잘못된 말이라고 해야 할 것이다. 머지않아 유치원도 의무교육이 된다면 유치원도 '초등교육기관'에 속할 수도 있다. "고등학교"란 이름이 붙어 있다고 해서 고등교육기관은 아니다. 『논어』는 언어학 논문집이 아니다. 큰아버지가 키가 작을 수도 있다. 이름의 글자 그대로의 뜻은 중요하지 않다. 중요한 것은 겨레의 주체성이다. 토박이말은 쉽고 친근하다. 말이 쉽다는 것은 곧 민주적이라는 뜻이다. "초등학교"에는 초등－중등－고등의 연계관계가 있다고 할 수도 있으나 이런 연계는 지나치게 서열을 강조한다는 인상을 줄 듯하다. "어린이학교"보다 "초등학교"를 선택하게 한 데서 중국글자 중심의 낡은 말글의식은 뚜렷이 드러난다.

셋째, "국민"이란 낱말을 어떻게 할 것인가라는 문제가 있다.

"국민학교"를 없앤다고 "국민"이란 말조차 없어지지는 않는다. 이 문제는 아주 중요한데도 아무도 논의하는 사람이 없었다. 우리 헌법에서부터 국민 대학, 국민 은행에 이르기까지 '국민'이라는 표현이 수없이 쓰이고 있다. 국민학교란 이름이 비록 식민통치에서 나온 것이 사실이기는 하나 이런 말밑이 언제나 기억되지는 않는다. 말밑은 말의 이해에 우연적이다. 말의 이해란 관점에서 본다면, 국민학교는 헌법에 쓰이는 그 "국민"이란 뜻으로 이해된다. "황민학교"나 "신민학교"라면 빨리 바꾸어야겠지만, "국민"이라는 표현을 우리가 계속 쓰는 한 국민학교란 이름을 바꾼다고 큰 의의가 있다고 볼 수 없다. 심리적이고도 역사적인 근거에서 이 이름을 바꾸자는 것인데 이를 다시 "초등학교"라는, 대중에게 낯선 한자식 이름으로 바꾼다면 이는 바꾸지 않음만 같지 못하다. "국민"이라는 말을 계속 쓰는 현실에서는 "초등학교"는 "어린이학교"는 물론 "국민학교"보다도 못하다. "초등학교"로 바꿀 바에야 차라리 그대로 내버려둔다면 후세에나마 이 일을 바로 할 수 있을 것이다.

국민학교 이름 고치기를 둘러싼 논의에서, 감정적이고 비합리적인 태도가 엿보인다. 차분한 논의가 없었고 일제시대부터 우리말 연구에 힘써온 국어연구단체에 의견을 물어 보았다는 소식도 들어보지 못했다. 우리 역사에는 이어감의 정신이 모자란다는 지적이 틀리지 않음을 확인할 수 있다. 이런 이름 바꾸기로 일제 찌꺼기를 청산하게 되었다는 요란스런 언론의 보도는 모두 문제의 초점을 빗나갔다. 오랜 한문숭상의 병폐에 식민지 통치의 찌꺼기와 분단의 문제까지 겹쳐, 문제가 더욱 꼬였을 뿐이다. 과연 "초등학교"는 국민학교의 이름으로 뿌리내릴 수 있을까?

(『한글 새소식』 제278호, 1995. 12)

4. 학술원상, 얼마나 공정한가

대한민국학술원상. 학문하는 사람으로서 이런 상을 준다면 마다할 사람은 아마 없을 것이다. 적어도 일반인이 갖기 쉬운 통념에 따르면 학술원상은 대한민국에서는 적어도 가장 권위 있는 상이다. 그러나 이런 일반인의 통념이 전체적으로 얼마나 합리적인 근거를 갖고 있는지는 알려진 바가 없다. 이름이 주는 첫 인상과 달리 이 상이 권위 있다고 생각할 이유는 없는 것 같다. 이상이 어떻게 운영되는지, 또 얼마나 권위 있는지는 학자들의 관심사도 되지 못한다. 다양한 학문 분야를 모두 아울러 평가를 내릴 수 없기 때문에, 전체적인 평가를 내릴 수 없기 때문이기도 하지만, 공정하지 못한 시상이 되풀이된 데에도 원인이 있다고 생각한다. 무관심은 자연스럽고 당연해 보인다. 그렇지만 대한민국 학술원상은 엄연히 국민의 세금으로 운영된다. 이 상에 대한 무관심이, 이 상을 누구에게 주어도 그만이라는 말은 될 수 없다. 이상이 편파적인 인맥에 좌우되어 동네아이 돌떡 나눠먹듯이 끼리끼리 돌아가며 같은 파벌끼리 나눠먹는 것을 막아야 할 책임이 이 땅의 학문공동체에 있다고 본다.

이번 학술원상 인문과학 부문은 한글만 쓰기에 반대해 온 업적(?)만 유난히 큰 분에게 돌아갔다.[8] 그분의 수상 이유가 무엇이냐고 학술원

---

8) 한자혼용운동을 이끌었던 남광우를 가리킴.(보탠 글)

에 다그쳐 물어도 대답을 못하는 것을 보면, 다른 업적은 없는 것 같다. 그의 이름을 한자 섞어 쓰기 주장과 떼어서 생각할 수 없을 정도로 한자 섞어 쓰기 운동을 그가 주도하였다. 그러나 중국글자 섞어 쓰기 주장을 뒷받침할 이론은 이미 논박당한 지가 오래고 현실적인 말글살이도 한글만 쓰기가 이미 큰 흐름이다. 이번 학술원의 결정은 학술원상의 공정성과 권위에 대해 심각한 회의를 불러올 것 같다. 이런 시비는 올해가 처음이 아니다. 1993년이 이미 이 상의 공정성이 논란거리가 된 적이 있다. 그 해의 수상자는 겉으로는 한국을 대표하는 국어학자였다. 그런데도 그의 학설이 식민사관에 지배되고 있다는 비판이 오래 전부터 재일동포학자들과 북쪽의 학자들 사이에서 나오고 있다. 그러나 남쪽에서는 누구도 공개적으로 또 전면적으로 비판하지 못했다. 학계의 인맥이 치우쳐 있고 비판을 금기로 여기는 우리 학계의 병이 뿌리 깊기 때문이다. 여기에서 학문 활동에는 자유로운 비판의 공간이 중요함을 확인한다. 학술 활동을 인간관계에 종속시키면 상상력은 더욱 메마르고, 죽음과 같은 침묵만 남을 뿐이다. 그 뒤로도 학술원은 일본처럼 중국글자를 섞어 써야 경제가 발전한다는 분에게 상을 주었다. 그분은 학생들이 한글만으로 쓴 답안지에는 학점을 안 준다고 알려져 있다. 올해의 학술원상 수상 결정도 최근의 이런 경향이 이어졌다. 이번 8월에 임기가 끝난 학술원 회장이 한글만 쓰기 반대 운동단체의 회관건립 추진위원장인 것과 이런 일이 무관할까?

글쓴이는 늘 한글만 쓰기를 강조해왔다. 중국글자를 섞어 쓰자는 주장 그 자체를 죄악으로 여기지는 않는다. 여러 학문에서 서로 대립되는 중요한 이론들이 서로 경쟁하는 가운데서 발전해온 것이 사실이다. 철학사에 나타난 무수한 논쟁들이 모두 그렇다. 그런 논쟁의 대표자들은 그 주장의 옳고 그름을 떠나서 존경받는다. 중요한 것은 결론을 뒷받침할 논증이지, 결론은 아니다. 따라서 학문에서 다양성이 존중받아야 할 가치임을 누구도 부정하지 못한다. 추상적으로 보면 한자혼용 주장도 있을 수 있는 한 생각이다. 그러나 주장에는 책임이 따른다. 명확한 논거를 갖고 주장하되 반대 주장에도 열린 태도로 반대되는 주장에도 귀를 기울여야 한다. 그러나 이번 학술원상 수상자는 이 문제에 대해 감정적인 태도를 보였고, 자기 주장에 대한 책임성 있는 태도를 보여주지 못하였다.

먼저, 이제까지 한자혼용의 주요 논거가 되었던 우리말 어휘구성에 대한 왜곡이다. 우리말 어휘의 70%가 한자말이라고 했다. 이는 이희승이 지은 『국어대사전』에 바탕을 두었다. 대중에게 제법 권위 있는 사전으로 알려진 이희승의 이 사전은 일본식 한자말과 외래어가 지나치게 많은 사전으로 전문가들 사이에는 정평이 나 있다. 그 이유는 그가 일본의 『광사원』에 너무 기대었기 때문이다. 한자혼용 주장은 이같은 왜곡에 바탕을 두고 있다. 한자혼용론의 중요 논거가 된 소리 같은 말(동음이의어) 문제만 해도 그렇다. 낱말은 그 월(문장)이란 맥락 속에서 이해되는 점을 생각하지 않고, 그런 현상이 한글로만 쓰기 때문에 나타나는 현상으로 돌렸다. 다양한 주장 못지않게 그 주장에 대한 책임을 생각한다면 이런 방법으로 한자혼용운동을 할 수는 없었다. 한자의 한중일 공통약자 제정을 추진한다든지, 재벌이 주는 돈으로 한자를 섞어 쓴 초등학교 교과서까지 만든 사실도 말글이 한 사회의 근본규범임을 생각할 때, 분별 있는 행동이라 보기 어렵다. 한글맞춤법은 어렵다 하고 중국글자를 우리 글자라고까지 말했다. 한글문화는 민족문화가 아니란 말인가. 이런 주장을 누구든 할 수 있지만,

지나친 주장이요, 명확한 근거를 댈 수 있는 책임 있는 주장이 아니다. 자유에는 책임이 따르기 마련이다. 한자혼용을 정당화하기 위해서 말썽 많은 주장을 무책임하게 늘어놓아 대립과 파쟁의 씨앗이 되었다. 한글만 쓰기에 반대하고 주시경과 조선어학회의 전통과 대결하며 오랜 시간을 바쳐왔다는 이유만으로 헐뜯으려는 것이 아니다.

국민의 세금으로 운영되는 대한민국학술원상은 공정하게 운영되어야 한다. 학맥에 좌우되어 죄 값을 치러야 할 사람에게 상을 준다면, 이는 참으로 그 상을 받을 만한 사람을 우롱하는 일이며, 수많은 연구자들의 학문에 대한 열정과 의욕을 꺾어버리는 폭거임에 틀림없다. 앞으로는 이런 엉뚱한 수상자 결정이 되풀이되어서는 안 된다. 대한민국학술원상이 공정한 심사와 공개적인 운영으로 우리 학계를 대표하는 권위 있는 상이 되기를 바란다.

(『한글 새소식』 제289호, 1996. 9)

5. 고대 세 나라 사람들은 통역 없이 서로 이야기할 수 있었을까?

『한겨레신문』에 「삼국시대 언어, 같았을까?」(1998. 9. 22), 「고구려어, 한국어, 일본어」(1998. 9. 29)라는 글들(글쓴이: 고종석)이 나왔다. 오래 전부터 식민사관의 되풀이라고 비판 받고 있는 이기문 님의 학설을 되풀이하고 있다. 고구려와 신라는 겨레가 다르다고 보면서, '복원된 고구려의 단어들 가운데 상당수는 고대 일본어와 혈연관계가 약여하다'고 하였다. 이를테면 연개소문과 김춘추가 만났을 때, 통역이 필요했을 것이라 보고 있다. 아울러 아주 오랜 옛날부터 단일한 조선어를 써왔다는 주장을 '민족주의 언어학'이라며 경계하고 있었다.

　지난 1993년에 이 님이 학술원상을 받을 때에도 이런 문제에 대한 논의가 있었다. 글쓴이는 계통론의 전문연구자는 아니다. 그렇지만 언어학의 상식에 비추어보아서 한 세대 전부터 제기되고 있는 이기문 학설에 대한 비판이 합리적이라고 판단하여 그때 공개토론을 요구한 적이 있다. 아직도 이런 글이 나오는 것을 보면, 그러한 비판을 '축구 심판이 야구경기장에 나와 아웃을 선언하는'(『교수신문』, 1993. 9. 15) 억지로 보는 사람이 아직도 있음을 알 수 있다. 글쓴이는 이제 5년 전에 했던 주장을 여기서 되풀이하고 싶지는 않다. 그 뒤로 이기문 님의 학설을 비판하는 논문이 남녘에서도 많이 나왔다. 다만 그동안의 논의에 비추어 다음과 같은 사실을 힘주어 말하고 싶다.

　첫째, 이기문 님의 국어계통론, 즉 국어의 알타이어설은 많은 가설들 가운데 하나일 뿐이다. 자라나는 학생들의 국어 교과서에서도 이것이 마치 잘 확립된 이론인 것처럼 소개해서는 안 된다.

　둘째, 이기문 님은 세 나라 말이 같았다는 것이 '선입견'이고 '편견'이라고 공격하였으나 이러한 문제의식 자체가 일본인들이 우리말을 북방 부여계와 남방 한계로 나눈 데서, 우리가 단일민족임을 부정한 데서 나온 것이다.

　셋째, 오늘날의 우리말이 신라말을 근간으로 형성되지 않았으며 고구려말은 사라지지 않았다. 이기문 님의 학설에 따를 때, 신라어의 연속이라는 중세 국어와 고구려말이 상당 부분 일치함을 보여주는데 이들 사이에 연속성이 아주 큼을 말해준다. 고구려말과 신라말이 같은 언어라는 증거가 된다. 현대국어의 표준말은 신라말의 연속이라기보다는 고구려어의 남부 방언, 백제의 북부 방언을 이어받고 있다고 보는 것이 온당하다. 이들 세 나라 말의 같음을 생각한다면 이것이 중요한 문제라고 여겨지지 않는다. 자칫 정치적 패권에 대한 논의로 번질 수 있는 이 문제는 모두 조심스럽게 다루었으면 좋겠다.

이기문 님의 학설에서 가장 큰 문제는 언어들 사이에 "같다"거나 "다르다"는 표현의 뜻을 생각해보지 않았다는 점이다. 그냥 개인의 인상에 따라 언어가 서로 같다거나 다르다고 말하고 있다. 주관적인 느낌이나 어휘만 생각한다면 아버지와 아들 사이도 말이 다르며 부산말과 김해말이 다르다고 말할 수도 있다. 언어의 같고 다름을 따지는 데는 기본어휘, 말본, 말소리 등 구조적인 측면이 중요하다. 자연언어의 뼈대를 나타낸다고 볼 수 있는 인공언어를 만들 때 기본어휘와 말본은 기본적으로 갖추어야 하는 조건인 데서 이를 알 수 있다. 이런 데 대한 반성적 문제의식이 없이 계통이나 언어의 같음과 다름을 따진다면 무모한 주장이 되기 쉽다. 따라서 어휘 차이가 커서 의사소통의 효율성이 상당히 떨어지더라도 '단일한' 또는 '같은' 언어를 쓰고 있다고 말해야 한다. 이를테면 제주도 사람과 연변 사람이 만나서 서로 이야기한다면, 비록 두 사람이 사뭇 다르다고 느끼는 것이 자연스럽겠지만, 같은 언어를 쓰고 있다.

이것은 수천 년 전에도 마찬가지였을 것이다. 그렇다면 고조선시대부터 단일한 조선어가 있었다는 가정은 합리적이다. 많은 다름이 있어도 같다고 한다. '같은' 또는 '하나의' 자연언어는 차이와 다름을 모두 물리치지 않는다. 고구려말이 일본어와 무관함은 말할 것도 없다. 단일했던 조선어는 특별히 '대담한 가설'도 아니고 '민족주의'도 아니다. 언어학의 건전한 상식에 따른 판단이다.

10여 년 전부터 남북의 '언어 이질화'라는 말을 많이 듣게 된다. 여기서도 또다시 혼란을 부르지 않으려면 그 다름의 성격을 분명히 해두어야겠다. 언어의 같음과 다름에 대한 소박한 생각은 세 나라 시기의 우리말 역사를 연구하는 데서만 나타나지는 않고 여기서도 되풀이된다. 남북의 맞춤법을 비교하면서 안병희 국립국어연구원장은 '남북의 언어 이질화는 당연한 듯이 생각된다'(『말과 글』 제50호, 1992. 5)고 하였다. 남북이 서로 반세기가 넘도록 자주 가고 오지도 않으니 북녘말을 처음 듣게 될 때, 사뭇 다르게 느껴짐은 사실이다.

그러나 이런 느낌은 현재의 남녘말을 기준으로 한 다름이다. 냉전의식에 사로잡힌 눈에는 더욱 그렇다. 북녘말을 기준으로 한다면, 그 다름의 뿌리는 남녘말에 일본식 한자말과 미국말이 많다는 데 있다. '이질화'를 줄여가자면 남녘에서도 중국글자를 출판물에서 쓰지 말아야 하며 미국말을 자꾸 섞어 쓰지 말아야 한다. 한자말과 외국어를 없애는 북녘의 사업을 '민족어의 이질화를 그만큼 가속화시키는 큰 요인'(김민수 감수, 『북한의 어학 혁명』, 백의, 1989)이란 주장은 치우친 생각이다. 한문숭배와 미국말 숭배라는 우리의 역사적 현실을 잊은 채 북녘의 우리말 사랑을 비난함은 온당하지 않다. 나의 기준이 정당한가라는 물음을 빼버린 채 너는 왜 나와 다른가라고 따지면서 화해와 통일을 말하다니, 우스운 일이다. 주시경과 조선어학회의 전통을 이어 말다듬기를 남북이 함께해 나간다면 남북의 '언어 이질화'를 걱정할 이유는 어디에도 없다.

우리말의 역사를 잘못 보는 데나 우리말글에 대한 천대에는 말의 같음과 다름에 대한 오해와 편견이 깔려 있다는 점에서 차이가 없다. 고전을 번역할 때도 자연스럽지 못한 우리말 월로 하는 큰 이유는 뜻이 같은 우리말이 없다는 것이고, 말다듬기를 할 때도 낱말 뜻의 다름을 내세우며 반대하는 이가 많다. 그러나 이런 주장들은 낱말들 사이의 같음과 다름에 대한 잘못된 생각에서 나온 것이다. 같음이 다름을 모두 물리치지 않으며 낱말들 사이의 같음보다 월 사이의 같음이 더 앞선다. 말뜻은 역사적으로 많은 변화를 겪어 달라지기도 하며 언제나 같은 것으로 머물러 있지는 않는다. 낱말 뜻이 고정되어 있다면 변화하는 현실을 언어가 담아낼 수도 없을 것이다. 낱말들 사이의 같음과 다름은 이분법으로 갈라낼 수 있는 문제가 아니다.

고조선 때부터 우리가 같은 언어를 써왔다는 생각은 '민족주의적 열정'이 낳은 허상이 아니다. 세 나라 시기는 물론 고조선시대에도 다른 겨레끼리 이야기를 나눌 때처럼 통역이 필요할 정도로 다른 적은 한 번도 없었다. 이에 대한 잘못은 주로 말의 같음과 다름에 대한 소박한 생각을 전제했기 때문에 생겨났다. 오랜 한문숭상이 이런 뒤틀린 말글의식을 낳았다. 한문숭배의 역사는 오늘날 돌림병처럼 번져가는 미국말 숭배로 이어진다. 역사를 공부할 때, 비판의 차원을 열어놓지 못하면 과거가 현재와 미래마저도 삼켜 역사가 인습으로 변해버린다. 이제는 우리말 사랑을 이야기해도 시대에 뒤떨어진 '국수(민족)주의자'가 되어버린다. 우리말의 역사를 돌아보지도 않거나 잘못 안 탓이다. 올바른 역사인식이야말로 현재의 나침반이다. 겨레말의 역사에 대해 우리 스스로가 낡은 생각과 편견의 늪에서 헤어나야 밝은 앞날을 기약할 수 있을 것이다.

(『한글 새소식』 제318호, 1999. 2)

6. 말글정책의 올바른 방향

―특정 학맥이 뒤흔드는 말글정책, 국어연구원을 개편하자

문화관광부와 국어연구원은 지난 10월에 국어발전종합계획을 내놓으며 국어기본법을 제정하겠다고 발표했다. 보도매체에 공개된 8대중점추진과제를 보면, 대부분 오래 전부터 해결해야 할 과제로 떠오른 것이다. 공감할 수 있는 내용도 없지는 않다. 한글날 국경일 제정과 넘쳐나는 외국어 문제를 고칠 방법 찾기 같은 것이다. 그러나 이 계획은 오늘날 국어 발전을 위협하는 요인들에 대한 정확한 분석이 빠져 있다. 또 중국글자를 섞어 쓰겠다는 뜻이 곳곳에 드러난다. 새로운 내용이 있다면 국립국어연구원의 위상을 강화한다는 것이다.

먼저 이 계획의 기본정신이 문제다. 해방 후 우리말글정책의 근본이라는 한글로만 쓰기를 부정하고 있다. '표준한자사전 편찬, 상용한자 제정' 등의 표현에서 이를 확인할 수 있다. 한글로만 쓰기는 중화사상의 독소를 빼내고 한자(중국)문화권에서 벗어나는 가장 근본적인 전제다. 이를 전제하지 않는 국어연구와 국어교육은 처음부터 크게 빗나갔다. 철저한 한글전용은 국어정책의 기본이다.

또 이 법안은 우리말글의 위협요인이 무엇인지 알지 못하고 있다. 그 위협은 무엇보다도 미국말을 배울 필요성이 지나치게 강조되는 데서 온다. 지난날 한문이 신분상승의 매개물이었던 것처럼, 오늘날 미국말이 직장에서 능력의 기준이 된다. 각종 공무원을 뽑는 시험에서 미국말이 그렇게 많은 비중을 차지해도 좋은가. 사법시험 같은 곳에서는 미국말은 거의 필요가 없다. 이런 각종 국가시험부터 막연한 통념으로 미국말을 배울 필요를 부풀리고 있다.

몇 년 전부터 공공연하게 나온 미국말 공용화 논의는 무엇을 말하는가. 이른바 '세계화'로 나타나는 미국의 패권에 순응하자는 이데올로기가 언어 방면으로 나타난 것이었다. 초등학교에서의 미국말 교육이 시작된 것도 '세계화'가 정치구호로 되던 무렵이었다. 이제는 유치원 꼬마들까지도 미국말을 배우고 있다. 조기유학을 하는 이유도 미국말 배우기가 큰 까닭이 된다. 지난날의 한문숭배는 이제는 어김없이 미국말 숭배로 나타나고 있는 현상을 냉정하게 되돌아보아야 한다. 애초에 초등학교부터 미국말 교육을 해야 한다는 필요를 누구나 절실히느끼지는 않았다. '세계화'라는 뜻 모를 말이 주문처럼 돌아다니자 모두가 아는 체해야만 했다. 제대로 된 정책전환의 필요성에 대한 논의가 있지도 않았다. 그저 '영어가 경쟁력'이라는 식의 통념이 선전되었을 뿐이다.

우리가 얼마만큼 외국어를 배워야 하는가는 처음부터 끝까지 그 필요성에 의존한다. 외국어가 필요한 사람이 필요한 만큼 필요한 분야에서 배우면 된다. 이 필요성은 시기에 따라 변할 수도 있고, 정확하게 재기가 어려울 수도 있다. 그렇지만 초등학교 때부터 이를 교육한다는 것은 우리 겨레 모두가 미국말을 쓸 줄 알아야 한다는 주장과 다르지 않다. 이는 지나친 생각이다. 미국말 배우기가 얼마나 필요한가란 물음에 대한 생각을 해보지도 않고 온 겨레가 미국말 공부에 매달리는 것은 슬기롭지 못하다.

외국어에 대한 필요성을 줄이는 데에는 번역이 중요하다. 이를 위해서는 번역작업을 총괄하고 지원할 국립 번역원을 세우면 좋다. 번역 무른모를 개발하는 것도 중요하다. 국립 번역원이란 세우기가 짐이 된다면, 이미 있는 국립국어연구원을 번역원으로 개편해도 좋다.

이런 논의도 새삼스런 것이 아니다. 사실 이제까지 국어연구원의 운영을 두고 말이 많았다. 서울대라는 두터운 학맥 때문에 아직도 매체들이 굳게 입을 다물고 있어 제대로 공론화되지 못했지만, 그 탄생부터가 적잖은 문제를 안고 있었다. 20년 전 군사정권 시절에 이희승을 비롯한 한자혼용파들이 권력을 등에 업고 만들었는데, 아직도 '서울대 출신의 독무대'임은 공공연한 비밀이다. 이런 국립국어연구원에 대한 불신은 국어연구원이 생길 때부터 나타났다.[9] 이러한 불신을 의식한 것인지는 모르나 이희승과 함께 어문교육연구회를 이끌었던 남광우는 '편파적이 되지 않도록 운영을 도모하겠다'고 말하기도 하였다.[10] 지난 1999년 2월에 권력을 등에 업고 한자혼용 소동을 벌였는데, 이런 탄생의 비밀을 안다면 놀랄 것도 없다.

국어연구원은 일본을 모범으로 설립되었다. 주시경과 조선어학회의 전통을 부정하고 이와 대결하려는 의도에서 출발하였다. 이 기구는 특정 학맥이 패거리를 지어 관료를 등을 업고 경성제대에서 배운 주장을 반세기가 지난 지금도 앵무새처럼 되뇌면서 패권을 유지하는 도구이다. 통일을 대비하는 사전을 만들겠다고 떠들며 출발했으나, 정치적 동기로 계획을 여러 번 변경하였다. 이렇게 나온 『표준국어대사전』은 이제 폐기 여론이 거세다. 1994년 10월의 문화인물이었던 이희승 미화 왜곡 작업, 동양 삼국의 한자체 통일 작업 등 적잖은 말썽을 부렸다.

그러나 이번에 나온 시안을 보면, 이런 잘못된 현실을 바로잡겠다는 의지는 어디에도 보이지 않고, 특별추진과제로 '국어연구원의 위상을

---

9) 김영철, 『한글 새소식』 제132호 1983. 8.

10) 「국립국어연구원 설치 제안의 이유를 밝힌다」, 어문 연구, 1983. 9.

강화'한다는 말과 함께 구체적인 조직 확대 및 권한의 내용이 나오고 있다. 그러나 우리에게 국립 번역원이 필요하지 국어연구원이 필요하지 않다. 이런 국가기구는 또한 학문연구에서 국가의 입김이 크게 작용하여 많은 연구자들을 자리나 넘보고 정부의 눈치나 보게 만들 가능성이 크다. 또 그것이 그냥 국어연구가 아니라 말글살이를 직접 규제한다는 점에서 국가개입의 확대를 의미한다. 이는 바람직하지 않다.

우리에게는 나라 없던 시기에 민간이 스스로 맞춤법의 틀을 마련한 값진 전통이 있다. 국어연구원은 겉보기에는 '유일한 국립연구기관'이다. 학문연구조직에 '국립'은 결코 바람직하지 않다. 이런 학문연구의 관료화 및 국가화는 결국 자유로운 연구를 옥죄게 된다. 국립연구원은 필요한 관료기구가 아니다. 국어가 발전하려면 이런 불신 받는 국가기관부터 정리해야 한다. 정권에 불만이 있는 사람들은 정부기관에서 고치고 다듬은 말을 불만을 드러내는 수단으로 삼을 가능성마저 있다. 이미 40년 전 5월 군사정변 뒤에 이런 쓰라린 경험을 한 적이 있다. 산업자원부 같은 데서는 영어로 회의를 하기로 발표한 바 있다. 이런 현실에서 이 기구가 그냥 구색만 갖추고 실질적 기능이 없게 될 가능성도 충분히 있다.

좀 더디더라도 민간의 자율적 운동이 중심이 되고 정부가 뒷받침하는 국어정책이 바람직하다. 규제와 처벌 중심보다는 우리말글 사랑을 북돋우는 쪽이라야 한다. 더구나 국어연구원에 설치하겠다는 표준어 사정위원회에서 새말을 사정한다는 데에는 반대할 수밖에 없다. 경성제대에 수입된 '과학적' 언어학을 아직도 그대로 읊조리는 국어연구원은 언어의 자연성을 내세워 새말은 애짓는 것이 아니라 탄생하는 것이라는 관점에 서 있다. 이는 사실상 우리말글 사랑을 '이념적, 인

위적'이라며 배척하는 관점이다. 이에 따라 토박이말로 새말을 짓는
데에 공공연한 거부감을 보여 왔다.

또 이런 관점에 따라 북녘의 언어정책을 대결과 냉전이라는 관점에
서 여론을 왜곡해왔다. 북녘의 한글만 쓰기 정책이 갖는 역사적 의미
를 깨치지 못하고 냉전적 대결의식에 사로잡혀, 북녘의 한문교육을
'한자폐지가 가져다주는 폐단을 그들이 일찍이 체감'[11]했기 때문이라
고 주장하였다. 이런 관점은 북녘에서 나온 사전에 대한 분석이나 우
리말에서 나타나는 새말에 대한 비평에서도 나타난다. 일본식 한자말
과 미국말에 오염된 남녘말은 돌아보지 않고, 이른바 '언어 이질화'를
북녘의 말다듬기 탓으로 돌렸다.

"다듬은 말은 여간 어려운 것이 아니다."
"인위적인 언어순화가 생명력을 얻는다는 보장은 없다."[12]

그러나 말다듬기는 한글로만 쓰기의 한 부분이다. 국어연구원은 언
어의 자연성이란 관점에서 우리말의 새말이 만들어지는 현상에 대해
서도 비평하고 있다. 『2001년 신어』에서 "떴다방, 묻지마 투자, 야타
족, 나홀로족, 깜짝쇼" 등이 어법에 맞지 않거나 부자연스럽다고 했다.
그러나 이런 새말만들기가 '어법'에 어긋난다고 반드시 생각할 필요
는 없다. '어법'이 이런 현상을 설명할 수 있게 바뀌어야 한다. 지나치
게 규범적으로 현상을 보는 '어법'이 문제다.

자연스럽지 않다는 판단도 주관적이다. 멀리는 "날틀"로 대표되는

---

11) 『북한의 언어정책』, 1992. 7. 170쪽.
12) 『북한의 국어사전 분석 3』, 1994. 12. 『북한의 국어사전 분석 4』, 1996. 12. 머리말.

새말에 대한 거부감은 한자숭배의 또 다른 측면으로서 깊은 인습적 뿌리를 갖고 있다. 경성제대의 '전통'을 고집하는 국어연구원이 '남북 언어 교류를 활성화'할 수는 없다. 2000년 8월에 허웅 님과 류렬 님의 만남을 계기로 남쪽의 잡탕말이 크게 문제가 되었다. 국어연구원장은 우리말글 사랑 운동을 '자존심만 내세워 무조건 외래요소를 배격하려는 자세'라고 하고, '자연스러운 방법'으로 고유성과 외래요소를 융합해나가야 한다고 주장하였다. 북의 한글전용이 '언어 이질화'의 원인이라고 여겼다.[13]

국어연구원이 우리 역사와 말글을 보는 관점은 주시경과 조선어학회의 전통이 살아 있는 북쪽과 근본적으로 다르다. 국어연구원이 '교류 활성화'나 '공동연구협의회 구성'에 나서더라도 결과는 쉽게 알 수 있을 것이다. 이른바 '종합국어대사전'을 편찬한다며 북쪽과 만나자고 한 결과를 국어연구원 스스로가 잘 알고 있다. 제국대학의 낡은 유물로 남북대결과 분열의 길을 갈 수는 없다. 국립국어연구원을 시민단체(우리말 살리는 겨레 모임)가 지난 1999년과 2001년에 우리말 훼방꾼으로 뽑았음을 상기할 필요가 있다.

우리말글살이의 역사에 대한 철저한 반성에서부터 정책이 나와야 한다. 미국말 숭배와 우리말 천대라는 잘못된 현실을 바로잡을 말글 정책의 본질은 외면하면서, 불신 받는 국가기관이 한 가닥 뉘우치는 빛도 없이 언론이 침묵하는 틈을 타서 스스로의 권한을 강화하고 조직을 확대하는 일에 골몰한다면 큰 반발을 부를 수밖에 없다. 마음으로부터 우러나는 국민의 동의 없이 법규에 따른 말글살이 규제는 결코 성공할 수 없다. 이 문제에 많은 관심을 일으킬 활발한 논의가 이

---

13) 『조선일보』, 2000. 8. 23.

어져야 한다.

(『한글 새소식』 365호, 2003. 1)

7. 국립국어연구원을 없애야

국립국어연구원이 생긴 지 올해로 20년이 된다. 지난 1984년 학술원 밑의 임의기구를 출발하여 1991년부터 문화부 소속의 국립기관이 되었다. 이 기관은 무슨 일을 하고 있으며 그 운영은 합리적인가. 우리는 이런 물음을 던져야 하고 국가기관으로서 국립국어연구원은 이런 물음에 성실하게 대답해야 할 의무가 있다. 이런 물음에 대해 국어연구원이 책임 있게 대답하지 못한다면 그 까닭은 무엇이고 앞으로 이 기관은 어떻게 바뀌어야 하는가. 안타깝게도 이런 중요한 물음 자체가 제기되지 못하고 있다.

오늘날 우리말글의 현실은 미국말 배우기가 선진문화와 신분상승의 수단인 양 알려져 어린이들에게 혀 수술까지 하는 데까지 이르고 있다. 한편으로는 영어공용화의 망령이 아직 떠돌고, 한자혼용파에선 한글전용의 흐름을 뒤집을 기회를 엿보고 있다. 국립국어연구원 같은 데서 한자 섞어 쓰기의 흐름에 제동을 걸었으면 하는 생각을 가진 이도 없지 않을 것이다. 이런데도 현실은 이와 반대다.

한글사랑의 흐름을 되돌리려는 운동의 한가운데에 국립국어연구원이 서 있다. 지난해 10월에 법률 한글화를 위한 특별조치법을 법제처에서 마련하자 한 국회의원은 한자교육진흥법안을 냈다. 지난 연말에 이른바 경제5단체에서는 중국 및 일본과의 무역에 필요하다며 신입사원을 뽑을 때에 한자시험을 보겠다고 선언하였다. 이에 맞추어 나온 것인지는 알 수 없으나 국어연구원의 이준석 님은 한자교육강화를 주장하고 나섰다.(『경향신문』, 2003. 12. 17)

1999년 2월에 있었던 중국글자 섞어 쓰기 소동도 이런 맥락에서 이해된다. 김종필 국무 총리는 문화부장관과 손잡고 공개된 논의도 없이 밀어붙였는데, 국어연구원이 이런 정치권의 앞잡이 노릇을 했다.

먼저 '한글만으로 표기하는 것이 지고지선'이라는 이 님의 주장은 한글전용을 바로 알지 못한 것이다. 맞수의 주장을 잘 알고 논박해야 훌륭한 논증이 될 수 있다. 한글로만 쓰기란 한글로 적어 뜻이 통하지 않는 글은 우리말답지 않은 표현이므로 이를 바꾸어 쓰자는 것이다. (이오덕, 『우리글 바로 쓰기 2』, 한길사, 1992. 13~17쪽)

내용이 어려워 이해할 수 없는 표현이야 여기에서 예외가 된다. 글살이가 단순해야 하고 글보다 말이 앞선다는 사실에 비추어보면 이는 합리적인 주장이다. '외래어와 국적 없는 신조어가 범람하는 우리 국어의 현주소'는 한자교육이 모자라서 그런 게 아니고 한문숭배의 사대주의에 그 뿌리가 있다.

'우리말은 한자어와 토박이말이 어우러질 때 아름다울 수 있다'는 말은 뜻으로 읽기의 전통이 강하게 남아있는 일본어에는 맞는 말이다. 그러나 우리는 일본과 전통이 무척 다르다. 철저한 사대주의와 한문숭배로 우리말 어휘의 70%가 한자어라는 주장마저 나오고 있다. 중국글자와 한글은 아름다운 조화를 이룰 수 있는 길이 없다. 한자말이 50%가 넘지 않게 애써야 우리말다운 우리말이 될 것이다. 그러기 위해서는 한글전용이 먼저 이루어져야 한다.

"한자의 조어력(造語力)"이란 말과 글의 범주를 마구 뒤섞는 일이다. 말이 먼저고 글자는 말을 적는 도구로서 말의 구조에 따라 만들어진다. 새말을 만드는 힘이란 모든 자연언어에 공통적이고 모든 언어가 동등하다. "한자의 조어력"이란 표현은 우리에게 한자숭배가 얼마나 뿌리 깊은가를 보여주는 가장 분명한 증거다.

겉으로야 한글전용을 위한 한자교육이라고 말하지만 사실은 우리말 어휘체계를 한자 중심으로 만들어 한글전용을 불가능하게 만들겠다는 주장과 다름이 없다. 이 님의 의도는 '전문 분야에서 무분별하게 외래어와 외국어를 사용하는 현상'을 한자 어휘를 늘려서 막자는 주장인 것 같다. 그렇지만 학술용어를 토박이말을 중심으로 만들어가야 한다. 한자말의 올바른 이해를 위해 중국글자(한자)를 읽고 쓰게 교육해야 한다는 주장은 말과 글자의 관계를 알지 못한 데서 나온 우스꽝스러운 생각이다.

이준석 님의 말처럼 한글사랑의 선각자들이 '한자에 대단한 식견'을 지녔을 뿐 아니라 '어릴 때부터 한문 교육'을 많이 받았다. 이것이 한자교육을 더 해야 한다는 주장의 증거가 될까?

한자와 한문공부에서 그들은 한자·한문을 숭상하는 게 얼마나 어리석은가를 깨닫고 한글사랑의 길로 떨쳐나섰다. 이렇게 한글사랑에 앞장서는 한문학자와 중국어학자가 잇달아 나와야 하겠다. 한자 몇 자 더 안다고 자라나는 세대를 옛날 기준으로 '한자문맹'이라며 비난하다니, 보기에도 딱하다. 한글사랑은 우리 지성사에 대한 뼈저린 반성에서 나왔으며 흔히 오해하듯이 단순이 감정에서 나오지 않았다. 한글사랑의 깊이와 위대함을 아는 사람은 아직도 얼마 되지 않는다. 봉건주의와 사대주의가 우리를 짓누르고 있기 때문이다.

그리스에서도 그랬지만 대중의 쉬운 글자살이는 민주주의의 발전과 나란히 나아간다. 대중이 자신을 표현할 수 있는 수단을 얻는다는 것은 큰 발전이었다. 이것은 공적인 영역에 참여할 수 있음을 뜻한다. 중국에서는 민본사상은 일찍부터 있었으나 민주주의가 발전하지 못했던 까닭도 민중들이 글자살이를 하기에는 글자가 너무 많고 복잡했기 때문이다. 민중은 정치의 주체가 아니라 끝까지 다스림과 교화의 대상으로 남았다. 배우기 어렵고 쓰기 어려운 한자는 수준 높은 문화를 언제나 지배층만의 소유물로 만들었다. 인쇄술이 일찍부터 발전하였으나, 그 인쇄술로 지식의 대중화를 이루지는 못하였다. 이것은 복잡하고 수많은 한자를 쓰고 있었기 때문이었다. 특히 고려에서는 쇠활자를 처음으로 만들었지만 이미 있던 목판인쇄술과 크게 다른 점도 없었다. 민중을 공적인 영역에서 배제하는 상황은 한글이 나온 뒤에도 오랫동안 변화가 없었다. 모든 국가의 기록을 한문으로 남겼다.

주시경이 쓴 『독립신문』 창간호 논설(1896. 4)에는 '정부에서 내리는 명령과 국가 문적을 한문으로만 쓴즉, 한문 못하는 인민은 남의 말만 듣고 무슨 명령인 줄 알고, 이편이 친히 그 글을 못 보니 그 사람은 무단히 병신이 됨'이라는 표현이 나온다. 우리가 글자를 뒤늦게 갖게 되었다는 것은 끝내 아쉬운 일이 아닐 수 없다. 그만큼 이 땅의 민중이 스스로를 표현할 길을 갖지 못했다는 말도 된다.

한글이 갖는 이런 민중성을 보고 한글사랑운동을 사회주의적이라 비난하는 사람이 있다. 또 어떤 언론인은 한글만 쓰기에 따르는 말다듬기가 파시즘과 연결되어 있다며 우리말 사랑 운동을 비난하기도 한다. 모두 어이없는 일이다.

우리를 이렇게 눈멀게 만든 것은 바로 중화사상이었다. 중국이 세계의 중심이고 제도와 문물이 문화의 표준이라는 생각이다. 그러니 중국글자는 '성현의 문자'이고 한글은 학문이나 교육에서 선진문물을 받아들이는 데 도움이 되지 않는 글자였다. 한글이 생겨난 지 500년이 되도록 교육은 한문 배우기이거나 일본말 배우기였다.

지금은 몇몇 고등학교에서 미국말로 가르치고 배우기가 '일류' 학교의 상징처럼 여겨지고 있다. 정치와 국방에서 자주성이 값진 것임을 잘 아는 사람은 많다. 그렇지만 한글이 세계에서 으뜸이라면서도 한글로 자주적인 교육과 학문을 이룰 수 있다는 생각을 하는 사람이 많지 않음은 이상한 일이다. 한글사랑은 남북의 겨레가 하나되는 길이기도 하다. 남쪽에서 한글만으로 쓰기가 여러 계층이 하나되는 길이듯이 남북 사이에서도 한글은 하나되는 길이다.

국립국어연구원은 끊임없이 북녘의 말글정책을 왜곡하면서 북녘의 한글전용정책이 실패한 것처럼 선전해왔으나 진실은 그 반대이다.『북한의 언어정책』(1992. 7)에서 북녘의 한글전용이 실패했다고 말하고 있으며 한자문화권까지 들먹이고 있다. 남북의 말글 차이는 남쪽의 중국글자와 미국말 숭배가 가장 큰 원인임을 애써 외면하고 있다. 국어연구원은 냉전 이데올로기에 지배되고 있다. 지난 1991년 10월에 북녘에서 쓰는 '길섶' 대신에 잘못 만든 말인 '갓길'을 내놓은 것이 그 대표적인 보기이다.(『월간 조선』, 92. 1)

국어연구원의 임동훈 님은 북녘에서 1966년에 "문화어"가 정립됨으로써 '국어 공식 분단'이 이루어졌다고 보면서 '북한의 글을 읽을 때 그 뜻을 짐작키 어려운 낱말이 적지 않고 그 규범이나 문법도 매우 낯설게 된 까닭을 북한이 평양말을 중심으로 함경도 사투리를 보탠 문화어'를 새로 만든 데 있다고 했다.(『조선일보』 1995. 8. 19) 그렇지만 한글전용은 '국어사 그 자체에서도 새로운 전환점을 가져오며 남북의 통일적인 언어를 논할 때, 결코 뺄 수 없는 중요한 문제'이다.(김

수경, 『세 나라 시기 언어 역사』, 1989. 216쪽)

국어연구원은 한글전용 반대만이 아니라 그밖에도 여러 말썽을 빚었다.

(1) 『표준국어대사전』을 둘러싼 속임수－1992년부터 1999년까지 만든 이 사전의 목적에 대해 겉으로는 통일에 대비한 「종합국어대사전」을 발간한다고 언론에 흘렸다. 국어연구원의 '가장 큰 사업'(안병희, 『국어연구원 10년사』, 2000. 12. 226쪽)이었던 이 사업은 처음부터 현실성이 없는 속임수였다. 사전의 이름도 바뀌었고 편찬 계획을 여러 번 변경하였다. 나온 사전마저 엉터리임은 널리 알려진 일이다. 심재기 님은 '국어학계의 총력을 모아 발간'(『국어연구원 10년사』, 25쪽)했다고 하나 이는 거짓말이다. 학연이나 지연 때문에 이 사실에 대해 침묵하여 범죄를 묵인해서야 되겠는가. 누군가가 앞장서서 큰 목소리로 똑똑히 말해야 한다. 공개적인 토론의 마당 없이는 이런 속임수는 되풀이될 것이다.

(2) 한·중·일 한자 표준화 사업－이것은 우리가 한자문화권에 속한다는 잘못된 역사인식에서 나온 것인데, 이 작업을 하느라고 수많은 중·일 학자들을 초청하고 중국과 일본을 드나들고 한자 약체에 대한 조사보고서를 냈다.(『국어연구원 10년사』 77~93쪽, 111~112쪽)

이런 작업은 중국글자 섞어 쓰기를 전제하고 있다. 이 작업도 이희승과 함께 한자혼용운동을 하던 남광우 등이 주장하던 것이었다. 지난 1992년부터 시작하여 아직도 이 작업에 돈을 쓰고 있다.

(3) 이희승을 1994년 10월의 문화인물로 추천－한자혼용을 이끌고 국어연구원의 사실상 설립자인 이희승이 옥살이를 했고 조선어학회에 참여했다는 사실만 알고 그의 학문 세계를 모르는 대중의 통념을

파고들어 그를 미화 왜곡하려 했다. 이희승은 경성제대에서 배운 바 '과학적' 언어학을 내세우며 주시경과 조선어학회의 전통에 반대해 왔다. 이는 나라의 권위를 빌려 주시경과 조선어학회의 전통을 부정 하였다. 월간 『말』 1994년 10월호에서 처음으로 이런 왜곡에 대한 폭 로가 이루어졌다. 오늘날 한자폐지운동은 서울대에 전해지고 있는 경 성제대의 식민지 유산을 없애는 일이기도 하다.

(4) 우리말 연구의 관료화·국가화—일반적으로 유교문화권에서 지 식인들은 관료 예비군이므로 관료가 되는 것을 학문의 완성으로 여기 는 경향이 있다. 지난날 과거제도는 학문과 사상의 자유와 다양성을 통제하는 효율적인 도구였음을 기억할 필요가 있다.

이런 관료주의적 전통과 일제시대의 식민지 전통은 주시경과 조선 어학회의 전통을 민간 전통이라며 깎아내렸다. 1989년 3월부터 시행중 인 한글맞춤법은 바로 이런 당파심이 낳은 것이다. 민간에서 만든 사 전은 권위가 없어 나라에서 만들었다고 『'표준'국어대사전』이라고 우 기는 것도 학문의 관료화 및 국가화가 얼마나 부정적인 결과를 부르는 가를 보여준다. '국립'이라는 데 대한 눈먼 신뢰를 거두어들여야 한다.

지난 1993년에 이기문 님이 학술원상을 받고 1996년에 남광우 님이 학술원상을 받은 것도 여러 국가기관을 혼용파가 장악하면서 나라의 권위를 빌려 학문의 권위를 치장해 보려는 잔꾀에서 나왔다. 학문에서 권위는 학문공동체의 검증을 거쳐야 참된 권위로 인정된다. 오늘날 우 리말 연구에서 활기찬 토론이 시든 까닭이 바로 이런 관료화에 있다.

이런 여러 가지로 미루어 국어연구원이 우리말글에 적지 않은 폐해 를 끼쳤음을 알 수 있다. 그 활동은 민주주의와 자주적 통일이라는 겨 레문화의 큰 방향에 어긋난다. 무엇보다도 먼저 국립국어연구원이 폐지되어야 한다. 식민지 제국대학의 찌꺼기를 버리지 못하는 특정 학맥이 해방 이후 우리말글정책의 큰 줄기인 한글전용을 뒤흔들게 내버려둘 수는 없다. 국어연구원을 이대로 둔다면 정부가 우리말글의 혼란을 부추긴다는 비난을 피할 수 없을 것이다. 국어연구원이 하던 일부 조사 기능은 한국학 대학원에 맡겨도 좋고 젊은 연구자들에게 용역을 주어도 된다. 이런 여러 문제들을 거리낌 없이 논의할 수 있는 넓은 마당을 하루빨리 마련해야 한다.

(『말과 글』 98호, 2004. 봄)

8. 국립국어원, 서로 손잡기에는 때가 이르다

국립국어연구원이 2004년 11월에 국립국어원으로 개편되었다. 사실 국어연구원을 없애야 한다는 여론이 오래 전부터 있어 온 것을 생각한다면, 이런 개편도 뜻밖의 일이다. 이 개편으로 국어원은 그냥 연구기관에 그치지 않고 정책 기능까지 맡게 됨으로써 더 큰 힘을 갖게 되었고, 원장은 차관급으로 격이 올라갔다. 지난 1984년에 이희승 학맥이 학술원 산하에 임의기구로 출발시킨 국어연구원이 앞으로 또 어떻게 변신을 거듭할지, 많은 사람의 관심거리가 아닐 수 없다.

이 기관이 지나온 길을 볼 때 걱정되는 바가 적지 않다. 이 기관은 일본의 국어연구소를 본받아 이희승이 평소에 세우자고 주장해온 것이었다. 이희승은 일본의 말글살이를 우리의 모범으로 생각한 사람이었다. 국립국어원은 이희승의 오랜 주장인 한자혼용론을 지지해왔다. 남북의 통일을 대비한 『종합국어대사전』을 만든다고 큰소리치더니, 한자말과 홀이름씨투성이의 이희승 식 사전을 다시 만들고는 『표준국어대사전』이라 속이고 있다. 지난 1994년에는 이희승을 '시월의 문화인물'로 추천하여 한바탕 소동을 빚었다. 1999년 2월에는 한자병용 정책을 뒷받침하여 말썽을 빚었다. 이 기관의 원장은 이희승의 제자들이거나 그들이 내세운 사람이다.

이런 국립국어원이 국어기본법 시행령 마련을 위한 이야기 마당을 한글문화단체 모두모임과 함께 지난 4월 30일에 열었고, 오는 6월 2일에는 국어기본법의 주요 내용 가운데 하나인 국어상담소 운영에 관해 한글학회와 함께 공개토론회를 연다고 한다. 국어원이 돌아가는 속내를 지켜보는 글쓴이에게 이런 소식은 정말 뜻밖이다.

이희승의 '과학적' 국어학을 잇는 국어원은 우리말글 살리기 운동의 훼방꾼이었다. 식민지 교육기관인 경성제대의 권위로 주시경과 조선어학회의 전통과 맞서왔다. 이 대결에서 시간이 지남에 따라 점점 불리해진 그들은 드디어 권력의 도움을 얻기 위하여 국립국어연구원을 만들었다. 광복 뒤에도 청산하지 못한 식민지 찌꺼기인 제국대학의 유물이다. 국가기관인 국어원에 이희승 그림자는 아직도 짙게 드리우고 있다.

'우리나라의 어문정책에 필요한 자료를 과학적·체계적으로 조사, 연구하여 어문정책의 기반을 조성한다'는 국어원의 설립 목적(2005. 1)에서도 이를 확인할 수 있다. 이 말은 1938년에 나온 『조선어학의 방법론 서설』에서 이희승이 했던 말을 살짝 바꾼 것이다.

> "대개 과학적 연구란 것은 개개의 사실을 조사 음미하는 것으로부터 전체에 대한 완전한 체계적 지식에 도달하지 않으면 안 된다. …… 언어의 연구도 이와 같은 방식으로 나아가서 그 최고 이론이라든지 근본원리를 세우고, 이 원리를 기본으로 하여 종합적으로 전체의 체계를 조직하지 않으면 안 되리라 생각한다."

이런 생각을 말글정책에 적용한다면 귀납적 방법에 따른 조사가 어느 정책이 옳은가를 보여주리라고 여기게 된다. 남기심 원장의 다음과 같은 말에서 이를 확인할 수 있다.

"한글전용과 한자혼용의 양쪽 주장이 논리적이 아니고 직관에 의한 것뿐이라서 옳고 그름을 가릴 수가 없다. 실증적 자료와 실험적 증거로 보완하라."(한자교육과 한자정책에 대한 국제학술회의, 한국어문교육연구회 주최, 2004. 9. 11)

말글정책을 결정할 실증적 자료와 실험적 증거가 모자란다고 한다. 그러나 이는 틀린 생각이다. 과학적 방법이 무엇이냐를 잘못 안 데서 나왔다. 실증적 자료와 실험적 증거를 아무리 모아보았자, 한글전용이냐 한자혼용이냐에 대한 답을 얻을 수는 없다. 과학에서 가설을 생각해내는 것은 감정과 지성, 무의식적 직관이 어우러져야 한다. 자료와 증거만 있으면 옳은 가설, 즉 정책이 저절로 나오는 것처럼 여김은 소박한 생각이다.

어떤 정책(가설)을 세우느냐에 따라 실증적 자료는 다른 의미를 가질 수 있다. 개개의 사실을 조사 음미함으로써만 전체에 대한 체계적 지식에 이를 수 있다고 여기는 것은 잘못이다. 주어진 사실을 넘어가는 가치판단과 앞날의 여러 가능성에 대한 고려가 들어간다. 아무리 많은 증거가 있더라도 세울 수 있는 정책이 저절로 나오지는 않는다. 정책이란 현실을 바탕으로 바람직한 앞날을 그리면서 삶을 짜나가는 일이다. 그러므로 정책을 세우는 데는 현실을 뛰어넘는 부분이 끼어들 수밖에 없다. 실증적 자료와 실험적 증거가 더 필요하지는 않다. 귀납법에 대한 소박한 믿음은 논리적 오류에 지나지 않는다. 필요한 것은 우리말글의 역사적 현실과 그 앞날에 대한 올바른 깨우침과 정책이 무엇인가에 대한 이해다.

우리의 말글정책이 겨레문화를 과거의 인습에 길들이는 것이 되지 않게 하려면 우리의 역사적 현실에 대한 비판적 이해가 반드시 들어가야 한다. 지난날 유교사상과 한문숭배에 따른 폐단을 제대로 알지 못하면 우리말글 사랑은 몇몇 사람의 옹고집으로 보일 수밖에 없다.

아직도 많은 연구자들이 유학의 성격에 대한 이해도 없이 한글사랑이 민족주의적 감정에서 나왔다고 여긴다. 이희승도 '한글전용은 민족적 감정에서 흘러나온 집념'(『어문연구』 4권, 「권두언」, 1974)이라고 말하고 있다. 다음과 같은 이희승의 말은 그가 우리말글 의식을 규정한 유학에 대해 얼마나 소박한 생각을 갖고 있었는가를 말해준다.

"그들은 가명인(假明人)이 아니었다. 우리나라를 소중화로 만든 것은 어쭙지않은 관료들의 죄요 그들의 허물이 아니었다."(「딸깍발이」, 『협동』 37호, 1952)

사대부와 선비를 이렇게 분리해 생각해도 좋은가? 유학에서 사대주의는 우연적인 것인가? 선비는 과거에 합격하여 관료로 진출하는 꿈을 가진 예비 관료로 보아야 더 정확하다. 경제적인 활동과 거리를 두어야 했던 그들이 국가나 관료와 구별되는 근대시민의 자율적인 영역을 열었다고 볼 수는 없다. 이희승에게는 유학에 따른 동아시아의 조공−책봉체제나 중화사상에 대해 기본적인 이해마저 없었다. 중국의 정치적 혼란기에 태어난 사상으로서 유가사상은 통일과 질서를 강하게 지향한다. 유학이 마지막으로 이르는 곳인 '평천하'는 곧 중화패권에 따른 질서(pax sinica)를 뜻한다.

'과학적' 조선어학은 중화주의에는 눈을 뜨지 못한 채 이에 대항하는 겨레의 몸부림을 '과학적'이지 못하고 이데올로기요 감정일 뿐이라고 말하고 있다. 여기서 '과학적' 국어학의 이데올로기적 성격은 선명하게 드러나고 있다. 이는 우리 역사에 대한 무관심과 망각을 불렀다. 언어와 역사 및 문화를 떼어놓음으로써 우리말 연구의 탈역사화를 불러왔다.

우리의 말글정책을 세우는 데는 유학을 제대로 이해해야 한다. 말글의식이 대부분 유학에 뿌리를 두고 있기 때문이다. 말글을 도구로 보는 경향이 강하고 말하기보다 글쓰기를 높이 치는 것도 과거제도에서 비롯된 유학의 영향이다. '한자는 조어력이 강하다'는 한자혼용론의 주장에서도 말보다 글자를 중시하는 말글의식이 두드러진다.

유럽의 소리 중심주의 전통은 이런 중국문화의 전통과 크게 차이가 난다. 유교경전의 매개체인 한자는 중국이 하나임을 상징하는 글자이다. 통일된 한자가 없었다면 중국도 유럽처럼 분열되었을 것이다. 한자가 없이는 유학이 목표로 하는 바, 수많은 방언으로 갈라진 제국의 통일을 이루기가 쉽지 않았을 것이며, 이민족에 대한 한족의 패권 확립도 가능하지 않았을 것이다. 라이프니츠가 중국의 한자를 예찬했던 까닭이 바로 여기에 있었다. 30년 전쟁의 폐허 속에서 유럽의 평화와 통일을 염원했던 그에게 동아시아 전체가 쓰는 한문은 이상적인 '보편 문자'로 보였다. 한자는 통일제국의 빼놓을 수 없는 표준코드였다. 그것이 낱소리글자와 같은 추상적인 부호가 아니라 구체적 내용을 담은 이미지로서 중국의 역사와 문화를 담고 있다는 점에서도 단순히 중립적인 전달매체에 그치지 않는다. 중화사상을 떠받치는 기둥이다.

지난날 유교사상과 한문숭배에 따른 폐단을 제대로 아는 것은 우리

지성사에서 매우 값진 깨달음이다. 우리 유학사상사에서 조선의 공자
는 없고 공자의 조선만 있었던 큰 이유는 한문숭배에 있다고 보아야
한다. 중국글로 생각하고 표현하자니 생각이 주체적이 되기 힘들었다.
쉬운 한글은 애써 외면하고, 수십 년 동안 훈련을 거쳐야 쓸 수 있는
한문만을 쓰니 그런 사상을 이해할 독자들도 몇몇 사람에 제한될 수
밖에 없었다. 일본에 견주어 조선의 유학은 훨씬 추상적이고 고답적
인 형이상학에 오랫동안 머물러 있을 수밖에 없었다. 한자문화에 억
눌린 한글문화의 새로운 가능성을 찾아나서야 할 때이다.

경성제대와 이희승의 유산을 버리지 못한 국어원은, 새말은 창조되
기보다 탄생한다면서 언어의 자연발생설을 내세웠다. "날틀, 먹거리,
묻지마 투자, 야타족, 먹자판" 같은 낱말이 말 만드는 법에 어긋나 자
연스럽지 못하다고 한다.(국립국어연구원, 『2001 신어』) '과학적 연구'
를 내세우던 사람들이 새로 돋아나는 우리말에 대해서는 왜 섣부른
가치 판단을 내리는가. 긍정적이고 아름다운 뜻을 나타내는 새말도
많이 생기도록 돕는 게 일의 순서다. 이런 자연발생설은 언어에 대한
자유방임주의로서 외국어가 거침없이 들어올 수 있도록 뚝을 허무는
것이고 국어원이 국가기관으로서 있어야 할 이유를 스스로 부정하는
것이다.

참여정부의 성격을 생각할 때, 국어원은 없어져야 할 기관이다. 그
러나 그 조직과 권한을 확대하다 보니 정부의 규제가 늘어난다는 느
낌을 주게 되었다. 이런 법률의 시행이 오늘날 민간 부문의 자율을 강
조하는 미국식 신자유주의 쪽의 저항에 부딪힌 것이다.

정부 안에서도 이 법안에 그다지 우호적인 것 같지 않다. 얼마 전에
는 일본마저도 "국어"란 말을 쓰지 않기로 한 데에서 보듯이, 국가주

의적 색채가 물씬 나는 "국어"란 말을 쓸 시한도 그리 많이 남아 있지
는 않을 듯하다. 국립국어원이 민간단체와 손잡을 필요가 생긴 것이
다. 지난 4월 30일에 있었던 공청회에서 국어원의 어느 부장이 한 말
에서 그런 사정을 엿볼 수 있다.

> "규제 문제는 규제개혁위원회를 넘어서 통과시키는 것이 문제이다. 국립국
> 어원과 민간 단체가 손잡고 같이 일을 해나가길 바란다."

바깥바람이 조금만 다르게 불면 또다시 국어원은 훼방꾼으로 휙 바
뀔지도 모른다. 국립국어원이 민간단체한테서 우리말 훼방꾼으로 이
름이 오르내린 게 이미 여러 번이다. 믿을 수 있는 국가기관이 되기
위해서 이제까지 국어연구원의 되풀이된 속임수에 대한 공개사과가
앞서야 한다. 아울러 정부의 다른 기관에서 하는 일, 이를테면 경제특
구에서의 사실상의 영어공용화를 국어원이 앞장서서 막겠다고 선언
해야 한다. 우리말을 위기로 모는 온갖 제도를 없애 나가겠다고 선언
해야 한다.

한자 중심의 낡은 말글의식과 미국말 숭배가 더불어 있는 현실에,
법부터 들이대면 우리말글을 지키는 운동을 부당한 간섭이라 여기는
사람만 늘어날 것이다. 식민지 찌꺼기를 청산하지 못한 국립국어원과
섣불리 손잡기는 아직 이르다. 민간자율운동으로서 순수성만 의심받
게 되어 자랑스러운 독립운동의 전통에 흠집을 낼 가능성이 크다.

(『한글 새소식』 제394호, 2005. 6)

9. 다시 보는 경성제대 조선어학

─이희승의 경우[14]

'실증과 과학'을 내세웠던 경성제대의 조선어학은 광복 후에도 우리말글 연구에 큰 영향을 끼쳤다. '제국대학'이나 '과학'이란 이름 때문에 그 부정적 영향력의 실상은 아직도 가려져 있다. 아직도 이 문제에 대한 논의는 거의 없는 셈이다. 경성제대의 조선어학은 주로 주시경으로 대표되는 근대적인 우리말 연구에 대한 비판과 부정으로 이루어져 있다. 1945년 뒤로는 한글로만 쓰기에 반대하는 세력의 중심축을 이루었다. 특히 이희승은 경성제대의 학풍을 받아들이면서도 조선어학회에도 참여하였고 다른 한편으로는 조선어학회가 중심이 된 한글사랑운동에 반대하여 한자 섞어 쓰기 운동을 주도하였다. 이런 그의 활동에 어떤 모순이 있지는 않을까?

정승철(서울대 교수) 님이 쓴 논문 「경성제국대학과 국어학」(『국어학 논총─이병근 선생 퇴임 기념』, 태학사, 2006. 1,465~1,494쪽. 아래에서 별다른 언급이 없는 쪽수 표시는 이 논문에 따랐다)은 비교적 최근에 나온 논문으로 성실하게 자료를 모아 경성제대와 그 속에서 이루어진 조선어학 연구의 성격을 간추린 글이다. 그러나 이 글은 비판적인 눈이 없어 경성제대 조선어학의 성격을 잘 드러내기에는 모자라는 점이 많아 보인다.

---

14) 이희승 왜곡은 아직도 계속되고 있다. 보훈처에서 2012년 10월 이달의 독립유공자로 선정하였다. 이는 오래 전부터 전개되던 이희승 재평가 작업에 대한 공권력을 업은 도전이다. 이 문제에 대해 모두가 증언을 꺼려 문제가 자꾸 꼬이고 있다. 최현배 유고인 『한글만 쓰기의 주장』(정음문화사)의 1999년판 머리말을 보면 조선어학회와 이희승의 관계를 엿볼 수 있는데 '힘을 합쳐 한글 운동을 해야 된다며 반대하는 동지들을 설득하여 경성제대 출신을 조선어학회에 받아들인 외솔의 정신'이란 표현이 나온다.(보탠 글)

무엇보다 중요한 일은 경성제대 조선어학이 내세웠던 방법론의 구호와 그들이 부정했던 주시경과 조선어학회의 연구가 실제로 어떤 충돌을 일으키고 있는가를 주의 깊게 살펴보는 일이다. 이론적인 문제에서 서로 다른 생각은 조선어학회 안에서도 있을 수 있다. '과학적' 조선어 연구를 내세우며 주시경과 조선어학회의 연구 경향을 부정하였지만 이런 경향이 왜 비과학적이고 이데올로기적인가를 밝히지는 못하였다. 그들이 중시했던 문헌고증학적 방법(1,482쪽)이나 귀납적 일반화(1,483쪽)는 그들만이 독점할 수는 없다. 이런 방법은 모든 가치 평가에 대해 중립적이며 어떤 이념적 가치와도 짝을 이룰 수 있다. 또 이희승은 언어 사실을 존중하고 그 속에서 규칙을 찾아내는 사회과학적 언어학에 반하는 보기로 최현배의 잡음씨 설정을 들고 이것이 규칙을 먼저 설정하고 언어 현실을 거기에 복종시키려는 비과학적 이론이라고 보았다.(「국어의 부흥」, 『월간 중앙』, 1969. 7) 그러나 잡음씨 설정의 타당성은 국어학 연구의 동기가 어디에 있든 그 타당성에 대하여 자유로운 토론이 가능한 문제이다. 특별히 어떤 이념에 지배되어 이 이론이 나오지는 않았다.

새말만들기를 어떻게 볼 것인가에서는 분명히 충돌이 드러난다. 이희승은 일찍이 「신어 남조 문제」(『조선어문학회보』 6호, 1933. 4)에서 이런 문제를 다루었다. 그는 "품사"를 "씨", "자모"를 "고나", "주의"를 "잡이", "예"를 "보기"로 바꾼 주시경의 생각을 비판하며 '자아의식을 고취'하기 위한 새말만들기가 시인이나 사상가가 할 운동이지 과학자의 작업은 아니라고 보았다. 다음과 같은 이숭녕의 발언에서도 '과학적' 조선어학과 우리말글 연구가 충돌하는 사례를 볼 수 있다.

이것은 그가 알 수 있었던 단 하나의 언어학이 소쉬르의 것이었기 때문이다. 소쉬르의 이른바 내적 언어학은 문자를 언어학의 대상으로 보지 않는다. 위와 같은 이숭녕의 발언은 내적 언어학이 생겨난 역사적 맥락이나 그 성격에 대한 충분한 이해 없이 내린 성급한 결론이다. 그는 특수현상에서 일반화될 수 있는 규칙이나 법칙을 끌어내는 문제의식에 눈을 뜨고 있지 못하다. 지금은 실증과학으로서의 문자학도 과학적 연구의 대상이 되고 알파벳은 기호학의 주요 대상이 되기도 한다. 이숭녕은 언어학의 좁은 모형에 사로잡혀 언어학은 늘 밖에서 들여오는 것이라 생각하였다. 따라서 말과 글의 관계, 우리가 형태주의 맞춤법을 갖게 된 우리말의 구조적 성격에 대한 문제의식이 설 땅이 없어진다. 이숭녕이 생각한 조선어학은 외국의 '일반' 이론을 조선어에 적용하는 데 있었음을 알 수 있다. 이 점은 이희승도 마찬가지다. 다만 한글에 대해 적극적인 관심을 보인 점에서 이희승은 이숭녕과 구별된다. '제대로 된' 과학적 연구를 위해 경성제대에 간 그는 조선어학회의 형태주의 맞춤법이 규칙성을 보인다는 점에서 찬동하였고 간사장까지 지냈다.(1935년부터 두 해) 그는 언어학을 이른바 내적인 것에 한정하지 않았다. 언어와 민족, 문화를 연결하는 그의 글을 쉽게 찾을 수 있기 때문이다. 그는 1947년에 낸 『조선어학논고』「서」에서 '우리 국민의 생존 번영과 국어와의 불가분의 긴밀한 관계'를 말하고 있다. 그가 맞춤법 제정에 참여하고, 말광(사전) 만들기를 주도한 점은

그의 학문이 순수하게 이론적이지 않음을 말해준다. '이론과학으로서
의 조선어학'(1,467쪽)이란 성격은 이희승에게 적용되지 않는다. 그가
주도한 한자혼용운동은 이를 잘 보여준다. 그렇지만 이희승이 남긴
말과 글에는 경성제대에서 배운 원칙에 충실하려는 움직임이 보이는
곳도 있다. 한글전용정책이 펼쳐진 1960년대에 그는 다음과 같은 말
도 남기고 있다.

"그때(8·15 이전 – 인용자)에는 국어 연구라고 하는 것이 한쪽은 학리요,
한쪽은 독립운동들이었습니다. 8·15 이후에는 국어를 가지고 독립 운동
하는 면은 지양해야겠다는 생각이었지요. 학문으로 나가야겠다는 것이지
요."(『월간 중앙』, 1969년 7월호)

그러나 이런 이분법적 대립은 주시경과 조선어학회의 전통에서는
허구에 지나지 않는다. 과학이나 학문은 겨레의 역사와 문화에 대한
관심에서 오기 때문이다. 삶과 학문, 실천과 이론은 상호작용 속에서
통합되고, 이론적인 문제는 자유로운 토론이 가능하기 때문이다. 이
런 데서 보편적 이론이란 언제나 밖에서 들여오는 것이란 생각에 사
로잡혀 주체적 문제의식과 창조를 잊은 식민지 지식인의 비애를 볼
수 있다. 공자의 유학은 중국의 정치적 혼란과 분열 가운데서 해결책
을 찾는 데서 생겨났고, 얼마 전까지 보편적이고 영원할 것처럼 기승
을 부리던 신자유주의 경제 정책은 뉴딜정책에 대한 문제의식에서 생
겨났다. 조선어학은 언어학에서 출발해야 한다고 생각했기에 조선어
학에서 또 한글갈에서 일반이론이 나올 수도 있음을 그들은 생각할
수 없었다.

　이희승은 주관적으로는 '우리말 연구 자체가 민족적인 것'이고 '민

족의 병'을 알아내기 위해 우리말 연구에 나섰다(1,485쪽)고 생각했겠지만 한자와 한문 중심의 말글의식을 완전히 버리지 못하였다. 따라서 객관적으로는 봉건시대의 모화 이데올로기와 식민지지배 이데올로기에 순응하는 결과를 낳았다. 토박이말에 뿌리를 둔 새말만들기를 '과학적' 언어학의 일이라 보지 않았고 한글만 쓰기에 반대했던 사실에서 이런 성격을 분명히 볼 수 있다. 경성제대를 통해 수입된 유럽의 언어학만을 '학문적, 과학적'이라고 여겼다. 주체적이고 실천적인 문제의식에서 출발하여 이론적 해결책을 찾은 주시경과 조선어학회의 전통을 비과학적이고 이데올로기적이라고 비판하고 이와 맞대결을 펼쳤다. 이런 움직임은 우리 학계에 길고 긴 파쟁의 불씨를 심었다. 말썽 많은 말광까지 만들고 은밀하게 한자혼용으로 말글정책을 뒤집을 기회를 엿보던 국어연구소(원)를 세운 것도 그가 일본을 본떠 한 일이다. 학문적이고 과학적인 연구가 겨레의 역사적 실천의 요구를 부정해야 한다는 생각은 그냥 잘못되었을 뿐이다. 학문하는 동기가 논증에 구체적으로 어떤 영향을 끼쳤는가를 따져야 한다. 다른 한편으로 그의 학문이 주시경 스승의 감화에서 나온 것인 양 말하기도 하고 조선어학회 사건으로 옥고까지 치렀다. 이희승에게 개인과 겨레, 삶과 학문, 과학과 이데올로기가 끝내 통합을 이루거나 생산적으로 서로 영향을 끼치지 못하고 분열되어 있다. 그가 가장 행복했던 시기는 그의 '과학적' 조선어학이 조선어학회의 맞춤법 제정 원칙과 일치한 때였다. 이것도 물론 그의 학문이 갖는 이데올로기적 성격을 가리는 구실을 하게 되는 아쉬움이 남는다. 그에게 애초부터 모자랐던 것은 그가 어릴 적에 서당에서 겪었던 다음과 같은 일의 의미를 끝까지 물어가는 주체적 문제의식이었다.

　"나는 서당 때부터 한글에 호기심이 있어 어머님께 배웠고 머리가 큰 접장들한테 몰래몰래 숨어서 한글을 익히기도 했었다. 서당에서는 선생님이 절대 한글을 보지도 못하게 했다. '언문을 보면 진서가 삭는다'는 이유에서였다."(「외길 한평생 ─ 국어학」, 『주간조선』 80. 11. 9)

(『한글 새소식』 제445호, 2009. 9)

넷째 가름
세계화 · 국제화 비판
– 신판 사대주의

첫째 조각 빛 좋은 개살구 — 한자문화권

1. 빛 좋은 개살구, 한자문화권

사회가 점점 분화됨에 따라, 어떤 문제에 대해 뚜렷한 줏대를 갖지 못하고 그저 막연한 통념으로 고개를 끄덕이는 경우가 많다. 그러나 한 겹 벗기고 나면 허깨비처럼 그 실체가 밝혀지는 경우도 있다. 이 글에서 다루어보려는 '한자문화권'이란 개념이 바로 그런 근거 없는 통념이라고 글쓴이는 생각한다. '한자문화권'이란 무엇인가라는 물음은 겨레문화의 앞날을 진지하게 생각하는 사람에게 그냥 지나칠 수 없는 것이다. 이 개념이 우리말글살이에 끼치는 영향을 생각할 때, 비판적 검토와 반성이 더 절실하다. 한자문화권론은 오래 전부터 한자혼용론을 정당화하는 구실을 해왔고 국립국어연구원에서 추진하는 동양 세 나라의 한자통일사업에도 핑계가 되고 있다.(『동아일보』 1995. 1. 14) <셈틀 통신 천리안>(4월 16일)에 NKW1402(남광우)란 이름으로 올라온 글을 따라 한자문화권이란 생각이 얼마나 근거가 있는지 따져보기로 하자.

"제2차 세계대전 당시 일본군의 맹목적 충성심에 놀란 미국은 전후 그 원인을 분석, 그 전율할 충성심이 유교정신에서 비롯되었고 그 근간이 한자라는 결론을 내렸다. …… 한국, 중국, 일본 외에도 북한과 대만을 포함한 8개국 15억 이상의 인구가 사용하는 한자는 나라마다 읽는 음은 달라도 필담으로 어느 정도 뜻을 주고받을 수 있다. 한자문화권뿐 아니라 열강들마저 한자문화권의 윤리와 덕목을 새롭게 인식해가고 있는 이때, 조상들이 수천 년 간 우리 문자로 받아들여 역사를 기록하고 문화를 꽃 피워 온 한자를 없애자 하면서 초등학교 3학년부터 영어를 정규과목으로 교육하겠다는 것은, 가뜩이나 서구화해 가는 국민을 아예 미국 시민화하겠다는 발상과 같다. 한글전용만이 애국인 양 회자되던 필자의 초등학교 시절, 학교에서는 '비행기'를 '날틀'이라 하고 '학교'를 '배움집'이라 가르친 적도 있었다. 그러나 지금 "날틀"이나 "배움집"이라는 말을 쓰는 이는 아무도 없다. 우리글을 지키고 사랑하는 것이 반드시 한자를 없애는 것이 아니다. 그동안의 한글전용교육 결과, 국민의 언어생활을 이끌어주어야 할 아나운서마저 우리말의 장단조차 구분하지 못할 만큼 우리말은 형편없이 망가져 버렸다. 땅에 떨어질 대로 떨어진 국민의 도덕심 함양을 위해서라도 한자교육은 필요하다."

일본군의 맹목적 충성심을 예찬하는 것이어서 거부감이 온다. 맹목적 충성심과 유교정신(또는 유교문화권의 윤리와 덕목)과 한자가 거의 분리되지 않고 있다. 그것들이 모두 하나인가? 남 님처럼 생각하는 사람이 아주 없지는 않을 것이다. 그것들이 모두 값진 것이냐? 결코 그렇지 않다. 아직도 사대주의 봉건주의적 유교 이념과 일본의 군국주의를 예찬함은 시대착오다. '한자문화권'의 윤리와 덕목은 남 님이 말한 바 '맹목적 충성심'과 같은 것이 아닌가.

우리 역사를 중국글자로 기록해 놓았기 때문에 번역하여야 우리 역사를 쉽게 알 수 있다. 이런 일을 하기 위해서 우리말과 한문에 정통한 전문가를 길러내야 한다. 어설픈 한자 섞어 쓰기는 도움이 안 된다.

한글로만 쓰기는 애국이기도 하지만 민주주의와 잘 맞고 자주성을 높여준다. 한자문화 및 유교문화가 중국의 주변민족에 대한 편견, 오만과 독선, 지배를 정당화하고 있기 때문에 이런 중화사상을 비판적으로 해체하는 것이 우리 시대의 큰 숙제다. 중국인 스스로가 이런 일을 해주기를 마냥 기다릴 수는 없다.

지난 1979년의 베트남−중국 국경 분쟁 때, 중국의 덩샤오핑이 '(베트남에) 징벌을 가한다'고 한 것은 이런 사상이 얼마나 뿌리 깊은가를 말해준다. 이런 문화를 오늘에도 이어가야 한다고 생각한다면 이는 우리 겨레를 모멸하는 일이다. "날틀"이나 "배움집"도 한자 중심의 말글의식 때문에 문제였지 살려 쓸 수 있는 말이었다. "베틀", "재봉틀"은 되는데 "날틀"이 안 될 이유는 없다. "배움터"(캠퍼스)란 말은 널리 쓰이고 있다. "신토불이", "음참현철" 같은 중국어에 거부감을 못 느끼는 게 더 이상한 일이다. 문제는 한자 중독에 있었다. 한자가 도덕도 바로 가르치고 한글 바로 쓰기에도 도움이 된다고 하였다.

'21세기는 한자문화권이 주도할 것'이라는 미래학자들의 예측을 반영하듯, 최근 우리 사회도 한동안 소홀했던 한자에 대한 관심과 열기가 부쩍 높아지고 있다. …… 현재 55억 세계 인구 중 한자문화권은 7.2%, 15억이 넘는다. 미국 예일대학의 폴 케네디 교수는 『21세기 준비』에서, '1962년 세계 GNP의 9%를 차지했던 서태평양(특히 동아시아) 국가들이 1980년대는 15%에 이르렀고, 2000년에는 세계 GNP의 약 25%를 차지하게 될 것'이라고 예측하기도 했다. 바야흐로 한자문화권 시대가 눈앞에 다가온 것이다."

이런 미래학자들의 주장이 얼마나 현실화될 것인지 지금으로는 누구도 알 수 없다. 동아시아 경제의 앞날에 대한 비관적인 견해도 많다.

남 님이 말한 바 '한자문화권' 시대는 구체적으로 중국이 패권을 잡는 시대일 것이다. 그게 우리에게 무엇을 뜻하겠는가. 한나라의 상징인 말글살이마저 변덕이 심한 정치나 경제상황을 고려하여 결정해야 한다는 말인가. 중화사대주의도 대동아공영권도 되살아나서는 안 된다. 겨레의 주체성을 가볍게 생각하는 사람이 뜻밖에도 많다.

"우리 젊은이들이 대학을 졸업해도 제 나라의 국호나 부모의 성명은 물론, 자신의 이름조차 쓰지 못하는 이가 많다. …… 중국이나 일본의 관광객이 우리나라를 외면하는 가장 큰 이유는 도로 표지판이나 거리의 간판을 알아볼 수 없을 뿐 아니라 필담조차 통하지 않는 것이라고 한다. 싫든 좋든 우리는 앞으로도 중국, 일본 등 이웃나라와 교류하며 살아가지 않으면 안 된다."

나라 이름과 부모의 이름을 중국글자로 적지 말고 세계에서 으뜸가는 한글로 적어야 자랑이 된다. 관광객 이야기라면 우리는 프랑스를 보아야 한다. 관광수입을 위해 문화적 자존심을 팔지 말아야 한다. 재벌 입김에 한글날마저 없앴으나 경제는 그 뒤로 더욱 망가졌다. 소중한 겨레의 자존을 값싸게 버리고 마는 가벼움이 판을 치고 있다. 한자폐지운동이 곧 이웃과 교류를 끊자는 말은 아니다. 종속과 굴욕을 경계함이다. 말과 글의 생명은 구체적 상황 속에서 쓰이는 데 있다. 삶 속에서 쓰이지 않는 말을 죽은 말이라고 하는 이유도 여기에 있다. 라틴어와 한문이 그 죽은 말의 대표적인 보기다. 쓰임이 말글의 생명이라면, 나날의 삶에서 한자말을 중국글자로 적자는 '국어학자'는 우리 말글을 죽이고 있는 셈이다.

글자를 기준으로 어떤 문화권을 설정하는 것은 온당하지 않다. 그렇다면 독일과 아르헨티나가 같은 문화권에 속하게 된다. 한자문화권의 내용을 유교문화권으로 잡더라도 세 나라 사이의 차이가 무척 크다. 조선의 성리학은 주자학 일색이라 숨 막힐 정도로 답답하다. 또 깊이 중화사상에 젖어 자신에 대한 망각과 모멸이 매우 심하다. 그 유명한 최만리의 상소문은 한자를 '성현의 문자'라 하고 언문은 오랑캐가 되는 것이라 보았다. 송시열이나 최익현의 글을 보면, 우리 겨레를 스스로 '오랑캐 민족'[夷民]이라 하고 고유풍속을 '오랑캐 풍속'[夷俗]이라 부르고 있다. 이렇게 '작은 중화'를 자랑스럽게 여기던 버릇은 국제화·세계화시대를 맞아 어느덧 '작은 미국', '작은 일본'을 자랑스럽게 여기는 버릇으로 바뀌어 버렸다. 오늘날 미국말 숭배로 말미암는 우리말글의 훼손은 말하기도 새삼스러운 일이다.

　주자학은 중국에서 생겨났지만, 중국인들은 우리처럼 주자학에만 매달리지 않았다. 일본유학에는 중화사상에 대항하는 흐름이 끊이지 않고 흘렀다. 중국은 인도의 불경을 받아들일 때 한문 불경부터 만들었으나 우리는 얼마 전까지만 해도 한문불경이나 언해 수준의 불경이 대부분이었다. 지난날 세 나라가 한문을 썼다는 점에서 공통성이 있어 보이나, 우리와는 달리 일본인에게는 한문이 일본어가 된다. 얼핏 보면 같지만 들여다보면 다름을 새삼 알게 된다. 한자문화권을 내세움은 중국이나 일본을 뒤따라가자는 말이 되는데 우리와 그들은 매우 다르다. 하물며 동아시아의 패권을 추구하는 그들과 남북으로 갈라진 우리의 정치경제적 현실이 같을 수 없다.

　중국은 뜻글자를 갖고 있고, 일본은 소리마디 글자를 갖고 있고, 우리는 낱소리글자를 가져 글자의 현실이 다르다. 글자가 말을 적는 연모라면 이런 차이는 곧 말의 차이를 반영한다. 중국이나 일본보다 오늘날 우리의 말글살이가 한자 중심의 과거와 더 큰 거리가 있다. 그러나 이 거리는 결국 한자문화(유교문화)의 폐해가 그만큼 더 컸음을 뜻한다. 우리말글은 한자(유교) 때문에 가장 큰 폐해를 입은 분야다. 일본과는 달리, 한문을 우리말본에 맞게 읽는 전통이 끊어졌음을 보아도 알 수 있는 일이다. 전체적으로 보아 그것은 빛나는 전통이 아니라 벗어야 할 굴레다. 한자문화의 굴레를 벗어나 홀로 선 겨레문화를 세워가는 것이 우리 시대의 큰 과제이다.

빛나는 전통처럼 보였던 '한자문화권'이란 게 찬찬히 보면 결국 겉만 번지르르한 개살구임이 드러난다. 과거의 한자문화에 대한 비판적 거리두기는 자주적이고 민주적인 겨레문화세우기에 빼놓을 수 없는 조건이다. 한자문화에 대한 강한 부정과 비판 속에 긍정하고 껴안아야 할 한글문화의 모습이 더 분명해지지 않겠는가.

(『한글 새소식』 제298호, 1997. 6)

2. 벗어야 할 굴레, 한자문화권

'한자문화권'이란 말을 쓰는 사람은 대개 중국글자 섞어 쓰기를 주장하고 있다. 언제부터 누가 이 말을 쓰기 시작했는지 알려져 있지 않다. 이 말이 1970년대 초에 벌써 쓰인 자취가 남아 있으나 그렇게 널리 쓰인 말이라 보기 어렵다.『여성동아』1973년 5월호에서 이희승마저도 (한글만 쓰기를 함으로써) '동양' 문화의 고아가 될 수 없다고 말하고 있다. 국립국어연구원이 낸 특집「한자문화권의 한자교육」(『새 국어 생활』, 1999. 여름호)에서 이런 생각은 가장 잘 드러난다. 여기서는 한자문화권의 밖걸림을 남북의 우리 겨레와 중국, 일본으로 잡고 있다. 이제는 한자를 버린 지 오랜 베트남에 대해서는 말이 없다.

국어연구원이 '한자문화권'이란 개념에 기대어 오래 전부터 한자 표준화 작업을 하고 있다. 국어연구원은 지난 1991년에『우리나라 한자의 약체 조사』, 1992년에는『동양 삼국의 한자 약체자 비교 연구』를 펴낸 바 있다.『동아일보』2001년 7월 4일에 실린 국어연구원 이준석 연구원의 말로 보아, 지난 1999년에 말썽을 빚었던 한자병용 또는 혼용정책은 이런 작업의 터닦기임을 알 수 있다. 남기심 국립국어연구원장은 국립국어연구원이 1995년부터 '한자문화권 안의 한자 표준화 사업의 주무기관'임을 자랑하고 있다.(『조선일보』, 2001. 6. 28)

우리는 과연 한자문화권에 속하는가? 지난날 한문이 공용어였다는 사실로 보면 아니라고 하기는 어렵다. 그러나 여기서 우리가 앞으로도 중국글자를 섞어 써야 한다는 결론이 나오지는 않는다. 그런 결론을 끌어내려면 과거의 한자문화가 이어갈 값어치가 있음을 전제해야 한다. 그러나 한자는 쓰기와 읽기가 너무 어려워 귀족적인 글자이고, 크게 보아 그 문화는 봉건적이고 사대주의적이다. 이에 대한 철저한 비판과 청산작업이야말로 자주적인 겨레 역사를 애짓기 위한 가장 중요한 조건이다.

베트남과 북녘의 동포들은 이런 새 역사를 만들어가고 있다. 일본은 아직도 한자를 쓰고 있다는 점에서 한자문화권인 것처럼 보인다.『문명의 충돌』을 쓴 헌팅턴은 일본을 중국과 다른 독자적 문명권으로 나누고 있다. '한자(중국)문화권'이 지역적으로 어디까지인가에 대해서도 분명하지 않을 수도 있음을 보여주기에는 넉넉하다. 나아가 문화(문명)권이란 개념부터가 학문적인 비판을 거친 개념이라 보기 어렵다. 문화의 같음과 다름을 무엇으로 나눌 수 있는가? 글자를 기준으로 한 문화권 설정은 얼마나 타당한가?

남녘과 북녘, 중국(대만)과 일본을 한자문화권으로 묶고 앞날의 말 글정책까지 이에 얽매는 것은 바람직하지 않다. 우리의 역사적 현실 에 대한 주체적이고 비판적인 앎이 아쉽다. 우리의 현실과 남의 현실, 사실과 가치, 지난날과 앞날을 마구 뒤섞어서는 안 된다. 그러나 우리 겨레는 이런 인습의 굴레를 벗어날 수 있는 힘을 넉넉히 갖추고 있다. 우리가 민주적이고 자주적인 겨레문화를 세운다면 중국과 일본은 크 게 축하해주리라 생각한다.

한자문화권이 무엇인가에 대한 분명한 생각을 찾기는 쉽지 않지만, 한문을 중세공동문어로 보면서 한문문명권을 설정하는 이론을 찾을 수 있다. 이런 주장을 펴는 조동일(서울대) 님의『문명권의 동질성과 이질성』(지식산업사, 1999. 4)에 따르면, 세계의 공동문어문명권에서 는 공동문어를 사용하여 문학활동이 이루어졌고, 중세적인 보편이념 (종교)과 그 보편이념에 따른 각국 역사의 서술이 이루어졌다고 본다. 조 님은 한문문명권의 경우에, 보편이념은 유교와 불교이고, 이에 따 른 우리 역사 서술로는『삼국사기』와『삼국유사』가 있다고 본다. 정 치적으로는 이 문명권의 나라들은 책봉과 조공의 관계로 이루어졌다. 조 님은 일본과 베트남도 이 한문문화권에 속하는 것으로 본다. 얼핏 보아서 새로울 것도 없고 큰 문제도 없어 보인다.

조 님은 우리가 한문을 오랫동안 써 오면서 유학을 숭상해 온 사실 도 중세보편주의의 구현이라 보고 있다. 책봉－조공의 체제를 통해 이 런 중세문명이 전해졌으며(43쪽), 이런 체제를 통해 문명권의 동질성 과 내부적인 결속이 이루어지며 이는 인류문명의 동질성을 향해 나아 가는 중간 거점으로 이용해야 한다(108쪽)고 주장한다. 따라서 책봉－

조공 체제에서 드러나는 사대주의를 민족국가의 관점으로 이해하는 '근대 학문의 편협성을 시정'(107쪽)해야 한다고 말한다. 이런 생각에는 '진리'나 '보편성'에 대한 소박한 태도가 드러나며, 과거를 현재의 눈으로 보기를 거부하는 실증주의적 역사의식도 드러난다. 이런 실증주의는 역사의 개념을 좁게 잡는다. 더구나 그 뿌리는 경성제대에 있다. 먼저 한 문명권의 '보편성' 또는 '동질성'에 대한 소박한 생각이 무엇보다도 문제다.

> "책봉체제를 강대한 제국이 인접국까지 지배하려는 정치형태라고 보려고 하지 않고 한 문명을 이루는 구조라고 이해해야 그 본질이 해명된다. …… 제국의 이름이 아닌 문명권의 이름을 들어 고찰의 대상을 정해야 한다."(27쪽)

책봉체제는 제국과 주변국 사이의 정치형태이다. 제국과 문명은 동전의 앞뒷면처럼 연관되어 있다. 제국과 문명의 이원주의적 분리는 소박한 생각의 산물이며 아무런 근거도 없다. 문명권 안의 '보편성' 또는 '동질성'은 제국의 힘에 의해 강요된 것이었다. 그 '보편성'이나 '동질성'은 제국이 주변국을 군사적으로 정복할 힘이 부치고, 주변국이 문화적 주체성을 버려 타협한 값으로 정복을 겨우 면함으로써 생겨났다. 1300여 년 전 신라와 당의 조공―책봉관계가 그 산 증거다. 주변국이 이런 문화적 동화를 거부할 때, 중심의 제국은 언제나 침략을 일삼았다. 우리에게 보편적인 것은 19세기까지 중국 것이었고, 20세기 후반부터 미국 것이다. 무엇이 보편적인가? 보편성에 관한 소박한 신화에서 빨리 벗어나야 한다. 아무런 맥락 없는 보편적인 진리는 없다. 이런 여러 특수성이 함께 있음이야말로 보편적이다. '보편적'이라 주장되는 특수한 것들은 언제나 힘을 업고 있었다. 우리 지성사는 늘 교조적 보편성에 젖어왔다.

> "우리 조선사람은 매양 이해(利害) 밖에서 진리를 찾으려 하므로, 석가가 들어오면 조선의 석가가 되지 않고 석가의 조선이 되며, 공자가 들어오면 조선의 공자가 되지 않고 공자의 조선이 되며, 무슨 주의가 들어와도 조선의 주의가 되지 않고 주의의 조선이 되려 한다."(신채호, 「낭객의 신년만필」, 『동아일보』, 1925. 1. 2)

외래 이론의 '보편성'에 대한 신뢰가 지나쳐 주체적이고도 반성적인 사고를 앗아가 버린 우리 지성사의 가난함을 잘 들추어낸 글이다. 이런 세계관에서 우리 것은 특수하므로 버려야 할 것이었다. 오늘날 미국말을 그냥 미국말로 보지 못하고 국제통용어니 선진문물을 전해주는 매체로 보는 데서도 이런 태도가 나타난다. 오늘날 미국말의 자리는 바로 한자와 한문이 차지하던 자리였다. 지구화(세계화)는 미국이라는 국민국가가 주도권을 쥐고 추진하기 때문에 지구화시대는 곧 미국의 패권이 관철되는 시대가 된다. 이런 패권국가는 언제나 그들의 패권 유지에 도움이 되지 않는 세력을 '악(惡)', '비문명'이라 보았다. 지난 1980년대에 미국의 어느 대통령은 옛 소련을 '악의 제국'이라고 불렀으며, 최근에는 미국의 패권에 대한 외부세력의 도전을 곧 '문명에 대한 도전'이라고 주장한다. 중국 중심적 세계관에 빠져 있던 한 세기 전의 조선의 주자학자들에게도 일본이나 서양세력은 '삿됨(邪)'이었고 문명 없는 '오랑캐'였다. 세계질서를 선과 악, 문명과 야만으로 나누는 생각은 인류의 역사와 더불어 시작되었다. 그러나 그 속살은 언제나 겨레와 겨레의 싸움, 나라 사이의 싸움이었다.

이런 가려진 보편성은 우리 삶의 거의 모든 분야에서 확인된다. 1991년에 이라크와 싸웠던 '다국적군'은 글자 그대로 '다국적'은 아니었다. 실상은 미국군대와 다름이 없었다. 다국적 기업은 글자 그대로 '다국적'이 아니다. '들어오는 것에서부터 나가는 것에 이르기까지 속도를 높이기 위한 모든 것을 갖추고 있다'는 '다국적' 기업 맥도널드는 '미국적' 삶의 합리화와 표준화를 상징한다. '미국계 다국적 자본' 또는 '일본계 다국적 자본'이라는 표현이 있는 것도 바로 이 때문이다. 지역통합이니 연합이라는 것도 개별국가 단위 사이의 이해가 서로 어긋나지 않는 테두리 안에서만 가능하다. 오늘날 많은 맥락에서 논의되는 '유교적·아시아적 가치'도 뜯어보면 중국적 또는 일본적 가치이다. 지구화(세계화)라는 현상도 미국의 패권에 도움이 되지 않는다면 아침햇살에 안개 사라지듯 사라질 수도 있다. 문명과 야만, 선과 악, 보편성과 특수성에 대한 소박한 생각에서 깨어나는 것이 '우리' 학문의 빼놓을 수 없는 조건이다. 화이론적 동아시아의 질서, 대동아 공영권의 질서, 지구화(세계화)는 언제나 보편성이나 문화의 탈을 쓰고 특정 패권국의 이해를 대변해왔다.

흥아론(興亞論)이나 아시아주의를 내세우던 일본에 기대를 걸고 일본과의 연대로 서구 열강을 견제해보려던 중국의 량 치차오는 청·일 전쟁 후에야 환상에서 깨어났다. 안중근의 동양평화론에도 일본에 대한 기대가 드러나 있다. 이러한 보편질서 또는 연대론은 침략이나 패권주의를 가리는 허울이었고, 극단적인 때에는 한 나라가 사라짐으로써 이런 연대론 자체도 막을 내렸다. 주변국과의 실질적인 평등이 전제되지 않은 연대론은 위험한 환상이며 우리에게 굴레가 될 뿐이다. 동아시아 국가들의 연대나 통합의 전제는 평등하고도 주체적인 민족국가다. 구름잡기 식의 동아시아 문명론은 겨레문화의 독자성을 짓밟을 것이며, 섣부른 동아시아 연대론은 외세에 기대려는 오랜 사대주의 병을 도지게 만들 것이다.

한 세기 전에 중국이나 일본이 유럽이나 아메리카에 대비하여 스스로를 '중(中)'과 '화(和)'로 보았는데 조선은 스스로를 '동(東)'으로 보았다. 우리는 왜 스스로를 '조(朝)'나 '한(韓)'으로 보지 못했는가. 스스로 문제를 생각하고 해결하려는 의욕이 세차지 못한 것이 못내 아쉽다. 아시아주의나 동아시아연대론이 1900~1910년대에 기승을 부린 것도 우연이 아니다. 『대한매일신보』(1909. 12. 7) 논설은 '일인의 동양 운운은 국가를 확장하여 동양을 병합함이요, 한인의 동양 운운은 동양을 주장하여 국가를 없애고자 함'이라고 개탄하고 있다. 이런 동아시아연대론은 식민지배의 논리에 동조하는 친일파의 논리이기도 했다. 주체성 없는 연대는 곧 망국이었다. 진리를 이해관계를 떠나서 찾는 소박한 생각은 언제나 우리의 주체적 현실을 외면하게 만든다. 민족국가는 역사의 기본단위다. 이런 민족국가가 갖는 나름의 문제는 우리가 딛고 있는 현실에 바탕을 두고 차분히 풀어가야 한다.

많은 경우에 한자문화권을 내세우는 주장은 이런 동아시아문명론이나 동아시아연대론을 포함한다. 이희승이 한자를 섞어 쓰지 않으면 '동양문화의 고아'가 된다고 말하는 데서도 이를 알 수 있다. 글쓴이가 보기에 여러 형태의 동아시아문명론보다 한자문화권론은 더욱 소박하고 문제가 많은 주장이다. 구체적인 내용에서 못 미치는 문화의 매개체인 글자를 기준으로 문화권을 설정하고 있기 때문이다. 그러나 중국은 우리와 언어의 계통이 판연히 다르고 글자도 뜻글자와 가장 발달한 소리글자로서 너무나 다르다. 한자문화권이란 개념엔 언어를 입말보다 글말, 월보다 낱말 중심으로 생각해온 낡은 통념이 도사리고 있다. 겨레문화의 독자성을 대수롭지 않게 여기고 '한글만으로는 안 된다'며 한자 없이는 글살이가 모자라는 양 말하기도 한다. 남기심 님은 200년도 더 지난 과거에 조선의 선비와 중국 지식인이 한문으로 이야기를 나눈 사실을 들추어내며 한자표준화가 필요하단다.(『조선일보』, 2001. 6. 28) 그러나 귀족주의와 사대주의가 우리 역사의 숙명은 아니다. 전통문화나 역사를 말하면서 이런 인습을 우리의 숙명이라고 말하는 이들이 대학이나 신문사에 가득 차 있다. 우리나라에서 오랫동안 한자가 쓰였음은 사실이로되, 역사에는 만들어 가는 차원이 열려 있다. 역사의 계승마저도 언제나 선택적으로 이루어진다. 한자문화권이란 거짓 '보편성' 속에 소중한 겨레의 주체성을 파묻어버릴 때가 아니다. 한자문화권의 굴레를 벗어나 자주적 한글문화를 세워간다면 이 얼마나 가슴 벅찬 일인가.

> "그 나라 말과 그 나라 글은 그 사람들이 홀로 서는 나라가 됨의 특별한 빛이다."
>
> — 주시경

(『한글 새소식』 제360호, 2002. 8)

3. 한자문화권, 왜 문제인가

"21세기 한자문화권 시대를 대비하여 초등학교부터 한자교육을 해야 한다."

전국 한자교육 추진 총연합회(상임위원장: 진태하)의 주장이다.

21세기가 한자문화권 시대란 말은 무슨 뜻일까? 머지않아 중국이나 일본이 미국과 같은 패권국가가 된다는 뜻으로 보인다. 어떤 나라의 인구가 몇 억이라는 말까지도 들린다. 정치나 경제는 물론이고 문화에서도 서구자본주의 문명의 대안으로 동아(한자, 아시아, 유교)문화가 되살아나고, 이 문화의 주역인 그들 나라가 쓰는 한자도 되살아나리라 보는 것 같다. 미국이 주도하는 '세계화'시대를 맞아 미국말을 공용어로 삼자는 주장을 그대로 닮았음을 알 수 있다.

그러나 이런 생각은 우리의 앞날에 대한 이해를 크게 그르치고 있다. 먼저 '문화권'이란 개념부터 문제다. 헌팅턴의『문명의 충돌』에서 보이듯이 이 개념은 편가르기와 대결에 주로 쓰인다. 순전히 역사적인 개념으로 한정하면 그래도 문제가 적어 보이지만, 민족국가 단위로 움직이는 국제정치나 경제에서 이런 문명권에 대한 논의는 한가한 사람이나 하는 몽상에 가깝다. 지난 2001년에 미국이 아프가니스탄을 공격했을 때, 같은 이슬람문화권인 파키스탄은 어떤 태도를 보였던가. 무샤라프 대통령이 '파키스탄이 살기 위해 미국을 선택할 수밖에 없었다'고 말하고 있다. 이슬람문화의 강한 동질성마저도 정치적·경제적 이해관계 앞에서는 아무런 힘이 되지 않는다. 하물며 한문문화권이나 유교문화권과 같이 막연하고 느슨한 동질성은 말할 것도 없다.

동아시아에서도 정치나 경제의 통합이나 연대는 개별국가 사이의 이해관계가 서로 어긋나지 않은 테두리 안에서 이루어질 것이다. 삶의 방식에서 같음보다 다름이 큰 동아시아에서는 정치나 경제에서 서로 기대더라도 그 다름은 줄어들 것 같지 않다. 동아에서의 연대와 교류를 하더라도 이를 한 울타리로 묶는 문명론적인 시각은 근거 없는 동서이분법이다. 그것은 중국이나 일본의 패권주의자들의 생각이기도 했다. 경제 '교류'와 '협력'에서도 서로가 우위를 차지하려는 경쟁이 뜨겁다.

이슬람문명권에서 우리는 석유를 사오고 자동차를 팔고 있지만 이슬람문명을 제대로 아는 사람은 몇몇 전문가들뿐이다. 추상적이고 관념적인 문명권의 동질성은 개별국가 단위의 이해관계의 충돌 앞에서 아무 뜻도 없다. 한 세기 전의 러·일전쟁 때 조선과 중국이 일본에 걸었던 큰 기대는 우리에게 무엇으로 돌아왔던가. '문명권의 동질성을 배타적으로 이해하지 않고 인류문명의 동질성을 향해 나아가는 중간 거점으로 이용하자'15)는 논의는 역사와 현실을 외면한 당위론에 지나지 않는다. 이런 바람과는 반대로 문명권에 대한 논의는 다원성과 차이를 전제하기 때문에 다른 문화권에 대해 '배타적'으로 이해되기 쉬운 개념임을 부정하기 어렵다.

한자문화를 예찬하는 사람 가운데는 동양적 가치를 내세우는 사람이 많다. 유럽중심주의를 경계하자면서 동양적(아시아적) 가치를 말하는 사람들 가운데 젊은 세대가 한문을 모른다고 꾸짖는 것을 자주 본다. 그런데 동양적 가치를 그 내용으로 보면 어짊(仁), 덕(德), 예(禮) 등의 유교적 가치관이다.16) '어짊'이나 '덕'은 중국역사에서 법치주의에

---

15) 조동일, 『문명권의 동질성과 이질성』, 지식산업사, 1999, 108쪽.
16) 송복, 『동양적 가치란 무엇인가』, 생각의 나무, 1999.

반대하는 지배자의 온정주의적 태도를 이르는 낡은 사회규범이고, '예'는 중국사회의 관습이 반영된 것으로 혈통주의와 신분차별에 기초한 질서유지가 그 목적이었다. 이것이 '동양'에 보편적이라거나 앞으로도 유효한 규범이라고 생각할 까닭은 없다. 동양고전은 중국고전이고 아시아적 가치는 중국적 가치이고 한자문화권은 중국문화권이다. 여기에는 중국인의 세계지배가 당연한 질서라는 생각이 깔려 있다. 문화의 보편성에 대해 잘못된 생각에 빠지면 이러한 외래문화의 지배를 당연하다고 받아들이게 된다.

이런 위장된 보편성은 오늘날에도 되풀이된다. 세계화로 알려진 지구화는 곧 미국화이다. '유엔군 사령부는 판문점에서 지난 달 29일에 발생한 서해교전에 대한 미국 측의 공식 항의를 전달했다'고 할 때, '유엔군' 또는 '국제연합군'은 사실상 미국군이다. '보편성'이란 언제나 지배계급과 패권국가가 독점해왔다. 이것은 미국말이 '세계어' 또는 '국제어'가 되는 것과 나란히 진행된다. 중국의 패권이 관철된 중화적 동아시아 질서도 이와 같다. 유럽중심주의와 중국중심주의도 우리에게 폭력으로 나타나기는 마찬가지다.

문명권의 '보편성' 또는 '동질성'에 대한 소박한 생각은 어제오늘 비롯된 것은 아니다. 우리가 보편적이라 여기는 문화는 보편적이기보다는 특수한 시대에 특수한 민족이 이룩한 업적에 지나지 않는다. 유럽과 아시아의 중세문명이 보편적이라고 여겨진 까닭은 특정문화를 강요하고 번지게 할 힘을 가진 거대조직 때문이라고 보아야 한다. '보편적'이라 주장된 문화와 주변국가의 문화가 충돌하여 고유문화가 사라진 것이다. 한 특수한 역사적 시기의 특정한 문화를 보편적이라 믿게 되면 그 문화와 다른 문화를 가진 민족은 곧바로 '오랑캐'가 된다.

중국이나 그리스, 중세유럽에서도 이런 편견과 차별은 '보편적'으로 발견된다. 기독교가 자리 잡게 되면서 '야만적인 이교도'에 대한 배척이 나타난다. 6세기에 아카데메이아가 문을 닫았을 때, '이교도적'이라는 이유를 둘러댔다. 그러나 이런 편견과 차별도 그리스와 중세유럽은 중국과 아주 다르다. 그리스는 그런 편견을 강요할 군사적인 힘이 없었고, 로마를 등에 업은 중세기독교문명은 특별히 민족중심적 성격이 없다. 그러나 중국은 중국중심주의가 깊숙이 자리 잡은 유교적 정치제도, 삶의 방식을 강요할 힘을 갖고 있었다. '한자문화권'의 동질성에는 중국의 이민족에 대한 편견과 힘의 우위가 깔려 있다. 김춘추가 당의 군사 지원을 얻기 위하여 당나라의 관복으로 바꾸는 데서 이를 알 수 있다. 또 유교고전에서도 이를 확인할 수 있다.

"천하에 길이 있으면 예악과 정벌이 천자로부터 나온다."[17]

예악이라는 중국의 제도를 받아들이지 않으면 곧 오랑캐가 되고 오랑캐는 군사적 정벌의 대상이 된다. 이런 생각에 젖은 중국은 다른 겨레를 멸시하고 이웃나라에 대한 군사적 정벌마저 당연하다고 여겼다. 중세기독교가 유럽의 토착문화나 이슬람문화를 이교적이라 배척한 논리는, 성리학에서 불교를 '오랑캐' 종교라 비판하고 화하족 문화가 중화로서 중국 주변의 여러 고유문화를 배척한 논리와 비슷하다.

그러나 기독교 자체가 군사력을 갖고 있지는 않았다. 이에 반해 중국의 지배자인 황제는 동시에 하늘의 아들로서 군사력도 갖고 있었다. 그리스나 중세기독교와 달리 중국은 그들 중심의 편견을 보편적

---

17) 『논어』「계씨」, 天下有道 則禮樂征伐 自天子出.

인 것이라고 선전하며 강제할 힘을 가졌다. 당나라가 고구려를 침략할 때도 예(禮)를 어겼다는 점을 내세웠다. 조공과 사대도 예로 생각되었다. 조선시대에는 이를 예조에서 관장하였다. 예가 내면적이고 자발적인 규범이라고 하면서도 나라에서 이를 통제하고 관리하여 실질적으로 법률 구실까지 아우르고 있다. 헤겔이 『역사철학』에서 '중국에서는 도덕적인 것(예)과 합법적인 것이 분리되어 있지 않다'고 말한 까닭도 이 때문이다. 전통사회에서 동아의 국제관계에 적용되던 사대의 예도 현실에서는 강제규범이었다. 동아시아 국제관계에서 예는 중국을 위해 중국이 만든 이데올로기일 뿐이었다.

이러한 중화주의에 가장 큰 값을 치른 나라는 베트남이나 일본이 아니다. 15세기의 『대월사기(大越史記)』는 중국을 '북쪽 나라[北朝]'로 상대화하고 있다. 일본은 8세기 말부터 당나라에 사신을 보내지 않았다. 그러나 조선은 주자학을 중국보다도 더 숭상하였으며 중화주의를 중국만큼 내면화하고 있었다. 100여 년 전의 위정척사파는 그 좋은 보기다. 특정한 문화를 상대화, 객관화하지 못하고 보편성을 지닌 문화 그 자체로 맹목적으로 믿게 될 때, 그 사회의 사상과 문화는 배타적으로 되며 교조화한다. 조선조의 주자학은 이런 성격을 잘 보여준다. 그들에게 문화란 언제나 완성된 형태로 밖에서 들어오는 것이었다. 신채호는 이런 우리 역사를 '조선의 공자'는 없고 '공자의 조선'만 있다고 비판한 바 있다. 이는 실질적으로 중국 닮아가기로 나타나는데, 이렇게 생겨난 '보편성' 또는 '동질성'은 오늘날 국제사회에서 우리 문화의 독자성을 충분히 인정받지 못하는 까닭이 된다. 쑨원은 1923년 8월에 '중국이 부강해지면 고려와 안남이 중국에 가입하는 것을 허가해 달라고 요청해 올 가능성이 있다'고 하였다. 이는 유교의 고전적 천하관의 표현이다. 한자문화권에서 벗어나기는 봉건주의와 사대주의를 말끔히 씻어내는 무엇보다도 값진 일이며 겨레의 역사적 과제다. 지난날 우리 문화가 크게 중국(한자, 유교, 동아)문화권으로 분류된다는 사실이 앞으로의 우리 역사에 큰 뜻을 갖는다는 생각은 문화의 보편성이 무엇인지를 제대로 알지 못한 데서 나왔다고 본다.[18]

중국문화만이 보편적이라는 생각에서 벗어나지 못해, 우리는 외래문화의 늪에서 허우적거렸다. 이런 생각은 쉽게 교조주의에 빠지며 새로운 문화를 애지을 상상력을 잃게 된다. 유학의 중국중심주의를 맹목적으로 받아들인 결과, 우리는 수많은 고유문화를 잃었다. 중국문화만이 문화였고 이와 다른 것은 '오랑캐 풍속'이 되어버렸다. 이 가운데 가장 큰 피해를 입은 분야는 우리말과 글이었다. 이런 세계관에서 말과 글이 다름은 아주 중요한 자리를 차지한다. 오랑캐를 나타내는 그리스말 "barbaroi"는 '그리스말에 서툰 사람'이란 뜻이고, 우리말에서도 알기에 '까다로운 말'은 곧 오랑캐말이었다.[19]

중국에서는 남쪽과 북쪽사이에서도 이런 편견이 나타난다. 맹가는 중국 남부에서 세력을 얻고 있던 학파를 비판하면서 "남쪽 오랑캐의 왜가리 소리"라는 말을 서슴지 않고 있다.[20] 예로부터 말과 글은 겨레가 홀로 서는 가장 중요한 빛임을 알 수 있다. '문자'는 곧 중국글자인 한자였으며 '참 글자'로 떠받들었고, 세계에서 가장 훌륭한 글자인 한글은 '언문'이 되었다. 최만리 무리는 그 유명한 상소문의 첫머리에서 '조종 이래로 한결같이 중화의 제도를 따라 이제 중국과 글자와 제도

---

18) 이런 생각을 가장 잘 드러내는 책으로는 『문명권의 동질성과 이질성』(조동일, 지식산업사, 1999)이 있다.

19) 류렬, 『조선말 력사』, 사회과학 출판사, 1992, 111쪽.

20) 『孟子』「騰文公上」, 南蠻鴃舌之人.

가 통일되는 시대가 왔음'을 강조하고 있다.[21] 이 또한 유교적 천하관의 표현이다. 그들의 눈에는 중국과 다른 글자를 갖는 것은 오랑캐들이나 하는 짓으로 보였다. 미국의 패권을 정당화하는 세계화를 우리가 무턱대고 따라야 한다고 선전하는 무리나, 미국말을 공용어로 삼자는 사람의 주장을 그대로 닮았음을 알 수 있다. 이것은 끝없이 겨레문화의 창조성을 갉아먹었다. 문화란 애지어야 하는 것이 아니라 중국을 본뜨는 것이란 생각은 유교 – 중국고전에서 끊임없이 강조되고 있다. 한 보기로 우리 옷을 보자. 고구려 벽화를 보면 우리는 왼쪽으로 여민 옷을 입었다. 그런데 후대로 갈수록 오른쪽 여밈이 보편화하면서 고유풍속은 자취를 감추었다. 『논어』에서 그런 풍속이 오랑캐 풍속이라고 비난받고 있기 때문이다.[22]

우리가 아직도 한자문화권에 속한다는 생각에는 겨레문화의 독자성을 대수롭지 않게 여기는 생각이 깔려 있다. 한자문화권이란 굴레를 벗어던지지 못한다면 우리는 이웃나라의 아류로 머물 수밖에 없다. 참된 뜻으로 교류나 연대·통합을 말할 수 있기 위해서는 먼저 겨레문화의 독자성이 확립되어야 한다. 제 눈으로 보고 생각하려는 애씀이 없다면 '교류'나 '연대'는 남을 본뜨고 남에게 기대어 문제를 해결하는 태도를 에둘러 말하는 것이 될 뿐이다. 국립국어연구원이 낸 『북한의 언어정책』(1992. 7)은 첫머리에서 우리가 한자문화권에 속한다고 잘라 말하고 있다. 한자문화권 또는 중세한문문명권에 대한 비판 없는 태도는 우리 겨레가 분열과 예속으로 가는 지름길이다. 『새

---

21) 최만리 무리는 이를 '同文同軌'라고 표현하였는데 이는 『예기』「중용」에 보이는 '車同軌 書同文'에서 온 것이다. '글자를 같게 한다'는 것은 본디 중국 안에서의 한자 글자체의 통일을 가리킨 것이다.

22) 『논어』「헌문」, 微管仲 吾其被髮 左袵.

국어 생활』(2002. 7)은 국어연구원이 마카오에서 열린 국제한자관계자 모임에서 '이름과 전자우편, 누리그물 주소창에 쓸 한·중·일 전산 상용을 위한 기본한자 제정'을 결의했다고 전하고 있다.

한자문화권(동양, 동아)이 하나란 생각을 하고 나름대로 보편성과 국제성을 갖는다는 생각은 아마도 지난날 동아시아가 유럽의 침략에 시달렸다는 점(일본은 이 체험을 우리와 함께하지 않는다)과 지금도 진행 중인 유럽통합을 보는 데서 오는 것은 아닐까. 그러나 역사적 배경과 현실이 유럽과 동아시아는 너무 다르다. 20세기에 두 번에 걸친 패권 다툼에서 유럽의 분열은 어느새 주도권을 미국에 빼앗기는 결과를 가져왔다. 동아시아는 이제 나름대로 제 목소리를 내게 되었다. 이제 초라해진 유럽은 옛 영광이 그립다. 유럽통합을 끌고 가는 힘은 여기서 나온다고 보아야 한다.

역사는 흔히 우리가 생각하는 것만큼 우아하거나 아름답지만은 않다. 동아에서도 교류와 연대는 서로의 이해가 어긋나지 않는 경제 분야에서 더 쉽게 이루어질 듯하다. 유럽이 하나되니 동아시아도 하나되자는 투의 생각은 헌팅턴의 문명충돌론에서 보듯이 또 하나의 지역주의다. 이제 유럽을 하나로 묶는 힘은 중세와 같은 기독교가 아니며 개별민족국가의 이해관계다. 이런 조건이 충족되지 않는다면 통합이나 유대는 깨지고 만다. 영국과 덴마크는 유럽공동통화인 유로에 가입하지 않았다. 이와 마찬가지로 앞으로 있을지도 모르는 아시아의 유대와 통합은 유교나 한문으로 가능하지 않을 것이다. 그것은 유럽과 마찬가지로 개별민족국가의 정치적·경제적인 필요에 따라 생겨났다가 사라지기도 할 것이다. 이 통합이나 유대의 현실적 성격은 무엇보다도 이러한 통합을 주도하는 개별국가들 사이의 역학관계에 따라 결정될 수밖에 없다.

무엇보다도 유럽과 크게 다른 점은 여러 작은 나라로 갈라진 유럽과 달리 동아시아에서 중국은 그 자체가 자족적인 대륙이란 점이다. 지난 역사를 보면, 일본은 아시아를 벗어나 유럽이 되자고 하다가 동아의 공영을 내세웠다. 어느 쪽으로의 국제연대든 일본이라는 개별 국가의 필요에서 나왔다. 동아시아에서 유럽처럼 통합의 '두드러진 성과'가 없는 원인은 '책봉체제를 역사적 과오라고 규탄하는 근대주의 학문'의 '거대한 장벽이 가로막고 있기 때문'이 아니다.23) 유럽과 달리 나라 사이의 통합이나 유대의 필요성을 공감하지 못하고 서로 간에 격차가 너무 커 개별국가 사이의 이해관계가 크게 어긋나기 때문이다. 이 지역에서 일본과 중국의 관계가 어떻게 되는가가 가장 중요한 변수이다. 이 지역의 활발한 교류와 통합이 이루어지더라도 이는 추상적인 보편성에 머문 공통문화권에 대한 논의와 별다른 관계없이 이루어질 것이다.

지난날의 한자문화권 나라들(중국이나 일본)이 세계질서에 능동적으로 참여하고 주도하는 시대가 오더라도, 이것이 곧 동아시아의 전통적 세계관이 되살아남을 뜻하지는 않는다. 한자문화 또는 유교적 세계관의 보편성을 소박하게 가정해서는 안 된다. 더 나아가 이런 문화의 상징으로 한자마저 끌어들여서는 안 된다. '21세기 한자문화권 시대'를 대비하여 중국글자를 초등학교 때부터 가르치자는 주장에는 미래에 정치와 경제의 패권을 거머쥘 나라의 문화를 전해주는 글자를 배워야 덕 본다는 생각이 깔려 있다. 유로화로 돈의 통일을 이룬 유럽 연합이 유럽중심주의를 되살리는 일을 하고 있지는 않으며, 유럽 여

---

23) 조동일, 『문명권의 동질성과 이질성』, 지식산업사, 1999, 106쪽, 109쪽.

러 나라의 언어의 다양성은 결코 '통합'의 대상이 아니다. 하물며 말의 계통이 아주 다르고 글자마저도 성격이 완전히 서로 다른 동아시아는 말할 것도 없다.

우리는 오랜 시기에 걸쳐 중화사상과 식민지배에 시달려 왔다. 21세기가 한자문화권 시대란 말은 중화체제나 동아공영권체제가 다시 온다는 말이다. 이에 대비하는 게 한 나라의 홀로 섬을 상징하는 글자부터 딴 나라를 그냥 따라가자는 것인가. 이는 겨레문화를 스스로 모욕하는 일이다. 참된 문화의 보편성이란 딴 나라를 본뜨는 데서 찾을 수 없다. 사람들 사이가 그런 것처럼 나라 사이에서도 참된 유대와 평등한 통합의 관계는 몹시 힘들고 드물다. 유대와 협력은 스스로의 독자성을 전제한다.

21세기 한자문화권의 시대가 오더라도 분별없는 국제유대나 통합이 겨레의 자주성을 흐려 놓아서는 안 된다. 겨레의 역사를 알지 못한 채 주체적 현실을 잊어버리고 무턱대고 국제화나 통합을 말함은, 큰 나라에 빌붙자는 사대주의일 뿐이며 제 문제를 스스로 풀지 못하고 남에게 기대려는 마음의 표현일 뿐이다. 국립국어연구원에서는 '동양 삼국의 한자 약체자'를 통일한다며 돈을 쓰고 있고, 전국한자교육추진총연합회는 초등학교부터 한자를 가르치자며 중국과 일본 사이에 있는 나라가 한글전용하는 것을 '고립'이라 보고 있다. 그러나 한자문화권이라는 막연한 외세에 대한 환상에서 깨어난다면 이는 고립이 아니라 가슴 벅찬 독립이 된다. 사대주의는 우리 역사의 숙명이 아니다.

(『한글 새소식』 제362호, 2002. 10)

둘째 조각 세계화 · 국제화 이데올로기 비판

1. 어떻게 해야 우리말글 천대를 없앨 수 있나

주시경 선생이 아직 서당에 다니며 중국고전을 배우고 있을 때에 가졌던 아주 소박한 의문은 마침내 커다란 깨우침을 낳았다. 한문을 배울 때에는 반드시 그 글을 우리말로 풀이한 다음에야 그 뜻을 알게 된다. '오 십유오이지우학' 하고 아무리 소리 내어 보아야 뜻을 알 수 없으니, '나는 열다섯 살 때 배움에 뜻을 두었다'로 풀어주어야 한다. 그 뜻을 처음부터 우리글로 적어서는 안 되는 것일까 한글과 한문은 처음부터 담을 쌓고 지내야 하는 것인가? 학문이나 문화는 우리말, 우리글로는 담을 수는 없는가? 중국고전은 원전을 통해 서만 이해되어야 하는가? 이런 주시경의 의문은 상징적인 일이 아닐 수 없다.

최만리의 상소문에는 한자를 두고 '성현의 문자'라고 하였다. 한힌샘의 말대로 유학자들은 '한자에는 무슨 조화가 붙은 줄'로만 여겼다. 그 결과 많은 사람들이 한문이 외국어가 아니라고 생각할 지경에 이르고 말았다. 이는 사대주의, 봉건주의와 지식인의 특권의식의 결합

이다. 이런 현상은 문화인류학과 같은 학문의 아주 좋은 연구대상이
될 듯하다. 우리 조선조의 유학이 정통주의에 빠져 독창적인 사상가
가 적은 것도 성리학자들의 철저한 한문숭배─한글천대와 이어져 있
다. 그러나 다행하게도 뒤늦게나마 지난날 유학자들의 한글천대에 대
한 비판이 거세게 일고 있다. 동양철학의 방법론과 연관지어 김용옥
님이 최근에 『동양학 어떻게 할 것인가』(1986)에서 번역을 소홀히 해
온 우리 유학사의 전통을 비판한 것이 바로 그것이다. 이는 우리 유학
사를 바라보는 주목할 만한 새로운 관점이다. 그러므로 이런 주장은
단순히 한 개인의 주장에 그쳐서는 안 될 것이다.

그런데도 낡은 생각에 사로잡혀 번역을 얕잡아보는 사람이 아직도
많다. 최근에 문화부에서는 「기미독립선언문」을 알기 쉬운 현대어로
풀어서 쓰는 작업을 하기로 결정했다고 한다. 어떤 신문을 보니 이런
결정에 반대한다는 주장이 보인다. 『조선일보』 3월 28일자에 실린 배
나무 님의 주장이 바로 그것인데, 배 님의 주장에는 풀어쓰기에 반대
하는 몇 가지 이유가 보인다.

가장 중요한 반대 이유는 풀어쓰기가 본글(원문)의 뜻을 살리기 어
렵다는 것이다. (그 밖에 배 님은 풀어쓰기에 반대하는 몇 가지 이유
를 들었으나 새삼스럽게 반박할만한 가치가 없는 주장이다) 「독립선
언문」은 여러 가지로 번역될 수 있으며, 옮긴 글은 아무리 잘 옮겨도
본글의 참뜻에 충분히 이를 수 없으며, 또 그러기를 기대할 수도 없다
고 했다. 이 말은 얼핏 듣기에 그럴듯한 구석이 없지 않다. 그러나 여
기에는 번역에 대한 묵은 생각이 그대로 배어 있다. 그러므로 이 주장
의 타당성을 따져 볼 필요가 있다.

여기서 문제는 처음부터 고정적으로 전제된 본글의 참뜻에 있다.

그것은 일종의 신화인데 본글과 옮긴글의 위계질서를 처음부터 전제하고 있다. 옮긴 글이 본글의 모호했던 뜻을 분명히 드러내기도 한다. 충분히 이를 수 없는 본글의 참뜻은 처음부터 없었거나 분명하지 않을 수도 있었다. 이런 관점에서 「독립선언문」을 볼 때에 그에 대한 번역이 여럿이란 것은 말과 번역의 본성으로 보아 자연스런 일이다. 「독립선언문」은 분명히 제대로 된 우리말이라고는 할 수 없다. 그렇다고 외국어도 아니다. 한자라는 뜻글자에 의존해야만 뜻이 전달되는 그러한 글말은 민중들의 입말로 존재할 수 없음이 분명하다. 그러므로 「기미독립선언문」은 현대어로 번역되어 이해되어야 한다. (그러나 이보다 23년이나 먼저 나온 『독립신문』 창간호 논설은 번역될 필요 없이 그대로 이해되는 우리말임에 틀림없다) 한글운동의 빛나는 큰 별들이 이미 번역에 대한 견해를 밝힌 바 있고, 그러한 견해는 오늘날 언어철학의 논의로 보아도 훌륭하다.

"세계 여러 나라들의 말이 혹간 뜻이 똑같지 아니한 마디(낱말)가 더러 있기는 서로 마찬가지나, 그러나 또한 뜻이 그 글자와 비슷한 말은 서로 있는 법이니, 한문이나 영문이나 또 그 외에 어떤 나라 말이라도 혹 조선말로 번역할 때에는 그 말뜻의 대체만 가지고 번역하여야지 만일 그 말의 마디마다 뜻을 새겨 번역하자면 번역하기도 어려울뿐더러 그리하면 조선말을 잡치는 법이라."(한힌샘, 「국문론」, 『독립신문』 1987. 9. 28)

"두 말씨 사이에는 한뜻말이 없으므로, 어떤 언어를 다른 언어로 번역한다는 것은 근본적으로 불가능한 일이다. 아무리 번역을 잘 하였다 하더라도, 도저히 원문 그대로의 맛은 줄 수가 없는 것이다. 그러므로 번역은 일종의 창작이라고 할 수가 있다. 번역에는, 번역하는 나라말의 성격과 버릇에 따라 일종 독특한 맛을 띠는 것이며, 이를 탐독함으로 말미암아, 혹은 본글 이상의 맛을 깨달을 수는 있을지언정, 본글대로의 맛을 맛보기는 어려

운 것이다. 그러한즉, 번역문을 읽어보고서, 그것이 본글과 똑같은 맛을 주
지 못한다 하여, 그 번역자를 멸시하거나, 또는 그 번역에 쓰인 말씨를 본글
에 쓰인 말씨보다 열등하다고 매기는 것은, 말의 이치를 깨치지 못한 사람의
망단이라 아니할 수 없다.”(최현배, 『우리말 존중의 근본 뜻』, 1951. 46쪽)

이런 사정으로 보아 「독립선언문」의 번역이 여럿이라는 사실이 「독
립선언문」을 쉽게 풀어 쓰지 못할 이유는 되지 못한다. 한자로만 적어
놓고 쉬운 말로 풀지 않고 무엇인가 이해했다는 생각은 착각과 망상
일 뿐이다. 글을 쓴 의도와 글을 읽는 상황에 어긋나지 않는다면 여러
것 가운데 어느 것이라도 좋을 것이다.

두루 알다시피 유학이야말로 우리말글 천대의 주역이었다. 또 그러
한 천대는, 사대주의에 사로잡혀 중국고전은 한자를 거쳐야만 제대로
이해할 수 있다는 옹고집 때문에 생겨났다. 어릴 때 한힌샘이 품었던
인습에 대한 의문은 큰 뜻을 갖는다. 번역을 천대하는 생각을 버리지
못한다면 우리말과 글을 아끼자는 주장은 ‘학술 발전을 저해’하고 ‘국
민 지성을 저하’시키는 원인으로 보일 것이다. 이것은 훈민정음을 만
드는 데 반대하던 최만리의 생각 그대로다.

성리학(더 나아가 유학)에서는 화이론(중국에서, 자기 나라를 존중
시하고 다른 민족을 천대하는 논리)과 같은 질서가 리(理)로 정당화된
다. 그것이 중국 중심적인 이념임이 분명하다. 왜 우리 유학자들이 사
대주의사관에 빠져 국사를 왜곡했는가를 이 점을 전제해야 쉽게 이해
된다. 이러한 세계관에서는 중국과 다른 우리 겨레의 고유풍속이나 문
물은 ‘오랑캐 풍속’이 되며 이를 배척하게 된다. 불교와 무속신앙에 대
한 강렬한 배척은 이런 맥락에서 생겨났다. 우리말과 한글에 대한 천
대도 똑같은 논리에서 생겨났다. “이언(俚言)”이니 “언문”이니 하는 표

현이 그 증거다. 이런 생각은 조선사대유학자들에게는 보편적이었다. 이런 상황에서 한글이 태어났으니 천대받는 것도 놀라운 일은 못되었다. 그러나 무언가 그럴듯한 변명을 해서라도 이런 생각을 달래야 하지 않겠는가? 바로 이런 상황의 산물이 『훈민정음』이 아닐까. 그러므로 한글을 만들게 한 '심오한 동양철학'은 없다고 보아야 한다.

한글은 태어날 때부터 가시밭길을 걸어왔다. 이 민중의 글자가 제 구실을 다하기까지는 몇 백 년을 더 기다려야 했다. 성리학적 '보편질서'에서 벗어나 짓밟히던 겨레의 말글이 관심을 받게 되자 훌륭한 우리 글자는 내버려두고 어려운 남의 글자를 떠받드는 못된 버릇이 눈에 먼저 뜨였다. 말글과 나라 사이의 관계가 문제되었다. 한힘샘은 가장 먼저 이 버릇을 없애기 위해 온 힘을 기울여 싸우지 않을 수 없었다. 『해례』가 우리글의 태어남을 변호하였다면, 한힌샘의 다음과 같은 말은 우리말글이 존중받아야 할 이유를 말하고 있다.

"사람들 사는 땅덩이 위의 다섯 대륙 안에 있는 나라들이 제각기 본토말들이 있고 제각기 본국 글자들이 있어서 각기 말과 일을 기록하고 혹간 말과 글자가 남의 나라와 같은 나라도 있다."(「국문론」, 『독립신문』, 1897. 4. 22)

이제 중국과 다른 글자를 가짐은 '오랑캐 풍속'이 아니라 당연한 일이 되었다. 중국글자만 받드는 버릇이야말로 이제는 비판의 대상이 되었다. 이런 주장이 자꾸 되풀이됨으로 보아 한힌샘 스스로도 이러한 주장이 매우 중요하다고 생각했음에 틀림없다.

"이 지구상 육지가 천연으로 구획되어 그 구역 안에 사는 한 떨기 인종이 그 풍토의 풍부한 토음에 적당한 말을 지어 쓰고 또 그 말 음에 적당한 글을 지어 쓰는 것이니, 이럼으로 한 나라에 특별한 말과 글이 있는 것은 곧 그 나라가 이 세상에 천연으로 한목 자주국 되는 표다. …… 우리글이 생긴 뒤 몇 백 년에 사전 하나 만들지 않고 한문만 숭상한 것이 어찌 부끄럽지 아니하겠는가."(「국어와 국문의 필요」, 『서우』 제2호, 1907. 1. 31∼34쪽)

같은 해 4월에 『황성신문』에 잇달아 실렸던 「필상자국문언」(우리 글과 말을 반드시 숭상해야 한다는 뜻)에도 그대로 나타난다. 또 '국문을 천시하는 고루한 인습'을 바꿀 것을 '온 나라의 뜻있는 여러분과 상하동포에게 권고'하였다.

"옛날부터 이제까지 그 조상이 제 나라의 글자와 말을 돌보지 않고 다른 나라 글자와 말을 배우기 좋아하다가 큰 화를 입은 나라가 얼마나 많으며, 그 말이 있으나 갈고 닦지 않아 근거가 없고, 글자가 있어도 다듬지 않고 허술히 하다가, 온 누리가 크게 통하는 지금에 이르러 그 땅을 빼앗기고 그 인민까지 없어지는 것이 아메리카 주와 아프리카 주, 오세아니아 주와 다른 대륙에 몇 나라나 되는지 그 수를 다 들 수 없다."(이윤표 주해, 『주시경 학보』 제4집, 1989. 12. 번역 참조)

『국어문전음학』(1908. 1. 1)에서는 종래의 성리학적인 개념을 사용하여 나라와 말글 사이의 관계를 표현하였다. 여기서도 전통적인 화 이론에서 벗어나 근대적 의미의 주권국가 의식이 드러나고 있다.

"넓고 끝없는 우주에 하나가 있어 사방에 가득 차 있으니 발생도 소멸도 아니 하고 처음도 끝도 없다. 그 안에 무수한 물체가 있으니 다 그를 따라 생겨나고 무수한 물체가 그에 의해서 받은 본성이 있다. 이는 모든 것의 근원이요, 모든 것의 주인이니 하늘이라 상제(上帝)라 이(理)라 함이 다 이를 이름이다. …… 하늘이 준 본성을 따라 그 지역에 그 인종이 삶이 마땅하며 그 인종이 그 말을 말하기가 적당하여 천연의 사회로 나라를 이루어 독립이 각각 정해지니, 그 지역은 독립의 터요, 그 인종은 독립의 몸이요, 그 말은 독립의 본성이라."(정진석, 『조선철학사』, 1961. 10. 번역 참조)

동방문물이 중화와 비슷하나 말만은 같지 않다는 변명은 더 이상 보이지 않는다. 이와 같은 생각은 1910년 4월에 나온 『국어문법』에서도 거의 같은 말로 되풀이되었다. 『국어문법』보다 두 달 늦게, 일본의 국권 침탈을 두 달을 남겨두고 나온 「한나라말」(『보증친목회보』에 실렸음)에는 오늘날의 우리말에 훨씬 가깝게 한글만으로 표현되었다.

"한 말을 쓰는 사람과 사람끼리는 그 뜻을 통하여 살기를 서로 도와줌으로 그 사람들이 절로 한 덩이가 되고 그 덩이가 점점 늘어 큰 덩이를 이루나니 사람의 제일 큰 덩이는 나라라. 그러하므로 말은 나라를 이루는 것인데 말이 오르면 나라도 오르고 말이 내리면 나라도 내리나니라. …… 그 나라 말과 나라 글은 그 나라 곧 그 사람들이 무리진 덩이가 천연으로 이 땅덩이 위에 홀로 서는 나라가 됨의 특별한 빛이라."

한힌샘에서 변함없이 강조된 나라의 말글 사이의 관계는 오늘날의 우리로서는 새삼스런 주장이 아니다. 중국글만 숭상하던 그때로 보아서는 이러한 주장은 엄청난 주장이었다. 우리는 외국글 숭상이 지나쳐 한글은 천시하는 이상한 버릇에 오랫동안 젖어 있었다. 1911년 2월에 나온 『조선어문법』이나 1914년 4월에 나온 『말의 소리』에는 말과 나라 사이의 관계를 언급하는 글이 보이지 않는다. 그때는 우리말과 글을 아끼자는 당연한 주장마저도 마음대로 할 수 없는 세상이 되어버렸기 때문이다.

그러나 우리에게 안타까운 것은 광복 반세기가 다 되도록 그칠 줄 모르고 이어지는 한글천대다. 겨레문화의 앞날을 생각해보거나 말과 글의 본성을 생각해보거나 한글만 씀이 당연하다. (남북의 말글이 하나됨을 생각하면 더욱 그렇다) 아직도 신문 같은 데서는 한자를 섞어 쓰고 있다. 이것은 중국이나 일본에서 생산되는 지식을 수입하는 데 한자라는 매개체가 그들에게는 편하기 때문이다. 한글로 바꾸는 데는 많은 노력이 필요하다.

학문과 문화는 보편적이라는 생각에서 그것을 전달하는 매체도 마구 들여오다 보니 어느덧 우리말과 글은 얕잡아보게 되었다. 번역을 천대하는 생각을 없애고, 학술용어를 외래어 그대로 들여오지 말고 쉽게 만들어야 우리말글을 천대하는 지식인들의 오랜 무지와 인습을 고칠 수 있다. 우리말은 많이 알아야 별 소용이 없고 외국말, 외국글은 많이 알아야 한다는 생각에 우리는 오랫동안 수눅늘었다. 언제나 외국말, 외국글이 지배층이 되는 지름길이었다. 학술이나 문화란 이름으로 특권의식이 정당화되었다. 이러니 우리말글이 온전할 리 없다. 오늘날 국어를 제대로 쓰는 지식인이 드물다는 지적도 이러한 우리말글 천대의 부산물이다. 모두가 외국어 잘하는 것을 큰 자랑으로 여긴다면 우리말과 한글이 설 땅은 어디 있는가?

(『한글 새소식』 제218호, 1990. 10)

2. 세계화론과 문명충돌론, 어떻게 이해할 것인가

세계화 논리의 혼란

많은 경우에, 어떤 낱말이 자주 쓰인다는 것은 그 말의 뜻이 잘 알려져 있음을 전제한다. 뜻을 잘 모르면서 말을 쓰는 것은 진실하지 못할 뿐만 아니라 많은 혼란의 근원이 된다. 더구나 한 나라의 국정목표를 나타내는 말이라면 그것이 무슨 뜻인가에 대한 최소한의 합의가 가능해야 한다.

올해의 국정목표가 세계화가 됨으로써, "세계화"란 말이 갑자기 신문과 방송에 오르내려 갈피를 잡지 못할 지경이다. '세계화 첫해'를 요란스럽게 말하고 있는데 도무지 어떻게 하자는 것인지 모르겠다는 이야기는 수그러들지 않는다. '세계화 내각'을 보아도, '당의 세계화'로 어느 당의 대표가 물러나는 것을 보아도, "세계화"의 뜻이 분명히 와 닿지 않는다. 갑자기 유행병처럼 번져나가는 세계화 논의에 많은 사람들이 거리감을 느끼는 것처럼 보인다.

세계화에 대한 논의에 나타나는 여러 혼란은 어디서 오는가? 세계화에 대한 논의가 갈피를 잡을 수 없게 되자 청와대는 개념 정리에 나서 국가발전전략으로서의 세계화에는 다섯 가지 의미가 있다고 했다. 무한경쟁에서 정부도, 기업도, 학교도 세계최고가 되자는 일류화, 비합리적이고 잘못된 의식, 관행을 고치는 합리화, 계층과 지역 그리고 세대의 벽을 넘어 하나가 되는 일체화, 한국적인 고유가치와 전통문화를 가지고 세계로 뻗어가는 한국화, 인류가 당면하고 있는 공동의 문제(핵, 환경, 인권 등)를 함께 해결하기 위해 노력한다는 인류화가 그 뜻이라고 한다.

그러나 이런 설명에 어떤 객관적 바탕이 있는 것은 아니다. 본디 경제 분야에서 세계화(globalization)라는 개념은 기업경영의 무국적화에서 나온 개념이다. 기업이 생산과 판매 과정에서 나라 사이의 경계를 염두에 두지 않고 온 세계를 생산지와 시장으로 삼는 현대의 추세를 나타내는 개념이다. 이를테면 미국에서 출발한 기업이 유럽과 일본에 공장을 세우고 상품이나 용역의 판매도 여러 나라에서 하며 세금도 여러 나라 정부에 냄으로써 기업의 국적을 따지기가 큰 의미가 없어지는 추세라 말하고 있다. 이에 따라 왕래가 잦아지고 시장을 서로 개방하고 있다. 이것은 사회주의권이 무너진 지금, 부인할 수 없는 현상이라고 할 수 있겠다. 또 이런 현상을 뒷받침한 것이 교통과 통신수단의 비약적 발달이라는 측면에서 이런 분야에도 "세계화"라는 표현을 써도 좋을 듯하다.

그러나 정부가 말하는 '세계화'는 기업경영에서의 무국적화 경향이나 세계시장의 단일화 경향과 별다른 연관이 없음을 알 수 있다. 굳이 연관을 따지자면 다섯째 인류화가 세계화와 연관된다 하겠다. 나머지 네 항목이 왜 세계화로 묶여질 수 있는지는 분명하지 않다. 정부도 기업도 세계에서 으뜸이 되자는 세계화정책은 경쟁단위로서 국가와 국가의 지원을 받는 기업을 전제한다고 볼 수 있다. 이런 대외 우월주의는 참된 세계화의 뜻이 될 수 없다. 오히려 이는 '세계화'의 본디 뜻과 어긋난다고 볼 수 있다.

세계화와 반대되는 한국화를 세계화에 포함한 것은 명백한 잘못이다. '한국화'란 정확히 말하면 '한국적인 것의 대외진출'이라고 할 수 있다. '세계화'가 국경을 넘어간다는 의미라면 '한국화', 즉 한국적 독자성과 고유성의 강조는 세계화와 충돌하지 않을 수 없다. 전체적으로 보면, 위에서 말한 '세계화'에 대한 다섯 가지 뜻매김은 깊은 생각을 거쳐 나온 것이라 볼 수 없다.

"민주주의"라는 말이 여러 뜻을 가질 수는 있다. 그러나 "민주주의"에 대한 이해에서 아무리 차이가 많이 나도 거기에는 다수결의 원리라든가 언론의 자유라든가 하는 가장 기본적인 뜻이 있다. 따라서 교육이나 문화에서도 "민주주의"가 의미를 가질 수 있다. 이와는 달리 '세계화' 개념이 그 고향인 경제학을 떠나면 이런 가장 기본적이고도 최소한의 의미도 줄 수 없다.

"민주화", "근대화"라고 했을 때, 그 주체와 객체는 바로 우리(휴전선 이남)다. 우리가 우리의 제도나 의식을 민주적으로 만들거나 근대적으로 만든다는 뜻이다. "세계화"라고 했을 때, 우리가 우리를 국적이 없는 사람으로, 민족적 정체성이 없는 사람으로 만든다는 엉뚱한 뜻으로 이해될 수 있다. 이 점에서 "민주화"나 "근대화"와 달리 "세계화"는 모든 분야로 확대될 수 없는 개념이다.

본디 뜻을 존중한다면 "세계화"는 세계무역기구의 사무총장이 각국의 통상장관에게 하기에 가장 적절한 말이다. 대통령이 공무원이나 일반대중에게 할 말로서는 적절하지 않다. "세계화"를 교역과 왕래의 확대 추세에 우리가 대비하는 방법을 찾는다는 뜻으로 이해할 수는 있겠다. 그러나 이 추세를 지나치게 강조하여 무책임한 통상정책을 정당화해서는 안 된다. 또 이런 경제 분야의 세계화가 비경제적인 분야에 어떤 충격을 주는 한 비경제적인 분야에서도 이에 대비해야 한다는 뜻에서 세계화에 대비하는 정책은 있을 수 있겠다. 그러나 이때는 "세계화 추세에 대비"라고 해야 정확한 표현이 된다. 이 표현을 우리가 우리를 세계적으로, 다시 말해 으뜸가는 나라로 만들자는 주장으로 이해할 수는 있다. 그러나 이번 국가지상의 "세계화"는 경제나 통신 분야에서 말하는 바 "세계화"와 관련이 없다. 여기서 본디 "세계화"의 뜻은 사라져 버렸다. "세계화"에는 서로 어울릴 수 없는 두 뜻이 함께 들어 있다. 따라서 "세계화"가 뭔지 모르겠다는 당혹감은 앞으로도 없어지지 않을 듯하다.

전문용어에 그쳐도 좋을 개념이 갑자기 우리의 삶을 죄다 아우르는 용어가 된 것이 혼란의 뿌리다. 아무리 토론을 해도 "세계화"의 의미에 대하여 어떤 최소한의 합의도 불가능하다. 이 개념에 대한 많은 논의가 혼란에 빠진 것도 이상한 일은 아니다. 세계화에 제자리를 찾아주자. "세계화"는 경제 분야의 현상에 한정해서 써야 적절하다.

문명충돌론

"세계화"라고 했을 때, 표현 그 자체로 보아서는 한국적이기는 하되 세계적이지 못한 것을 바꾼다는 뜻이 담겨 있다. 한국적인 것은 무엇인가 모자라는 것, 버려야 할 것이란 막연한 통념을 불어넣을 수 있다. 이렇게 이해된 "세계화"에는 이미 "우리 것"에 대한 강한 부정을 안고 있다. 획일화의 위험이 있다. "세계화"가 민족적 자주성과 주체성의 상실을 뜻하지 않느냐라는 의혹은 바로 여기에 근거를 두고 있다. 과연 우리 것은 세계화 바람에 날려가고 말 것인가?

우리말과 한글은 한국적이기는 하나 세계적이지는 못하다. 그래서 지난해에 어느 신문사에서는 국제문자(한자)를 배우자는 운동을 한 적이 있고, 영어 배우기가 강조되는 것도 "세계화"의 이런 함축 때문이다. 어떤 이는 '외국어 사용을 권장'하자고 한다.(『중앙일보』, 1995. 1. 15) 세계화에 발맞추어 어느 도청의 공무원들은 일부 보고서를 영어나 일어 등으로 내야 한다는 보도도 있다.(『조선일보』, 1995. 2. 7) 이것은 '세계화'를 잘못 안 좋은 보기다. 어떤 글자나 언어도 국제적이거나 세계적이 아니다. 나라마다 국어를 존중한다는 원칙이 세계적일 뿐이다. 세계화 추세가 곧바로 외국어 사용 권장하기로 비약해서도 안 된다. 대외개방과 무역이 우리말과 글을 버릴 것을 강요할 정도라면 우리의 앞날은 없다고 보아야 한다.

우리가 소중하게 여겨오던 많은 것들이 갑자기 '세계화'를 가로막는 걸림돌로 변해버렸다. 외국말 배우기에서 드러나는 바와 같이, '세계화'는 구체적으로 미국화나 일본화가 될 가능성이 크다. '세계화'가 아프리카나 회교권의 어느 나라를 따라잡자는 운동이라 여기는 사람은 없다. 세계화는 민족적 정체성의 위기를 불러올 수도 있다는 점에서 특히 비판적 반성이 필요하다.

일반적으로 경제 분야를 넘어선 분야에서는 "세계화"가 분명한 뜻을 갖기 힘들다. 말글은 더욱 그러하다. 이런 분야에서는 다양성을 긍정한다는 측면에서, 세계화보다 헌팅턴이 말한 문명충돌론이 더 설득력이 있어 보인다. 비경제적인 분야에는 획일적인 세계화가 가능하지 않으며 외국문화에 대한 편견 없는 이해와 함께 우리 문화에 대한 정당한 자기주장이 필요하다.

그러나 우리에게 세계화는 정당한 자기주장은 잊고 한쪽으로 치우쳐 있다. 모든 사람에게 외국어 배우기를 강요하고 이를 못하는 사람들에 대한 우월의식을 확인하는 과정으로 되어버렸다. 자기주장이 강하지 않으니 헌팅턴이 말한 바와 같은 문명충돌을 우리는 걱정하지 않아도 될 듯이 보이기도 한다.

우리가 한자(유교) 문화(문명)권에 속한다는 생각을 하는 사람이 많다. 그러나 헌팅턴은 얼핏 생각하기로는 엉뚱한 말을 한다.

"한반도를 둘러싼 주변 4강은 모두 다른 문명을 갖고 있고 경제발전의 수준에 격차가 있고 유사한 점도 거의 없다. 게다가 이 지역만을 위한 국제기구도 부실하다. 한국은 이처럼 위험천만한 이웃들이 도사리고 있는 지역에서 통일을 이루어내야 한다."(『문화일보』 95. 1. 6)

우리가 한자문화(문명)권에 속한다고 막연히 알고 있는 인식이 얼마나 피상적인가를 말해 준다. 한자문화권은 어디까지나 옛날 일이다. 오늘날의 우리에겐 맞지 않는다. 문명권끼리 충돌할 것이라는 헌팅턴의 주장에 동의하기는 어려우나 이런 주장은 우리에게 큰 의미를 갖는다. 일본을 독자적 문명(문화)권으로 보는 것에 대해서도 반론을 펼수도 있겠으나 유럽이나 아메리카 사람이 동아시아를 보는 눈을 드러낸 것으로 생각할 수 있겠다. 그만큼 일본 문화(문명)의 독자성을 높이본다. 중국—조선—일본의 순서로 자리 매김된 유교적인 동아시아 국제질서관에는 이런 주장이 충격적이다.

헌팅턴이 보기에 한반도는 온갖 문명이 충돌하는 곳이고 혼합되는 곳이다. 이런 혼란은 "술집→주점→바", "아내→처→와이프", "혼인(중국식)→결혼(일본식)→웨딩" 같은 어휘체계에서도 확인된다. '잡탕말'이라는 비판을 귀담아들어야 하겠다. 여기서 나름대로의 독자적 문화(문명)를 건설하지 못하면 우리 문화(문명)의 정체성에 혼란이 올 가능성이 크다.

굳센 자주 의식이 필요

역사적으로 볼 때, 우리 지식인들은 유교적 화이론에 따라 세계를 보게 되어 중국은 받들고 일본은 얕잡아보았다. 실학자나 애국계몽운동가들에 의해 민족자주의식이 싹터왔으나 전통적인 세계질서관을 극복하지는 못했다. 중국이나 일본에서는 서양문물을 받아들이면서 "中體西用"이나 "和魂洋才"라는 표현이 보이는데 유독 우리만 "東道西器"라는 표현을 쓰고 있다. 왜 조선을 내세우지 못하고 "東"으로 얼버무렸는가. 조선이 "東"의 대표라는 뜻으로 이해한다면 작은 중화의

식의 표현이다. 어디까지나 유교적 세계관 안에서 자신을 확인하고 있다. 평등한 주권을 가진 근대적 국가의 주체성과 거리가 멀다. 식민지 시절의 대동아공영권이나 분단시대의 자유세계에서도 민족의 자주성과 주체성은 언제나 뒤쪽으로 밀려나 있었다.

'위험천만한 이웃들'에 둘러싸여 있으면서도 '세계화'라는 추상적 질서 속에 우리말과 글까지 버리자며 겨레의 주체성을 파묻는 것은 현실에 대한 착각이다. 오늘날 흔히 말하는 '세계화'는 중국 중심의 소중화의식(한자문화권)이나 일본 중심의 대동아공영권, 미국 중심의 자유진영이라는 세계의식이 모습을 바꾼 것이다. 중국이나 일본과는 달리 우리 지식인들은 아직도 홀로서기를 꺼린다. 오늘날 수많은 지식인이 우리말글, 우리 겨레문화를 그냥 세계화의 걸림돌로만 여기는 데서도 이런 의식이 잘 드러난다.

관공서에서 외국어로 문서를 작성하는 실정이고 보면 국립국어연구원에서 '한자문화(문명)권'을 내세우며 한자의 줄임자를 세 나라가 통일하자는 제안(『동아일보』 1995. 1. 25)을 내놓는다고 놀랄 일만은 아니다. 중국이나 일본과 구별되는 겨레문화의 독자성이라는 문제의식은 없다. 막연히 우리와 일본은 같은 문화(문명)권에 속한다는 생각이 있고 그러니까 글자에도 공통성이 있어야 한다고 여긴다. 마치 세계화가 영어 쓰기 권장을 뜻하는 것과 똑같은 구조다. 강대국의 시장개방 요구에 양보만 하는 세계화가 여기에도 나타나고 있다.

이런 것은 우리 겨레문화가 중국이나 일본의 아류라는 편견을 북돋워줄 뿐이다. 국어연구원은 '말과 글은 한 나라가 홀로 서는 특별한 빛'이라는 주시경의 말을 어떻게 받아들일까? 허황된 보편질서 의식에서 벗어나 우리 자신의 참모습이 무엇인지 진지하게 물어야겠다.

하루빨리 벗어던져야 할 굴레에 연연하니 우스꽝스럽다. 문명권이라는 넓은 울타리가 민족국가를 간단히 부정할 수는 없다.

따지고 보면 개방으로 나타나는 세계화만 주도적 경향은 아니다. 동유럽에서는 민족주의가 분출하고 있으며 이슬람 근본주의의 흐름도 강하다. 첨단기술은 쉽게 국경을 넘나들어 세계화되지 않는다. 선진국은 국경이란 담을 더 높이 쌓아 이민을 제한하려는 움직임을 보이고 있다. 이 모든 흐름 뒤에 있는 각 나라의 이익추구라는 원칙은 변함이 없다. '위험천만한 이웃들'에 둘러싸여 있으면서도 보편질서 의식 속에 나를 잊을 때가 아니다.

주권국가의 치열한 다툼의 마당인 국제사회에서 정당한 자기주장이 필요하다.

(『말과 글』 제62호, 1995. 봄)

3. 세계화, 깃발 빨리 내려야

세계화의 여러 뜻

세계화가 국정의 목표이며 올해가 세계화 첫해라고 한 지도 어느덧 여섯 달이나 지났다. 신문과 방송마다 세계화를 들먹이며 아는 체하고 있으나 많은 사람들이 세계화가 무엇인지 모르겠다고 생각하고 있다. 그 뒤로 공보처에서 세계화 홍보 책자를 많이 내고 있으나 상황이 변했다고 믿을 만한 증거는 조금도 없다. 잘 알고 있다고 생각한다면 거듭된 정부의 홍보에 그 말을 귀에 못이 박이도록 들어 익숙해졌기 때문이다. 이 개념을 둘러싼 혼란은 왜 사라지지 않을까?

'세계화'에 대해 어떤 뜻을 주기에 앞서 이 표현의 본디 뜻을 기억해두자. 그런 뒤에 여러 가지 다양한 뜻에 하나의 기본적인 뜻이 있는지 알아보면 이 개념의 일관성 있는 쓰임새를 알 수 있을 것이다. 본디 경제학에서 세계화(globalization)란 기업경영의 무국적화에서 나온 개념이다. 기업이 생산과 판매과정에서 나라 사이의 경계를 염두에 두지 않고 온 세계를 생산지와 시장으로 삼는 현대의 추세를 나타내는 개념이다. '국경 없는 경제'로도 표현된다. 세계화는 경제나 통신 분야의 단순한 경향이나 추세일 뿐이다.

세계화, 'segyehwa', 'globalization'

세계화 개념의 이해에서 나타나는 혼란은 이를 영문으로 "segyehwa"로 적기로 결정했다고 하는 데서도 확인된다.(『동아일보』, 1995. 3. 7) 이런 결정은 "globalization"이 완전 개방을 나타내는 것으로 이해되기 때문이라고 한다. 그렇다면 'globalization'과 'segyehwa'는 어떻게 서로 다른가. 이 두 개념 사이에 무슨 공통점이 있는가? 우리 정부의 세계화는 'globalization'과 아무 관련이 없는가? 이 문제에 대해 정부에서 밝힌 것은 아무 것도 없다. 외국인이 "globalization"을 개방이란 뜻으로 이해한다면 "세계화"에도 개방이란 뜻이 있다고 볼 수 있다. 정부의 세계화 홍보물은 외래문화에 대한 열린 태도를 강조하고 있으며, 또 우리 의식이 폐쇄적이라면서 미국말 배우기가 강조되기도 한다. 이렇게 보면 정부의 세계화는 개방과 자유무역을 포함하는 'globalization'과 세계에서 으뜸가는 나라, 으뜸가는 기업이 되자는 'segyehwa'를 모두 아우른다고 할 수 있다.

국내에서도 자연스럽게 세계화를 개방의 뜻으로 이해할 때는 세계화정책은 외국, 특히 미국에게 시장을 무한정 열겠다는 생각을 드러냈다고 보아야 한다. 이렇게 본다면 세계화는 분명히 외세, 특히 미국의 이해를 대변하는 정책이 된다. 이런 '세계화'에는 민족 배반의 논리가 들어 있는 셈이다. 따라서 세계화 구호가 미국의 농산물 시장개방 요구를 무책임하게 굴복하고 마는 통상정책을 정당화해주는 이데올로기 구실을 하게 된다. 오죽하면 재벌이 세운 연구소조차도 정부가 시장개방 협상에서 밀리면 세계화 구호를 내건다고 하겠는가.(「이한구의 경제 칼럼」, 『월간조선』 4월호)

이는 '국제화'라는 구호가 쌀 시장이 개방되면서 갑자기 유행한 것과 같은 맥락에서 이해된다. '세계화'가 높은 사람의 취향에 따라 갑자기 '국제화'를 밀어내고 유행한 것부터가 우스꽝스런 일이다. 정부가 선전하는 대로 "세계화"를 세계적으로 되기(만들기), 세계 일류란 뜻으로 풀이한다면 이는 아주 제멋대로 된 것이다. 이런 뜻의 '세계화'는 정치나 교육, 문화의 선진국이 되자는 구호와 크게 다르지 않다. 이런 국가 지상의 세계화는 경제나 통신 분야에서 말하는 바 국경을 넘어간다는, 본디 뜻의 세계화와 아무런 관련이 없다. 도리어 모순된다고 볼 수 있다.

"세계화"에는 'segyehwa'와 'globalization'이란 서로 어울릴 수 없는 뜻이 함께 들어 있다. 세계화에 대해 토론을 해도 그 최소한의 공통된 의미에 관해 어떤 합의도 불가능하다. 정부가 "세계화"를 말할 때는 이 두 뜻 가운데 정부에 유리한 뜻으로 쓴다. 우리 국민의 의식이 몹시 배타적이라면서 제3세계의 민족주의가 갖는 진보적 의미마저 부정하면서 외래문화 숭배를 부채질하거나, 이중국적 허용 검토설, 국민학교에서부터 영어를 가르치기로 한 결정 등은 민족주체성의 해체 작업이라는 뜻에서 세계화의 본디 뜻과 관련이 있다고 볼 수도 있다.

그러나 세계화가 동시에 현지화(localization)이기도 하다. 따라서 세계화와 이런 일이 반드시 연결되지는 않는다. 제멋대로 풀이한 '세계화'는 민족 정체성 해체와 연결되었다. 세계 일류국가가 되자는 데에 반대할 이유가 없을 것 같기도 하지만 그것이 언제나 재벌 중심의 구호이기에 노동 강도의 강화와 복지 축소로 나타나는 것도 피할 수 없는 일이다. 정부가 말하는 "세계화"에는 이처럼 민족적인 것에 대한 강렬한 부정과 제국주의적인 관념이 뒤범벅되어 섞여 있다. 이 개념에 대한 혼란은 피할 수 없다.

세계화가 뭔지 모르겠다는 대중의 시큰둥한 반응이 자연스럽다. 외국문화 숭배가 지나쳐 많은 병폐를 낳았는데도 우리의 생각이, 의식이 너무 폐쇄적이라면서 세계화를 한 세기 전의 개항과 비기기도 한다. 몇몇 사람만이 선각자인 양 삶의 절실한 필요에 뿌리박지 못한 이념을 내리먹이고 있다. 대중을 어리석은 교화의 대상으로만 여기는 지배층의 낡은 행태는 되풀이되고 있다.

만약 위에서 말한 세계화의 그 본디 뜻에 따를 때, "세계화"란 말은 누가 어떤 경우에 써야 적절한 것인가. 재벌의 회장이나 세계무역기구의 사무총장이다. 그런 사람이 사원이나 각국의 통상장관을 모아놓고 세계화를 역설한다면 이는 환영할 만하다. 그러나 한 나라의 대통령이 국민을 향하여 세계화를 말하면 어울리지 않는다. 세계화가 환경이나 인권문제에서 나라 사이의 긴밀한 정책협조를 말한다면 선진국이나 이웃나라의 정치지도자에게 꺼낼 말이다. 세계화의 일차적인 주체는 국경을 자유로이 넘나드는 초국적 거대자본이며 중진국의 한 정부가 하자거나 하지 말자고 할 것이 아니다. 정부에서 선전하는 '세계화'야말로 온갖 혼돈된 생각의 잡동사니며 주체성 없는 태도를 보여주는 가장 좋은 보기다.

세계적으로 되기와 세계로 되기

'세계화'를 들먹이면서 미국말 배우기 바람이 더욱 이 나라를 휩쓸고 있다. 우리말 사랑은 시대에 뒤떨어진 사람이나 하는 것처럼 본다. '세계적으로 되기'로 이해된 '세계화'라는 표현에는 한국적인 것을 세계로 나가게 한다는 뜻과 함께 세계적으로 되기 위해 한국적이기는 하되 세계적이지 못한 것을 바꾼다는 뜻이 담겨 있다. 첫째 뜻은 "segyehwa"와의 뜻과 가까워지지만 둘째 뜻이 강조되면 우리 것은 무엇인가 모자라는 것, 버려야 할 것이란 막연한 통념을 불어넣을 수 있다. "세계화"는 '세계적으로 되기(만들기)'란 뜻보다는 '한국이 아닌 세계로 되기'란 뜻으로 이해해야 쉽다. 이런 '세계화'는 강한 민족주체성에 대한 부정을 담고 있다. 그러나 이런 민족문화에 대한 부정이란 뜻은 "globalization"에는 없다. 세계화가 동시에 현지화이기도 하며 그것은 일차적으로 국제경제학의 전문개념일 뿐이다. '자유무역'과 '시장개방'을 뜻하는 말이 엉뚱하게 "세계화"로 번역되어 겨레문화와 주체성을 부정하는 말이 되어버렸다. 세계화가 민족주체성의 상실을 뜻한다는 그동안의 의혹은 합리적인 근거가 있는 셈이다. 엄밀하게 따지면 한국도 이미 세계의 일부가 아니가. 세계와 한국을 대립시키는 "세계화"는 이미 우리 것에 대한 강한 부정을 안고 있으며 세계화란 이름으로 겨레의 주체성을 해체하는 일을 많이 해오기도 했다. 이것은 "globalization"이나 "segyehwa"에는 없는 새로운 뜻이다.

이런 데서 보듯이 대부분의 경우에 세계화는 세계로 되기로 이해된다. 경제학의 전문개념을 대중이 모두 기억할 수는 없으며 세계적으로 되기란 뜻도 자연스럽지 않다. 이 세 뜻 사이에 어떤 연관이 있다고 보기는 어렵다. 다만 세계화를 세계적으로 되기로 이해하고 세계적으로 되기 위해 세계적이지 못한 한국적인 것을 없앤다는 뜻으로 이해한다면 '세계로 되기'란 뜻의 세계화와 연결시킬 수는 있겠다. 이렇게 되면 세계화가 우리 문화 천대로 나타난다. 보기를 들면 우리말과 한글은 한국적이기는 하나 세계적이지는 못하다. 세계화추진위원장(김진현)은 미국말 배우기를 강조하면서 외국어 사용을 권장하자고 한다.(『중앙일보』, 1. 15) 여기서는 세계적으로 되기와 세계로 되기가 모두 우리 것 버리기로 아무런 차이가 없어진다. 그러나 세계적으로 되기와 세계로 되기 사이의 이런 연관은 "세계화"를 특수하게 풀이할 때에만 성립한다. 그러므로 "세계화"에는 어울릴 수 없는 여러 뜻이 뒤섞여 있다고 보아야겠다.

외국어 쓰기 장려에서 나타나듯이 이른바 "세계화"가 구체적으로는 미국(또는 일본)을 본받자는 운동이라는 의혹도 합리적 근거가 있는 셈이다. "세계화"를 말하면서도 아프리카나 아랍, 심지어 라틴아메리카를 바로 알자는 사람은 찾아보기가 힘들다. 봉건왕조시대에 세계의 중심이 중국이었듯이 이제는 그 중심이 미국이다. 오랜 사대주의 정책이 겨레의 고유문화를 부정하게 만든 것처럼 오늘날의 세계화 역시 민족문화에 대한 부정으로 나타나고 있다. 이런 겨레의 고유문화에 대한 부정과 외래문화에 대한 막연한 동경이 아우러져 세계적으로 되기 또는 '일류화'라는 환상을 만들어내어 '세계중심국가 건설'이라는 목표마저 내걸고 있다. 일반적으로 세계중심국가라면 제국주의를 연상하겠지만, '세계중심국가'의 내용에는 엉뚱하고도 우스꽝스런 자존심과 나라와 겨레에 대한 무턱댄 부정이 함께 들어 있다. '세계중심

국가'를 건설하는 일과 대외무역이 미국식 이름 갖기를 강요하고 있는 현실에 대한 우려(『한겨레신문』 5. 31)가 어울리지 않을 것 같지만 함께 있음을 볼 수 있다. 이제 이런 경향도 세계화시대에는 탓할 일이 아니라는 사람이 늘어났다.

우리 지성사의 오랜 병폐인 사대주의가 세계화시대라는 깃발로 눈부시게 되살아나고 있다. 수천 년 역사를 자랑하는 문화민족이라는 것은 말뿐으로 역사에서 배우지 못하고 또다시 잘못을 되풀이하고 있다. 겨레의 자주성에 대한 요구는 폐쇄적 배타주의로 보일 뿐이다. 오늘의 세계가 이미 지구마을시대임을 부정할 사람은 없다. 이런 시대에 다른 나라 사람과 어떻게 함께 살아갈 것인가는 좀 더 오랜 시간에 걸친 차분한 논의가 필요하다. 그것은 어려운 과제이기도 하다. 그렇다고 모든 것을 이른바 '선진국'을 따라감으로써 해결할 수는 없다. 특히 우리는 아직도 통일을 이루지 못하였고, 우리 주변에 세계의 여러 강대국이 있다는 점에서, 더욱 벅찬 과제가 놓여있다. 민족적인 것을 부정하기만 하는 삐뚤어진 세계시민의식을 바로잡아줄 민족주체의식이 아쉽다. 세계화 추세에 따라 개방만 하면 장밋빛 미래가 곧 올 것처럼 여기다니, 매우 치우친 생각이다. 갈등과 대립의 측면을 본다면 개방과 자유무역을 내세우는 미국의 공세가 실은 그들의 무역적자를 외국에 전가하려는 노력일 뿐이다. 약해진 형태로나마 미국의 패권이 관철되는 한 방식이다. 최근에 미국농산물 수입에서 먼저 통관시키고 뒤에 검역하는 것으로 우리 정부가 검역제도를 바꾼 데서 보듯이, 미국은 자국민의 이해를 적극적으로 대변하며 아시아시장을 공습하고 있다. 세계주의와 반대되는 제 나라 우선주의다. 이런 경향은 미국에서 영어를 공용어로 하자는 운동이나 최근 그들이 이민자에 대해서 복지 축소를 추구하고 있는 것이나 이민한 사람에 반대하는 분위기가 확산되는 데서도 엿볼 수 있다.(『한겨레신문』 3. 26, 4. 12)

공무원의 외국어 사용을 금지한 프랑스말 보호법을 만든 프랑스나 침략에 대한 사죄에도 반대하는 일본을 보아도 참된 뜻의 세계주의나 보편주의와는 거리가 멀다. 우리는 세계의 흐름을 잘못 읽고 있다. 피상적인 현실인식에서 엄청난 값을 치를 날이 곧 올 수도 있다. 공보처에서는 세계화가 문명사적 대전환이라 선전하고 있다. 그러나 우리 외에 어떤 다른 나라도 세계화를 정책목표로 설정했다는 말을 들어보지 못했다. 세계화 추세가 기존의 국가와 자본의 관계에 본질적인 변화를 가져오지 못한다는 주장도 있다. 세계화가 문명사적 대전환이라고 잘라 말할 것은 아니다.

세계화는 정책목표가 될 수 없다

세계화는 본디 뜻에 따라 경제 분야의 현상, 또는 통신 분야에 한정해서 써야 적절하다. 물론 이런 경제 분야의 세계화가 비경제적인 분야에 어떤 충격을 주는 한 비경제적인 분야에서도 이에 대비해야 한다는 뜻에서 세계화에 대비하는 정책은 있을 수 있겠다. 그러나 본디 뜻의 세계화와 어긋나는 세계일류란 뜻을 제멋대로 주는 것은 삼가야 한다. 그 두 개념이 너무 달라 "세계화"란 낱말에 최소한의 어떤 공통된 뜻을 줄 수 없다. 이 개념을 그 고향인 경제학, 교통, 통신 분야에 한정하고, 정치와 사회, 문화에 확대해서는 안 된다. "세계화"를 그 고향으로 돌려보내야 한다. 세계화의 본디 뜻을 생각할 때, 세계화의 주체는 초국적 거대자본이며, 따라서 우리나라가 세계화하자는 것은 말이 되지 않는다. 더구나 세계화는 세계로 되기로 이해되어, 우리가 우리를 민족적 정체성이 없는 사람으로 만든다는 뜻으로 이해되어 큰 문제를 일으킨다. 세계화의 가장 자연스럽고 또 가장 먼저 떠오르는 뜻풀이가 바로 이것이다. 이것이 우리가 추구해야 할 목표란 말인가? 어이없는 일이다.

뜻을 잘 모르면서 그 말을 쓴다면 진실하지 못할 뿐만 아니라 심한 경우에는 속임수와 다름없다. 제멋대로 이해된 세계화가 국정지표가 될 수는 없다. 국가의 정책목표는 우리 모두가 동의할 수 있는 것으로서 분명한 뜻을 담고 있어야 한다. 분명한 뜻을 담고 동의를 받은 뒤에 그것을 정책목표로 설정해야 한다. 세계화를 빌미로 이루어진 많은 일을 본디대로 되돌려 놓아야 한다. 몇몇 지식인이 설익은 생각으로 나라와 겨레를 혼란하게 만든다면 이는 반민족적 범죄행위로 우리 역사의 부끄러운 한 부분으로 기록될 것이다.

(『한글 새소식』 제275호, 1995. 7)

4. 우리에게 미국말이란 무엇인가

우리에게 미국말이란 무엇인가? 한국방송이 지난 4월 30일에 내보낸 「일요특집 — 영어와의 전쟁」을 보며 새삼스럽게 이런 물음을 던지지 않을 수 없었다. 그 내용의 대부분이 『조선일보』에서 선전하던 것과 같았다. 영어 유치원 졸업식에서 아이들이 하고 있는 말이 '영어'라는 사실만으로도 그저 흐뭇한 표정을 짓는 '어른들로부터 외국계 회사에서 하는 미국말 회의 때문에 괴롭기 그지없는 회사의 중역, 여관(호텔)의 요리서부터 증권회사의 분석가까지 미국말이 직업을 얻는 데 빠질 수 없는 조건'이라고 했다. 국제무대에서 지도자의 짧은 영어는 궁극적으로 망신과 큰 손실을 가져온다고 했다. 미국말을 배우는 데 한 해에 4조 2천억 원의 돈을 들이고, 피곤한 직장생활에 인간관계마저 버린 채 영어를 배우기 위한 눈물겨운 '투자'를 겨레의 숙명인 양 보도했다. '영어가 세계를 점령하고 있으며', '영어는 국제어이며 세계어'라고 했다.

지난 1997년의 경제위기 뒤로 미국말을 공용어로 삼자는 주장이 전경련과 언론재벌을 중심으로 일어났고, 이제까지 이런 생각을 앞장서서 외치고 다니는 꼭두각시 지식인을 적잖이 보아왔다. 또 이런 지식인들이 허깨비 같은 생각을 소중한 깨달음인 양 여러 매체가 떠벌리고 다닌다. 오늘날 우리의 미국말 배우기는 그냥 가장 중요한 외국어를 배우는 데 그치지 않는다. 미국말을 왜 얼마나 배워야 하는가라는 가장 중요한 물음을 빼버린 채, 어떤 값을 치르더라도 모두 많이 배울수록 좋다는 생각이 널리 퍼져 있다.

그러나 이런 태도는 슬기롭지 못하다. 어찌 온 겨레가 미국말을 잘할수록 좋은 것일까. 사람이 배울 수 있는 힘은 한정되어 있다. 지금도 미국말을 배우는 데 많은 때를 헛되이 보내고 지나치게 많은 애를 쓰고 있다. 미국말을 잘 해야 할 사람이 잘 못한다고 유치원 꼬마부터 할아버지까지 들볶을 필요는 없다. 나에게 필요하니 모든 사람에게도 필요하다는 결론은 지나치게 자기중심적이고, 성급하다. 미국말을 잘하는 것도 특별한 능력이니 그에 걸맞은 대우를 해야 옳은 일이다. 그렇다고 미국말을 잘하는 사람이 미국말을 모르는 사람보다 우월하다거나 더 값진 일을 하고 있다는 생각을 심어서는 곤란하다. 넓은 세상에 우리가 알아야 할 것도 많고 해보고 싶은 것도 많다. 기업에서 미국말 타령만 하니 미국말 배우기에 바빠 젊은이들이 문학이나 철학을 진지하게 생각할 틈을 갖지 못하고 있다.

그 옛날에 이 땅의 사대부들이 한문을 받들었듯이 이제 우리는 미국말을 허깨비로 모시고 절하고 있다. 미국말을 조금 못한다면 모자라고 뒤처지는 사람이 될 판이다. 미국말은 품위 있고, 아름다워 보이고 우리말은 머지않아 사라질 변방의 사투리처럼 초라하게 보인다. 사방에 힘센 나라들에 둘러싸인 우리나라에서 외국어가 지배층이 되는 지름길이라는 판단은 물론 나름의 근거가 있다. 어떤 외국어든지 배워 좀 더 우월한 자리를 차지하는 것은 그 자체로 부당한 일은 아니다. 그렇다고 외국어(특히 미국말)를 모른다는 것이 큰 부끄러움이 되어서는 안 된다. 봉건왕조시대가 그랬고 식민지 시절이 바로 그렇지 아니한가. 무엇을 위하여 무슨 까닭으로 온 겨레를 끝없는 미국말 숭배로 내모는가?

우리에게 미국말을 둘러싼 온갖 신화와 이데올로기가 생겨난 것은 어제오늘의 일이 아니다. 이른바 구제금융체제 뒤로 이런 신화는 더욱 많이 생겨났다. 이제 투기자본이 국경을 마음대로 드나드는 '세계화'가 진행되자 우리말글은 장사에 방해되니 하루빨리 버리라고 요구하는 사람들이 줄을 잇고 있다. 이른바 '세계화'가 우리말글 천대의 구실이 되고 있다. 거리를 걸어도 지하철을 타도 시장에서 물건을 사도 미국말 공해는 온 나라를 뒤덮고 있다. 밖의 여러 나라를 둘러보아도 우리처럼 미국말 때문에 소동을 피우는 나라는 없는 것 같다. 이런 소동의 뿌리는 다른 데에 있지 않다. 구제금융사태로 우리 것에 대한 자신감을 잃어버리자, 우리말글마저 버리자는 움직임마저 나오게 되었다. 나라가 내리면 말도 내린다는 평범한 진리를 다시 발견한다.

금융자본이 국경을 넘나드는 지구화(세계화)된 세계체제도 하나뿐인 초강대국 아메리카가 만든 것이다. 지구화 현상이 그들에게 불리하다면 이런 체제를 그냥 둘 리는 없다. 지구화의 참모습은 미국화인 셈이다. 따지고 보면 지금은 지구화시대라기보다 미국이 패권을 쥔 시대다. 온 겨레가 미국말을 모국어처럼 알아야 한다는 이데올로기와 신화를 언론재벌과 전경련이 만들 수 있었던 것은 그들이 이런 미국의 패권을 충실히 대변하기 때문이다. 미국의 경제가 10년 가까이 호황을 누리고 있다고 한다. 이런 호황이 우리에게 미국말을 배울 필요를 크게 만드는 것은 사실이나, 미국과 같은 말을 쓴다고 우리가 곧 '선진국'이 되지는 않는다. 이 둘 사이에 직접적 인과관계가 없다. 문제를 단순하게 생각할 게 아니다.

"globalization"을 "세계화"로 옮긴 것부터가 우리말과 글을 천대할 명분을 주었다. 이 개념이 소개되던 김영삼 정권 때부터 혼란이 있었다. '세계화를 추진'하고 '세계화 추세에 적응'한다고도 했다. 그러나 지금은 온 세계에 '세계화'에 반대하는 운동이 거세다. 뜻도 분명하게 이해하지 않은 개념을 위에서 내리먹이면서 세계화에 반대하면 우물 안 개구리라고 선전해왔다. 금융자본의 이동이나 통신에서의 공간축소 현상을 두고 그 뜻을 옮기자면 "지구화"가 훨씬 정확하다. "세계화"라고 옮기면 많은 경우에 세계에 한국은 포함되지 않으므로 우리 것 버리기가 세계화라고 여기게 된다. 지구화를 둘러싼 변화가 민족국가에 어떤 충격을 줄 것이며, 이런 현상이 언제까지 진행될 것인지 누구도 장담할 수 없는 복잡한 문제다.

세계화에 무턱대고 따라가자는 주장은 남에게만 이로운 생각이며, 굴욕을 자랑으로 여기는 게 된다. 노동의 국경 넘나들기라는 국제화와 자본의 국경 넘나들기라는 지구화의 본디 뜻에 비추어본다면 이

둘은 명백히 서로 대립되는 개념이다. 이런 본디 뜻에 충실하다면 국제화를 외국집단과 협조하고 손잡는 것으로, 지구화를 국가가 사회와 시민에 대한 책임을 버리고 소비자만 있는 것으로 생각해야 할 것이다.(『한겨레신문』 2000년 1월 14일에 소개된 카생 『르몽드 디플로마티크』 주간의 생각을 참고) 오늘날 역사의 기본단위는 변함없이 민족국가다. 지구화로 진정 국경이 없어졌다면 일인당 국민소득을 따지는 것이 무의미해져야 하며 국제통화기금체제로 인한 고통도 우리만 떠맡지 않아도 좋을 것이다. 지난 몇 년 사이에 걸친 '세계화' 소동은 번역부터 잘못한 우리말에 대한 무지가 빚어낸 측면이 크다.

미국말을 잘 알아야 통상에 유리하다는 것은 맞는 말이다. 그러나 전문지식에서 권위만 갖춘다면 미국말을 잘 몰라도 된다. 관료들은 툭하면 미국말 타령을 늘어놓아 자신의 무능함을 가리려고 드는 것 같다. 미국말을 몰라 나라에 손해가 왔다며 들이미는 '고전적인' 사례인 뉴질랜드와의 쇠고기 시장 개방협상(1990)을 보자. 그때에 '최소의 무수입(minimum quota)'과 '수입한도(quota)'를 같은 것이라 여긴 것이 미국말이 모자란 탓인가? 아니다. 비판적인 생각과 말글을 정확하게 쓰는 버릇을 들이지 못한 태도가 문제였다.

구제금융을 받던 1997년 11월에 미국 워싱턴에서 있었던 한국경제 설명회도 미국말 때문에 나라가 손해를 본 대표적인 경우로 꼽힌다. 그러나 보도의 내용을 잘 보면 미국말이 모자랐던 게 아니라 경제관료의 용기 없음이 더 큰 문제였다. 기자들의 질문 내용을 알지도 못하면서 아는 체하였다. 미국말을 잘 못하는 게 경제관료로서 실격요인은 아닌데도 그는 이것을 부끄럽게 여겨서 통역도 없이 외국기자들 앞에 나왔다. 미국말을 잘 못하면 부끄럽다는 신화의 노예였다. 문제는 그가 생각하는 힘이 모자랐고 정직하지 못한 점에 있었다. 또 지도층의 미국말 실력만이 국익과 직접 관계되는가? 지도층의 건강도 우리말과 우리 역사에 대한 지식도 정치와 경제에 대한 전문지식도 나라살림과 직접 관계된다. 문제를 전체적으로 생각해야 한다. 관료들이 자신의 무능함을 가리기 위해 미국말이 모자랐다는 핑계를 대며 온 겨레를 미국말 배우기로 내몬다면 큰 문제가 아닐 수 없다.

이런 허구를 언론이 파헤쳐야 하련만 도리어 치우친 생각만 부채질한다.『조선일보』는 일본에서 영어공용이론이 나오자 재빨리 이를 지지하는 사설을 내면서 마치 '일본을 보라'는 투로 말한다.(2000. 1. 20) 미국말을 온 겨레가 '어려서 익히고 생활 속에서 써야만 자유로운 구사'가 가능하다며 나라에서 미국말 쓰기를 권장해야 한다고 했다. 현실에 대한 반성과 음미를 빼버리고 주어진 현실에 무턱대고 순응하라고 외친다. 사회현상에 대한 균형 잡힌 판단력은 보이지 않는다. 이 신문이 이런 논의에 대한 반론을 소개하지도 않았다. 우리가 언제부터 말글살이에서 일본을 우리의 본보기로 삼게 되었는가? 우리가 줏대 있게 판단할 문제다. 미국숭배에다 일본숭배가 몸에 밴 사람이 아니고는 이런 주장이 나오기 어렵다.

더욱이 일본은 초등학교에서 미국말 교육을 하지 않는다.『조선일보』(2000. 1. 13)의 보도와는 달리 앞으로도 조기교육을 할 것 같지도 않다.『한겨레신문』(2000. 5. 3)에 따르면, 일본 교육부장관 자문기관이 모국어를 기초로 다지지 않은 조기영어교육이 위험하다는 보고서를 냈고 이것이 교육정책에 반영되리라고 한다.『조선일보』를 읽다 보면 미국말은 국제어이며 무슨 일이든 해내는 요술방망이로 착각하게 된다. 통상전문가를 양성한다는 국제대학원에서 우리말 강의가 이루어진다고 비판하는 걸 보면(2000. 4. 6), 국제대학원을 영어교육대학원과 같다고 생각하는 것 같다. 통상에서 미국말이 가장 중요한 요소인가? 너무나 단선적인 생각을 다른 사람에게 강요하지 말아야 한다.

프랑스가 이중언어정책으로 가고 있다는(2000. 1. 4) 보도는 일부러 거짓말을 하고 있거나 사실을 잘못 안 것처럼 보인다. 『조선일보』는 정치지도자도 학생도 교수도 재벌회장도 외교관도 미국말을 잘 못한다고 윽박지르는 글을 내보내며, 세계 여러 나라가 우리보다 미국말을 얼마나 잘하는가를 열심히 소개하고 있다. 기사에서는 어리석은 식민지 백성을 일깨워 선진문물을 전하는 식민종주국의 언어를 알아듣게 하려는 듯한 사명감이 곳곳에 엿보인다. 그러나 '이렇게 하여 누가 무엇을 어떻게 하자는 것인가?' 이런 중요한 물음은 모두 빠졌다. 한문을 '자유롭게 구사'하던 봉건사대부들의 세상을 미국말을 '생활 속에서 써서 자유롭게 구사'하는 특권계급사회로 바꾸겠다는 것인가? 이런 변화가 우리 시대의 과제인 남북통일에 어떤 의미를 가질까? 이제 겨레의 언어마저 영원히 갈라놓자는 말이 된다.

"영어는 도구입니다. 민족주의와 전혀 별개문제죠." 대만인의 입을 빌어 『조선일보』(2000. 1)는 이렇게 말한다. 그러나 이것은 사실이 아니다. 돈을 많이 벌면 국산 자동차와 외제 자동차를 함께 살 수 있는 것처럼 우리말과 미국말을 함께 공용어로 삼을 수는 없다. 두 언어를 모국어처럼 구사하는 상황은 정상적이지 않다. 미국말을 모르면서 미국 속에서 살아가는 스페인 계열의 미국인을 생각해보라. 말은 중요한 점에서 도구와 다르다. 영어는 그 본질에서 미국말이다. 국제어나 세계어가 아니다. 이는 이른바 "세계화"가 그 알맹이에서 '미국화'인 것과 같다. 유럽에서도 국제어는 한때는 그리스말이었고 라틴말이었고 프랑스말이었다. 일반적으로 말이란 그것을 쓰는 겨레를 떠나 있지 않으며 문화를 반영하며 그 겨레와 운명을 같이한다. 미국말이 국제어라고 여기는 생각이 널리 퍼져 있으나 이는 그만큼 미국의 패권이 굳게 자리 잡았음을 말할 뿐이다. 그런 사람들에게 앞으로 아랍말이나 인도말도 국제어가 될 수 있다.

외국자본이 인수한 제일은행을 보자. 중립적인 국제어처럼 보이던 미국말은 이 은행을 인수한 몇 사람의 외국인 임원을 위해 보고서를 미국말로 쓰고 회의를 미국말로 하게 되면서, 어김없이 '점령군'의 언어임이 드러났다.(『한겨레신문』 2000. 4. 21) 수십 년을 배우고도 자유롭게 쓸 수 없는 미국말이 중립적인 '도구'일 수는 없다. '자본의 힘'을 가진 몇 사람의 외국인 임원을 위해 지배언어가 강요됨으로써 의사소통의 비민주성이 선명하게 드러났다. 이런 상황이 오래 간다면 미국말을 잘하는 사람과 그렇지 못한 사람으로 갈라지지 않겠는가. 외국인 임원 몇 사람이 우리말을 배우거나 통역을 늘리거나 자동번역기를 개발하는 등 다른 길을 찾으면 얼마든지 있다. 끝없는 미국말타령으로 겨레를 옥죔은 슬기롭지 못하다.

『조선일보』는 지난 1994년에도 '우리들의 국제문자' 한자를 쓰자는 기획을 한 적이 있다. "한자는 국제문자죠. 민족주의와 별개 문제죠." 『조선일보』는 이미 그때 이렇게 말했던 것이다. 우리에게 보편적이거나 국제적인 것은 과거에는 중국 것이었고 이제는 미국 것이다. 한문 글자만을 글자로 알던 봉건사대부들이 중국 섬기기에 지극한 정성을 보인 것처럼 『조선일보』는 미국말을 더욱 충실히 섬기라고 '어리석은' 겨레를 깨우쳐주고 있다.

이제 다시 우리에게 미국말을 둘러싼 여러 신화와 이데올로기가 수 없이 생겨나 떠돌고 있다. 예나 이제나 변함없이 우리말과 글은 뒤지고 모자라는 사람의 말과 글이 됨이 어찌 숙명이겠는가. 이제 우리는 미국말을 그냥 미국사람의 말로 되돌려 놓아야 한다.

(『한글 새소식』 제334호, 2000. 6)

5. 신문의 미국말 기사, 어떻게 볼 것인가
-『조선일보』의 경우

이른바 '국제화, 세계화'의 시대가 열리면서 미국말에 대한 기사가 적지 않게 신문에 등장하고 있다. 신문사마다 외국어 관계 기사, 특히 미국말을 어떤 관점에서 다루고 있을까? 이것은 오늘날 우리에게 절실하게 생각하기를 강요하는 문제다. 정치 기사나 경제 기사를 꼼꼼히 따지듯이 미국말 기사도 꼼꼼하게 따져야 한다. 신문사마다 이 문제를 다루는 관점을 명시적으로 밝히고 있지는 않지만 신문들 사이에 큰 편차가 느껴지지는 않는다. 여러 신문이 날마다 영어, 일본어, 중국어, 한자 학습란을 마련하고 있다. 다만 『한겨레신문』은 이런 추세와 달리 우리말 이해에 많은 지면을 내주고 있다. 대부분의 신문이 우리말과 글에 무관심 하지만 『조선일보』는 말글 문제에서도 조금은 독특한 생각을 갖고 있는 것 같다.

이 신문은 '젊은 세대가 한자문맹이다. 우리가 미국말을 못한다'는 보도를 계속 내보내고 있다. '제 이름도 못 쓰는 대학생(3. 14, 논설)은 좋은 보기다. 『조선일보』가 이런 기사를 내보낸 것은 어제오늘의 일이 아니다. 미국말 학습에 커다란 가치를 두면서 대중에게 미국말을 못한다고 다그치기도 한다. 지난 5월 2일자의 '영어 못하는 영어공화

국'(A3면)은 '어려서부터 영어가 몸에 밸 수 있는 환경'을 강조하고 있
다.『조선일보』는 우리 겨레가 얼마나 한자와 미국말을 더 공부해야
하는가를 일러주는 훈장과 같다. 지난 1990년대 후반부터 미국말 공
용화에 불을 붙인 것도『조선일보』였다. '영어 태교', '영어 예배', '영
어 아이 돌보미', '영어 유치원', '조기유학' 등 여러 부작용에 대해서
는 아무런 말이 없다. 미국말을 선진문화와 계층상승을 이루는 요술
방망이로 보고 있음에 틀림없다. 우리말과 글에 대한 관심은 거의 찾
기 어렵다. 국어문화운동본부 회장 남영신 님은 지난 3월에 나온 여러
신문사의 사설을 비교하여『조선일보』의 사설이 국어 부문에서 가장
많은 잘못이 있음을 밝힌 바 있다.

『조선일보』의 관점은 가장 대중적일 수는 있으나 우리 역사를 잘
모른 데서 오는 낡은 생각이다. 시대마다 알아야 할 것은 변화하기 마
련이다. 젊은 세대를 '한자문맹'이라 비난하기보다 지난날의 중화주
의적 교양에서 벗어나고 있음을 반길 일이다. 미국말을 못한다고 하
지만 주로 회화를 두고 하는 말이다.

미국말을 배우는 데 많은 시간을 들이고 가장 비싼 값을 치르면서
도 미국말을 잘 못하는 까닭은 무엇인가. 다른 나라 사람에게 우리가
자질이 뒤진다고 볼 수는 없다. 유독 미국말 때문에 많은 고통을 받는
다는 것은 언어가 단순한 도구에 그치지 않음을 새삼스럽게 말해준
다. 언어는 우선 삶의 방식이다. 그 표현이 쓰이는 구체적 상황을 아
는 것이 언어 이해의 지름길이다. 그런데 많은 사람들이 말하듯이 우
리는 미국말을 '교과과목'으로만 공부할 뿐, 교실 밖에선 쓰지 않는다.
실생활에서는 거의 필요가 없다. 그러나 취직이나 진학, 유학에 미국
말은 꼭 필요하다. 대학교수도 강의와 논문 발표를 미국말로 하면 여

러 가지 지원도 받을 수 있다. 그렇다면 미국말이 우리에게 얼마나 필
요한가라는 물음에 대한 답은 사회적·경제적 문제이다. 대학에서 미
국학위를 지나치게 우대하고 있지는 않은가. 미국 대학에서 박사학위
를 얻는 경우도 우리나라 사람이 제일 많다는 통계가 있다. 토익이나
토플 응시자가 우리나라가 제일 많은데, 미국말에 대한 우리만의 환
상을 갖고 있지는 않은가. 미국말로 강의하기가 경제성장률처럼 목표
를 정하고 달성해야 하는가. 외국학술지에 미국말로 된 논문을 발표
하는 것은 얼마만큼 값진 일인가. 황우석 사태에서 보았듯이 미국 과
학 잡지의 권위에 대한 믿음도 그다지 단단한 바탕을 갖고 있지 못하
다. 학자들이 외국어로 논문을 씀으로써 우리 문제를 우리 언어로 토
론하고 해결하는 공동체를 우리 스스로가 허물어가도 좋은가. 이런
여러 문제들이 왜 꾸준하게 논의되지 못할까. 지난날 왕조시대에 교
육이나 학문은 곧 한문 배우기였다. 우리말과 글은 학문과 교육에 쓸
모없다는 생각이 다시 활개칠 날이 오지 말란 보장도 없다. 이제 미국
말은 점점 옛날 한문과 같은 자리를 차지하고 있다. 가장 효율적인 계
층상승의 수단이라는 점에서도 같다. 미국말로 태교하는 경우나 아예
아이를 미국으로 데려가 현지 유치원에 등록하는 경우, 학부모들은
사실상 미국말만 쓰는 세상을 바라고 있는 것처럼 보인다. 역사에서
배우지 못하는 한, 역사는 되풀이된다.

미국말 숭배에는 학력숭배와 미국숭배가 얽혀 있다. 우리 교육이
좋지 않아서 조기유학을 간다는 말은 전체적으로 보아 틀린 말이다.
조기유학생이 미국으로 가서도 과외를 많이 하고, 방학 때에는 돌아
와서 강남 학원에서 미국 대학수학능력시험(SAT)에 대비하는 과외를
하는 것을 보라.(『조선일보』 5. 28) 이것은 교육이란 모국어로 이루어

질 때 가장 효율적이란 상식을 확인해준다. 또 왜 유학이 필요한가를 되묻게 만든다. 우리는 미국 학위를 우대하지 않는 일본을 눈여겨볼 필요가 있다. 우리 지식인이 외국의 권위에 기대어 겨레를 못 살게 군 것이 어제오늘의 일이 아니다. 한자든 미국말이든 그것을 잘 모른다고 나무라는 신문은 우리를 자학의 수렁으로 몰아넣고 있다. 우리의 말과 글은 돌아보지 않고 한문만 떠받들던 인습은 아직도 청산되지 않았다. 학문과 교육에서 번역만 제대로 대접해준다면 미국말 숭배의 기세가 수그러들 것이다. 미국말 숭배는 사이비 신흥종교와 닮은 점이 많다. 믿음에 분별이 없이 맹목적 숭배를 강요하며, 경제적으로 지나친 지출까지 강요하는 경우가 많다. 가족해체까지도 적지 않게 본다. 『조선일보』가 주장하듯이 '어려서부터 영어가 몸에 밸 수 있는 환경' 늘리기는 우리가 갈 길이 아니다. 영어마을을 보자. 영어를 접할 수 있는 환경을 늘리기 위해 만들었다고 한다. 어학연수를 대체할 수 있다고 했다. 그러나 이 사업이 경제적으로나 교육적으로나 모두 실패했음은 이제 널리 알려져 있다. 과장된 미국말의 위세와 그에 대한 필요를 되돌아보고 다른 길을 찾아야 한다. 한 보기로 대부분의 국가고시에서 미국말 시험을 보아야 할 이유도 없다. 미국말을 쓸 필요가 없는 직장도 많다. 미국말이 능력의 잣대인 양 여기는 생각을 바꿀 필요가 있다. 우리 현실을 위하여 미국말을 배우는 것이지 우리 현실이 미국말 배우기를 위하여 있는 게 아니다.

　현실적으로 필요 없는 외국어를 자꾸 배워야 하니 많은 사람에게는 괴로운 일이다. 말하기가 강조되는 요즘의 영어교육은 미국 유학의 필요성과 기업의 요구만을 주로 반영한 결과이다. 실생활에서 쓸 일이 거의 없지만 교실에서는 배워야 하기 때문에 교육과 현실의 틈은 엄청나게 큰 셈이다. 미국말 말하기 교육을 강화할수록 우리는 점점 큰 소외를 경험하게 된다. 우리 삶의 현실이 미국말 공부에 도움이 안 된다고 느끼게 된다. 미국말 공부에 가치를 더 둘수록 우리 현실을 얕잡아보고 미국을 우러러보게 된다. 외국어 학습은 단순하게 기능 익히기에 그치지 않는다.

영어 말하기를 못한다고 다그치는 '일등' 신문이 있는 한, 미국말로 태교를 하는 주부들이 있는 한 이 땅은 미국인 왕국이 될 것이다. 실생활에서 미국말을 쓸 수 있는 환경을 만들어주는 원어민은 끝없이 고마운 존재가 된다. 그것은 아마도 백인 남성의 왕국일 것이다. 미국인이 태어날 때부터 자연스럽게 배운 말을 한다는 것 자체가 이 땅에서는 엄청난 능력과 자산이 된다. 직장을 마련해줄 뿐 아니라 선생으로 존경받는 삶을 보장해준다. 우리말에 관심을 갖지 않고 미국말만을 써서 한국인에게 말만 걸어주어도 미국말을 언제나 접할 수 있는 환경에 목말라하는 우리에게 큰 은혜를 베푸는 것이 된다. 이 땅에서 미국말 회화는 사실상 미국인 숭배다.

'영어로 수업을 진행할 수 있는 교사를 확보하는 게 중요'하지만 수업이 미국말로만 진행되어서는 안 된다. 학생들이 이해하는 상위언어로서 우리말이 가장 효율적이기 때문이다. 원어민 교사는 그가 우리말을 이해하고 우리 문화를 이해하는 한에서 훌륭한 교사가 될 수 있는 필요조건을 갖춘 셈이다. 미국말만 아는 원어민 보조교사라면 굳이 쓸 필요가 있을까. 아마도 좀 더 정확한 발음에는 도움이 되겠지만 우리가 미국말 발음에 정확하지 않은 것은 전혀 흉이 되지 않는다.

우리의 역사적 현실에 대한 바른 이해와 언어에 대한 상식적 생각으로도 우리를 짓누르는 미국말 숭배의 무거운 짐으로부터 놓여날 수 있다. 한자를 잘 모른다, 미국말을 못한다고 훈장이 서당 아이 다그치듯 하는 일은 그만두어야 한다.

(『말과 글』 제111호, 2007. 여름)

6. 온 나라를 휩쓰는 미친 영어 바람

이명박 당선자는 영어 공교육을 강화하여 고등학교까지의 공교육만으로도 충분히 영어를 구사할 수 있게 하겠다고 공약했다. 영어에 드는 사교육비를 절반으로 줄이겠다고 공약하였다. 지난 1월 22일에 이경숙 대통령직 인수위원장은 초등학교부터 영어로 하는 수업을 다른 과목으로 점차 확대하겠다고 말했다. 영어 몰입교육을 늘리면 사교육비는 반으로 줄고 조기유학이나 어학연수를 안 가도 될까?

오늘날 대학에서 영어 몰입교육(영어로 하는 강의)은 돌림병처럼 번져가고 있다. 효과적이지도 않고, 우리의 독자적 문제의식을 잃고 미국 따라하기로 학문과 교육을 갈음하게 만든다. 영어 교재를 읽어주고 낱말 뜻풀이나 하는 것이 학문과 교육의 전부가 된다면 불행한 일이다. 캠브리지대의 장하준 님은 대학의 영어 몰입교육에 대해 '우리말은 영어와 어족부터가 다르다. 영어 하려면 돈이 많이 든다. 영어도 그럭저럭, 전문지식도 그럭저럭 해서는 나라 망한다'(『한겨레』 2007. 11. 2)고 했다. 또 다른 형태의 몰입교육 방법인 영어마을은 돈은 많이 들고 효과는 적은 사업이다.

이보다 더 큰 문제는 초·중등학교에서의 영어몰입교육이다. 초·중등교육에서 영어 외의 교과를 영어로 가르치는 공립학교도 곧 생긴다고 한다. 영어몰입교육은 영어를 쓸 수밖에 없는 상황에 빠뜨려 우리말과 글을 가르치고 배우는 데서 빼자는 것이다. 교육에서 우리말을 사용할 자유를 빼앗고 미국말 쓰기를 강요하는 것이다. 학교에서부터 우리말 쓰기를 제한한다면 수업을 따라잡기 위해서는 엄청난 영어 사교육을 미리 받아야 한다. 이런 강제는 우리말로 교육받을 권리에 대한 인권침해이기도 하다. 우리말이 우리 삶과 문화를 이해하는 궁극적 매체다. 이를 무시하면 우리 삶과 문화의 부정으로 치닫게 된다.

영어몰입교육이 대중적 지지기반을 갖고 있다는 것은 더욱 두려운 사실이다. '국제화', '세계화' 이데올로기 공세가 끊임없이 계속된 탓이다. 이제 우리말과 글을 아끼자는 주장마저 시대에 뒤떨어졌다고 여기는 세력이 활개를 치고 있다. 우리의 '세계어', '문명어'는 한문에서 일본어로, 또다시 미국말로 바뀌고 있다. 일본은 지난날 한문을 뜻으로 읽던 전통을 살려 번역으로 근대화를 이룩하였다. 그들은 그 같은 눈으로 미국을 대하고 있다. 일본에는 단순한 경제적 의미를 넘어가는 미국과의 '높은 수준의' 자유무역협정을 맺으려 안달이 난 관료도 신문도 없다. 2007년 미국과의 자유무역협정은 쭉 미국말로 내내 서로 협상을 하였다. 우리의 운명을 결정하는 역사적 사건에서 이미 우리말이 자취를 감추고 있다. 우리글마저도 보이지 않을 때가 많았다. 미국과 협상할 때에도 협상이 거의 마무리되고 난 뒤에 겨우 한글

번역본을 만들었다. 협상과정에서 주고받은 편지와 제안서는 모두 영어로 돼 있는 것으로 알려졌고, 이 협정이 발효된 뒤 3년 뒤에 공개된다. 1876년의 강화도조약은 일본과 한문으로 협상을 했다.

이미 몇몇 학교에서 영어에 빠뜨리는 교육을 시범적으로 하고 있다. 이는 우리말, 우리글로 가르치고 배워야 한다는 자연스런 원칙에 어긋난다. 교육에서 우리말은 외국어 교육이 그 속에서 이루어지는 상위언어이다. 우리말을 교육에서 배제하며 영어에 빠뜨리는 교육은 비효율적임은 물론이고 우리말을 하류층의 언어로 만드는 길이 된다. 학문과 교육은 으레 한문 읽기와 쓰기인 줄 알았던 시대와 실질적으로 같은 시대로 되돌아가는 출발점이 될 수 있다. 영어를 잘 하면 선진국, 즉 작은 미국이 된다는 환상은 왕조시대의 한문숭배와 빼닮았다. "언문"은 학술활동에 쓰지 않는 입말을 적는 글자란 뜻이다. 중세사회의 글말과 입말의 분리와 위계질서는 작은 중화의 증거였다. 우리 역사에서는 한문 훈독 전통이 사라지고 한문을 중국인과 같은 수준으로 쓰려는 노력이 대단하였다. 이제 미국말 배우기의 열기도 뜨겁다.

과연 고등학교까지의 교육에서 영어를 잘 구사하기를 교육의 목표로 세워야 할 정도로 영어에 대한 현실적 필요가 우리에게 있는가. 영어마을을 만들 때마다 영어를 자연스럽게 쓸 수 있는 환경을 만든다고 할 정도로 영어가 실생활에서 쓰일 필요는 적은 편이다. 영어를 자유로이 구사해야 할 사람은 많다고 보기 어렵다. 한문에는 무슨 조화라도 붙은 양 여기던 태도로 영어를 대하고 일부 장사치의 장삿속이 끼어든 탓에 영어에 대한 필요가 턱없이 부풀려졌다. 돈과 시간을 영어 공부에 끝없이 쏟아 붇는 것은 경쟁력을 해친다. 입시나 취직 때에 영어가 무턱대고 큰 비중을 차지하는 것도 문제다.

미국말이 곧 경쟁력을 올려주는 도구는 아니다. 우리가 말을 배우고 쓰는 구체적 상황에는 한 사회의 오랜 관습과 제도 세계를 보는 독특한 눈과 역사적 체험이 켜켜이 쌓여 있다. 특히 구체적 맥락이 있는 말하기에서 이런 성격이 두드러지는데, 영어 말하기가 우리에게 어렵게 느껴지는 까닭도 여기에 있다. 영어 배우기를, 특히 말하기를 너무 쉽게 생각해서는 안 된다. 개인마다 일본의 8배나 되는 돈을 쓰고도 영어실력은 일본보다 나은 점도 별로 없어 보인다. 지금의 영어교육이 또다시 '혁신'을 필요로 할 정도로 잘못되어 있다고 말하기 어렵다. 읽기와 쓰기가 현실적으로 더 필요하다. '정말 필요한 사람만 하고 나머지는 에너지를 다른 곳에 투입하도록 조정하는 것'이 정부가 할 일이란 장하준 님의 판단(『한겨레』 2007. 11. 2)은 슬기롭다. 영어 말하기를 중등교육의 주요 교육목표로 세울 필요도 크지 않고 현실적으로도 이루기가 몹시 어렵다. 영어에 모든 것을 다 걸려는 미친 바람을 정부가 잠재워야 한다.

따지고 보면 외국인과 소통하지 못하는 게 모두 우리의 책임은 아니다. 우리는 이 문제에 대해 남의 시선에 좀 더 둔감해질 필요가 있다. 영어 못하는 사람은 모자라는 사람, 뒤진 사람이라는 이데올로기에서 우리 스스로가 헤어나야 한다. 10년도 넘게 계속되는 '국제화, 세계화' 이데올로기 공세에 미국말이 권위와 위세의 상징이 되고 있다. 우리나라의 토익, 토플 응시생이 세계에서 제일 많다. 2007년 현재 10만 명에 이르는 미국 유학생 수도 우리가 제일 많다. 이런 현상이 우리의 주체적인 필요에서 나왔다고 보기 어렵다.

물불을 가리지 않는 국제화·세계화 정책은 사실상 미국숭배정책임이다. 부산시가 세우는 '글로벌 빌리지(세계마을)'는 밀양시가 세우는 '리틀 유에스(작은 미국)'와 미국적 생활방식을 본뜨는 장치란 점에서 차이가 없다. 왕조시대에 천하(세계)는 중국 한족문화가 표준이 되는 누리였고, '글로벌리제이젼'의 원동력은 미국에서 나왔다. 우리 땅에 있는 '국제'연합군사령관은 미군사령관이다. 노무현 님이 2007년 10월에 군사분계선을 넘기에 앞서, 남녘에 있는 국제연합군사령관의 허가를 얻어야 했는데 그 사령관은 바로 미군사령관이다. 앵글로색슨계 젊은이는 가르칠 자격을 제대로 갖추지 않아도 한국에서 원어민 선생님이 될 수 있다. 학원에서 돈 벌기는 아주 쉽다. 원어민 영어 보조교사 활용은 비용은 많이 드는 데 효과는 적다. 그들의 범죄도 점점 잦아지고 있다.

중국과 미국의 영향을 가장 직접적으로 받고 언어의 구조도 우리와 비슷한 일본이 영어교육 정책을 세우는 데 좋은 거울이 될 수 있다. 일본은 2011부터 초등학교 5학년부터 비교과 영역으로 영어를 1주일에 한 시간씩 도입하기로 했다고 한다. 그들은 조기유학 열풍으로 들떠 있지도 않다. 우리는 1997년부터 3학년부터 도입하였다. 그것도 모자라 이제는 1학년 입학 때부터 하려고 시범교육을 하고 있고, 곧 이를 확대할 것인지 결정하리라고 한다. 우리말과 글이 깃털보다 더 가볍다면 영어 사교육에 드는 돈을 두 배 넘게 낼 각오를 해야 하리라.

우리의 일인당 국민소득이나 경제규모에 대해 우리는 자부심을 갖고 있다. 경제력에 걸맞은 우리말에 대한 관심과 자부심을 가질 때이다. 영어몰입교육을 초등학교에서부터 나라에서 하겠다는데도 별다른 저항의 몸짓도 볼 수 없다. 생각해보면 두려운 일이다. 언어는 곧 문화이기 때문에 영어 강박증은 우리 삶의 방식에 대한 부정에 이르게 만들 것이다. 미친 영어바람이 나라를 휩쓴 지도 오래다. 우리말을 아끼고 사랑하자는 생각은 점점 옅어지고 있다. 영어 말하기 능력이 모자란다면 원인을 따져 차분하게 방법을 찾아야 한다.

영어에 빠뜨려 강요하거나 무턱대고 어릴 때부터 교육을 시작하여 시간만 늘리는 식의 난폭한 방법으로는 사교육을 몇 갑절이나 늘릴 뿐이다. 지난 1995년에 초등학교 3학년부터 영어교육을 도입하겠다고 발표하자 사교육비가 몇 배로 뛰었다. 영어마을을 만들 때도 사교육을 줄이고 기러기아빠를 없애겠다고 했다. 초등학교와 중등학교의 몰입교육은 학교 전체를 영어마을로 만드는 것과 진배 없다. 이미 우리의 미국말 숭배는 위험한 수준이다. 조선을 망국의 수렁으로 몰아넣었던 한문숭배와 똑같은 길을 다시 걸어갈 수는 없다.

(『한글 새소식』 제426호, 2008. 2)

7. 영어 공교육 강화, 아직도 따져볼 문제가 많다

대통령직인수위원회의 영어몰입교육이 한바탕 소동 끝에 영어로 하는 영어수업과 이를 담당할 교사 재교육과 충원으로 정리되는 것 같다. 일상적 소통을 중시하는 영어로 하는 영어수업은 공교육 강화의 핵심이 되는 셈이다.

그러나 이런 생각도 따져볼 대목이 많다. 먼저, 언어학적으로 문제가 있다. 영어교사는 영어로만 수업을 진행할 수 있어야 할 정도로 실력을 갖추는 것이 바람직하다. 그러나 이 말이 곧 교사가 영어시간에 영어로만 가르쳐야 한다는 말은 아니다. 우리는 어디까지나 영어를 외국어로서 배운다. 이때 우리말은 상위언어이고 영어는 대상언어이다. 우리말은 우리에게 가장 먼저 친숙해지고 우리가 세계를 이해하는 궁극적 매체이다. 내용전달의 효율성, 고르지 못한 학생 수준을 생각할 때, 우리말을 쓸 수밖에 없고 우리말로 하는 수준 높은 수업도 얼마든지 가능하다. 영어로만 하는 영어수업에 교사들의 반대여론이 높은 것은 당연하다. 영어로만 하는 영어수업은 우리말을 부정하고 이를 영어로 가름함으로써 영어 배우기를 압박하겠다는 것이다. 그러나 배움에는 배우는 이의 마음가짐이 중요하다. 절실한 필요성의 자각이 없는 상태에서 어려운 상황에 빠뜨린다면, 영어에 대한 거부반응을 부를 가능성이 크다. 또 수업을 따라가기 위한 사교육을 더욱 부추기리라고 예상할 수 있다.

둘째, 말하기 교육이 너무 큰 비중을 차지해선 안 된다. 일상적 소통에 대한 강조가 자칫 고급정보를 얻는 데 필요한 읽기 능력을 떨어뜨릴 수도 있다. 10년을 배우고도 입도 벙긋 못한다는 말은 과장이고 말하기 부문을 절대시한 단편적인 평가로 영어 공교육에 대한 부당한 매도이다. 우리에게 영어 말하기는 어렵다는 사실을 고려하지 않았다. 우리말과 영어는 말본, 어휘, 소리의 조직에서 공통성이 없어 우리가 배우기에 시간과 노력을 많이 쏟아야 한다. 또 배우더라도 쓸 기회가 제한되어 있어서 곧 잊어버린다. 언어는 문화이고 삶의 방식이 스며들어 있는 만큼 문화의 차이에서 오는 어려움도 적지 않다. 말하기는 "영어를 체험"한다는 표현에서 보이듯이 구체적인 상황에서 행동이 함께 따라가므로 말하기의 강조는 자칫 미국적 가치관과 행동방식을 내면화하는 통로가 될 가능성이 크다. 영어 사교육비를 줄이자며 여러 지방자치단체에서 영어마을을 만들었는데, 말이 삶의 방식과 밀접히 맞물려 있음을 전제하였다. 또 우리의 전통적 말글의식을 고려할 필요가 있다. 유교 전통에서는 글 잘 쓰는 사람을 높게 평가하였으나 말 잘하는 사람에 대한 경계가 두드러지게 나타난다. 유럽의 음성 중심주의 전통과 무척 다르다. 우리 학교에서는 우리말로 쓰기 및 말하기 교육도 제대로 하고 있지 않다. 영어 말하기에 너무 치중하다 보면 다른 과목을 소홀히 여길 수도 있다. 이공계 홀대현상은 영어숭배의 그늘이라고 보아도 될 것이다.

영어 말하기에 대한 필요성은 지나치게 강조되었다. 모든 외국어는 필요한 만큼 필요한 때에 필요한 수준만큼 공부하게 마련이다. 모든 사람에게 영어가 필요하지는 않은데도 높은 수준의 영어를 구사하기 위해 영어를 쓰는 환경에 빠뜨리는 것은 있을 수 없는 일이다. 영어마을도 이런 논리로 만들었다. 이것은 거꾸로 우리에게 영어로 말할 필요가 아주 제한적임을 말해준다. 영어 공부가 우리 현실에 도움이 되기 위해 있지 우리 현실이 영어 공부를 위해 있지는 않다. 소수의 사람이라도 높은 수준의 영어를 구사한다면 문제는 쉽게 풀릴 것이다. 전 국민을 영어 강박증으로 내몰지 말고, 정부가 전문번역사, 통역사 제도라도 시행할 일이다. 이미 실험을 거친 영어몰입교육, 즉 대학에서 영어로만 하는 수업과 영어마을사업은 경비는 많이 들고 효과는 적다. 초중등교육에서 영어몰입교육은 이보다 훨씬 큰 규모에서 학부모와 학생에게 큰 손해를 끼칠 것이다. 우리말과 글을 교육에서 배제하는 게 무엇을 뜻하는지 생각하지도 못하는 것 같다. 경쟁력의 핵심은 전문지식과 기술에 달려 있다. 외국인이 길을 묻는데 답을 못한다고 우리가 비하감을 가질 이유는 없다. 우리말을 보편적인 국제어가 아니기에 버리자는 '방언' 의식이 되살아나고 있다.

셋째, 사교육비를 반으로 줄이겠다는 대통령의 공약을 어떻게 지킬

지도 진지하게 생각해야 한다. 영어만능 이데올로기가 대중매체를 타고 깊이 스며든 지금 공교육 시수나 연한을 늘린다고 사교육이 줄어들지는 않을 것이다. 영어 사교육이 부실한 공교육 때문이란 진단은 옳지 않다. 영어 말하기 교육을 강화하면 말하기 과외가 생겨나는 게 우리 현실이다. 불어나는 사교육비는 입시와 관련된 것으로 대부분 학부모의 지나친 교육열에서 온다. 입시, 취업, 승진에서 영어가 능력의 잣대로 여겨지는 한 공교육을 아무리 늘려도 영어 공부에 시간과 돈을 아낌없이 쏟아 붓는 경향은 좀처럼 변하지 않을 듯하다. 영어 사교육비를 줄이자면 일본을 보는 것도 좋은 방법이다. 우리는 영어 사교육에 한 사람마다 일본의 8배나 되는 돈을 쓰고 있다. 그런데도 실력은 일본보다 딱히 낫다고 하기도 어렵다. 일본은 영어를 초등학교에서 정식교과목으로 가르치지 않고 비교과 영역의 활동으로만 인정하고 있다. 언어구조의 유사성, 중국과 미국의 영향을 동시에 받은 역사적 경험을 생각한다면 일본의 제도도 진지하게 검토해보아야 한다. 말레이시아를 본받자는 생각은 무척 엉뚱하다. 일본은 경제대국이니까 영어를 잘 못해도 되지만 우리는 잘 해야 한다는 생각은 패배주의다. 경제력의 부침과 말글정책을 그리 쉽사리 연결시켜서는 안 된다. 이명박 정부의 초대 교육부장관은 영어몰입교육으로 이름난 분이다. 영어 공교육을 더욱 강화하겠다는 의지를 보인 셈이다. 언어학적으로나 입시, 교육, 사회제도 등 여러 모로 따져보아야 할 것이 하나둘이 아니다.

(『말과 글』 114호, 2008. 봄)

8. 영어마을 실패하니, 영어도시 만드나

최근에 부산시와 인천시는 영어도시를 만든다고 발표했다. 지난 7월 16일, 부산시와 부산시 교육청은 2020년까지 2,700억 원을 들여서 '국제도시 부산에 걸맞게 학생들이 해외 연수를 가지 않고도 영어(미국말)를 마음대로 사용할 수 있는 영어도시 환경을 만들겠다'고 발표한 데 이어서, 7월 23일에는 인천시와 인천시 교육청이 '영어가 자유로운 도시'를 만들기 위해 오는 2014년까지 2,336억 원을 들이겠다고 발표했다. 두 도시가 발표한 사업 내용은 조금 차이가 나지만, 실질적 사업 내용은 마치 약속이나 한 것처럼 거의 같다.

부산이든 인천이든 중요한 사업 내용은 '영어사용 환경조성'이다. '영어교육혁신'을 내세우고 있으나 교육부가 하던 일과 대부분 겹친다. 인천시는 영어교사 연수 강화(65억 원)와 영어교사 교육센터 신축(20억 원)도 하겠다는데 이미 심각한 적자를 보이고 있는 영어마을을 활용하면 좋지 않을까. 시민의 영어 능력을 높인다는 계획도 부산과 인천이 같다. 길거리 영어회화 능력을 키우면 관광객이 늘어난다며 영어 100문장 외우기 사업을 하겠다는 부산시의 계획엔 그냥 쓴웃음이 나온다. 우리나라를 찾는 관광객이라야 태반이 일본과 중국에서 오는데 그들은 우리처럼 영어 배우기에 시간과 돈을 아낌없이 쓰지 않는다. 아시아 12개 국가 중 '영어로 의사소통하기 가장 힘든 나라'로 한국을 꼽는다는 보도(『조선일보』 2007. 7. 18)가 있으나 이는 사실이 아니다. 영어가 불편해서 미국이나 유럽의 관광객이 적다는 생각은 아무런 근거도 없다.

'영어사용 환경조성'이란 미국말이 쓰이는 환경을 인위적으로 만들어내겠다는 말이다. '영어거리, 영어마을, 영어도시'를 만들겠단다. 우리가 깊이 생각해보아야 할 대목은 바로 여기다. 이런 작업은 말이란 그것이 쓰이는 구체적 환경이나 상황과 떼어서 배우기가 어려움을 전제한다. 이 구체적 환경이나 상황은 문화 또는 삶의 방식이다. 언어가 문화나 삶의 방식에 밀접하게 연관되어 있으며, 중립적인 매체가 아님을 잘 말해준다. 언어는 단순히 의사전달의 도구에 그치지 않으며 추상적인 규칙의 체계에 그치지 않는다. 어휘체계에는 한 겨레가 세계를 나누어 보는 눈이 녹아 있다. 외국어를 배우는 데 쉬움과 어려움의 정도 차이가 있는 것은 주로 이 때문이다.

영어도시 만들기는 사실상 작은 미국 만들기고, 앵글로색슨의 삶 흉내 내기다. '국제화교육 도시사업'을 하는 경남 밀양시는 아예 '작은 미국(Little US)'이란 이름을 쓰고 있다. 매끈한 영어가 미래를 보장하는 현실은, 앵글로색슨족 숭배를 낳고 있다. 앵글로색슨계 '원어민'이 이 땅에서 미국말만 가르쳐도 '임금 대접'을 받으며 '원하는 것은 다 할 수 있다'는 말이 영어권 나라에 널리 퍼져 있음을 알 수 있다. (『조선일보』 2007. 7. 28)

영어 공부에 절대적인 가치를 두는 요즈음, 영어 공부에 도움이 안 되는 우리 현실은 영어 공부에 도움이 되도록 바꾸어야 할 것으로 보이기 십상이다. 거리의 영문 간판을 줄이기는커녕 도리어 늘리겠단다. 이제 한글로만 된 간판은 국제화를 외면하는, 시대에 뒤진 것으로 될 판이다. 이런 생각은 우리 현실이 미국말 배우기를 위해 있는 것 같은 착각을 일으킨다. 오늘날 같은 미국말 배우기 미친 바람은 우리말과 글에 대한 무관심을 넘어 우리 현실에 대한 모멸에 이르게 만든다. 겨레의 말글은 곧 겨레의 삶이나 문화와 떼어서 생각할 수 없다.

영어도시 만들기는 이미 실패한 영어마을 만들기를 더 큰 규모에서 하는 사업이다. 이미 온 나라에 40여 개나 있는 영어마을은 교육 효과도 적고 엄청난 경제적 손실을 보고 있다. 조기 유학은 더욱 빠른 속도로 늘고 있다. 실패한 이 사업에서 배우지 못하고 더 큰 실패를 되풀이해서는 안 된다.

지난날 오랫동안 한족문화를 우상처럼 받들었던 잘못을 이제는 앵글로색슨 문화를 떠받들며 되풀이하고 있다. 어느 면에서 보면 오늘날의 미국말 숭배는 한문숭배보다 더 나쁜 측면이 많다. 과거에 한문은 지배층이 한족의 글말을 배우는 데 그쳤다. 지금은 교육이 지배계급에 한정되지도 않고 또 말하기 중심이다. 삶의 구체적 맥락이 전제되는 영어 말하기 교육은 미국식 문화와 생각이 빠르게 번져나갈 수 있는 통로가 된다.

애써 작은 미국을 만든다는 것을 뒤집어보면 미국말(영어)을 쓸 현실적인 필요가 그리 크지 않음을 말한다. 따라서 문제를 푸는 방법도 쉽고 간단하다. 통·번역 전문인력을 양성하면 된다. 한 번에 그칠 국제행사엔 자원봉사자를 쓰면 된다. 일반시민을 영어 배우기로 내몰 필요가 없다. 또 미국말 숭배를 부른 요인을 없애면 된다. 교수 되는 데 미국박사라는 형식적 기준에 대한 지나친 믿음을 비판적으로 볼 필요가 있다. 대학에서 영어강의가 들불처럼 번져가지만 이렇게 해야 할 경우는 드물다. 우리 대학의 교육이란 게 미국 유학을 위한 예비과정이라고 여긴다는 말인가.

비싼 사교육비와 토플 소동의 주요원인인 외국어고는 일반고로 전환해야 한다. 또 외국어고를 세운 목적에서 벗어나 운영되고 있다. 일본처럼 미국말 교육을 중학교부터 해도 된다. 공무원 채용시험에서 미국말의 비중이 너무 높다. 기업이 취업지망생 모두에게 높은 영어 회화 실력을 요구할 필요도 크지 않다. 2002년 노벨화학상을 받은 일본의 다나카 님은 시마즈 제작소의 주임이었는데, 외국 유학도 가지 않았고 박사도 아니다. 그에게 수상 소식을 전하는 국제전화도 알아듣지 못하였다. 밤중에 온 전화에서 영어로 노벨 운운하는 바람에 잘못 걸려온 전화인 줄 알고 끊어버렸다고 다나카 님이 스스로 고백하였다. 이른바 '경쟁력'을 위해서라도 영어라는 무거운 짐을 내려놓아야 하는 사람이 많이 있다.

미국말 배우기 때문에 온 나라가 열병을 앓고 있지만 이런 현상은 결코 '국제적'이지 않다. 마치 세계 전체가 미국말에 매달리는 것처럼 보도하는 기사(『조선일보』 2007. 7. 18)도 있으나 이는 부분적인 사실을 부당하게 일반화한 것이다. 미국말 세력이 냉전이 끝난 뒤로 커진 것은 사실이나 이런 열병은 한문숭배의 체험이 무의식에 깔린 우리만의 특수현상이라 생각된다.

오늘날 미국말은 우리의 돈과 시간을 끝없이 빨아들이는 블랙홀이다. 사교육비 가운데 40%가 미국말 배우는 데 쓰인다. 사교육비를 줄이자면서도 미국말 배우는 데 드는 돈을 줄일 생각을 못하니, 논의가 겉돌 때가 많다. 한국은행은 올 상반기 서비스 수지 적자 규모가 이미 105억 7천만 달러나 됐다고 밝힌 바 있다. 이대로 가다가는 연말 적자 규모가 220~230억 달러에 이르러 일본을 제치고 세계 2위에 오를 기세라고 한다. 여기엔 조기유학과 어학연수가 적지 않은 비중을 차지한다. 학생이든 어른이든 영어 공부로 나날을 지새울 만큼 투자할 가치가 있는가.

우리의 삶과 생각이 뿌리 뽑히고 있다. 몇몇 학교에서 이른바 영어

몰입교육을 한다는데, 이는 사실상 우리말글 버리기 운동이다. 또한 엄청난 사교육비를 들여 영어를 미리 배울 것을 강요하는 것이다. 지난날 한문을 배울 때도 이렇지는 않았다. 이해의 궁극적인 매체는 모국어이며 외국어도 이를 통하여 배울 때 가장 효율적으로 배울 수 있다. 교육이나 학문이란 이름으로 모국어를 버리기를 강요함은 폭력일 뿐이다. 한문숭배가 휩쓸고 지나간 자리에, 또다시 미국말 숭배가 휘젓고 다닌다. 다음에는 중앙정부가 영어나라 만들자고 나서지 않을까 걱정된다.

이것이 우리 역사의 숙명은 아니다. 이를 피할 수 있는 길은 우리에게 아주 가까이 있다. 무엇보다도 미국말만 잘해도 미래가 보장되고 임금 대접받는 현실을 비판적으로 보는 눈이 중요하다. 쉽고 바른 길을 애써 버리고 어려운 길만 골라 다니며, 얼을 빼앗기고 살림마저 거덜 내니 매우 어리석은 짓이다.

(『한글 새소식』 제421호, 2007. 9)

9. '세계화' 앞세운 영어전용강의, 반성해야

한때 떠들썩하던 영어몰입교육이 아직도 완전히 가시지 않고 문제되고 있는 곳이 대학이다. 그동안 '국제화', '세계화'를 내세우며 밀어붙이는 영어전용강의에 반론을 제기하기도 힘들었다. 언론의 대학평가에 국제화 지수가 중요하고 국제화 지수는 영어전용강의가 얼마나 많은가에 크게 좌우된다. 대학이 전공을 가리지 않고 영어강의가 가능한 사람을 우대하여 교수로 뽑고 입시에서 외국어고 출신을 우대한 것도 늘어나는 영어강의 비중과 관련되어 있다고 볼 수 있다. 영어에 무슨 조화라도 붙은 양 여기는 풍조가 자꾸 번져가는 데는 대학이 큰 책임이 있다. 대학평가에서 영어로 하는 강의를 중시하자 대학이 그 기준을 맞추려고 안간힘을 쓰는 모습은 보기에도 딱하다. 영어로 진행하는 강의는 교과목의 성격, 수강학생, 교수에 따라 예외적으로 인정될 수는 있겠으나 대학의 연구나 교육이 추구해야 할 이상이 될 수 없다. 이를 지나치게 교육과학기술부 차원에서, 각 학교 차원에서 제도적으로 지원하는 까닭에 여러 문제를 낳고 있다. 서류로만 영어강의를 하고 있는 곳도 많다고 한다. 이런데도 영어로 진행하는 강의는 자꾸 늘어나고 있다. 대학의 국제화지수를 높이기 위한 눈가림이다. 영어로 논문 쓰기가 장려되면서 우리말 학술지는 무턱대고 2류 취급을 받고 있다. 이런 추세가 계속되면 우리말로 된 학문공동체가 무너짐은 물론이고 한국어로 이루어지던 지적 축적이 또다시 단절되고 미국으로 흡수되는 길을 갈 수밖에 없다.

돌이켜보면 우리는 우리말과 글로 지적인 활동을 한 전통이 약하다. 중국과 같은 글자를 써야 문명국이 된다고 생각하던 동문(同文)의식은 오늘날 영어전용강의와 맥락이 같다. 학문과 교육은 한문 읽기와 쓰기에 집중되었다. 우리말을 방언이라 보던 의식은 국제어를 영어로 보는 관점에 알게 모르게 전제되어 있다. 우리말과 글을 보는 관점에 큰 변화가 있다고 보기 어렵다.

다음으로 우리가 외국어, 특히 영어를 말한다는 게 어렵다는 사실을 인정해야 한다. 영어는 어휘나 말본, 소리에서 우리와 공통성이 거의 없다. 또 영어를 우리가 배우기에 어렵다는 것은 영어가 단순한 도구가 아니라 문화적 전통과 깊이 연관되어 있기 때문이다. 지차체나 각급학교에서 영어마을이며 영어체험교실을 만들고 있다. 말을 배우는 데 이런 환경이 필요하다는 것은 영어가 단순히 추상적 규칙은 아니며 이미 미국적 삶의 방식이 함께 묻어 있음을 말한다.

언어와 문화는 깊은 관련을 갖고 있다. 이런 상식을 외면하고 앞으로도 영어전용강의를 밀어붙인다면, 쉽지 않은 영어강의에 적지 않은 시간을 빼앗겨 막상 전공 강의가 허술해질 가능성이 크다.

우리에게 이해의 출발점이자 궁극매체인 우리말을 버리고 영어를 받들면서 '국제화', '선진화'를 말하는 것은 우스꽝스러운 자기 망각에 지나지 않는다. 교육과 학문에서 우리말과 우리 문자를 배제해 왔던 오랜 인습에 대한 뼈저린 반성이 필요하다. 우리말과 글에 대한 무관심과 냉대를 이어가서는 안 된다. 대학의 영어전용강의에 방향전환이 요구되며, 이를 부추겨온 제도도 하루빨리 개선되어야 하리라.

(『경향신문』 2009. 10. 13)

다섯째 가름
우리말로 학문하기
– 겨레문화의
앞날을 위하여

첫째 조각 말글의식의 전환을 위하여

1. 쉬운 말이란 무엇인가

두루 알다시피, 『한글 새소식』에 나오는 '우리의 주장'은, 그 첫째가 한글만으로 가로 쓰자, 둘째가 쉽고 바르고 고운 말을 가려 쓰자, 그리고 글자생활을 기계로 하자로 되어 있다.

한글만으로 가로 쓰자는 주장은 이제는 거의 상식이 되었다. 옹고집을 부리던 신문들마저도 늦게나마 차츰 잠에서 깨어나고 있다. 또한, 애써 틀린 말 거친 말을 쓰자는 사람도 없을 것이다. 또 글자생활을 기계로 해야 할 까닭을 모르는 이가 있을까? 그런데도 쉬운 말을 가려 쓰자는 데는 고개를 꺄우뚱할 사람이 없지 않을 것 같다. 왜 쉬운 말을 가려 써야 하는 것일까? 쉬운 말이란 무엇인가?

우리의 역사를 되돌아보면, 지배계급은 언제나 외국글, 외국만을 숭상하고 제 나라 말과 글은 천대하였다. 조선왕조가 무너질 때까지는 한문·한자를 알아야 학문을 하여 과거를 볼 수 있었다. 식민지 시절에는 일본말을 아는 것이 특권의 상징이었고, 광복 뒤에는 미국말 잘 하는 것이 출세의 지름길로 통한다. 우리말에 외래말이 엄청나게 많은 것이 어찌 우연이겠는가?

이런 외국말, 외국글은 처음 배우는 이에게는 매우 낯설다. 다시 말해 그것이 잘 쓰이지 않기 때문에 친근하거나 익숙하지 않다. 외국말, 외래말은 제 나라말, 토박이말에 비하면 어렵다. 어떤 말의 뜻이 더 쉽고 분명히 이해된다는 것은 그것이 더 자주 쓰이기 때문이 아니었던가! 제아무리 애써도 외국어를 국어처럼 할 수는 없는 일이다.

"유가"보다는 "기름값"이 더 쉽고, "금일"보다는 "오늘"이 쉽다. "존재한다"보다는 "있다"가, "인간"보다는 "사람"이 훨씬 더 분명하게 와 닿는 낱말이다. 따라서 이런 쉬운 말은 글말(문어)보다 입말(구어), 어려운 전문용어보다 나날말(일상언어)에 가까워질 수밖에 없다. 전문용어란 몇몇 전문가들만 알고 모든 이가 다 알 필요는 없는 말이며, 나날의 삶에서는 안 쓰는 어려운 말이기 때문이다. 반면에 나날말은 우리가 날마다 쓰는 말, 모두가 알아야 하는 말이다. 그것은 모든 사람이 더불어 갖는 것이며 어느 개인이나 전문가들만의 재산이 될 수 없다.

우리는 쉬운 나날말부터 배우고 그 뒤에 어려운 말을 배운다. 어려운 말은 언제나 쉬운 말을 거쳐 이해된다. 개념의 정의란 바로 어려운 말을 쉬운 말로 풀어 밝히는 것이다. 풀어 밝히는 쉬운 말이 풀리는 어려운 말보다 더 힘 있는 말이다. 쉬운 말이 큰 줄기라면 어려운 말은 곁가지다. 어려운 말은 쉬운 말에서 떨어져 홀로 설 수 없으며, 쉬운 말에 얹혀 있어야 하며 그에 이어져야 한다. '기름'과 '값'이란 아주 쉬운 말에서 "기름값"이란 조금 어려운 말이 생겨나는 것이 말의 자연스런 자라남이다. "유가"와 같이, "기름"이나 "값"과 따로 떨어진 새말이 생겨나서는 안 된다.

어떤 말이 쉽다거나 어렵다 함은 어디까지나 상대적이다. 그렇지만 말이 쉽게 이해된다는 특성은 중요하다. 그래야 서로의 뜻을 잘 전달할 수 있기 때문이다. 그러나 친근하고 쉽다는 특성 때문에 우리는 이에 주목하지 않는 경향이 있다. 마치 빛과 공기가 있는 것이 너무나 자연스러워 그것을 의식하는 일이 드문 것처럼. 우리가 그것을 까마득히 잊고 지낼지라도 우리에게 소중함은 변함이 없다.

특히, 많이 배웠다는 사람일수록 어려운 말이 힘 있고 권위 있는 말이라 여긴다. 어떤 이들은 쉬운 말은 말 같지 않다고 한다. 몇 해 전에도 헌법을 쉬운 말로 쓰자고 알아들을 만큼 해보았으나 들은 척도 않았다. 남의 것만 우러러보던 옛 봉건지배층의 못된 버릇이 아직도 가시지 않았다. 이러니 새로 생겨나는 말마다 어려운 한자말, 서양말이다. 이를테면 야당 우세의 요즈음 정국을 말하는 ‘여소야대’ 따위의 한자말, 아니 엄격히 따져서 국어일 수 없는 트기말이 자꾸 생겨난다. 어려운 말이 쉬운 말과 같은 단층을 이루고 있는데, 글을 쓸 때는 어려운 말을 골라 쓰기가 더 심하다.

“지식인들의 글은 말에서 너무 멀리 떠나 있다. 글이 살아있는 말이 아니고 삶에서 우러난 겨레의 말법으로 쓰는 글이 아니고, 글로서만 쓰는 말, 밖에서 들여온 말, 남들이 쓰는 글을 쓰는 글이 되었다. 그리고 될 수 있는 대로 살아 있는 말을 피해서 안 쓰려고 한다.”(이오덕, 『아이들의 글쓰기와 어른들의 글쓰기』) - 이 같은 진단이 어찌 과장이겠는가?

한자말·서양말에 짓눌린 순수한 우리말이 제대로 피어나려면 줄기인 나날말을 재료로 삼아 곁가지인 전문용어를 만들어가야 한다. 나날말에 뿌리박지 않은 한자를 밑바탕으로 새말을 만들어서는 안 된다. "홍수"를 "큰물"로, "선회하다"를 "빙돌다"로, "취급하다"를 "다루다"로 바꾸는 것은 아주 자연스런 일이다. 까닭도 없이 생겨난 어려운 말이 어디 하나둘이던가. "레퍼토리"를 "올림종목", "드레스"를 "나리옷" 등으로 바꾸는 것도 외국말의 침투를 막아내는 좋은 방법이다. 우리가 쉬운 말은 즐겨 써야 할 이유는 이런 곳에서 아주 분명해진다. 더구나 쉬운 말에는 우리가 어렸을 때부터 어머니한테 배운 정겨운 말이 많다. 그 말맛(뉘앙스)이 어려운 말과 같을 수 없다.

보도에 따르면, 북녘에서는 이런 쉬운 말 만들기에 꾸준히 애써 온 결과 쉽고 친근한 토박이말이 남쪽보다 훨씬 많다고 한다. 남과 북의 말다듬기는 모두 어려운 한자말·서양 외래말을 쉬운 토박이말로 풀어내었는데, 서로 같거나 아주 비슷한 말이 많다. "첨가하다, 침수하다, 집요하다"들은 "덧붙이다, 물에 잠기다, 끈덕지다"로 바꾼 것과 같다. "날조하다"를 "가짜만들다"(남)나 "꾸며대다"(북)로 바꾸고, "촉박하다"를 "닥치다"(남)나 "몹시 급하다"(북)로 바꾼들 이해에는 아무런 어려움이 없다. 쉬운 말을 많이 만들면 남북의 말글 달라짐은 크게 걱정하지 않아도 됨을 알 수 있다. 참으로 마음 든든한 일이 아닐 수 없다. 다만, 한자말, 그것도 일본식 한자말이 엄청나게 늘어나서 큰 문제다. 또한, 그것은 남과 북의 말과 글이 달라지는 으뜸가는 원인이 된다.

글은 단순히 '말을 <u>담는</u> 그릇'이 아니라 '말을 <u>닮는</u> 기계'임을 한힌샘 주시경 님이 오래 전에 일러주지 않았던가! '한글로만 적으면 무슨 뜻인지 알 수 없는', 어려운 한자말을 만들어 쓰는 버릇을 이제는 용기 있게 고쳐 나가야 할 때가 아닌가!

흔히 사람들은 쉬운 것을 대수롭지 않게 여긴다. '이 바보야, 그 쉬운 것도 못해!'라는 말투에서 나타나는 바와 같이, 쉬운 일은 하찮은 일이라 여긴다. 대부분의 사람들이 할 수 있다고 생각하기 때문이다. 그러나 쉬운 일을 떠나서 값지고 어려운 일이 따로 있는 것이 아니다. 누구나 할 수 있는 쉬운 일이 우리의 눈길을 끌지 못하고, 많은 사람들이 할 수 없는 어려운 일을 잘 해내는 전문가들이 권위를 인정받는 것은 자연스럽다. 그러나 어려운 일이 값진 일이라고 해서 쉬운 일은 값이 떨어지는, 그래서 아무렇게나 해도 좋은, 작은 일이라고 할 수는 없다. 크고 어려운 일이 중요하고 빛나는 것도 작고 쉬운 일이 제대로 되고 난 뒤에 되는 일이다. 더구나 쉬운 말은 어려운 말의 밑바탕이 되니, 어느 쪽이 더 중요한지 새삼스럽게 말할 필요가 있을까!

"큼을 작음에서 꾀하고 어려움을 쉬움에서 힘쓸지로다.
큼을 작음에서 웃으며 어려움을 쉬움에서 잊어버리는 이는 넘어지리로다."
－주시경(한힌샘)

(『한글 새소식』 제199호, 1989. 3)

2. 전문 학술용어는 왜 쉽게 만들어야 하나
－학문과 문화가 우리말글 천대의 면허증이 될 수는 없다

"우리말·글은 학문하는 데는 그다지 쓸모가 없다. 전문 학술용어는 으레 어려운 것이다." 이런 신화가 우리를 사로잡고 있다. 학술발전을 위해서, 우리말·글은 몰라도 좋고, 외국 말·글은 많이 알아야 하는가?

아직도 우리말·글을 아끼는 것이 좋기는 하나 학문하는 데는 도움이 안 된다는 생각이 흔하다. 얼마 전까지만 해도 한글만 쓰기가 '학

술발전을 저해'했다는 비난을 들었다. 전문 학술용어의 대부분이 한자말·서양말이기 때문이다.

이런 우리말·글과 학문 사이의 적대관계는 그 뿌리가 아주 깊다. 두루 알다시피, 훈민정음 창제 때 사대부들의 반대 상소문에 '언문은 학문(성리학)에 방해됨이 있다'는 주장이 있다. 봉건적·사대적인 그들은 '학문'을 내세우며 우리말·글을 천대했다. 외래문화, 그 가운데서도 특히, 중국문화를 받아들이는 데 사대주의가 심한 까닭은 유학의 화이론 때문이다.

유학, 특히 성리학은 겉으로는 '리(理)'라는 중세적 보편질서를 내세운다. 그러나 그 실상은 화이론에서 나타나는 바와 같이 극단적인 중국 중심의 이념인 만큼 우리 민족 고유의 전통과 문화에 대하여 심한 비하감을 일으켰다. 성리학자들 스스로 '오랑캐 풍속(夷 風)'이라 부른 것 가운데 가장 두드러진 것이 중국과 같지 않은 우리말·글이었다. 특히 글자의 차이는 용인할 수 없었다. 중세적 보편질서의 통일성을 깨뜨린다고 보았기 때문이다.

이러한 생각은, 1444년(세종 26년) 2월에 있었던 최만리 등이 상소문에 "역대 중국이 다 우리나라에 기자(箕子)의 유풍이 있어 예악 문물이 중화와 비슷하다 하였는데, 이제 따로 언문을 지음은 중화를 버리고 야만으로 되돌아가는 것이니……"로 표현되었다. 최만리의 거듭된 배불 상소도 '오랑캐 종교(胡敎)'를 인정할 수 없었기 때문이다. 그는 성리학적 명분에 투철하였다. 상소문에 대한 세종 임금의 답변을 보아도 '백성을 편리하게' 하려는 뜻이 강조되었을 뿐, 이 무시할 수 없는 반대 명분에 대한 아무런 언급도 보이지 않는다. 바로 이런 까닭에 『훈민정음』과 같은 한글에 대한 변호가 필요하였다. 『훈민정음』은 단순히 풀이와 보기가 아니라 사대부 계급의 훈민정음 창제 반대를 달래기 위해 씌어졌다. 이런 성격을 가장 선명하게 드러내는 곳이 바로 정인지의 「서」이다. 이 글을 한자가 아주 불편하며 우리글을 갖는 것이 자연스럽다는 점을 강조하고 있다. 훈민정음을 쉽게 배울 수 있고 쓸모가 많다고 강조하였다. 또 그것이 결코 사사로이 이루어지 않았으며 천지만물의 이치에 맞게 이루어졌음을 강조하는 것도 변호와 달램이란 성격의 또 다른 표현이다.

성리학자들의 우리말 천대·한문숭배는 오늘날에도 그 폐해가 남아 있다. 많은 사람들이 한문을 외국말로 알지 못한다. 학자들은 논문을 쓸 때 한문을 번역도 없이 인용한다. 그러나 우리말과 중국어는 말본이나 기본어휘가 그 뿌리부터 서로 다르다. 간단한 낱말마저 번역 없이 쓰면 혼란을 일으킬 때가 많다. 옛글을 읽을 때에는 "自然"은 '스스로 그렇다'로, "人間"은 '사람 사는 세상'으로, "愛人"은 '다른 사람을 사랑한다'로, "有情"은 '생명 있는 것'으로 옮겨야 한다.

일본말은 한자·한문에 못지않게 우리말에 나쁜 영향을 끼쳤다. 그들의 우리말 없애기 정책은 새삼 말할 필요도 없다. 서양 학문을 들여올 때도 일본사람들이 한자말로 번역한 낱말을 그대로 들여오는 것도 많다. 이런 현상 뒤에는 우리와 일본이 같은 한자문화권에 속한다는 환상이 도사리고 있다. 한글만 쓰자는 주장에 우리가 한자문화권에 속하기 때문에 반대한다는 사람도 많다. 주로 일본·중국과의 학술·문화 교류를 내세우는 사람들의 주장이다. 여기서도 문화·학술이 우리말·글 천대의 명분이 되고 있음을 본다.

'한자문화권'이란 말은 식민지배와 침략전쟁을 합리화하던 일본 중심의 '대동아 공영권'을 연상시킨다. 한자문화권은 하루바삐 벗어던져야 할 굴레다. 보편질서 의식 속에 우리의 주체의식을 파묻고 연연하는 것은 정녕 우스꽝스런 일이다. 오늘날 세계문화 속에서 우리가 일본이나 중국의 그늘에서 벗어나 여러 다른 겨레들과 어깨를 나란히 하자면 우리 문화의 앞날을 좁은 한자문화권이란 울타리 속에 가두어 둘 수는 없다. 유럽의 근대사는 보편교회가 지배하던 중세를 벗어나 민족국가를 형성함으로써 시작되었다. 이와 함께 말·글 하나됨(언문일치)도 역사의 한결같은 흐름이었다. 글말로만 있던 라틴말에서 벗어나 각각의 겨레말(입말)을 존중하게 되었다. 한글만 쓰기가 역사의 도도한 물결이 됨도 우연이 아님을 알 수 있다. 낡은 시대의 유물일 수밖에 없는 한자문화권이란 말을 굳이 쓰겠다면 역사적 맥락에 한정해서 써야 한다.

학문이나 문화란 이름으로 너무나 오랫동안 우리말·글을 천대해 온 결과, 전문 학술용어가 나날말(일상어)과 담을 쌓게 되어 우리 교육은 어려운 외래말 가르치기가 되어버렸다. 다음과 같은 한 교육자의 말이 무엇을 말하겠는가.

"나 자신의 과거를 돌아보면 어렸을 때 부모님께 배운 말을 학교에서 짓밟아 없애는 것을 공부라고 하였다는 생각을 한다. 그리고 내가 수십 년 동안 교단에서 아이들을 가르친 노릇을 돌이켜보아도 그런 교육을 하였다고 반성한다."(이오덕, 『아이들의 글쓰기와 어른들의 글쓰기』에서, 『한글 새소식』 제193호, 1888. 5)

오늘날 지식의 양은 과거보다 엄청나게 빠른 정도로 불어나고 있다. 또 많은 지식은 외국에서 들여온다. 우리말을 살려 쓰려고 애쓰지 않고 외국말을 다 그대로 들여온다면 우리말은 또다시 큰 상처를 받게 된다. 학문과 문화를 위해서는 우리말·글을 얼마든지 천대해도 된다는 묵은 생각은 더욱 활개를 칠 것이다. 우리말·글을 학술에 모자람이 없게 가꾸어 내는 일이 오늘날의 우리가 해결해야 할 과제이다.

이런 과제를 해결하려면 전문 학술용어에 대한 흔한 생각을 바꿔야 한다. '전문 학술용어'는 먼저 '나날말·늘 쓰는 말'과 대비된다. 전문 학술용어는 모든 사람이 다 알 필요는 없는 말이지만 권위 있는 전문가들이 주로 쓰기에 다른 사람들도 덩달아 쓰는 경향이 있다. 반면에 나날말은 모두가 다 알아야 하는 말이며 자주 쓰이는 말이다. 역사적으로 보아 전문 학술용어에 한자말·서양말이 많은 것은 전통사회에서 과학과 기술이 지배계급의 독점물이었기 때문이다. 그래서 외국의 전문 학술용어를 그대로 들여와 쉬운 나날말과 구별하려 하였다. 이리하여 배운 사람들 사이에는 한자말·서양말이라야 학술용어답다는 생각에 인이 박히었다. 전문 학술용어는 한글로만 적으면 무슨 뜻인지 알 수 없다는 불평도 여기에서 말미암는다.

자주 쓰이는 나날말의 의미는 몇몇 전문가들이 주로 쓰는 전문용어에 비하면 쉽고 분명하다. 그래서 그 말의 의미를 묻는 일이 좀처럼 없고 아주 분명하다고 여긴다. 그래서 좀처럼 주의를 끌지 못한다. 가장 쉬운 말이 있다면 가장 자주 쓰이는 말이 되겠는데, 아마도 "있다, 같다" 따위의 낱말이 아닐까 한다. 현대 독일 철학자 하이데거가 '유럽철학은 있음의 의미를 자명하다고 보아 그 의미 묻기를 잊어버렸다'고 주장한 것도 이런 맥락에서 보아 틀리지 않음을 알 수 있다. 그러나 새로운 말, 어려운 말은 관심을 끌기가 쉽다. 쉬운 나날말과 어려운 전문 학술용어의 관계는 뒷것의 이해가 현실적으로 문제된다는 이유 때문에 오해되었다. 어려운 전문 학술용어가 더 중요하다고 생각하기 쉽다. 한자를 섞어 쓰면 우리의 관심이 어렵고 이질적인 글자에 쏠려 쉬운 나날말·토박이말을 천대하게 됨과 같은 이치다.

철학에서도 나날말에 대한 편견이 오랫동안 자리 잡고 있었다. 나날말이 모호하다든지 비논리적이라는 주장을 펴면서 인공적인 형식언어를 건설하려는 흐름이 있었다. 20세기 초의 많은 철학자들은 이러한 형식언어가 나날말(그것이 월의 체계가 되는 낱말이든 관계없이)의 단점을 없앤 이상적인 언어라고 보았다. 잘 알려진 바와 같이 그 이상 언어는 정확성을 추구하며, 제한된 어휘와 변형 규칙을 쓰는 수학이나 형식논리학의 언어였다. 그러나 이러한 언어를 건설하는 작업이 계속됨에 따라 그 한계도 분명해졌다. 그러한 정확한 인공적·이상적 형식언어를 이해하려면 먼저 나날말을 이해해야 함을 알게 되었다. 인공언어의 건설은 그것이 나날말과 어떤 점에서 같고 어떤 점에서 다르기 때문에 이상적인지 분명히 밝혀야 한다. 그러기 위해서는 나날말을 먼저 이해해야 한다. 인공적 형식언어를 이상적이라 여긴 까닭은 그것이 갖는 정확성이란 특성을 이해의 자명성과 혼동했기 때문이다. 나날말이 어떤 특수한 목적을 위하여 부정확하고 모호하여 쓸모없을 수도 있으나 그것이 단점은 아니다. 그러면 언어의 정확성이란 무엇인가? 나날말의 정당성을 옹호했던 비트겐슈타인에서 그에 대한 올바른 자리매김을 발견한다.

"만일 내가 어떤 사람에게 '대충 여기 서시오'라고 말한다고 해서, 설명이 제대로 될 수 없는가? '부정확하다'는 사실상 비난이고 '정확하다'는 칭찬이다. 그것은 부정확한 것이 정확한 것보다 덜 완전하게 이룬다는 말이다. 그래서 여기서는 목표가 문제다. 태양까지의 거리를 1m까지 정확히 말하지 않으면 부정확한가. 정확성에 관한 하나의 이상이 미리 있는 것이 아

니다.”(비트겐슈타인, 『철학 연구』 §88에서)

　전문 학술용어라든가 정확한 형식언어라는 자리매김에 지나친 값을 매겨서는 안 되겠다. 어려운 전문 학술용어와 정확한 인공적 형식언어(그것이 부분적이고 잘 쓰이지 않는다는 점에서는 전문용어와 조금도 다르지 않다)는 쉬운 나날말의 곁가지다. 우리는 쉬운 나날말을 배우고 난 뒤에 그 밖의 다른 말, 이를테면 전문용어, 인공적 형식언어, 외국어를 배운다. 그래서 쉬운 말은 이해의 출발점이다. 어려운 말은 쉬운 말을 거쳐 이해된다. 따라서 자주 쓰이지 않는 전문용어는 자주 쓰이는 나날말에 이어져야 하고 홀로 서서는 안 된다. “경음”보다는 “된소리”, “동면”보다는 “겨울잠”, “발매”보다는 “표팔기”, “선택구매”보다는 “골라 사기”, “수직 절단”보다는 “세로 자르기”, “전두골”보다는 “앞머리뼈”, “혈관”보다는 “핏줄”, “대칭도형”보다는 “맞선꼴”, “만곡작업”보다는 “구부리기”가 바로 된 말이다.

　외래어를 섞어 쓰는 기묘한 버릇이 마치 원칙처럼 되어버린 우리에게 전문 학술용어를 좀 더 쉽게 만들어 씀은 큰 뜻을 갖는다. 이야말로 우리말·글이 학문에 방해된다는 생각을 없애는 길이다. 또 지식의 대중화를 이루고 외래문화에 대한 맹목적 숭배를 없애는 데도 빼놓을 수 없는 조건이 된다. 전문 학술용어란 으레 어렵다란 생각을 못 버리는 한, 앞으로도 ‘학술’이야말로 우리말·글 천대의 면허장이 될 것이 불을 보듯 뻔하다. 그러나 그런 생각은 지식인의 허영심과 특권의식의 표현일 뿐이다. 학문과 문화를 내세우며 야만스럽게 우리말·글 천대를 일삼을 때가 아니다. 우리말·글에 대한 신뢰와 사랑을 가져야 할 때가 아닌가.

철학자 비트겐슈타인은 말의 형이상학적 쓰임새를 그것의 '고향'인
나날의 쓰임새로 되돌려 놓으려 애썼다. 나는 그의 유명한 말을 조금
바꾸어 다음과 같이 말하고 싶다.

> "어떤 이가 공연히 어려운 말을 쓰며 유식한 체 꾸밀 때, 우리는 그에게
> 다음과 같이 물어보아야 한다. 그 말을 꼭 써야만 하겠는가? 그보다 쉬운
> 말은 없는가? 우리가 해야 할 일은 공연히 어려운 말을 버리고 더 쉬운
> 말을 찾아 쓰는 것이다."

(『한글 새소식』 제209호, 1990. 1)

3. '글자'의 뜻을 어떻게 잡을 것인가

『한글 새소식』 232호에 실린 김경석(노스 다코다대, 전산학) 님의
글은 우리가 함부로 쓰던 "자모", "자음－모음"과 같은 말의 뜻을 생
각해보게 해주는 소중한 글이다.

글쓴이는 김 님의 물음에 답을 갖고 있지는 않다. 물음의 성격도 한
결같지 않아 보인다. 여러 분야의 사람들이 슬기를 모으면 좋은 결과
를 얻을 수 있으리라 생각한다. 물음 (가), 「한글 맞춤법」에서 "자모→
낱자→글자"로 바뀐 이유는 맞춤법을 손질하는데 참여했던 분들이 대
답할 성질의 것이다. 물음 (마), (바) 즉 "자음－모음", "자음－모음－
받침"이란 용어의 유래에 관한 물음은 국어학사를 전공하시는 분의
문헌학적 조사로 해결할 수 있으리라 본다. (글쓴이는 이를 조사할 만
큼 넉넉한 자료를 갖고 있지 못하다)

물음 (마), (바)에 상식적인 대답을 하자면 "자음－모음"이란 용어는

(최현배 지은 『우리말본』 53쪽(정음사, 1989년판)에 따름) 일본사람들이 번역한 말이라고 하는데, 주시경의 『국어 문전 음학』(1908. 11) 5쪽에는 "자음－모음"이란 용어가 쓰이었고 『국어문법』(1910. 4) 첫머리에 "붙음소리－웃듬소리"로 되었다가 『조선어 문법』(1913. 9) 11쪽과 『말의 소리』(1914. 4)의 첫머리에서는 "닷소리－홀소리"로 변하였다. 그러나 이런 조사는 정밀하지 못한 것이다. 얼마나 정확한지 확신을 갖고 있지 못하다. 이 분야에 관심을 가진 많은 분들의 도움을 받으면 되리라 본다. 글쓴이는 다만 물음 (라), (나)에 관하여 나름대로 생각을 펼쳐 보려 한다. 이 두 물음은 많은 관련이 있다.[24]

"자모"는 중국 운서에서 오래 전부터 쓰였음을 알 수 있다. 『해례』 「초성해」의 첫머리에 '정음의 첫소리(를 나타내는 글자)는 곧 운서의 <u>자모</u>다. 말소리가 이에서 생겨나므로 어미라 한다'(이때 '정음'이란 우리말의 '소리마디'를 가리킨다고 풀이해야 할 것 같다)란 말이 나온다. 이때 "자모"는 "운모"와 맞서는 개념으로, 중국 음운학에서 같은 말머리 닿소리를 가진 글자들 중에서 한 글자를 골라 그 대표로 삼은 글자를 말하는데, 곧 첫소리를 나타내는 글자이며 당나라 말기의 승려 수온(守溫)의 30자모가 최초라고 한다.(이성구, 『훈민정음 연구』, 동문사, 1985, 187쪽) "자모"와 "첫소리(글자)"가 같은 것을 가리킴을 알 수 있다. 『어제 훈민정음』에서는 가운데소리글자를 설명하는 데에 첫소리글자의 소리값을 설명하면서 쓴 글자를 그대로 쓰고 있다. 이를테면 "君"은 첫소리글자 ㄱ뿐만 아니라 가운데소리글자 ㅜ의 소리값을 설명하는 데도 쓰고 있다. 우리말의 첫소리글자와 가운데소리글

---

24) 물음 (라)와 (나)는 '자모'란 한자 그대로 풀이하여 무슨 뜻인지, 문자와 알파벳 가운데 어느 쪽을 가리키는지, 누구 제일 먼저 쓰기 시작했는가를 가리킨다.(보탠 글)

자를 설명하는 데에 같은 한자를 쓰고 있음을 볼 수 있다. (끝소리글
자는 따로 설명할 필요가 없었다)

조선어학회의 맞춤법에서는 이미 "자모"가 가운데소리글자를 포함
하는 낱자 모두를 가리키는 표현으로 쓰이고 있다. 이는 뜻 변화를 일
으킨 것인데, 이렇게 뜻이 넓어질 가능성은 자모로 쓰이는 한자로써
가운데소리글자마저도 설명한 처음부터 있었음을 알 수 있다. 이런
변화가 언제부터 일어나는지도 꼼꼼하게 조사해봐야 할 것 같다. 또
하나의 원인은, "字母"를 한자 그대로 풀면 '글자(소리마디를 나타내
는)의 어미'란 뜻으로 이해되어, '낱자'란 뜻이 되기 때문일 것이다. 이
렇게 풀면 "자모"는 '낱자'를 가리킬 수도 있고, 낱자들을 '집합(알파
벳)적'으로 가리킬 수도 있다. 일찍이 주시경은『독립신문』1897년 9
월 25일자 논설에서 이런 중국글자를 기본으로 한 말 이해를 경계하
였는데, "字母"도 중국글자를 기본으로 한 이해과정을 거쳐 이런 뜻
변화를 겪게 된 것이다. 이런 변화는 물론 자의적이다. "자모"에 고정
되어 변하지 않는 어떤 뜻이 있다고 생각할 필요도 없다. 말은 그 쓰
임에 따라 새 뜻이 주어지기도 하고, 있던 뜻이 없어지기도 한다. 그
리고 이런 뜻 변화가 잘못이라는 가치평가는 성급한 것 같다. 다만,
우리는 앞으로 "자모"란 용어를 쓰지 않도록 해야 한다. 갈음할 본디
우리말이 있다면 한자말은 하나라도 더 버려야 하지 않겠는가.

글쓴이는 "자모"는 낱자를 가리킬 수도 있고 그 낱자들을 집합적으
로 가리킬 수도 있다고 본다. '한글만으로 가로 쓰자'고 할 때는 낱낱
의 글자 하나하나를 가리키기보다는 24자를 집합적(알파벳)으로 가리
킨다고 생각한다. 그 구별이 분명하지 못함은 조금도 이상할 것이 없
다. 우리말 '글자'에는 'letter'와 'alphabet'의 두 뜻이 있으며, 한글이라

는 글자(알파벳)의 낱자는 'letter'에 해당함을 알 수 있다. 따라서 "글자의 낱자(letter of the alphabet)"와 같은 표현을 쓸 수 있으며, 낱자와 그 낱자의 집합을 하나로 부를 때는 그냥 '글자'라 하면 될 것이다. 겹자는 (낱)글자로 보기가 어렵다. 한글의 낱자는 24자로 된다. '홑글자'와 '겹글자'를 두루 일컬을 수 있는 용어는 없다. 그리스말 "stoicheion"은 본디 수많은 월과 낱말, 소리마디를 적을 수 있는 낱자(letter)를 뜻했는데, 이는 아울러 자연세계의 복잡하고도 다양한 현상을 설명하는 가장 단순하고 기본적인 원소(element)라는 뜻도 갖게 되었다. 사전의 올림말 순서를 정하는 데나 글틀의 자판을 배열하는 데 겹자를 낱자와 같이 다룸은 편의를 생각할 때 자연스럽다.

이와 같이 볼 때 '한글 자모의 수는 스물넉 자'라는 표현에서 '한글'을 집합적으로 이해하고 '자모'를 낱자로 이해해야 뜻이 전달된다. '한글'을 집합적으로 이해하여(한글 알파벳) '한글 낱자의 수'로 고쳐야 좋다고 생각한다. 따라서 1980년판 맞춤법보다 1958년 판 맞춤법의 용어가 더 적절하다고 해야 할 것 같다. '조선어 낱자는 40자이다'라고 하려면 "ㄲ"과 같은 겹자를 낱자로 인정해야 한다. "겹"과 "낱"의 뜻이 잘 어울릴 수는 없을 듯하다.

(『한글 새소식』 제234호, 1992. 2)

4. 말의 같음과 다름
─말글의식의 전환을 위하여

쉬운 말 쓰기·말다듬기에 반대하는 이들이 다음과 같은 주장을 하는 것을 여러 번 본 적이 있다: "도서(島嶼)"와 "섬"은 같지 않다. "도

(島)”는 사람이 사는 섬이고 “서(嶼)”는 사람이 살지 않는 섬인데 “섬”
에는 이런 구별이 없다. “인간문화재”를 “사람문화재”로 바꾸자니 어
색하다. “인간적 대우”를 “사람적 대우”라고 바꾸어도 어색하고 “인간
학”을 “사람학”으로 바꾸어도 어색하다. “인간”과 “사람”은 같지 않
다. “어문생활”을 “말글살이”로 바꿀 수는 없다. “살이”는 “시집살이”,
“머슴살이”에서 보듯이 마지못해서 사는 것이고, “생활”은 “문화생
활”과 같이 자발적이고 창조적인 삶이니까 두 표현의 뜻이 같지 않다.
“민족어의 장래”를 “겨레말의 앞날”로 바꿀 수도 없다. “장래”와 “앞
날”은 같지 않다. “장래가 밝다”거나 “앞날이 캄캄하다”고는 말하지만
“장래가 캄캄하다”고는 말하지 않기 때문이다.

　얼핏 보아 틀렸다고만은 할 수 없는 이런 생각에 우리말 사랑이란
값진 운동이 그만 주춤하고 만다. 우리말 사랑이란 끝내 아무런 학술
적 근거도 없는 비합리적 애국운동에 그치고 마는 것인가? 그러나 우
리는 다시 물어보지 않을 수 없다. 말에서 같음과 다름이란 무엇인가?
다음과 같은 여러 명제를 보자.

    (1) “한글”과 “언문”은 같은 말이다.
    (2) “서재필”과 “필립 제이슨”은 같은 사람을 가리키는 이름이다.
    (3) “샛별”은 “개밥바라기”와 같은 별을 가리킨다.
    (4) “출입”은 “나들이”와 같은 말이다.

　어떤 이에게 이런 명제가 참이냐고 묻는다면 어떤 대답이 나올까?
　많은 사람들이 명제 (1)은 거짓이라고 대답할 것이다. 이 대답은 물
론 틀린 것이 아니다. “한글”이 “언문”과 차이를 강조하기 위하여 새
로 만든 말이기 때문이다. 그러나 한번 되물어 보자. 같지 않다고 여

기는 생각만 옳은가? 이 두 이름이 아주 다르다고 여기는 사람은 '세종 임금이 한글을 만들었다'는 잘못이고 '세종 임금이 언문(훈민정음)을 만들었다'고 하면 옳다고 할지도 모른다. 그러나 글자(물리적 형태)로서는 '언문'이 '한글'과 다르다고 볼 수 없다. 따라서 '세종 임금이 한글을 만들었다'고 말하는 것도 자연스러운 일이다. "같다"거나 "다르다"는 말을 쓸 때에는 이와 같이 어떤 관점을 분명히 하면 "같다"와 "다르다"를 아울러서 써도 아무런 모순이 없다.

명제 (2)에는 거짓이라는 대답을 할 사람이 많을 것이다. 먼저 국적이 다르다. 사회적 지위도 많은 차이가 있다. 친일 논설을 많이 썼다는 사실 때문에 개화파 서재필과 독립신문 사장 필립 제이슨은 같지 않다고 말하려는 사람이 많을 것이다. 이때는 차이와 단절을 돋보이게 하려는 뜻이 들어 있다고 보아야 한다. 이 점은 (1)의 경우와 비슷하다. 그러나 반드시 다르기만 한 것은 아니다. 서재필과 필립 제이슨이 난 날과 난 곳은 다르지 않으며 몸의 특성, 성격에는 많은 연속성(같음, 비슷함)이 있다.

명제 (3)에는 참이라 대답하는 이가 많을 것이다. 이때 같음은 순전히 물리적 대상, 그 이름이 가리키는 것을 기준으로 하는 말이다. 그러나 그것이 보이는 때를 기준으로 하면 반드시 같다고만 할 수는 없다. 일반적으로 자연적 대상일수록 그 같음의 기준이 사람이나 인위적 대상보다 더 단순하다고 여겨진다.

명제 (4)에는 많은 사람이 참이라고 대답할 것이다. 그러나 "나들이"는 여자에게 쓰고 "출입"은 남자에게만 쓰이는 말이라며 다르다고 대답할 사람도 없지는 않을 듯하다.

이런 여러 가지를 살펴볼 때, 그 대상의 종류에 따라, 또 경우에 따라 ‘같다’는 말의 쓰이는 기준은 변화하는 것 같다. 논리학이나 언어철학에서는 예부터 개념(표현)의 안잡음(내포)와 밖잡음(외연)을 구별해왔다. 밖잡음에서는 같더라도 안잡음에서는 차이가 나는 것은 자연스러운 일이다. 자연언어에서는 이 두 점에서 모든 것이 똑같은 두 낱말이 없다. 같음의 기준을 엄격하게 요구한다면 “뜻같음(한뜻말)”이란 표현을 아예 쓰지 말아야 할 것이다. 이런 모든 상황은 우리가 ‘같다’거나 ‘다르다’고 할 때, 그 기준이 없이 함부로 쓰면 얼마든지 잘못된 생각으로 빠져들 수 있음을 보여준다. 한뜻말이니까 모든 곳에서 서로 바꾸어 쓸 수 있어야 한다는 것은 지나친 요구다.

쉬운 말 쓰기·말다듬기에 찬성하더라도 엄격한 뜻같음의 기준을 요구하면 갈음해 쓸 말의 범위는 더욱 좁아진다. 이오덕 님이 지은 『우리글 바로 쓰기 2』(한길사, 1992)에서는 이런 보기가 수없이 나온다. ‘미소―웃음, 해후―만남, 초원―풀밭, 백성―민중, 입장―처지, 선박―배…….’ 유럽에서는 뜻같음 문제에 많은 혼란을 겪고 있다고 보기는 어렵다. 그러나 안타깝게도 우리는 이 문제를 두고 엄청난 혼란을 겪고 있다. 아득한 옛날부터 중국글(한문)을 숭상해왔고 아름다운 우리말을 두고도 자꾸 외국말을 들여와 뜻같은 낱말은 수없이 생겨나, 이제는 아예 주인과 길손의 자리가 뒤바뀔 형편이다. 그런데도 뜻같음에 관하여 우리는 아직도 비판적 반성을 거치지 못하였다.

완전히 뜻이 같아 서로 바꿀 수 있는 두 표현은 있을 수 없다. 그러나 경우에 따라 어떤 목적을 위해서는 서로 바꾸어 쓸 수 있는 두 표현이 많이 있다. 말다듬기에서는 뜻같음의 기준을 엄격하게 요구하는 것 자체가 잘못이다. 자연언어를 마치 정확한 규칙에 따라 쓰이는 인공적 형식언어처럼 다룸은 처음부터 잘못이 아닐 수 없다. 이렇게 뜻같음이 모든 면에서 똑같음을 요구한다고 보는 사람들은 말의 뜻이란 언제나 변하지 않고 고정되어 있다고 여긴다. 그러나 말의 뜻이란 많은 역사적 변화를 겪는다. 한자말이라고 해도 결코 여기서 벗어날 수는 없다. 뜻 폭이 넓어지기도 하고 좁아지기도 한다. 같은 말의 뜻이 변하기도 하고 자주 쓰이던 말이 점차 쓰이지 않게 되기도 하고 옛말이 다시 쓰이기도 한다.

이런 말뜻의 변화 가능성이 언어의 우연한 특성이 아니라 본질적 특성임을 새겨 두어야 한다. 이런 변화의 가능성은 현재의 뜻이 말 쓰임에 확정된 답을 미리 결정할 수 없음을 보여준다. 낱낱의 말에 하나의 정확하고도 고정된 뜻만 있다면 변화하는 현실을 담을 수 없는 죽은 말이 될 수밖에 없다. 이는 곧 말의 뜻에는 본질적으로 어떤 흐릿함(모호함), 다시 말해 그 말을 쓰는 경우와 쓰지 않는 경우의 구별에 뚜렷하지 못한 것이 있음을 뜻한다. 이렇게 보면 자연언어의 흐릿함은 결코 어떤 모자라는 점이 아니다. 책임을 지지 않기 위해 일부러 흐릿한 말을 하는 경우는 또 이와는 다른 문제다. 철학자 바이스만(F. Waismann)은 검증 가능성(verifiability) 원리를 비판하면서 일찍부터 언어가 갖는 이런 뚜렷하지 못함과 변화 가능성을 강조한 사람이다. 보기를 들어 거미가 여덟 개의 다리를 갖고 있음을 아는 경우를 생각해보자. 거미는 언제나 8개의 다리를 갖고 있다고 할 수 있는가? 어느 날 아마존에서 검고 털이 있고 거미처럼 생겼으나 다리가 여섯인 곤충을 잡은 경우를 생각해보자. 이 경우에 우리는 '놀랍게도 여기 다리가 여섯 개 달린 거미가 발견되었다'고 할 것인가 아니면 '거미같이 생겼지만 사실은 거미가 아니다'라고 말해야 하는가? 이런 물음에 대해 판단할 절대적 기준은 없다는 것이다. "거미"란 낱말은 그 뜻에 여덟 개의 다리를 가진 것을 포함할 수도 있고 포함하지 않을 수도 있다. "거미"의 나날 쓰임이 이 점에서 잘 구별되어 있지 않기 때문이다. '여섯 개의 다리를 가진 거미가 있다'는 것이 모순적인지는 우리의 보통 말 쓰기에서 정확하게 결정되어 있지 않다. 이런 사실은 말의 '열린 구조(open texture)'를 드러낸다. 낱말의 쓰기에 관한 우리의 경향은 모든 가능성에 대하여 확정적인 답을 주지 않고 느슨하게 짜인 구조를 이룬다. 우리가 "고양이"라고 해오던 것이 갑자기 말하기를 시작한다고 해보자. 12피트까지 자란다고 해보자. 이런 경우에 우리는 그 말을 계속 적용할지를 잘 모른다. 과학 용어들 가운데 많은 특성 가운데 하나를 결정적인 것으로 다루어 그 대상을 정의하는 특성으로 다루는 경우가 많다. 이를테면 금을 보자. 보통 이것의 다른 화합물과의 결합, 무게, X선, 스펙트럼과 같은 기준이 매우 정확하게 정의되어 있다고 생각한다. 그러나 이 같은 정의하는 기준의 어떤 것은 통과하고 다른 어떤 것은 통과하지 못한다고 해보자. 이때도 "고양이"의 경우와 똑같은 문제에 부딪힌다. 바이스만이 말하듯 우리가 개념을 형성할 때 우리는 늘 어떤 특성만을 마음에 두고 모든 특성을 다 마음에 두지 않는다. 미래의 모든 가능성에 대비하지 못한다. 이러한 특성을 바이스만은 "열린 구조" 또는 "흐릿함의 가능성"이라고 불렀다. 그래야 변화하는 다양한 현실을 말로 담을 수 있다. 바이스만은 이러한 종류의 비결정성은 우리의 언어에서 완전히 제거될 수 없다고 보았다. 이러한 논의는 뜻같음에서 '정확하게' 같음을 요구할 수 없으며 그 말의 현재 뜻을 절대적이라고 여기지 말아야 함을 말해준다. 말뜻의 한계를 그어놓는 일은 가능하지 않다. 뜻같음의 기준을 아주 느슨하게 잡자.

외국어를 번역하는 데도 뜻같음의 문제가 있다. 번역을 뜻같음의 한 특수한 경우로 생각해보자. 외국말과 뜻이 정확하게 똑같은 우리말을 찾아낼 수 없다. 한문을 보기로 들면, 성리학의 근본원리인 "성즉리(性卽理)"와 같은 간단한 표현도 정확하게 우리말로 제대로 번역할 말이 없다. '본성이 곧 이치다'로 번역하면 뜻이 달라진다고 할 수 있다. 이런 말만이 아니라 성리학의 기본개념의 하나인 "성(誠)", "경(敬)"도 번역할 수 없다. 번역하면 말뜻이 달라진다고 이 표현들을 그대로 들여와 쓰면 옛날식의 이두 문장이 생겨남은 피할 수 없는 일이 된다. 신라의 향가에서는 중국글자를 뜻으로 읽는 전통이 있었으나 그 뒤로 이 전통이 사라진 것도 이런 생각이 중요한 원인이라 할 수 있다. 그러나 이것이 우리말이 모자라기 때문은 아니다. 번역에서 정확하게 대응하는 두 표현을 찾을 수 없는 것은 모든 언어에서 일어나는 자연스런 일이다. 뜻같음에 대한 이런 생각이 오늘날까지 이어져 쉬운 말을 골라 쓰자는 데는 물론이요, 헌법을 쉬운 말로 쓰고 「기미독립선언문」을 현대말로 바꾸는 데도 반대하게 만든다. 말뜻과 말맛이 아주 달라진다는 이유를 대면서.

그런데 이런 잘못된 생각이 여기서 그치지는 않는다. 남북의 말글 차이를 보는 눈에도 아직도 이런 잘못이 되풀이되고 있음을 볼 수 있다. 『말과 글』 제50호(한국교열기자회, 1992. 5)에 실린 안병희 님의 글 「남북 맞춤법의 비교와 검토」가 바로 그런 글이다. 안 님은 글의 첫머리에서 '남북 언어의 이질화라는 주장을 국어에 대하여 말하게 된 일은 당연한 듯이 생각된다'고 말한다. 그러나 '같음·다름'이란 말의 기준이 그냥 맞춤법에서 차이가 있다는 것뿐이다. 이렇게 막연한 통념으로 '이질화'를 말하는 것은 우스운 일이다. 다음과 같은 경우를 생각해보자. 경상도 산골의 할머니 말과 서울에서 살아온 전자공학을 전공하는 젊은 학생의 말은 얼마나 '이질화'되어 있겠는가? 같은 "돈"이라는 말을 쓰더라도 보통 주부들이 이해하는 "돈"과 경제학 교수인 ㄱ님이 이해하는 "돈"이라는 말은 얼마나 '이질화'되어 있는가? 말은 같은 '통일'이로되 정부가 생각하는 '통일'과 진보정당이 생각하는 '통일'은 얼마나 '이질화'되었는가? 도대체 "이질화"란 말이 무슨 뜻인가? 남북의 말글 차이는 모든 자연언어에서 나타나는 것으로 볼 수 있으며, 이는 결코 '이질화'는 아니다. "노동"과 "勞動"의 차이나 "노동"과 "labour"의 차이에 견주면, "노동"과 "로동"의 차이는 하찮다고 생각할 수는 없는가? "가로수"와 "거리나무", "드레스"와 "나리옷"의 차이가 있다면 앞것보다 뒷것을 따라가면 된다. '이질화'를 막으려면 어떻게 해야 할까? 남북의 말본은 반세기 동안 아무런 변화도 없이 똑같으며 기본어휘도 거의 같다. 이런 같음을 본다면 '이질화'라 할 수 없다. 언제나 많은 공통성과 같음을 전제하고 난 뒤에야 그 차이나 다름을 말할 수 있다.

　예나 이제나 우리말과 글에 대한 천대는 이론적으로는 말에서의 같음과 다름이 무엇이냐에 대한 잘못된 생각에 그 뿌리를 두고 있다. 이런 말글의식에 대한 근본적인 반성이 이루어지지 않는다면 오늘날 우리말을 가꾸기 위해 해야 할 커다란 과제들이 그냥 몇 사람이나 해보는 이상적인 주장으로 여겨지는 데 그치고 말지도 모른다. 쉬운 말쓰기, 한문고전을 우리말로 번역하기, 남북의 말글 차이를 어떻게 볼 것인가 등은 우리말을 가꾸어나가는 데 큰 뜻을 가진 주장이다. 그런데도 이 문제가 갖는 큰 뜻이 잘 알려져 있자 않다. 우리말글에 대한 깊은 무지와 인습 때문이다. 이 과제들은 겉보기에 모두 서로 달라 보이지만 모두가 말에서 같음과 다름이 무엇인가라는 문제와 이어져 있다. 한문고전을 읽으면서 생겨난 말의 같음과 다름에 관한 오해와 편견이 우리말을 자연스럽게 가꾸어 가려는 애씀에 아직도 걸림돌이 되고 있다. 수많은 시간이 흐르고 시대가 바뀌어도, 우리의 말글의식이 기본적으로 똑같은 잘못에서 아직까지도 헤어나지 못하고 있음은 얼마나 놀라운 일인가?

(『한글 새소식』 제245호, 1993. 1)

5. 말다듬기, 무엇이 문제인가
　－"갓길"을 중심으로

　지난 91년 10월에 정부는 교통용어 "노견"을 "갓길"로 바꾸었다. 그런데 그 뒤로 이 말을 두고 논란이 일고 있다. 말다듬기가 잘못되었다는 것이다. "노견"이란 말을 다듬어야 한다는 데는 생각이 같으면서도 어떤 새말을 쓸 것인가라는 물음엔 대답이 여럿이다. 자칫하면 이런 논란은 우리말에 대한 대중의 무관심을 불러오는 한 원인이 될 수도 있다. 앞으로 말다듬기가 더욱 활발하게 진행되려면 이에 얽힌 문제에 대한 올바른 이해가 꼭 필요하다.

　가장 먼저 "노변(路邊)"이나 "노방(路傍)"으로 바꾸자는 주장(국어교육학회, 『한국일보』 1991. 11. 1)은 진지한 검토의 대상이 되지 못한다. 한자로 새말을 만드는 나쁜 버릇을 하루빨리 버려야 하기 때문이다. 그렇게 바꾸어본들 이 말들은 "노견"과 비슷하여 또다시 바꾸자는 말이 나올지도 모른다. 길의 가운데에서 거리가 떨어져 있는 그 바깥 부분을 뜻할 수도 있으나 길에 잇닿아 있는 지역을 가리키는 말로 알아듣기 쉽다. "비상로(非常路)"는 더욱 안 될 말이다. "갓길"이나 "길섶”이 길의 한 부분을 가리키는데 “비상로”는 특별한 경우에만 쓰도록 마련해둔, 보통 때 다니는 길과는 완전히 다른 또 하나의 길이라 이해될 가능성이 크다.

다음 “갓길”로 바꾸는 것을 생각해보자. “가＋ㅅ＋길”로 이루어진 말이다. 아마 새로 만든 말인 듯하다. 이 말은 우리말 말 만들기에서 그 원칙을 어긴 것은 아니나 이른바 “노견”을 갈음할 수 있는 말이 될 수는 없다. “갓길”은 “가운뎃길”과 대비되어 쓰인다고 볼 때, “갓길”은 세 갈래로 갈라지는 길의 가운데를 뺀 나머지 두 길을 이르는 말이다. ‘윗길’이 위로 가는 (위에 난) 길이고 ‘아랫길’이 아래로 가는 (아래에 난) 길이어서 서로 다른 길이듯이, “곁길”이나 “옆길”도 이와 같은 까닭에 “노견”을 갈음하지 못한다.

다만 “노견”을 “갓길”로 바꾸는 데 반대하는 이유 가운데에는 적절하지 못한 것이 눈에 뜨인다. ‘길이라면 마땅히 갈 수 있어야 할 터인데 갈 수 없는 그곳을 “길”이라 불러 길의 전통적인 개념을 파괴’한다는 주장이다.(국어교육학회) ‘길은 통행하는 곳, 오가는 곳’이란 전통적인 개념과 정의를 바꾸지 않는 한 “노견”이나 “Road Shoulder”를 “갓길”로 옮긴다면 ‘갓길로 통행하는 자동차를 막을 수 없을 것’이란 걱정이 그것이다. 갓길도 길인데 길로 다님을 금지한다면 “길”이란 전통 어휘의 개념을 파괴한다는 말이다.

그러나 이는 따지고 보면 쓸데없는 걱정이다. 한마디로 이 문제는 낱말의 뜻이 무엇인가. 한 낱말의 뜻이 다른 낱말의 뜻과 같다거나 다르다는 것이 무엇인가라는 문제와 이어져 있다. 먼저 다음과 같은 주장은 명백히 잘못이다.

　"노견"은 글자 그대로 '길의 어깨'로서 길의 가장자리를 가리키는
말이다. 길의 한 부분을 가리킨다. "노견"의 밖잡음(외연)으로 보나 그
개념(내포)으로 보나 길에 포함된다. 길을 사람의 몸에 비겨서 쓰는 말
이다. "산허리, 산등성이"라는 말이 그러하듯이, 산허리가 산의 일부
이듯이 노견(길어깨)도 길의 일부이다. 다만 그것은 물리적인 공간이
동이란 뜻에서 갈 수 있는 길이기는 하지만 교통의 규범에 따라, 특별
한 경우를 빼고는, 갈 수 없는(금지) 길이다. "노견"은 우선 길의 한 특
정한 부분을 가리키는 말이고, "노견 주행 금지"라 말하는 것은 아무
모순이 없다. '노견'으로 다님을 규범으로 허용하느냐 않느냐는 "노
견"의 뜻에 중요하지 않다. '노견'은 자동차가 안 다니는 길에서는 다
녀도 그 누구도 무어라 말하지 않는 길이다. '노견'에서 갈 수 없는 경
우(규범으로 금지)는 그 길로 자동차가 다니는 특수한 경우이다. "잠
긴 문"이란 표현을 생각해보자. 잠겨서 드나들 수 없는 문도 "문"이라
고 한다. 현실적으로 그 문으로 드나들지는 않더라도, 문의 모습을 하
고 있고 또 만들 때 문으로 쓰겠다는 의도로 만들었고, 문으로 쓸 수
있는 가능성이 있기 때문이다. "문"이라는 낱말의 뜻에 현실적으로 드
나드느냐 않느냐의 문제는 중요하지 않다. "노견"으로 다닐 수 있는
것이 규범으로 허용되는가라는 것은 "노견"의 뜻에 본질적이라 할 수
없다. 언어철학의 표현을 빌리면 "노견으로는 갈 수 없다"는 분석적
명제가 아니고 종합적 명제라고 할 수 있겠다. 교통법규로 보통 때에
가는 것이 금지되어 그 길로 다니지 않아도 길은 역시 길이다. "길"의

전통적인 개념을 파괴하지 않는다.

다음으로 이 말을 "길어깨"로 다듬어보는 것은 어떤가. 나는 이 말이 잘못되었다고는 생각지 않는다. "길목, 발머리, 산허리"처럼 대상을 사람의 몸에 유추하여 지은 말이라 본디 우리말 말 만드는 법과 어긋나는 점이 없다. 또 『쉬운 말 사전』(한글학회, 1984)에서도 그렇게 다듬었다. 다만 번역한 말이라 아쉽다는 생각이 없지는 않다. 『우리말 큰 사전』에는 "길귀"를 '길을 보호하거나 고장난 차를 세우거나 하기 위하여 길바닥 양쪽에 여유로 둔 부분'으로 풀이하여 "길어깨"와 한 뜻말이라 풀이하고 있다.

"노견"을 "길섶"으로 바꿈은 어떤가? 『우리말 큰사전』은 "길섶"을 '길의 가장자리'로 풀이하고 있다. 따라서 길의 옆과 길바닥의 끝부분을 아울러 일컫는 말임을 알 수 있다. 1981년에 나온 『현대조선말 사전』도 이와 비슷한 풀이를 하고 있다. 다만 운수 용어로서 '길에서 찻길의 양쪽으로 찻길과 가지런한 부분'이라는 뜻도 덧붙였다. "길섶"이 "노견"을 갈음할 가장 좋은 말이라 볼 수 있다. 우선 이 말은 자주 쓰이는 말은 아니나 아직도 쓰고 있는 말이다. 어릴 때 한 번쯤은 익혔을 말이기도 하다. "갓길"같은 어설픈 새말보다는 훨씬 낫다. 더구나 "풀섶", "옷섶" 등의 말도 아직 살아 있다.

> "'길섶'이 '노견'에 가까운 말이나 좁은 길가의 풀이 나 있는 곳을 지칭하는 '길섶'을 고속도로변의 포장된 공간에 갖다 붙이는 것은 큰 공장의 '철대문'을 '사립짝'이라 부르는 것처럼 어울리지 않는다."(국어교육학회)
> "'길섶'이라 부르면 고속도로의 '길섶'과 오솔길의 '길섶' 사이에는 너무 큰 의미의 편차가 생긴다. '길섶'은 '길섶'대로 그 원래의 뜻을 가지는 단어로 구별하여 살려야 한다."(서정목, 『월간조선』, 1992. 1)

　“길섶”은 먼저 길의 가장자리 부분을 가리킨다. 늘 ‘좁은 길가의 풀이 나 있는 곳’을 뜻하지는 않는다. 길섶은 좁은 길가에만 있는 것이 아니라 큰 길에도 있는 것이다. 또 길의 그 부분에 풀이 나 있는가, 아니면 자갈이 깔려 있는가, 아스팔트로 포장되어 있는가는 “길섶”이란 말의 뜻에 본질적이라 볼 수 없다. 왜 아스팔트로 포장된 고속도로에는 “길섶”이란 표현을 쓸 수 없단 말인가. “키”란 말을 버리고 “열쇠”로 고쳐 쓰자고 하면 조그만 방문은 “열쇠”로 열고 고급 아파트나 자동차는 “키”로 열기 때문에 서로 다른 말이라고 반대할 사람들이 아닌가. “길”은 좁고 울퉁불퉁한 곳이고 “도로”는 차가 다니는 곳을 가리킨다고 생각해야만 하는가? “나이 예순 살”이란 말은 잘못인가? 이런 생각이야말로 우리말다듬기의 가장 큰 걸림돌이 된다. ‘길섶’이란 낱말의 원래의 뜻이 무엇인가. 한 낱말엔 불변하는 의미가 있다고 여기지 말 일이다. 『훈민정음』에서는 “어리다”가 ‘어리석다’의 뜻이고 “어여삐”가 ‘불쌍하게’란 뜻이다. 낱말의 뜻은 변화할 수 없다는 생각은 낱말을 하나의 고정된 사물처럼 다루는 데서 오는 잘못이다. 낱말은 쓰임에 따라 그 뜻의 폭이 넓어지기도 하고 좁아지기도 한다. 이 점은 우리가 기억할 값어치가 있다. 낱말의 뜻을 너무 한정하거나 고정하여 생각지 말아야 한다. “열쇠”와 “키”, “길”과 “도로” 사이에 뜻 분화가 이루어져서 “키”나 “도로”와 같은 말을 버려서는 안 된다고 생각한다면 토박이말의 쓰임새는 자꾸 줄어들 것이다. 이런 점으로 보면 “노견”은 “길어깨”, “길귀”, “길섶”, 어느 것으로나 자연스럽게 바꿀 수 있다. 한뜻말의 기준을 엄격하게만 잡는다면 서로 바꿀 수 있는 말이란 있을 수 없다. “한뜻말”이란 표현을 쓸 경우도 없다. 말의 뜻이란 그만큼 어떤 확정적인 것이 아니어서 변할 수 있다. 그러기에 사람과 자연과 모듬(사회)에 관한 온갖 현실을 담아내기에 모자람이 없다. "길섶"을 고속도로에다 쓴다한들 그리 이상할 것은 없다. 그러나 정작 놀라운 것은 이런 우리말에 대한 무지만은 아니다.

다음과 같은 말에 나는 얼마나 가슴이 철렁했는지 모른다.

"이제 남쪽에서 '갓길'이라는 말로 가리키는 것을 북쪽에서는 '길섶'으로 가리키게 되는 차이가 생기게 되었다. 우리는 남쪽의 '갓길'과 북쪽의 '길섶' 가운데 어느 것이 고속도로 가의 이 좁은 길을 가리키기에 적절한지 논의하여 하나로 정해야 하는 짐을 지게 되었다."(서정목, 위의 글에서)

귀에 익은 "길섶"을 굳이 마다하고 "갓길"이란 새말을 만드는 이유가 아마 북쪽에서 "길섶"이란 말을 쓰고 있기 때문이었던가. 이런 생각이 들었다. 남쪽에서도 북쪽만큼 우리말 가꾸기에 애썼음을 보여야겠다는 해묵은 냉전·반북 의식이 깔려 있다. 북쪽에서 쓴다고 그 말을 애써 쓰지 않겠다는 생각을 해서야 통일의 그날이 언제 오겠는가. 북쪽에서 쓰는 좋은 말을 남쪽에서 많이 써야 남쪽에서 쓰는 좋은 말을 북쪽에서도 쓰지 않겠는가.

일찍이 주시경은 우리말과 글을 갈고 다듬기를 주장하여 『말의 소리』(1914. 4)에서 다음과 같이 말한 바 있다.

"사람의 나아감이라 하는 것은 하늘의 일을 사람이 알기에 쉽고 쓰기에 닿게 함을 이름이니 절로 자란 나무는 하늘이요, 먹줄을 치어 다듬는 것은 사람이라. 그 다듬는 길을 따라 사람의 나아감이 덜하고 더함을 얻나니 사람의 다스림을 받지 아니한 버릇은 절로 자란 나무와 한가지라. 그 버릇이 된 바를 아주 돌아보지 않을 수가 없다 하겠으되 어찌 익음에만 어리어서 나무를 마르지도 아니하고 그대로 집을 짓겠다 하리오."(「말의 소리의 끝에 두는 말」)

이 말을 이어 「우리말의 가로 쓰는 익힘」에서는 다음과 같은
주장을 폈다.

"그 일이 하늘을 따르면 일고 그 일이 하늘을 어기면 지나니라. 가장 좋
게 살기를 바라면 가장 좋게 살 일을 만들어야 되나니라. 그 살이를 가장
좋게 할 일은 반드시 하늘을 따름에 있나니라. 이 땅의 위에 사람의 겨레
마다 그 예로 비로사 절로 나는 소리가 있어 그 말이 되었으니 이는 하늘
이라. 사람이 그 살이를 가장 좋게 할 만들 바에 반드시 있어야 될 것은
글이니라. 사람의 겨레가 저마다 글을 그 소리에 맞게 만들어 써야 하늘
을 따르는 일이니라. 말은 반드시 다듬어야 좋은 말을 이루고 좋은 말을
적어야 좋은 글이 되나니라. 글의 가장 좋은 것은 그 가장 잘 다듬어진
말을 적은 것이요, 또 이를 가로 쓰는 것이니라. 가로 글은 쓰기와 보기에
가장 좋으니라."

말은 자연적인 사물이 아니라 사람이 갈고 닦아야 할 것이며 이
일을 게을리 함은 사람이 제 나쁜 버릇 고치기를 게을리 하는 것과
같다. 그에 따르면 말다듬기는 인위적인 말의 개조가 아니라 사람이
집안을 청소하듯이, 또 제 나쁜 버릇 고치기가 사람이 할 일이듯이
마땅히 해야 할 일이다.

새말이 잘못된 경우도 많이 있겠지만 이 사실이 곧 말다듬기를 하
지 말아야 한다는 주장으로 이어져서는 안 되겠다. 더 좋은 새말을 찾
아내면 된다. 아울러 말 만드는 법에 대한 연구가 필요하다.

결국 "갓길"은 "노견"으로 갈음할 말이 아니다. 그러나 말 같지 않
은 말을 고치겠다는 그 문제의식만은 값지다. 한글사랑을 말하는 모
든 사람이 말다듬기에 관한 잘못된 생각을 버리고 주시경의 큰 뜻으
로 되돌아가 슬기를 모아야 할 때이다.

(『말과 글』, 1995. 겨울)

6. 영어 약자와 월 안의 숫자 읽는 방법에 대하여

―우리 역사에서 배우자

신문과 방송에서 영어가 늘어나고 있다는 지적은 새삼스러울 것도 없다. 이러한 추세를 "국제화, 세계화"라면서 부추겨 왔다. 이런 현상을 잘 보여주는 예는 신문이나 방송의 표제에 영문 약자가 자꾸 늘어나고 있다는 사실이다. 최근의 천안함 침몰 보도 때, "열상감지장치(TOD)"로 쓰다가 표제에 "TOD"를 자주 썼다. 이런 현상은 "한국형 전술지휘통제 시스템(KNTDS)"으로 쓰다가 "KNTDS, 의혹규명의 열쇠"처럼 표제에도 그대로 나타나는 추세를 보인다. 이런 성향은 다른 분야에서도 같은 추세를 보인다. 기업형 슈퍼마켓을 가리키는 "SSM" 같은 표현도 비교적 새로운 말이지만, 여러 분야에서 영문 줄임말이 끊임없이 만들어져 나타난다. 교육 분야에서 교육행정정보 시스템을 뜻하는 "NEIS" 같은 용어는 읽는 방법이 통일되어 있지도 않다. 영문 약자와 아라비아숫자가 결합한 경우는 이 극단적 경우의 좀 특수한 경우이다. 아라비아숫자가 일반적으로 월 안에 들어갈 때, 읽는 방법이 자연언어에서조차 일관성이 없다. "12시 12분"은 "열두 시 십이 분"으로 읽지만 "12월 12일"은 "십이월 십이일"로 읽는다. 자연언어에서 읽는 방법의 차이가 글자로는 나타나지 않는다. 지난 6월에 있었던 지방선거 개표방송에서는, 이를테면 "3,456표"를 "삼천사백오십육 표"로 읽기도 하고 "3천4백쉰여섯 표"로 읽는 두 방식이 혼란을 주기도 했다. 글말이 입말의 단순한 재현이 아니라는 좋은 증거라고 할 수 있다. 아라비아숫자는 뜻글자나 상형문자와 같이 말의 소리에 대한 정보를 주지 않는다. 그런데 우리에게는 이 아라비아숫자를 로마자와 결합하어 읽을 때는 아예 숫자를 영어식으로 읽는 경우가 늘어나고 있다. "G7"을 자연스럽게 "지 세븐"이라 소리 내더니 "G20"을 "지 투웨니"로 읽는 경우도 보았다. 이것은 우리가 어느덧 우리말 가운데 영어라는 섬을 만들어 "20"을 스물이나 이십으로 이해하지 않고 '투웨니'로 이해하고 있음을 보여준다. 이렇게 읽을 때, 우리는 이미 영어를 모국어로 하는 공동체와 하나가 되어 기호를 이해하게 된다. 그러나 '3D 업종'을 '삼디 업종'으로 읽는다면 '3D영화'를 '쓰리디 영화'로 읽어야 할 이유는 없다. "G20"은 "지 이십", "지 스물"이면 된다. "A4 용지"도 "에이 넷" 용지로 읽지 못할 이유는 없다. 이런 우리의 읽기 관행은 영어식으로 읽어야 세련되고 앞서가는 사람이란 이데올로기에 깊이 물들어 있음을 알려준다. 우리에게 이해의 궁극적 매체인 배달말에 대한 신뢰가 보이지 않는다. 모국어는 이해의 출발점이자 궁극적 회귀점이며 궁극적 상위언어다.

"7세 소년"을 "칠 세 소년"으로 읽는다면 "7살 소년"은 "입곱 살 소년"으로 읽는다. 이것은 아라비아숫자나 영어를 읽는 때는 물론이고 한자 어휘에 대해서도 앞뒤 어휘가 본디 어느 나라 어휘냐에 대단히 민감함을 보여준다. 이런 뿌리를 생각할 때 'KBS2'를 '케이비에스 투'로 읽고 'KBS둘(이)'로 읽는 경우를 보지 못하는 것도 그리 놀랄 일은 아니다. 더 근본적으로 따져 "한국방송"이란 이름이 거의 잊혀지고 "케이비에스"로 기억되는 게 문제다. 고등학교 학생들도 "수학 Ⅱ"를 "수학 투"로 읽는 것 같다. 그렇지만 일본의 "NHK"는 어쨌거나 일본어를 영문자로 적은 것이다. "KTX" 같은 이름도 그렇다. 일본의 "신깐센"은 이름은 어쨌거나 영어식 이름이 아니다. 우리는 영어식 이름이 좋다는 이데올로기에 젖어 있다. 우리가 우리말과 글을 대하는 태

도가 일본이나 중국과 큰 차이가 있음을 보여주는 가장 좋은 보기는
지폐다. 우리 지폐에는 "Bank of Korea", 일본 지폐에는 "NIPPON
GINKO", 중국 지폐에는 "RENMIN YINHANG"으로 적혀 있다. 즉 "일
본은행"과 "인민은행"이란 이름은 영문자(라틴자)로 적은 것이다. 이
런 것들은 물론 사소하게 보일 수 있다. 그러나 생각해보면 결코 사소
한 일은 아니다. 말하자면 우리는 아직도 국제사회에서 우리말과 글
의 독립을 선언하고 있지 않다.

전통적 동아시아 국제질서에서 동문(同文)의식이 지배해왔다. 이
동문의식은 중국 중심의 천하질서를 상징하였는데 조선은 이를 당연
하게 여겼다. 최만리의 상소문에서는 훈민정음 창제가 동문과 어긋난
다는 주장이 먼저 나온다. 동문관념은 전통사회에서 지식인의 강박관
념이었다. 한자는 성현의 글자로서 참 글자, 즉 진서이며 진리의 글자
이며 신성한 글자였다. 이런 점에서 한문은 중세유럽의 라틴어와 같
다. 진시황이 천하를 통일하고 지방마다 다른 한자의 서체를 통일한
정책을 가리켰던 이 말은 곧 중국 주변의 여러 나라가 한자를 쓰는
것을 가리키는 말로 변하면서 중국문화와 패권을 상징하는 말이 되었
다. 천하체제의 한 국가로서 중국과 같은 글자를 써야 야만을 면할 수
있다는 의식이 지배하였다. 한자와 한문은 곧 정부의 공용문자이자
언어였고, 교육은 한문 교과서를 읽고 한문 쓰기를 배우는 것이었다.
전통사회에서 '언문'은 행정이나 교육에서 배제되어 나날의 삶에서나
쓰이는 우리말, 중국어와 다른 언어로서의 방언을 적는 글자였다. '방
언'에도 낮추는 뜻이 있음을 '방언'과 '리어'를 달아서 쓴 경우가 있음
을 보아도 확인할 수 있다. 전통사회는 말과 글이 완전히 이원적으로
분리되었고 그 기간도 길었다. 이런 체험은 세계 역사상 유례가 드문

경우였다.

한문과 라틴어가 중세적 세계의 공통어라는 사실이 같다는 점을 인정하더라도 우리나라와 유럽의 여러 민족국가는 처한 상황이 크게 달랐다. 유럽은 크게 보아 언어의 계통이 같고 형식적 부호인 알파벳은 중립적인 기호의 성격이 크다. 따라서 여러 지방어를 쉽게 적을 수 있었다. 동아시아의 공통 글자는 알파벳이 아니라 한자라 비효율적이었다. 조선과 일본도 여러 면에서 서로 달랐다. 일본은 중화주의적 천하질서 속으로 편입되지 않았다. 우리는 언문의식이나 방언의식에서 벗어나려는 노력이 싹틀 무렵 일제의 식민지가 되고 말았다.

1876년 2월 3일 조인된 강화도조약의 제3관은, '앞으로 두 나라 사이에 오가는 공문은, 일본은 자기 나라 글을 쓰되 지금부터 10년 동안은 한문으로 번역한 것 1본(本)을 별도로 갖춘다. 조선은 한문을 쓴다'고 되어 있다. 일본은 근대적 주권국가 의식에서 그 나라의 말과 글을 내세우고 있는데 반해 조선은 천하체제의 한 부분으로서 교린으로만 해석하여 여전히 동문의식에서 깨어나지 못하고 있음을 보여준다. 한자문화권이나 동아시아 공동문어에 대한 담론은 전통적인 동문의식이 변형되어 나타난 것이라 볼 수 있다.

"MP3"를 "엠피 쓰리"로 읽는 우리 신문과 방송의 관행으로 보아 영문자 줄임말은 점점 더 늘어날 듯하다. "아이폰 4"도 "아이폰 포"로 읽는다. "국제통화기금"보다 "IMF"가 더 익었다. 표제가 조금 짧아지는 장점이 있기는 하지만 이것은 신문 읽기를 더 어렵게 만든다. "K1"을 "케이 원"으로 읽는다. 우리도 모르는 사이에 야금야금 영어식 외국어가 넓게 자리를 잡아가고 있다. 이것은 한자말이 우리의 사람 이름과 땅 이름으로 뿌리내린 과정과 다르지 않다. 영어는 이제 아파트

이름을 거의 점령하였으며 우리식 이름은 산속으로 숨어들어 "부엉이 바위" 같은 데나 남아 있다. 세계에서 으뜸이라는 한글을 500년이 넘게 쓸모없는 글자 천한 글자라고 버린 쓰라린 역사를 기억해야 한다. 『독립신문』 창간사에서 절반을 넘는 부분이 한글로만 쓰는 이유를 설명하고 있다. 그때로서는 한글로만 쓰기가 말글의식에서 커다란 혁명이었기 때문에 이런 과정을 빠뜨릴 수가 없었다. 우리 역사를 볼 때, 영어몰입교육이니 영어공용화론이 튀어나온 우리 현실은 결코 우연이 아니다. 역사에서 배우지 못하는 한 역사는 자꾸 되풀이된다.

(『한글 새소식』 제456호, 2010. 8)

둘째 조각 우리말과 우리글로 가르치고 배우자

1. 우리 학문은 어떻게 가능한가
― 조동일 님의 『우리 학문의 길』을 읽고

자주적인 학문을 해야 한다는 주장은 낯설지 않다. 이 땅의 지식인들이 오래 전부터 진지하게 씨름해 오던 물음이다. 그러나 이런 애씀에도 그 결과는 가멸다고 보기는 어렵다.

조동일 님은 『우리 학문의 길』(지식산업사, 1993)에서 자주적 학문의 길을 찾고 있다. '학문의 수입업자나 하청업자 노릇을 하면서 행세하려고 하지 말고 제3세계로서의 자각을 분명히 하고 제3세계 학문의 길을 스스로 창조하는 데 우리가 앞장서는 것이 선진화의 길이다'라면서 보편적 이론을 만들어낼 것을 말하고 있다. 우리의 고유성과 독창성이 닫힌 것이 아니라 보편적인 것이라야 한다는 주장은 많은 사람의 동의를 받을 수 있을 듯하다. 그러나 더 중요한 문제는 어떻게 그런 학문을 해낼 수 있는가라는 물음이다.

글쓴이는 이 책을 많은 기대를 갖고 보았다. 여러 신문에서 선전했던 책이어서 그만큼 기대도 컸다. 그러나 읽은 뒤에 글쓴이는 실망하였다. 아니 무척 화가 났다. 지은이의 애쓴 자취가 보이지 않는다는 말은 아니다. 글쓴이가 보기에『우리 학문의 길』은 그 대부분이 유럽이나 동아시아 지성사의 올바른 이해에 바탕을 두고 있지 못하다. 여러 분야의 많은 문제를 다루고 있는 만큼 이 책의 문제점을 여기서 하나하나 다 따질 수는 없다. 다만 여기서는 다음과 같은 사실만을 말해두어야겠다. 지은이는 "이기심성"과 같은 성리학의 용어가 오늘날에도 철학적인 문제 해결에 쓸모가 있다고 보고 있으나(50쪽), 이는 잘못이 아닌가 한다. 또 기 철학의 전통을 이어 보편적 이론을 창조할 수 있다는 지은이의 주장(101쪽)도 문제가 아닐 수 없다. 또 글쓴이는 기 철학의 발전과정이나 최한기에 대한 평가(224쪽)에서도 지은이와 근본적으로 다른 생각을 갖고 있다.

지식인들의 우리말과 글에 대한 뿌리 깊은 편견과 무지를『우리 학문의 길』을 읽으면서 새삼스럽게 느꼈다. 적어도 우리 학문을 말하는 지은이는 그런 해묵은 생각을 갖고 있지 않으리라는 기대는 책을 조금만 읽으면 산산조각이 나버린다. 이것은 조그만 문제로 보일지도 모르지만, 바로 이 무지와 편견이 지은이가 말하는 바 '우리' 학문의 길을 가로막고 있는 가장 큰 걸림돌이라는 데 이 책의 문제가 있다. 무엇보다도 다음과 같은 주장의 타당성이 크게 문제되며, 우리는 이를 낱낱이 따져보지 않을 수 없다.

1) 우리말과 한자 어휘

"한문으로 글을 쓸 때 사용하던 용어를 되살리는 것이 더욱 바람직한 대책이다. 한자용어를 우리말 문장 속에 넣어서 쓰는 것은 얼마든지 가능하

고, 조금도 이상하지 않다. 우리말 문장 속에 들어온 한자어는 모두 우리
말 단어가 된다. 한자어를 더 받아들여서 우리말 단어를 늘려 나가는 것
이 민족문화 발전의 당연한 과제이다. 한자를 버리고 한글전용을 해야 한
다는 이유를 내세워, 한자어의 폐기도 주장하고 우리 선인들이 한문으로
글을 쓰면서 한자용어로 사상을 창조한 성과를 모두 버리겠다는 것은, 민
족문화 창조의 값진 유산을 파괴하는 행위이므로 용납할 수가 없다. 한글
을 사랑한다는 편협한 애국주의를 내세워, 국어사전을 편찬하면서, 우리
문화 창조를 통해서 형성되고 변천되어 온 한자어의 뜻은 찾을 생각도 하
지 않고, 한자어는 일본에서 최근에 들어온 것들을 주로 수록하고 일본
사전에 있는 설명을 옮겨 오는 관습이 되풀이되고 있다."(52쪽)

'한자어를 더 받아들여서 우리말 단어를 늘여 나가는 것이 민족문
화 발전의 당연한 과제이다'와 같은 말은 우리말에 대한 엄청난 폭언
이요, 모욕이다. 중국글자가 겨레문화에 얼마나 큰 폐해가 되는지를
알지 못하는 데서 나왔다. 어떠한 언어에서든 그 말수는 유한한 법인
데, 이렇게 한자말에는 무한하게 시민권을 내주면 우리말은 자연스럽
게 피어날 수 없다. 한자나 한문어구를 외국어로 알지 못하는 통념은
오늘날 우리 지식인의 말글의식에서 문제가 아닐 수 없다. 이렇게 되
면 우리말 어휘체계를 죄다 망가뜨릴 것이다. 이는 자주성의 관점에
서 바람직하지 못할 뿐만 아니라, 우리말의 이해라는 관점에서도 걸
림돌이 된다. 말의 터울짐은 더욱 심해질 것이다. 우리말에는 새말 만
드는 힘이 모자라는 듯이 여기는 것도 우습다. 한글만 쓰기가 겨레문
화의 값진 유산을 파괴하는 것인 양 안다면 이보다 더 큰 오해가 어디
있겠는가? 좀 더 생각이 깊은 지은이라면 남이 어떤 주장을 펴는지 세
밀히 살펴보고 글을 써야 하지 않겠는가? '한글을 사랑한다는 편협한
애국주의'라 했으나, 한글사랑은 애국주의라기보다는 민중주의의 표

현으로 이해해야 한다.

2) 학문의 기본개념은 어떤 것인가?

"핵심이 되는 한자용어뿐만 아니라, 한문어구조차도 번역해서 쓰는 것은 무리다. 번역을 하면 원래의 뜻에서 이탈하고, 일상생활에서 흔히 하는 가벼운 말로 혼동된다. 되도록이면 번역하지 않아야 한다. 한자로 적어야 원래의 뜻이 살아 있다. 이치를 따지는 기본용어는 한자어를 재활용하지 않을 수 없다. 한자용어나 어구는 우선 인용이라고 생각해서 따옴표를 하고 한자로 적으면 그만이다."(52∼53쪽)

(1) 이치를 따지는 학문의 핵심개념이 한자용어라는 주장은 근거가 없다. 토박이말이 모든 학문의 기본개념을 이루고 있다. 이 점은 조금은 설명을 필요로 한다. 보기를 들면, 철학의 한 기본개념으로서, "존재하다"가 아니라 "있다", "동일하다"가 아니라 "같다"가 기본개념이다. "인식하다"가 아니라 "알다"이다. "진, 선, 미"가 아니라 "참, 좋음, 아름다움"이 기본개념이다. 이런 관계는 철학에서뿐만 아니라 모든 학문 분야에서 성립한다. 이를테면 국어학에서 "문법"이 아니라 "말본", "명사"가 아니라 "이름씨"가 그 기본개념임은 새삼스럽게 말할 필요도 없다. 경제학에서는 "노동"이 아니라 "일", "화폐"가 아니라 "돈"이 더욱 기본적인 개념이다. 물리학에서는 "운동"이 아니라 "움직임"이 될 것이다. 학문의 여러 원리를 나타내는 개념들이 한자로 되어 있다는 것은 전혀 사실이 아니다. 이것은 여러 학술서적에서 "있다"라거나 "같다", "참, 좋음, 아름다움"이란 말이 아주 쓰이지 않더라도 엄연한 사실이다. 그러한 표현을 빼고 모두 한자식 학술용어만을 씀으로써 무엇인가 심오하다는 인상을 주겠지만, 그런 용어는 우리말을

얕잡아보게 만들고, 학문이 우리의 절실한 삶과는 아무 관계도 없다는 생각만 불어넣었을 뿐이다. 조동일 님의 책에서도 마찬가지지만, 오래 전부터 우리말글과 학문이나 문화 사이에 이런 적대감이 드러난다. 최만리의 그 유명한 상소문에는 한글 창제에 반대하는 다음과 같은 글이 나온다.

> "만약 우리나라가 본디 한자를 알지 못하고 매듭 글자를 쓴다면 잠깐 언문을 빌어 한때에 쓰는 것도 무방할 것이다. 그러나 이 점에 대해서도 올바로 생각을 잡은 이는 반드시 언문으로 고식의 계책을 꾀하기보다도 차라리 더디더라도 중국에서 쓰이는 글자를 익혀서 긴 계책을 세움이 옳다고 할 것이다."

이 상소문은 바깥 학문 들여오기가 외국글자를 들여오게 되는 과정임을 보여준다. 중국 학문의 수입을 위해서는 새 글자를 만들어 쓰기는 도움이 안 되니 한자를 그대로 씀이 더 좋다고 하였다. 우리글 우리말은 학문하는 데 도움이 안 된다는 생각은 외래문화 수입을 지나치게 강조한데서 온다.

(2) 한자용어는 번역하면 원래의 뜻에서 이탈하고, 일상생활에서 흔히 하는 가벼운 말로 혼동되기에 되도록이면 번역하지 않아야 한다는 말은 우리 지식인의 번역에 대한 오랜 통념을 그대로 드러낸다. 이것도 우리말글의식의 전환을 위하여 반드시 짚어보아야 할 것이다. 한마디로, 이는 번역의 불가능성에 기초하여 한자를 섞어 쓰는 이상한 버릇이 마치 무슨 근거라도 있는 양 생각하는 편견을 드러내고 있다. 옛 사대부의 우리말글에 대한 천대와 한문숭배를 그대로 물려받은 통념이다. 우리말의 낱말과 외국어의 낱말 사이에서 엄격한 동일성이

성립하지 않음은 말의 본성으로 보아 자연스럽다. 이런 사실이 한자 말이 우리말로 번역될 수 없다고 여길 근거는 되지 못한다. 낱말들이 고정되고 변화하지 않는 뜻을 처음부터 갖고 있지는 않다.

3) 우리 학문의 길과 우리말글 사랑

> "한문에서 온 말을 버리고 토박이말을 사용하는 것이 나라 사랑의 길이라고 하는 수준에 머무르고, 우리말을 근거로 삼아 언어학 일반이론을 새롭게 개척하는, 더 큰 주체성을 발휘하기 위해서 한문을 통해 사상을 창조해온 전통을 계승할 필요가 있다는 생각은 하지 못했다."(194쪽)

제3세계가 끊임없는 외래문화의 세례에도 불구하고 그 나름의 말과 글을 갖고 있다는 사실 자체가 커다란 뜻을 가질 수 있다는 간단한 사실에 눈길을 주지 못하였다. 일반적으로 제3세계의 언어에 대하여 많은 사람이 편견을 갖기 쉽다. 문화와 관계없는, 많이 모자라는 언어로 보이기 쉽다. 지은이가 우리말과 글에 대해 보여주는 무지와 편견도 이런 오랜 인습의 산물임은 두말할 필요도 없다. 말하자면, 지은이는 우리 지식인들이 '학문의 수입업자 노릇을 그만두는' 알기 쉽지만 매우 뜻 깊은 길을 가로막고 있다. 제3세계의 지식인들은 학문 활동에서 겨레말과 겨레글자를 존중해야 한다는 보편적 원칙이 갖는 뜻을 스스로 무시하고 있는 셈이다. 우리 학문의 길은 몇 사람만이 알 수 있는 어떤 신비한 길이 아니라 우리말글 사랑이라는 평범한 길에서 찾을 수 있다.

4) 최현배 학파의 국어학은 폐쇄적이고 국수주의적인가

> "최현배 학파는 한글운동에 힘쓰고, 이숭녕 학파는 국어학 연구를 임무로

삼았다. 최현배 학파에서보다 이숭녕 학파에서 우수한 후진이 더 많이 배
출되었다. 그래서 이숭녕 학파가 주도적인 위치를 차지하게 되었다. 이숭
녕 학파는 양학을 국학에다 적극 받아들여 국학의 폐쇄성과 국수주의적
경향을 탈피한 학풍을 가장 분명하게 보여준 의의가 있다."(201쪽)

이와 같은 주장에는 무어라 대답할 말을 찾지 못한다. 경솔한 생각
이다. 한글운동과 국어학 연구라는 이분법도 근거가 없지만, 최현배
학파가 서양의 이론을 배척한 폐쇄적인 이론이라느니 국수주의라는
생각이 우리 학문의 길을 늘 가로막아 왔음을 진지하게 생각해야겠
다. 이런 비판은 이른바 이숭녕 학파에서 비롯되었다. 이른바 경성제
대의 학풍을 따르는 이들은 소쉬르적인 구조주의를 따르면서 주시경
·최현배 중심의 민족주의 학풍을 끊임없이 반대해왔다. 그 결과 외
래학문의 부문별한 수입을 부추겨 자주적인 우리 학문 건설에 큰 걸
림돌이 되어 왔다. '우리 학문'을 말하면서 이런 사대주의적인 학풍을
극복하기는커녕 마치 대단한 학문적 성과인 양 말하고 있으니, 읽는
이들이 얼마나 큰 혼란을 느끼겠는가?

 5) 『국어사 개설』을 어떻게 볼 것인가

"(국어계통 연구와 음운체계 연구라는) 그 주제는 서양 언어학의 과학성을
유감없이 입증해 국학의 주관주의 오류를 공격하는 데 결정적인 의의가
있다. 그래서 이루어진 이기문의 『국어사 개설』은 교과서 체제의 소책자
이지만 경이로운 성과였다."(201~202쪽)

『국어사 개설』의 내용이 허구임은 이미 오래 전부터 밝혀지고 있
다. 계통론에서 알타이어족설은 거의 자취를 감추고 있고, 모음추이
설도 진지한 반론에 직면해 있다. 이기문 님의 『국어사 개설』은 기본

적으로 식민사관에 의해 지배되고 있음은 널리 알려져 있다. 그런 책을 그냥 '경이로운 성과'라고 예찬하고 있으니, 딱한 일이 아닐 수 없다. 어떻게 이런 일이 일어날 수 있는가? 지은이는 주시경을 잇는 국어학의 전통을 올바로 이해해야 하며, 스스로가 얼마나 깊이 친일사대주의 학풍에 물들어 있는가를 제대로 깨쳐야 한다.

6) 고전 용어를 풀어 쓸 것인가

"智正覺世間이니 非眞非俗이니 하는 기본용어를 그대로 쓸 것인가, 오늘날의 용어로 바꿀 것인가 결정하는 것부터 여간 어려운 일이 아니다. 그런 용어를 그대로 쓰면 번번이 다시 설명하는 번거로움을 피할 수 없고, 오늘날의 용어로 바꾸면 이론 계승의 의의가 없어진다." (319쪽)

이 같은 물음에 대하여 우리는 딱 잘라 대답할 수 있다. 그러한 용어는 모두 풀어 써야 하며, 이를 풀어 쓰지 못한 데서 우리 학문의 길은 열리지 않았다고. 오늘날의 용어로 바꾸어도 이론 계승의 의의가 없어진다고 여길 이유는 어디에도 없다. 이미 말한 바와 같이 한자말에 무제한 시민권을 허용하는 것은 우리말의 자연스런 발전을 가로막는 길이다. 북녘에서 나온 『삼국유사』에도 이런 한자말은 모두 번역되어 있다. 이를테면 "元曉不羈"는 "원효의 대담성"이라 옮겼다. 이런 풀어쓰기 작업을 하지 않고는 칸트나 헤겔이 학문의 기본용어를 독일어로 바꾼 것과 같은 일은 일어날 수 없다.

조동일 님의 『우리 학문의 길』은 여러 측면에서 다양한 평가를 받을 수 있을 것이다. 그러나 이 책 전체에서 우리말과 글에 대한 편견과 무지가 두드러진다. 이는 우리 학문의 주춧돌을 모래 위에 세우는 일이라 생각한다. 이 땅의 모든 지식인이 우리말과 글에 대한 사랑이 없이는 참된 우리 학문을 할 수 없음을 가슴에 새겨두어야 할 것이다.

(『한글 새소식』, 261호 1994. 5)

2. 우리 학문은 어떻게 가능한가[25]*
－한글날 국경일 제정을 위한 공청회 발표문

오늘날 이 땅에 살고 있는 우리 지식인들은 단순한 외국 학문의 소개를 넘어 우리가 안고 있는 문제를 우리의 눈으로 볼 수 있는 학문을 해야 한다는 숙제를 안고 있다. 이런 학문이 어떻게 가능할 것인지, 그 실마리는 여러 곳에서 찾을 수 있을 것이다. 그 가운데 하나는 우리말과 한글이다. 우리말글에는 그럴 수 있는 넉넉한 힘이 있다.

그러나 우리 역사를 돌이켜보면 이런 우리말과 글에 대한 믿음과 사랑이 모자랐다. 한글(우리말)은 학문(그때에는 성리학을 가리켰음)에 방해된다는 말이 최만리들의 상소문에서부터 되풀이되어 나타난다. 이런 생각은 한 세대 전까지만 해도 큰 변화가 없었다. 1960년대 말에 나온, '한글전용의 7대 병폐'에는 한글만 쓰기가 학술발전을 가로막았다는 주장이 들어 있다. 우리말 우리글로 학문을 하면 발전이 훨씬 빠를 것 같은데, 왜 학문발전을 가로막았다는 말인가?

그 이유는 간단하고 명백하다. 이제까지 학문 활동이 대부분이 한문 읽기로 이루어졌기 때문이다. 더구나 한문은 누구나 익힐 수 없는 것이기에 유식함을 뽐내기에도 아주 좋았다. 더구나 그것은 과거시험을 거쳐 지배층이 되어 권력을 잡는 지름길이었다. 이런 데서 학문(영

---

25) 1999. 7. 9 세종문화회관 대강당에서 있었던 공청회 발표문(보탠 글)

달)에 도움이 안 되는 천한 '언문'과 '진서'(참글)의 구별이 생겼다. 사대부에게 "문자"는 곧 중국글자요, 중국과 다른 글자를 갖는 일은 오랑캐들이나 하는 짓이라고 최만리는 당당하게 말하고 있다. 유학의 화이론에 따라 문화는 중국 것이란 생각에 젖어 중국과 다른 고유문화를 버리는 것을 큰 자랑으로 여겼다. '조종 이래로 한결같이 중화의 제도를 따라', '예악문물이 중화와 비슷하다'고 자랑하고 있으니, 우리의 고유문화에 대한 모멸감은 끝 간 데를 알기 어렵다. 왜 이렇게 우리의 얼을 오랫동안 빼앗겼는가? 중국보다 더 열성적으로 떠받들던 주자학의 화이론 때문이다.

이런 현실은 오늘날 미국의 문화와 언어를 대하는 우리의 태도에도 되풀이되어 나타난다. 선진문화는 미국 것이다. 미국말은 세계어라고 선전하며 초등학교에서부터 가르친다. 미국말을 익히는 것이 지배층이 되는 지름길이라 한다. 한문에 대한 맹목적 숭배 못지않은 미국말에 대한 숭배가 되풀이되고 있다. 변한 듯이 보인 것은 겉모습뿐인 셈이다. 소수의 지배층이 한문을 배우던 시절에 비하면 오늘날의 미국말 숭배는 국민교육으로 제도화되어 더욱 부정적이다. 지난날 우리에게 문자는 곧 중국문자란 등식이 성립됐던 것처럼, 오늘날에는 세계어는 곧 미국말이라는 등식이 성립되고 있다. 그들의 패권이 깨지는 날에야 미국말은 미국말일 뿐이라고 뒤늦게 깨닫게 된다면, 때가 너무 늦을 것이다. 우리가 100년 전에 중국 중심의 세계관에서 헤어나지 못해 나라를 잃어야 했다. 오늘날 국제사회에서 역학관계는 그 누구도 예측할 수 없을 정도로 빠르게 또 여러 가지 요인으로 좌우되고 있다. 어느 나라의 패권이 길이 이어지리라 여기고 선진문화 도입에 편리하게 그 언어마저 공용어로 삼자는 주장은, 낡은 사대주의와 지식인의 특권의식이 빚어낸 것으로 겨레문화를 짓밟자는 망언일 뿐이다.

하지만 이런 망언은 따지고 보면 새로울 것도 없다. 최만리 때부터 나오고 있다. 그러나 과거의 한문숭배가 피할 수 없는 운명이 아니었던 것처럼, 초등학교 때부터의 미국말 배우기도 숙명이 아니다. 학문의 발전을 위해, 선진문물을 들여오기 위해 미국말을 공용어로 삼아야 한다는 것도 숙명이 아니다. 이런 데서 벗어나 우리 학문을 세울 수 있는 길이 많이 있다.

첫째, 중국글자를 섞어 쓰지 말아야 한다. 훌륭한 글자로 온 세계에 공인된 한글은 자주적인 겨레문화의 상징이다. 한글이 만들어진 원리와 내력을 담고 있는 『훈민정음』도 유네스코가 인정한 세계기록 문화유산이다. 까막눈을 없애는 데 공이 많은 사람에게 유네스코에서 한글을 만든 세종을 기려 '세종대왕상'을 주고 있다. 이렇게 훌륭한 글자에도 중국글자를 섞어 쓸 수밖에 없는 것이 현실이라면, 한글은 우리말을 적기에도 모자라는 글자가 되어버린다. 까막눈의 비율이 아주 낮다는 것도 거짓이 된다. 한글만 쓰기는 중화사상에 짓눌리던 우리 말글에 새 하늘과 새 땅을 마련해주는 일이다.

북녘에서는 오래 전부터 한글만으로 살아가고 있다. 한글전용이 실패했다는 『북한의 언어정책』(국어연구원, 1992. 7)의 주장은 잘못된 것이다. 우리도 '새로 나오는 말은 우리말 어근에 따라 만드는 것'을 원칙으로 한다면 단어체계를 고유어와 한자어의 두 체계로 복잡하게 만들 필요가 없다. 한글은 자주의 길이자 또한 통일의 길이다.

둘째, 번역을 존중해야 한다. 주변부의 학문 활동은 주로 외국 학문의 수입으로 이루어지기 때문에, 학문이나 문화가 외국어 숭배의 명분이 될 가능성이 크다. 이때 번역은 외국어에 대한 최소한의 거리를 유지하게 하는 장치다. 학문의 대중화와 선진화는 우리말과 글로 가장 효율적으로 이룰 수 있다. 한문이나 미국말은 학문 또는 문화의 내용을 담고 있는 매개일 뿐이다. 우리말과 글에 대한 믿음을 갖고 지적 활동을 해나가야 한다. 외래학문의 수입 그 자체가 최고의 가치를 갖지도 않으며, 온 겨레가 여기에 종사해야 하는 것도 아니다. 우리 지식인들은 이런 외국 학문을 우리말과 글로 표현하는 것을 당연한 의무로 알아야 한다. 번역을 무시하는 것과 특권의식에 사로잡혀 외국어를 모르는 대중을 무시하고 우리말글을 천대하는 것은 한 동전의 양면처럼 이어져 있다. 이런 의무를 소홀히 하면 조선조 사대부처럼 우리말글은 학문에 도움이 되지 않는다는 생각에 빠지게 된다.

훌륭한 글자를 두고도 애써 외면하고 겨우 '언해'라는 온전하지도 못한 번역에서 겨우 명맥을 이어온 한글의 서글픈 지난날의 자리를 생각해보라. 아직도 '우리나라 정치, 문화, 사회에 걸친 모든 역사는 한자와 한문을 모르고는 근처에도 얼씬거릴 수가 없는 실정(심재기, 「한글전용의 부당성」)'이라고 하며 번역을 얕보는 낡은 생각을 고집하지 말아야 한다. 한 세기 전에 『독립신문』 창간호 논설에서 주시경은 '한문 못 한다고 무식한 사람이 아니라'고 애써 이야기했었다. 이제 우리는 다시 '미국말 못 한다고 무식한 사람이 아니라'고 힘주어 말해야 할 처지에 놓여 있다. 번역을 제대로 대접해주지 않고는 이런 생각은 사라지지 않을 것이다. 국립국어연구원을 국립번역원으로 개편하면 온 겨레의 사랑을 받는 기구가 될 것이다.

셋째, 쉬운 학술용어를 지어 써야 한다. 외래학문을 들여오면서 외국어를 마구 들여와 학문의 술어가 삶의 말과 심하게 단절되어 있다. 옛날에는 한문 때문에, 요즈음은 미국말 때문에 주로 그렇다. 그러나 학문의 술어와 대중의 삶에서 늘 쓰는 언어가 처음부터 따로 있지는 않다. 학문의 용어는 늘 쓰는 말에서 갈라져 나오는 것이 바람직하다. 줄기에서 가지가 갈라져 나오듯이 연속적이어야 하고 또 하나의 층을 이루어서는 곤란하다. 늘 쓰는 말은 한글로만 적어도 좋으나 학술용 어는 한자말을 쓸 수밖에 없다는 생각은 거꾸로 된 현실을 무턱대고 받아들인 데서 나온 주장이다. 오늘날 빠른 속도로 번져가는 셈틀 용 어의 한글화도 더 굳기 전에 서둘러야 한다.

법정 공휴일에서 제외된 한글날은 이제 하루 쉬는 날로서의 공휴일 이 되어서는 안 된다. 그 위상을 한층 높여 '국경일'로 제정하여 겨레 의 자존심을 되찾고, 비뚤어진 말글의식을 바로 세우는 데 나라에서 앞장서고 온 국민과 사회 전반에서 온 힘을 다해야 할 것이다.

"그 나라 말과 그 나라 글은 이 땅덩이 위에 홀로 서는 나라가 됨의 특별 한 빛이다."

– 주시경(「한나라말」 1910. 6)

(『한글 새소식』 제324호, 1999. 8)

3. 새 천년의 한글

– 한글의 역사와 미래

여러 신문에서 새 천년맞이 특집기사를 내고 있다. 단순히 과거를 정리하는 것도 있고 미래의 전망도 있다. 개인의 경험담에서부터 현 대문명에 대한 진단까지 여러 분야에 걸쳐 이루어지고 있다. 21세기 를 맞으며 이런 회고와 전망은 나름대로 의미 있는 일이다. 그러나 어

디를 보더라도 20세기 우리의 말글살이에 엄청난 변화를 가져 온 한
글만 쓰기의 세찬 물결을 역사 속에서 자리매김하는 언론은 없었다.
　우리의 말글살이에서 20세기 후반기는 한글의 시대이다. 이런 뜻
깊은 변화는 우리 역사에서 일찍이 없었다. 한글을 소중하고 자랑스
럽다고 보는 눈은 비교적 새로운 것이다. 한 세대 전까지만 해도 '언
문'이란 말을 많이 썼다. 중국과 다른 글자를 갖는 것은 야만족이 하
는 짓이라고 믿었다. 중국을 본뜨는 것을 자랑이라 여겼다. 지배층을
충원하는 방법이었던 과거제가 죄다 한문으로 이루어져 사대부에겐
출세에 아무런 도움이 되지 못하는 언문은 관심의 대상이 되지 못하
였다. 1895년에 와서야 이른바 「국·한문 혼용체 사용에 관한 법령」
이 나왔다. 그만큼 주자학의 중국중심주의적 세계관은 우리를 옥죄고
있었다.
　우리가 한문을 받아들인 태도는 이웃 일본에 견주어보아도 아주 특
이하다. 일본은 그들의 말본에 따라 한문을 읽는다. 한문을 쓴다는 점
에서 우리와 같아 보이지만, 우리에겐 자주성이 숨쉴 틈이 없다. 이것
은 큰 차이다. 이런 차이가 지성사 전개에서도 나타난다고 생각된다.
동아시아 지성사에서 나름대로 어떤 공통분모가 있다면 유교문화일
터인데, 유교를 받아들이는 태도에서 우리와 일본이 큰 차이를 보인
사실은 이런 한문 읽기 방식의 차이와 결코 무관하지 않다. 신채호가
우리 사상사를 '주자의 조선'만 있고 '조선의 주자'는 없다고 평한 것
은 잘 알려진 일이다. 유교 형이상학을 볼 때, 완결된 진리체계로서의
주자학을 전제하고 이를 정통으로 떠받드는 태도가 일반적이었다.
　그러나 일본이나 중국의 사상사는 이보다 훨씬 다양하고 활기가 있
었다. 유교를 기반으로 사회질서를 조직하는 원리도 여러 나라 사이

에 큰 차이가 난다. 조선에서는 전근대적 관료가 지배층으로서 유교를 담당하였다면 일본은 무사사회였다. 과거제도도 없었고 사단칠정에 관한 형이상학적 논의도 없었다. 중국이나 일본 어느 나라도 조선만큼 유교, 그것도 주자학만을 숭상한 적이 없다. 얼핏 생각하기에는 많은 동질성이 있을 듯하지만 들여다보면 큰 차이가 드러난다. 한자문화권이니 유교문화권이니 하는 말은 허울 뿐이다. 언어를 보아도 중국과 우리는 계통이 완전히 다르며, 글자는 세 나라가 모두 상황이 크게 다르다. 이런 차이와 다양성은 문화의 활력을 위하여 바람직한 현실이다.

주자학에 대한 교조주의적 태도는 동아시아의 국제질서 속에서 조선의 위치를 규정하는 화이론의 수용에도 그대로 나타난다. 글쓴이가 아는 한, 베트남과 일본은 화이론적 질서에 나름대로 거리를 두었다. 유교의 중국중심주의에 대한 최소한의 비판적 거리가 있었다. 화이론은 문화의 중심을 중국이라 보고 있다. 이러한 화이론적 질서에 따라 정치적으로는 사대 및 조공이 이루어졌고, 문화에서는 중국 본뜨기가 이루어졌다. 그 결과로 '작은 중화'를 자처하기도 하고 "예의의 나라"라는 말도 들었다. 그러나 그 대가도 엄청났다. 우리 문화의 전통을 무참히 단절시키고 다양성을 없앴고 창조성을 갉아먹었다. 이런 역사적 결과로 오늘날 우리 문화가 중국의 아류라는 인상을 심어 국제사회에서 정체성의 위기를 불러왔다. 나라 사이의 교류가 점점 활발해지는 요즘, 독특한 문화를 갖지 못한 나라나 겨레가 되돌려 받을 것은 모욕과 멸시뿐이다.

문화는 중국 것이고 중국과 다르면 오랑캐가 된다는 생각은 배불론에서 가장 선명하게 드러난다. 불교 배척은 화이론 또는 사대주의의 다른 표현이었다. 불교는 본디 오랑캐의 가르침이기 때문이다. 배불파 유신과 한글창제에 반대한 유신들은 거의 같은 인물이었으며 그 이유 또한 같았다.(이봉춘, 「불교와 한글전용」, 『한글 새소식』 제151호, 1985. 3) 이것은 결코 우연한 일이 아니다. 국·한문 혼용에 관한 법률이 나오던 시기인 1895년부터 승려의 도성 출입 금지를 푸는 문제가 논의되어 1897년에야 풀렸다. 모두 중국 중심의 동아시아 국제질서가 정치적, 군사적으로 무너진 뒤의 일이다.

중국문화에 대한 극단적 숭배는 동시에 해양문화나 북방문화에 대한 무관심과 멸시로 나타났다. 이들을 제대로 알려고 하지도 않았고 자존심만 내세우게 만들어 침략의 빌미를 준 측면도 없지 않다. 중국 중심의 동아시아 국제질서인 주자학적 화이론의 실체를 보지 못하여 현실에 대한 판단을 크게 그르쳤다. 임진왜란이 나기 얼마 전인 선조 23년에 통신사로 일본에 갔던 유학자 김성일의 경우가 그랬다. 이른바 인조반정으로 교조적인 주자학파가 집권함에 따라 배타적인 외교정책으로 후금을 크게 자극하여 침략을 받아야 했던 것도 널리 알려진 일이다. 주자학이 겨레의 눈과 귀를 멀게 만들었다. 조선시대의 대외정책이나 불교배척, 한글천대는 모두 철저한 중국중심주의에 뿌리를 두고 있었다.

20세기는 우리가 일본에 시달린 시기다. 해방까지의 35년이란 세월은 더 말할 것도 없다. 한 세기 전에 주시경을 비롯한 선각자들에 의해 우리말글에 대한 관심은 싹이 텄으나 채 자라기도 전에 나라는 제국주의자들의 희생이 되고 말았다. 사라질 뻔했던 우리말과 글은 해방을 맞아 한문숭상의 두터운 인습을 깨고 다시 힘을 얻었다. 한글만 쓰기의 큰 물줄기는 이제 돌이킬 수 없다. 지금까지 이에 대한 가장 적극적인 반대세력이었던 일간 신문의 한글만 쓰기가 놀랄 만큼 빠르게 이루어지고 있다. 부분적으로 많은 문제점이 있지만, 이런 변화는 전체적으로 말글 하나됨(언문일치)이라는 이상에 비추어 자연스럽고 바람직하다. 이런 변화를 이끌어내는 데 반세기나 걸린 까닭은 낡은 사대주의 때문이기도 하지만 일본 제국주의가 남긴 '유산'을 뿌리 뽑지 못했기 때문이다.

말글 문제에서 일본의 영향은 주로 경성제대에 소개된 역사언어학 및 소쉬르의 언어학이 해방 뒤로 서울대 국문과로 전달되면서 지속되었다. 주시경의 학문은 민족주의 이념에 지배되었기 때문에 과학적이지 못하다고 보면서 한글만 쓰기는 이상일 뿐이라 비판하고 있다. 이런 생각은 이희승에 의해 전달되었으며, 그의 제자들이 주시경과 조선어학회의 전통과 대결하고 있다. 특히, 이희승은 일본사전을 베껴서까지 한자섞어쓰기운동을 주도하면서 일본을 보라고 했다. 국립국어연구원이 오늘날 이희승이 하던 일을 이어가고 있다. 그가 일본을 본떠 설립을 제안했던 이 기구는 지난 1984년에 학술원 산하에 임의로 이희승의 제자들이 만들었는데 1991년에 역시 이희승의 제자(이어령)가 문화부장관으로 있을 때에 국가기구로 바뀌었다. 이 기관의 대표는 언제나 서울대 국문과 출신 교수들이었다.(안병희－송민－이익섭－심재기) 한자 문제에 대한 일본의 영향력은 또 신문을 통해 드러난다. 대부분의 신문들이 일본식 편집체제를 해방 뒤 반세기가 넘게 그대로 본떴다. 한때는 대학을 나오고도 신문 한 장 못 읽는다고 한글전용교육이 비난 받은 적이 있다. 특히 『조선일보』는 사실상 한자혼용 주장을 대변하고 있다. 해방 뒤 식민지 잔재의 청산이 크게 문제가 되었는데, 이것이 제대로 해결되지 못한 곳은 정치나 경제 분야에만 그치지 않는다. 학술·교육·언론 분야도 똑같은 문제를 안고 있으며, 식민지 치하에서 자랑스럽게 우리말글 연구의 전통을 이어온 국어학계마저도 결코 예외가 아니다.

『새국어 소식』(1999. 10)에서 심재기 국어연구원장은 주시경과 조선어학회의 전통을 국수주의라면서 새 천년에 한글은 한자와 공존해야 한다고 선언하고 있다. 한글은 학문과 기술의 대중화에는 이바지하지만 그 '발전'과 '심화'에는 한계가 있다고 하면서 21세기 문화전쟁에 한자의 이해와 사용이 전제된다고 한다.

사대주의와 봉건주의에 눌린 한글을 제대로 활용하여 쉽고 대중적인 글살이를 하자는 것도 국수주의인가? 세금으로 운영되는 국어연구원의 원장이 이런 말을 하니 놀라운 일이다. 하지만 국어연구원이 태어나고 자라온 길을 생각하면 놀랄 일도 아니다. 주시경과 조선어학회의 활동을 민족(국수)주의 이념이며 따라서 '과학적' 언어학이 아니라고 반대하던 경성제대 학맥의 주장이 되풀이된 것이다. 과학적이려면 민족주의는 배제해야 하는가? 중화주의(사대주의)로 왜곡된 역사를 바로잡기 위해 민족주의적 관점은 빼놓을 수 없다. 그 한 보기로 류렬 님이 지은 『조선말 력사』(사회과학 출판사, 1990)에서는 고대 중국역사서에서 우리 겨레를 나타내던 "맥(貊)"은 당시 우리말 이름이 될 수 없다고 보았다. 멸시하는 뜻이 담긴 "豸"를 떼어내고 "百"이 그 당시의 소리 '바라·버러·보로·부루'를 적은 것으로 보아, 뜻을 '밝은 것, 불'이라고 추정하였다.(19쪽) 진정 과학적이 되려면 민족적이지 않을 수 없다. 이것들 사이에 커다란 대립이 있는 양 여기는 것은 제국대학의 교수들이 만든 신화일 뿐이다. 해방된 지 반세기가 더 지났건만 아직도 일본인 스승의 주장을 되풀이하며 새 천년의 앞날을 말하는 건 있을 수 없는 일이다.

학문과 기술의 대중화는 그것이 발전하고 깊어지는 필수조건이다. 서로 대립하지 않는다. 학문이나 문화의 대중화를 거부하는 생각은 우리 역사에서 번역을 무시해온 인습과 이어져 있다. 한문을 주체적으로 읽는 전통이 사라짐으로써 유교경전에 대한 새로운 해석과 비판적 거리 두기가 거의 불가능하였고, 한글은 없는 것이나 마찬가지였다. 한자·한문을 배워 유교고전을 원문으로 읽을 수 있어야 전통을 계승한다는 생각은 근거 없는 신화다. 이는 겨레에 대한 배반일 뿐만 아니라 대중에 대한 폭력이었다. 참된 전통계승은 한글 번역으로만 가능하다. 우리는 이런 맥락에서 일본을 유심히 보아야 한다. 오랫동안 우리에게 배우던 처지에 있던 그들이 16세기 말에는 싸우자고 덤볐고 20세기에는 우리에게 큰 부끄러움을 안겨주었다. 그들의 힘은 어디서 나오는가? 한문을 읽는 태도에서 나타나는 외래문화에 대한 주체적 태도와 번역 존중에서 나타나는 지식의 대중화가 가장 주요한 밑바탕이라 보아야 하지 않을까. 무턱대고 대중성을 비난함은 귀족주의적 특권의식을 드러낼 뿐이다. 칸트가 『순수 이성 비판』을 라틴말로 쓰지 않아 그 뒤로 학문발전의 한계에 부딪히고 말았는가? '고급문자'는 한자고 '대중문자'는 한글이었다니, 한글로는 영원히 고급학문이나 문화활동을 할 수 없다는 말인가? 심재기 님에게 한글은 아직도 학문이나 문화와는 아무 관계도 없는 '언문'에 그치고 있음이 분명하다. 우스꽝스런 소리를 그만둘 때도 이미 늦었다.

새 천년이 한글과 한자의 공존으로 시작한다는 국립국어연구원장의 말은 올바른 역사인식이 빠진 데서 오는 무지와 편견의 표현이다. 이런 무지와 편견은 오랜 인습과 경성제대에 수입된 '과학적' 언어학의 이데올로기 때문에 아직도 완전히 극복되지 못하였다. 20세기는 우리가 한글이라는 숨은 보배를 발견한 시기다. 외국글자의 시대는 가고 한글시대가 왔다. 학문연구와 문화활동에서 한글사랑은 가장 기본적인 조건이다. 새 천년에는 중국글자를 두고 쓸데없는 대립과 파쟁을 삼가야 하리라 본다. 누가 사대주의 식민주의의 '유산'을 이어가자고 하는가. 우리말이 한문·한자의 오랜 굴레를 벗어난 것은 온 겨레가 기뻐할 일이다. 이런 데도 20세기 우리 역사를 되돌아보는 기사는 많아도 한글시대가 왔음을 알지 못하고 미국말을 공용어로 삼자는 주장에 찬반토론이나 하며 새 천년을 맞는 게 우리의 현실이란 말인가.

새 천년에도 우리말글을 천대하자는 주장은 여러 가지 모습으로 나타날 것이다. 조금만 바깥바람이 불어도, 이를 우리말과 글을 천대할 빌미로 삼는 지식인이 하나둘이 아님을 우리는 똑똑히 보고 있다. 새 천년에는 이런 낡은 버릇부터 버려야 한다. 국립국어연구원도 한자 병용 주장을 버리고, 글사랑의 큰 뜻으로 거듭나 우리말 훼방꾼으로 뽑힌 부끄러움부터 씻어야 한다.

(『한글 새소식』 제329호, 2001. 1)

4. 우리말 우리글로 가르치고 배우자

미국말을 '국제어', '세계어'라 떠받들면서 학문과 교육이 크게 잘못되고 있다. 토익과 토플은 취업 필수품을 넘어 대학교육 자체가 된 곳도 많다. 학점은 물론 졸업논문까지 토익 시험으로 대신하는 곳이 많으며, 국문과 학생들도 장학금을 토익 성적에 따라 나누어준다. 한자 못한다고 젊은 세대를 나무라는 세력도 있고, 미국말 못한다고 윽

박지르는 세력도 있지만, 국문과 학생에게 장학금을 토익 성적에 따라 나누어주는데도 이것이 잘못되었다고 말하는 사람은 찾기 힘들다. "학문", "교육", "문화", 이런 아름다운 이름들이 우리말과 글, 우리 삶을 짓밟으며 이 땅에서도 우리를 유배하는 폭력이 되고 있다.

'국제어', '세계어'란 도대체 무엇인가. 그 말뜻이 정확하게 무엇이든, 고정된 국제어나 세계어는 없다. 그런 게 있는 양 보이는 것도 길게 가지는 않을 듯하다. 다른 언어가 그런 자리를 갈음할 수 있기 때문이다. 이 국제어나 세계어란 생각은 우리 역사에서 이미 낯설지 않다. 우리말을 부르던 이름 "방언"은 이미 동아시아 국제어 또는 공통 문어로서 한문과 대비되는 말이었다. 그것은 학문과 교육의 언어였으며 성현의 말씀을 담은 신성한 언어였다.

한문을 대하던 태도로 미국말을 대하니, 한문숭상의 폐해는 미국말 숭상의 폐해로 겉모습을 바꾸어 나타나고 있다. 지난날 유학자들에게 사대와 모화는 너무나 자랑스러운 것이었다. 이제 미국말 숭배로 나타나는 '국제화와 세계화'도 마땅히 가야 할 길이라고 말한다. 사대와 모화는 우리 역사의 숙명은 아니다. 한문공부가 지배계급이 되는 지름길이었듯이 매끈한 미국말은 상류층이 되는 지름길이다. 이른바 "국제화, 세계화"는 실질적으로 미국문물에 대한 숭배이며, 지난날 중국 한족의 문화에 대한 왕조시대의 태도를 무척 닮았다.

교육과 학문에서 미국말의 위세는 대단하다. 이제는 서슴없이 미국말 강의 비율을 높이는 게 좋은 대학이라고 신문과 방송은 끊임없이 선전하고 있다. 어떤 과목을 어떤 학생에게, 예외적으로 미국말이나 다른 외국어로 하는 것을 허용할지를 따지기 전에 미국말 강의는 많을수록 좋은 것으로 친다. 마치 한 세대 전에 경제성장률의 목표치를 계획하던 경제관료를 다시 보는 것 같다. 거기에는 이미 '민족의 대학'도 미국 선교사가 세운 대학도 아무런 차이가 없다. 교수들에겐 강좌 개발비라며 적지 않은 돈도 준다. 미국말 강의를 듣지 않으면 졸업을 못 한다고 어르는 대학도 많다. 민족사관이란 간판을 내걸고 미국말로 가르치며 미국 명문대학에 많은 학생을 보낸다는 사실만이 자랑인 고등학교 소식은 끊임없이 들린다. 도대체 이런 '국제화와 세계화'의 끝은 어디일까. 우리말과 글의 소멸이다. 우리는 무엇을 왜 얼마나 가르쳐야 하는가라는 물음 그 자체를 필요 없는 것으로 접어서는 안 된다.

이제는 미국말만 가르치는 방송까지 만드니, 사실상 미국말 공용화 정책으로 몇 걸음 내딛기와 같다. 가까운 보기로 노무현 님은 지난 4월 6일에 「교육방송」의 영어 전문채널 개국식에서 '우리는 세계와 호흡하지 않으면 생존이 어려운 시대에 살고 있으며 그러기 위해 영어가 꼭 필요하다'면서, 미국말도 잘 하는 나라가 되자고 했다고 한다. '세계'는 도대체 어디인가, 그곳은 곧 미국인가. 옛날 세계(천하)는 중국을 가리켰다. 왜 우리가 사는 이곳은 세계가 아닐까? 얼마나 많은 시간과 돈을 미국말을 배우는 데 더 써야 '세계'와 숨 쉬게 되는가? 우리는 일본보다 미국말을 잘 한다. 한국영어교육학회 자료에 따르면, 한 사람마다 미국말 배우기에 개인적으로 쓰는 돈은 일본의 7배나 된다.

오히려 대통령은 미국말 숭배가 너무 심하니, 미국말 교육 수요에 낀 거품을 빼자고 말했어야 했다. 국가고시에서 미국말 비중이 너무 높지 않은지, 공영방송에서 미국말을 왜 그렇게 많이 쓰는지, 꼭 초등학교부터 미국말을 가르치는 게 좋은지, 이런 문제를 걱정해야 했었다. 여러 영어마을의 많은 적자는 어떻게 할까, 원정출산은 없어졌는가, 기러기아빠가 생겨나지 않게 하려면 어떻게 해야 하나, 피땀 어린 돈을 조기유학 보내는 데 다 쓰지 않았는가. 2010년까지 2,900명으로 미국인(원어민) 보조교사를 늘린다는데, 유창한 발음을 위해 그런 돈을 쓰는 게 효율적인가. 이런 물음을 던졌어야 했다.

최근에는 핀란드를 끌어와 미국말 숭배의 이유로 끌어오는 사람도 많다. 『조선일보』는 핀란드 사람의 77%가 영어를 구사한다는 대통령의 말을 끌어오며 다음과 같이 말하고 있다.

"영어를 잘 가르치면서도 국어교육을 얼마든지 충실하게 할 수 있다. 영어를 능숙하게 잘하게 구사하는 국민을 길러낸 교육이 자기 나라 말도 잘하는 국민을 길러낸 것이다."

그러나 일의 순서가 거꾸로 되었다. 제 나라 말글을 앞서 잘 배우고 난 뒤에 외국어를 배워야 한다. 말본이나 어휘나 소리의 조작이나 너무나 서로 다른 두 언어를 능숙하게 하기는 무척 어렵다. 또 그럴 필요도 없다. 유능한 전문번역가, 통역가를 길러내면 된다. 아울러 자동번역기 개발을 서두를 필요가 있다. 셈틀을 배우는 데 어떤 사람은 풀그림까지 배우지만, 글틀을 쓰고 전자우편을 이용할 줄 아는 정도만 배우고 자기 분야의 일을 하는 것처럼, 미국말 배울 때도 쓰기만을 잘하거나 번역만을 잘 하는 사람도 많이 필요하다. 미국말로 말하기와 쓰기를 잘 하고 전문 분야에서도 앞서가라고 요구하는 것은 비현실적인 요구다. 지성적 탐구나 외국어 이해가 얼마나 어려운가를 제대로 알지 못한 데서 나왔다. 지나친 요구에 맞추려다 힘과 시간을 다 빼앗기고 어느 것 하나도 제대로 못하는 얼치기 연구자를 만들기에 꼭 알

맞다. 밤 새워 전공 공부를 해야 하는데, 미국말 강의를 알아듣기 위해 듣기 공부로 나날을 지새우는 것은 슬기롭지 못하다.

2008년부터는 경제특구 국제자유도시에서 미국말로만 수학이나 과학을 가르치기로 했다는데, 이렇게 한다면 수학이나 과학은 물론 우리말도 다 망칠 듯하다. 모든 배움과 가르침은 우리에게 궁극적인 이해의 매개이자 가장 기본적이고 쉬운 배달말을 거쳐야 한다. 우리말과 우리글로 배우고 가르치기, 우리에게 가장 필요한 큰 원칙이다. 『조선일보』가 말하는 '항상 영어를 접할 수 있는' 영어상용화(2007. 4. 21)는 우리가 갈 길이 아니다. 뒤집어보면 그만큼 미국말을 쓸 환경이 없으며 비실용적임을 말한다. 미국말 배우기에 대한 대부분의 수요는 번역정책을 바르게 펴면 없앨 수 있다. '언문만 배워도 관리가 영달하고', '국문만 배워도 다른 학문이 있으면 높은 사람이 되는' 나라는 유치원부터 미국말 배우기로 내몰리는 나라와 너무나 다를 것이다.

노무현 님은 최근 급성장한 핀란드의 가장 큰 경쟁력은 영어 잘하는 국민이라고 하였으나, 이는 사실이라고 보기 어렵다. 미국말 잘하기와 경쟁력 사이에 인과관계가 없다. 케냐, 필리핀은 우리보다 영어를 잘한다. 경쟁력의 원천은 관료의 청렴함, 언론의 공정성, 높은 기술 수준 등에 있다. 핀란드 사람들이 영어를 잘 한다면 그것은 어휘체계도 유럽의 영향이 크고 서유럽 문화와 동질성이 크기 때문이라고 보아야 한다. 우리말이 중국과 계통이 완전히 다르지만 현대 중국어를 배우는 데 곤란을 겪는다는 이야기는 나오지 않는다. 미국 국무부는 세계 언어를 미국인들이 배우기 어려운 정도에 따라 4부류로 나눴는데 한국어는 미국인들이 가장 배우기 어려운 언어로 분류했다. 핀란드는 우리의 본보기가 아니다. 우리가 눈여겨보고 미국말 교육에 참조할 나라는 바로 일본이다. 미국말 실력으로만 사람의 능력을 가늠하지 않는다. 이런 일본의 태도는 그들이 한문과 한족 문화를 받아들일 때부터 내려온 원칙이다. 일본은 예부터 중국문화를 상대화하여 그 보편성에 대해 비판적 거리를 둔 전통이 있다. 한문도 훈독을 하여 주체성 있게 읽는다. 19세기 말에는 이런 전통이 유럽문물에 대한 번역으로 이어져 근대화에 성공하였다. 지금도 이런 전통을 이어가니 기러기아빠도 없고 미국 박사학위가 교수되는 데 도움이 안 된다. 초등학교에서도 미국말은 정식교과가 아니다. 전공 공부를 쉬고 미국말 연수 가는 대학생도 드물다. 번역문화의 전통이 우리보다 훨씬 풍부하다. 그러니 모든 사람이 미국말 공부에 목을 매지 않는다. 국가시험이나 취직시험에서 미국말 실력을 요구하는 경우도 적고 비중도 훨씬 낮다. 멀리 핀란드를 볼 것이 아니다.

우리 지성사의 해묵은 병인 번역에 대한 태도가 크게 변하지는 않았다. 학문과 교육에서 번역을 완전히 배제하자는 논의가 오래 전부터 있었다.

> "올바른 생각을 가진 이는 언문을 써서 방편으로 삼기보다는 차라리 더디더라도 중국에서 쓰이는 문자를 익혀서 긴 계획을 세움이 옳다고 할 것입니다."(최만리의 상소문)

이것은 재벌이 요구하는 미국말 공용론에 맞먹는다. 언해의 전통도 그다지 넉넉하지 못한데, 언해마저도 엄격한 직역이 지배적이다. 뜻 같음을 너무 좁게 잡은 탓이다. 거슬러 올라가면 한문 훈독 전통이 사라진 까닭도 한문의 본디 뜻에 대한 정확한 이해를 강조했기 때문이다. 미국말을 배우는 데도 말하기에 너무 자신이 없고 실수를 지나치게 두려워한다는 평판을 듣고 있다. 우리만 유창하고 정확한 미국말 배우기에 돈과 시간을 아낌없이 쏟아 부으면서, 우리식으로 바뀐 미국말을 쓴다며 부끄러워한다. 이것은 우리가 훈독 전통을 끊고 번역을 외면하면서 한문을 숭배하던 태도와 맥이 닿아 있다.

그러나 일반적으로 한 표현에 정확하고 고정된 의미가 번역이 본디 표현의 뜻을 정확하게 그대로 재현해야 한다는 생각은 언어철학에서 많은 비판을 받고 있다. 외국어는 틀려도 그만이다. 우리말과 글을 얕보는 것이 참으로 부끄러운 일이다. 미국말 잘 하면 선진국이 된다는 막연한 생각은 집단최면일 뿐이다. 이른바 '경쟁력'을 따지더라도 미국말 숭배는 우리에게 많은 시간과 힘을 빼앗아 전혀 도움이 되지 않는다. 천년을 넘게 이어진 한문숭배가 바로 그렇지 않았는가. 햄버거 사 먹고 여행 다닐 말만 익히는 데 힘을 쏟으니 정작 대학에서 고급정보를 담은 책을 읽는 능력은 떨어졌다는 소식도 자주 들린다. 공대생들은 미국말 때문에 전공 공부에 전념하기가 어렵다고 말한다. 번역한 교재를 써야 한다. 겨레의 삶의 방식이 고스란히 담겨 있는 언어는 단순한 도구가 아니며, 경제적 측면에서 경쟁력 향상의 도구는 더욱 아니다. 그보다는 상류층과 하류층을 나누는 가장 분명한 기준이다. 옛날에는 한문이 그러했었다.

미국말로 가르치고 배우기가 번져감에 따라 미국말 숭배는 더욱 거세질 듯하다. 이렇게 되면 학문연구와 교육은 새로운 이론을 창조하기보다는 미국 이론을 들여오는 일을 더 많이 하게 된다. 우리말과 글로 우리 현실을 주체적으로 보려는 문제의식을 잃게 만들기 쉽다. 2007년 한미자유무역협정을 보면, 협상도 미국말로 하고 협정문도 미국말로만 만들었다. 1876년의 강화도조약에서 한문과 일본어로만으로 된 조약문을 갖고도 당연하게 여겼던 아픈 우리 역사는 되풀이되고 있다. 이제 우리는 우리말과 글이 가르치고 배우는 데 걸림돌이 되는 방언시대, 언문시대를 다시 맞고 있다. 교육정책과 번역정책에서 조금만 생각을 바꾸어도 '국제화, 세계화' 소동을 잠재울 수 있다. 우리말, 우리글로 가르치고 배우기는 생각하는 겨레로 살아가기 위한 기본원칙이 되어야 한다.

(『한글 새소식』, 제413호 2007. 6)

사람 이름으로 찾아보기

(ㄱ)

강명관 195, 197
강정구 86, 87
경덕왕 29, 39, 209
고영근 41
고종석 233
김경석 356
김민수 31, 38, 68
김수경 212, 248
김영삼 21, 82, 316
김영황 113
김일성 58, 60, 64
김종필 245
김진현 310
김창진 205, 206, 208, 209
김태준 169

(ㄴ)

남광우 38, 230, 240, 249, 250, 267
남기심 26, 93, 253, 273, 279
남영신 322
노무현 86, 88, 164, 189, 330, 400,
        402

(ㄷ)

데리다 206, 211

(ㄹ)

류렬 23, 66, 98, 243, 285, 396

(ㅁ)

문영호 70
민현식 41, 44, 47

(ㅂ)

바이스만 363, 364

박정희 151, 153, 158, 159
박제가 195, 197
박지원 197
백기완 48
버시바우 325
비트겐슈타인 354, 356

(ㅅ)

서재필 64, 105~110, 112, 113, 118,
        122, 215, 360, 361
서정목 370, 372
세종 64, 72, 141, 152, 164~167, 196,
      350, 361, 389
송민 27, 28, 65, 395
신봉하 109
신채호 155, 180, 186, 276, 284, 392
심재기 68, 138, 249, 390, 395~397

(ㅇ)

안병희 53, 65, 89, 217, 236, 249, 365,
        395
안확 68, 135~137, 215
양계초 113
유득공 196
윤치호 109, 110, 113
이경숙 80, 326
이기문 64, 105~107, 110, 111, 119,
        135, 137, 138, 212~215, 233,
        234, 250, 385
이명박 159, 326, 334
이봉운 110
이봉춘 394
이상익 200, 202
이숭녕 214, 259, 260, 384, 385
이오덕 245, 347, 352, 362
이진오 96, 97, 100, 101

김영환

서울대학교 철학 박사
현) 한글철학연구소장
　　부경대학교 신문방송학과 교수

주요 관심 분야
문자론, 언어철학, 한국사상사

시민단체·학술단체 표창
1994. 국어운동학생 동문회(대표: 이대로)
1999. 한글학회(회장: 허웅)
2005. 한글문화 연대(대표: 김영명)

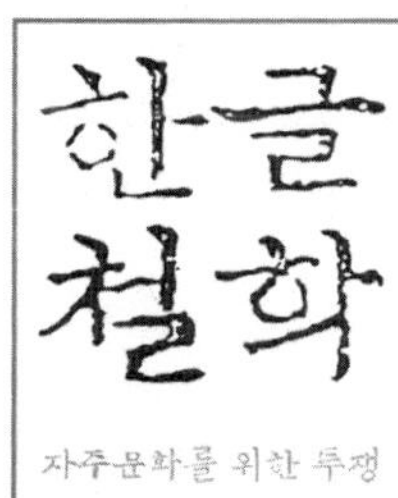

초 판 인 쇄 | 2012년 10월 5일
초 판 발 행 | 2012년 10월 5일

지 은 이 | 김영환
펴 낸 이 | 채종준
펴 낸 곳 | 한국학술정보㈜
주　　소 | 경기도 파주시 문발동 파주출판문화정보산업단지 513-5
전　　화 | 031) 908-3181(대표)
팩　　스 | 031) 908-3189
홈 페 이 지 | http://ebook.kstudy.com
E-mail | 출판사업부 publish@kstudy.com
등　　록 | 제일산-115호(2000. 6. 19)

ISBN　　978-89-268-3811-2 93710 (Paper Book)
　　　　978-89-268-3812-9 95710 (e-Book)

내일을여는지식 은 시대와 시대의 지식을 이어 갑니다.